대군의 척후

일제하의 경성방직과 김성수 · 김연수

SCOUT
OF LARGE ARMY

일제하의 경성방직과 김성수 · 김연수

대군의 척후

大　　軍　　　　斥　　候

주익종 지음

푸른역사

머리말

상업에서 화신和信, 공업에서 경성방직京城紡織의 확장·발전은 결코
한낱 사실만이 아니요, 뒤에 오는 대군大軍의 척후斥候임이 확실하다
(이광수, 〈실업과 정신수양〉, 《조선일보》 1935년 4월 14일자).

이광수李光洙(1892~1950)의 이 말에 공감하시는가. 한국 신문학의
개척자이자 시대를 선도한 지식인 이광수는 1930년대 중엽 대표적
인 한국인 기업 화신백화점과 경성방직에서 훗날 만개할 한국자본
주의를 감지했다. 그의 예측은 적중했다. 비록 그가 일제 말 대동아
공영권大東亞共榮圈의 성공에 한민족, 한국의 장래를 거는 치명적 잘
못을 범했지만, 그의 예언은 놀랍게도 정확히 들어맞았다. 대군大軍
이 몰려온 것이다.

1997년의 외환위기로 크게 뒷걸음쳤음에도 불구하고 1960~2000
년에 한국경제가 기록한 성적은 단연 세계 최고였다. 한국인의 소득
과 생활 수준은 세계에서 가장 빠르게 높아졌다. 이 기간 중 삼성전
자, 현대자동차, 포스코 등은 세계 유수의 기업으로 우뚝 섰다. 1950
년대 한국은 새로 독립한 수많은 빈곤국 중의 하나였지만, 반세기만
에 풍요와 민주주의를 동시에 달성한 나라가 되었다.

이러한 업적은 세계사적 위업이라 해도 손색이 없다. 20세기 초 무기력하게 식민지의 나락으로 떨어진 전통사회가 20세기 말 세계에서 가장 역동적인 경제국으로 탈바꿈한 것이다. 그것은 천지개벽天地開闢, 상전벽해桑田碧海라 부를 만한, 가장 극적이며 성공적인 변신이었다.

　그럼에도 21세기 초두 우리 사회 일각에서는 이 경이로운 성취를 부정하고 폄훼하는 가히 본말本末이 전도顚倒된 역사의식을 보이고 있다. 지나간 역사를 자학自虐에 가까울 정도로 비판하여, 대한민국은 태어나지 말았어야 할 나라이며, 한국의 근현대사는 정의가 패배하고 기회주의가 득세한 역사라고 간주하고 있다. 이는 민족지상주의 도덕사관에 따른 역사연구와 역사교육의 영향인데, 이 입장에서는 우리가 걸어온 성공적인 근대화의 길을 부정하고 거기서 벗어날 것을 주장한다. 선진국과의 국제협력 대신 폐쇄적인 민족공조의 추구, 자유시장경제의 훼손, 평균주의 지향 등이 그것이다. 이는 근래 국내외적으로 불필요한 갈등과 혼란을 낳았다.
　이 불필요한 갈등을 막는 길은 우리의 역사를 민족지상주의 도덕사관에서 벗어나 더 객관적인 시각으로 바라보는 것이다. 한국이 성취한 업적을 제대로 인정하는 것, 그럼으로써 이 사회와 역사를 긍정적으로 이해하는 것이다. 한국의 근현대사가 단련과 성취의 역사라는 시각에서 출발하여, 우리가 어떻게 성공할 수 있었는지를 살펴보고, 그래서 우리 자신에 대해 긍정적인 자아인식과 정체성을 가지며, 성취와 성공의 요소들을 계속 살려나갈 필요가 있다.

한국이 어떻게 성공할 수 있었는지를 밝히는 작업 중 하나는 한국의 근대적 기업과 기업가가 어떻게 성장·발전했는지 밝히는 것이다. 한국이 국가 주도로 성공적인 경제발전을 이룩했지만, 무대 위의 주연배우, 경기장의 선수는 역시 기업과 기업가였기 때문이다. 반세기 전쯤 보잘것없는 소기업으로 출발한 삼성, 현대, LG 등은 한국경제의 고도성장과 더불어, 또 그것을 견인하면서 세계적 기업으로 성장했다.

　한국에서 첫 근대기업이 어떻게 태어나 어떻게 성장했는가를 살펴보는 것은 하나의 좋은 접근법이 될 것이다. 이것은 곧 식민지기 대표적 기업인 경성방직주식회사와 그 기업가 김성수·연수 형제에 관한 연구가 될 것이다. 오늘날 한국에 삼성전자가 있다면, 식민지 시대에는 경성방직이 있었다. 경성방직과 그 기업가 김성수·연수는 당대 최고의 한국인 기업이요, 기업가였다. 중소기업으로 출발한 경성방직이 일본의 대기업과 견줄 만한 기업으로 성장하는 과정은 곧 한국 기업의 성장과 단련의 과정이었다. 그 연구를 통해 우리는 '한국자본주의가 어떻게 단련되었는지'를 알 수 있다.

　이 책은 한국의 대기업이 19세기 말 조선사회의 개방 이후 지난한 학습과정을 거쳐 단련되었다고 보고, 일제하의 경성방직주식회사와 그 기업가의 출현과 성장을 다룬 것이다. 한국의 제1세대 근대적 기업이 불굴의 의지와 도전, 갖가지 시행착오와 실패를 겪으면서 단련되었다는 것, 그 기업 및 기업가는 예속자본이나 친일파라고 간단히 폄훼될 존재가 아니라는 것, 일제하에서의 기업적 훈련이 있었기에 오늘날의 세계적 대기업이 등장할 수 있었다는 것이 필자가 주장하려는 바다.

세상만사가 다 그렇지만 이 보잘것없는 소품 하나가 태어나기까지에도 참으로 오랜 시간이 걸렸고 큰 어려움이 있었다. 이것은 기본적으로 필자의 천학비재淺學非才함에 기인한 것이지만, 그럼에도 이렇게 하나의 책자로 빛을 보게 된 것은 진정 주위 사람들의 도움 덕분이다.

우선 나의 가족, 아내 민숙영과 두 아이 희수, 진수에게 진정 감사한다. 그 동안 나를 지탱해주고 빛이 되어준 그들에게 이 책이 다소의 위안이 되었으면 한다.

그리고 나를 연구자로서 훈련시켜 주신 전前 서울대학교 경제학부의 안병직 선생님과 김종현 선생님께 감사드린다. 특히 안병직 선생님은 필자가 박사학위 과정에서는 평양메리야스공업을, 그 후에는 경성방직(주)을 연구주제로 삼도록 지도해 주셨고, 그럼으로써 오늘날 이 책이 세상에 나올 수 있도록 이끌어 주셨다.

안 선생님께서 조직하신 낙성대경제연구소의 이영훈 소장님 이하 선배, 동료 연구자들도 유익한 지적을 해주셨다. 김낙년, 박섭, 김재호 교수는 책의 개선 방향에 관해서 상세히 조언해 주었다.

또 하버드대학교 동아시아학과의 에커트Eckert 교수는 경성방직에 관한 선행 연구로 필자에게 큰 지적 자극을 주었고, 필자가 방문 연구원으로 1년간 체류할 기회를 주었던 바, 이 연구가 작으나마 감사의 응답이 되었으면 한다.

(주)삼양사와 (주)경방, 삼양사의 박종헌 사장님, 동사 홍보팀 이강문 전前 차장님, 그리고 경성방직의 회계자료를 이용하는 데 큰 도움을 준 (주)경방의 박성철 전前 사보 편집장님께도 감사의 말씀을 드리고 싶다. 수당 김연수의 교토제국대학 경제학부 학적부를 찾아준 호리 가즈오堀 和生 교수께도 감사를 표한다.

그리고 회계에 문외한이었던 필자가 재무제표 독해에 눈 뜰 수 있도록 가르쳐준 딜모아 글로벌 코리아의 박시대 소장님, 그리고 기업분석 경험을 함께 한 서울신용평가정보(주)의 평가사업본부 연구원들께도 감사의 말씀을 드리고 싶다.

아울러 이 책의 출판을 맡아주신 푸른역사의 박혜숙 대표와 백승종 편집인, 신상미 편집장께도 감사드린다.

끝으로, 지금은 상상할 수조차도 없는 어려운 시절을 온 몸으로 헤쳐 간 한국 근대사의 거인들께 한없는 존경과 감사를 표하고자 한다.

2008년 1월
주익종

차례

01 서장

한국은 어떻게 해서 그토록 많은 기업가들을 한꺼번에 배출할 수 있었는가? ……실은 한국에는 엄청난 재능의 보고寶庫가 있었던 것이다. 없었다면 그것은 확실히 '기회'가 없었을 뿐이다.

　　　　　　　　　　　　－존 워로노프, 《한국경제－인간이 이룩한 기적》, 1984, 48쪽

왜 근대 기업사인가

1960년대 이후 한국은 수십 년에 걸쳐 고도 경제성장을 지속했고, 그를 통해 세계의 빈곤국 중의 하나에서 고소득국으로 변신하는 데 성공했다. 세계 각국의 국민소득 데이터를 모은 Penn world table에 의하면, 1960~2000년의 40년간 한국의 연평균 1인당 GDP 성장률은 6.1퍼센트로, 비교가능한 세계 100개 국 중에서 가장 높았으며, 그 다음이 홍콩 5.5퍼센트, 태국 4.7퍼센트, 중국 4.4퍼센트, 일본 4.3퍼센트의 순이었다.[1] 1960년 1인당 GDP에서 한국의 바로 앞에 있던 아프리카의 니제르, 모잠비크가 그 후 40년 동안에 각기 －50퍼센트, －40퍼센트대의 경제후퇴를 보인 반면 한국은 10배가 넘는 성장을 기록했다. 구미 선진국을 제외하고는 근대 이후 지속적인 경제성장에 성공한 나라가 손꼽을 정도로 적다는 점에서, 한국의 이

러한 경제성장은 가히 세계사상의 위업이라고도 할 수 있다.

그 점에서 경제성장의 비밀을 밝히려 애쓰는 경제학자들이 한국에 주목했다. 그간 수많은 연구자들이 한국이 어떻게 고도성장을 할 수 있었는가에 관해 답을 구해 왔다. 그 대부분의 연구들은 성장전략과 경제정책에 초점을 맞추어, 예컨대 수입대체공업화전략에 대한 수출주도공업화전략의 우위성 및 요소부존에 따른 개방전략의 적절성과 효율성 여부, 정부의 역할 및 그 효율성 여부 등을 중점적으로 다루었다.[2]

1) 한국이 축적해온 '사회적 능력'

그렇지만 그 정책이 기획되고 선택되어 집행되며, 또 효과를 낼 수 있었던 사회적 토양, 예컨대 인적 자본, 가치 지향, 정치적 역학관계와 사회통합, 국가의 정책기획력과 집행력 등의 요소도 매우 중요하다. 이것들은 한 사회가 경제성장을 추진할 수 있는 주체적 역량, 곧 '사회적 능력social capability'이라 부를 수 있다. 예컨대 경제사학자 오카와大川一司와 로소프스키Rosovsky에 의하면, 일본이 어느 나라보다도 후발공업화를 잘 수행한 것은 전통사회부터 축적해 온 그 사회적 능력 덕분이라 한다.[3]

한국의 고도 경제성장도 한국이 축적해온 인적 자원, 가치 지향, 정치사회적 통합력 등 그 사회적 능력에 힘입은 것이라 할 수 있다. 따라서 한국의 경제성장을 설명하기 위해서는 이 사회적 능력이 어떻게 개발되어 왔는지를 밝혀야 한다.

그런데 한국은 일본과 달리 식민지화를 경험했던 바, 이것이 사회적 능력의 축적에 어떻게 작용했는가는 논란거리다. 예컨대 한국 사학계의 수탈론은 '한국이 본래 훌륭한 사회적 능력을 보유하고 있었는데, 일본이 그것을 파괴했고, 한국인들이 그것을 다시 살려냈다'는 것이다. '한국사회는 잘 해오고 있었는데, 혹은 뒤늦게라도 잘 해보려 했는데 일본이 망쳤다, 제국주의가 한국을 내버려 두었더라면 한국 스스로 잘 해나갔을 것'이라고 한다. 그러나 조선왕조의 체제적 실패에 대해 자기성찰은 없이 '강포强暴한 도적'을 규탄하기만 하는 것은 무책임하고 위험하기까지 한 태도다. 8·15 해방 후 조선왕조로의 복귀 주장을 듣기 어려웠던 것은 조선왕조가 '선량한 주인'인 것만은 아니며 '강포한 도적'에 제대로 대응하지 못했음을 시사한다. "사람은 스스로 욕되게 한 후에만 남이 자기를 욕되게 한다 人必自侮而後人侮之"는 맹자의 말씀[4]은 조선조 사회에서 무엇이 잘못되었는지를 반추해 보라고 우리에게 가르친다.

경제사학계의 식민지근대화론은 한국의 식민지화가 비록 불행한 일이기는 하나, 수명이 다한 폐쇄적 체제가 근대문명을 접하여 새로운 발전의 계기를 잡게 된 것으로 본다. 낡은 재분배체제는 개항과 더불어 시장경제체제에 자리를 내주었고, 비록 식민지 지배를 위한 것이기는 하나 시장경제에 부합하는 각종 제도개혁이 진행되었다고 한다. 이와 더불어 무역이 확대되고 일본 기업이 진출하며 상업적 농업이 확대되고 공업화가 시작되었다는 데 주목한다. 이 과정은 제국주의 자본이 주도했지만, 한국인들도 그에 적극 참여하여, 새로운 환경에 적응하고 자신을 근대적 경제인으로 개조·개발했다고 본다. 이 시각에서는 식민지화란 한국의 사회적 능력이 개발되는 하나의 계기가 된다.

　조선왕조시대의 전통경제체제와 개항 이후의 자본주의시장경제체제는 질적으로 전혀 다르지만 개항과 식민지화 이후 현재까지는 경제체제의 동일성이 유지되고 있다. 또 조선왕조 말기인 19세기에 경제는 장기 쇠퇴국면에 있었지만 개항 이후 상승세로 반전하면서 근대경제성장 국면에 돌입해 식민지기와 해방 후 빠른 경제성장이 진행되었다. 그리고 20세기 이후 공업화와 도시화, 물적·인적 자본의 축적, 생산성의 향상이 일관되게 이루어져 왔다. 이를 고려하면, 현대 한국의 기원을 설명하는 데 수탈론보다는 식민지근대화론이 더 적합할 것이다.

　따라서 개항 이후 낡은 전통적 경제체제가 어떻게 해서 새로운 자본주의 시장경제체제로 전환하게 되었는지, 이 시장경제체제가 한국경제와 사회에 어떤 변화를 초래했는지, 또 한국인들이 새로운 사회체제, 시장경제체제에 어떻게 적응하고 근대적 경영과 기술을 배워 자신을 근대적 경제인으로 개조·개발했는지를 묻는 것이 올바른 질문일 것이다.

　이러한 탐구를 통해 한국에서 사회적 능력의 축적을 구명할 단서를 찾는다면, 일제하의 한국인 기업가들이 어떻게 근대기업을 조직하여 근대 상공업을 건설했는가를 밝히는 것이 중심과제가 될 것이다. 왜냐하면 한국인 기업이야말로 당대 한국인의 경제생활에 있어 대표적인 성취 사례이며, 시장경제에 대한 한국인의 적응도를 나타내는 척도이기 때문이다.

　구한말, 일제 초만 해도 한국인 상공업과 기업은 보잘것없었으나,

일제 말까지는 비약飛躍이라 할 만큼 성장했다. 1910년 10인 이상을 고용한 공장 151개 중 한국인 공장은 39개에 불과했으나, 1939년에는 5인 이상 고용 공장 6,953개 중 한국인 공장이 4,185개에 달했다. 또 1911년에는 한국인 단독 설립 회사가 27개 사, 납입자본금 270만 엔에 불과했으나, 1939년에는 한국인이 대표자인 회사가 2,385개 사, 납입자본금 1억 4,331만 엔에 달했다.[5]

2) 대표기업 경성방직

한국인 회사 중에서 가장 눈부시게 성장한 것이 경성방직(주)이었다. 1919년 25만 엔의 자기자본으로 출범한 경성방직은 1943년 말에는 1,150만 엔의 자기자본을 가진, 최고의 한국인 회사로 성장했다. 출범 당시 직기織機 100대만 갖춘 소규모 직포회사에 불과했던 이 회사는 일제 말에는 직기 1,120대와 방기紡機 3만 200추를 보유하고, 또 같은 크기의 자회사를 만주에도 두고 있던 유력 면방직기업으로서, 일본계 대기업과 더불어 '조선4대방'의 당당한 일원이 되었다.

경성방직은 전라북도 고창의 김씨가 3대, 곧 제1대 김요협金堯莢(樂齋, 1832~1909)-제2대 기중祺中(圓坡, 1859~1933), 경중暻中(芝山, 1863~1945)-제3대 성수性洙(仁村, 1891~1955), 연수秊洙(秀堂, 1896~1979)의 기업활동의 결정판이었다. 그들은 구한말 이래 전라남도 장성군과 영광군, 전라북도 고창군과 부안군을 무대로 하여 대지주로 성장한 후, 1919년에 경성방직을 세워 공업기업가로 변신했다. 김씨가는 또 일간지 《동아일보》를 발간하고 중앙학교와 보성전문을 인수하여 발전시켰다. 이 제조공업, 언론사업, 교육사업은 당대 한국인이 펼친 근대화사업의 최고봉이었다. 이 기업, 기관들은 창립 이래 80여 년이 지난 오늘까지도 (주)경방과 (주)삼양사, 동아일보사, 중앙중·고등학교, 고려대학교로 이어져 활동을 계속하고 있다.

물론 일제하의 한국인 기업가가 해방 후 공업화의 주역이 되거나 그 기업이 현대 한국의 대표기업이 되지는 않았다. 이병철李秉喆, 정주영鄭周永, 구인회具仁會와 같은 현대 한국의 대표적 기업가들은 일제시대에는 중소지주나 소기업가에 불과했으며, 삼성, 현대, LG 등의 기업은 모두 해방 후에 출범했다. 반면, 박흥식朴興植, 한상룡韓相龍, 민대식閔大植 등 일제하의 대기업가들은 오늘날 재계에서 사라졌으며, 일제시대의 대표적 기업들은 오늘날 한국 재계의 주변부로 밀려났거나 소멸했다. 이렇듯 한국의 기업가와 기업에게서는 인적 연속성보다는 단절성이 강하다.

그러나 인적 연속성 여하가 핵심 쟁점은 아니다. 그보다는 식민지기에 다수의 기업이 성장하고 다수의 기업가가 큰 활력을 보였다는 사실 자체가 중요하다. 그들은 당시 한국인들의 근대시장경제, 자본주의경제에 대한 적응도를 보여주며, 또 훗날의 본격적인 공업화를 위한 준비를 의미하기 때문이다. 비록 해방과 분단, 6·25 전쟁 등의 정치적 격변을 겪으면서 개별 기업·기업가들은 무대에서 사라지더라도, 그러한 정치적 격변이 한국사회의 활력을 완전히 뿌리 뽑지 않는 한, 곧 그들을 잇는 새로운 기업가들이 배출될 것이었다. 1960년대 초 본격적인 공업화에 착수할 무렵 한국에는 많은 기업가들이

야심을 품고 '기회'를 기다리고 있었는데, 그들을 낳은 것은 바로 그러한 한국사회의 활력이었다.

한국은 어떻게 해서 그토록 많은 기업가들을 한꺼번에 배출할 수 있었는가?……실은 한국에는 엄청난 재능의 보고寶庫가 있었던 것이다. 없었다면 그것은 확실히 '기회'가 없었을 뿐이다. 일단 새로운 사업을 향한 청신호가 떨어지고 기본적인 지원이 제공되자 상황은 완전히 일변했으며, 또 경제가 급속히 성장함으로써 더 많은 인원이 흡수되고 업체도 불어나게 되었다.[6]

그렇지만 경성방직과 김씨가를 위시한 일제하의 기업, 기업가들은 독립운동사만이 중요하다는 역사학자들로부터 그 동안 무시당해 왔다.[7] 한동안 한국인 자본을 '민족자본'과 '예속자본'의 두 범주로 갈라 전자前者에만 주목하고 후자後者는 무시해 버리는 '민족자본론'이 득세했다. 대표적 논자인 가지무라 히데키梶村秀樹는 정치적 입장에서 반제투쟁, 항일운동의 편에 설 수 있는 자본만을 민족자본이라 규정하고, 그밖의 자본은 예속자본 혹은 매판자본이라 규정했다.[8] 이렇게 보면 완전한 식민지였던 조선에서 웬만한 한국인 자본은 모두 예속자본일 뿐이었으며, 설령 민족자본으로 출발한 자본이더라도 어느 정도 성장하면 모두 예속자본이 되었다.

그러나 민족자본이란 용어는 하나의 개념으로 성립할 수 없는 것이다. 민족과 자본이라는, 개념상 결합될 수 없는 두 범주를 억지로 결합했기 때문이다.

민족자본이란 말 자체도 성립하지 않는다고 봅니다. 민족과 자본이란 단어를 붙여 놓으면, 그럴싸한 개념 같지만, 실제로는 돼지 한 마리와 소 한 마리를 붙여 놓은 거나 진배없습니다.[10]

외국자본과 구분하는 의미에서 '한국자본'이라고 부른다면 모를까, 대자본이 '민족' 구성원 다수의 이해관계에 따라 움직이는 경우는 어디에도 볼 수 없다.[9] 따라서 민족자본이란 완전한 허구인데, 민족자본론은 이러한 민족자본을 설정하고 그를 기준으로 현실의 한국인 자본을 재단했기에 파탄을 맞기에 이르렀다.

그렇다면 이제는 한국인 자본이 본연의 기업으로서 어떠한 실태를 보였는가를 밝히는 쪽으로 문제의식을 전환해야 한다. 근대적 기업가란 기업가정신을 갖고서 시장 기회를 포착하며 생산을 조직하는 존재[11]다. 이러한 자질과 역량을 갖춘 근대적 기업가가 일제하의 한국에서 어떻게 출현하고 또 어떻게, 어느 정도로 성장해 왔는가를 밝히는 것이 현단계의 연구과제이다. 한국인 기업가들이 사업기회의 포착, 자본의 조달, 제조공정의 구축, 제품의 판매 등 근대기업경영의 제반 과제들을 어떻게 수행했으며 그 과정에서 기업경영 능력을 어떻게 배양해갔는가를 경성방직 및 그 경영자의 사례로부터 구명하려는 것이 이 책이다.

일제하의 경성방직에 관해서는, 당사자인 (주)경방이 50년사, 60년사, 70년사, 80년사의 네 권의 사사社史를 발간하였고, 그 설립자이자 경영자인 김성수·연수의 전기서가 여러 권 발간되었다. 그리고 그들이 경영한 또 하나의 기업인 (주)삼양사에 관해서도 50년사와 70년사, 80년사가 발간되었다. 연구서로는 조기준의 저서와 김용섭의 논문, 그리고 에커트Eckert의 저서 등이 발표되었다.[12]

사사류의 저작들은 광범위한 내부자료에 입각하여 기본적인 통계치들을 소개하고 많은 사실들을 밝혔지만, 홍보물의 범주에서 벗어나지 못하였다. 기업 및 그 경영자에 대한 긍정적 측면 위주의 주관적 평가에 치우쳤으며, 그를 간추린 한 대중용 저작물[13]에는 기본적인 사실조차 제대로 소개되어 있지 않다.

조기준은 경성방직을 한국인이 경영한 대표적인 근대기업으로 평가했으나 피상적이고 단편적인 언급에 그쳤다. 김용섭은 경성방직의 초기 시장진출전략에 날카로운 메스를 댔지만, 지주경영 사례연구의 부수 작업에 그친 채 그 부정적 측면만을 부각시켰다.

에커트의 연구는 최초의 본격적이고 포괄적인 것으로서 새로운 자료를 발굴하고 선명한 주장을 짜임새있게 펼쳤다는 점 등에서 돋보인다. 그는 '민족기업', '자애로운 기업가'의 이미지와 같이, 사사나 전기류에서 보이는 미화나 정당화의 주관적 평가를 비판하고, 경성방직이 일본 제국주의(조선총독부, 일본인기업)로부터 자극을 받고, 그와 긴밀히 교류했으며, 그에 의존하거나 협력하며 성장하였으며, 일본 제국주의와 운명을 같이 했음을 보였다. 그는 경성방직이 국가권력에 순응하고, 세계자본주의에 의존하는 모습을 보였으며, 그것이 오늘날 한국자본주의의 기원이 되었음을 주장하면서 '제국의 후예後裔offspring of empire'라고 이름붙였다.

그러나 경성방직과 같이 한국인이 근대화에 노력해 거둔 일대 성과에 '제국의 후예'라는 낙인을 찍는 것은 일면적이다. 현대 한국자본주의가 일본이나 미국의 자본, 기술, 시장에 의존하여 성장했다고 해서 그를 '세계자본주의의 후예'요, '팍스아메리카나의 수혜자'라 부르는 데 그친다면, 그것이 담을 수 있는 내용은 많지 않다. 한국은 2차 세계대전 후 독립한 수많은 후진국들 중에서 발군의 경제성장을 이룩했고, 그럼으로써 자본주의세계체제 속에서 그 위상을 크게 높였다. 이것을 단지 '세계자본주의의 운동의 산물'이라 규정하고 만다면, 그것이 시사하는 바는 별로 없을 것이다.

한국이 발군의 경제성장을 이룩할 수 있었던 것은 한국인, 한국사회가 갖고 있던 독특한 힘 덕분이기도 했다. 경제원조, 시장개방 등 한국에 유리한 경제여건이 주어졌을 때 한국은 그를 공업화와 경제성장의 기회로 활용할 수 있었다. 한국자본주의의 기원에 관한 연구라면 그러한 동력의 실체와 특질을 드러내야 할 것이다.

에커트의 연구에서는 이러한 시각의 일면성이 실증상의 문제점을 낳기도 했다. 즉, 경성방직이 일본 제국주의에 의존한 측면에 너무 치중하여, 그 한국인 기업가가 기업경영의 과제들을 어떻게 풀어갔는지를 정확히 밝히지 못한 것이다.

필자는 경성방직의 기업활동의 기본적인 측면들에 관해 충분히 사실을 구명한 이후에 그에 관해 평가를 내리고자 한다. 예를 들어 자기자본과 차입금 등 자본은 어떻게 구축되었는지, 제품별 생산량, 매출액 및 제조원가는 얼마였는지, 주매출처는 어디였는지, 수익성은 어떠했는지 등등 기업활동의 기본적인 사항들에 관해 사실을 정확히 조사하고 그를 분석하여, 경성방직이 일본인 대방적자본과 경쟁하면서 어떻게 생존하고 성장할 수 있었던가를 밝히려 한다.

이 책의 서술에 대하여

이 책에서 이용한 자료와 책의 구성은 다음과 같다.

한 기업의 조직방식과 운영방식, 경영성과 등에 관한 핵심정보들은 대차대조표, 손익계산서 등의 재무제표에 집약되어 있으므로, 그것을 분석하는 것이 기업사 연구의 출발점이 된다. 따라서 이 책은 경성방직의 재무자료를 분석하는 데서 출발한다. 그런데 경성방식의 재무제표는 사사에 극히 개략적인 형태로만 수록되어 있다. 좀더 상세한 내역을 보여주는 영업보고서, 결산공고 자료는 일부 결산기밖에 구할 수 없다. 게다가 재무제표상의 수치들은 기말시점의 상태나 한 결산기중의 성과를 집계한 것이어서, 그 도중에 어떤 활동과 거래가 있었는지를 알기 어렵다.

다행히도 전기간에 걸친 중역회의록과 각종의 회계장부가 남아 있다. 예컨대 《일기장日記帳》, 《총계정원장總計定元帳》, 《경비내역장經費內譯帳》 등이다. 이번 연구에서 분석한 회계자료의 목록은 부표 1과 같다.

《일기장》은 해당 기간 중 경성방직이 행한 모든 거래를 기록한 것인데, 특히 1919년 10월 회사 창립 이래 1927년 2월 28일까지의 《일기장》은 경성방직의 모든 거래 내역을 소상히 보여준다. 따라서 이 《일기장》을 통해 대차대조표와 손익계산서를 작성할 수 있으며, 기업 경영의 실태를 정확히 파악할 수 있다. 1927년까지의 《일기장》은 경성방직의 초기 경영을 보여주는 핵심자료다.

《총계정원장》에는 대차대조표, 손익계산서의 각 계정과목별로 개개의 거래가 기록되어 있다. 비록 일자와 금액만 기재되어 있으나,

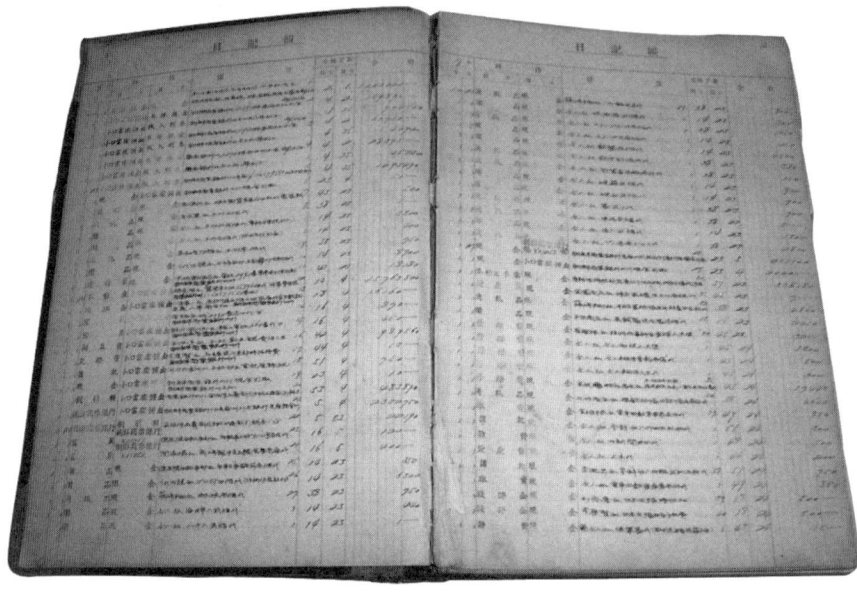

경방 초기의 《일기장》

1919년 10월 19일 창립일에서 1925년 2월 28일까지 경성방직의 모든 거래가 기록되어 있다. 특히 1924년 6월 30일까지는 회계업무를 맡고 있던, 훗날의 대 국어학자 이희승 선생의 단정한 필체를 볼 수 있다.

기말에는 대차대조표의 세부 내역을 보여준다.

《경비내역장》은 손익계산서의 판매비와 관리비의 세부 항목들을 보여준다.

이하의 제2장에서는 먼저 일제하 한국인 공업의 발전을 개관한다. 한국인들이 어떠한 조건 속에서 근대공업을 영위하기 시작했는지를 논하고, 이어서 그 전반적인 발전양상에 관해 서술한다.

제3장 이하에서는 경성방직의 역사를 다룬다. 우선, 경성방직의 설립까지와 그 이후로 시기를 구분한다. 그리고 설립 이후의 시기를 동사가 설비를 구축하고 제품을 생산하여 시장을 개척하던 초기, 방적공장을 갖추게 된 중기, 그리고 전시통제 아래서 사업을 크게 확장한 말기로 구분한다. 각기 1919~1929년, 1930~1937년, 1938~1945년을 초기, 중기, 말기로 본다. 에커트는 방적공장 설립을 기준으로 1935년 이전의 전기와 그 후의 후기를 구분하였다. 그러나 후발업체로서 시장 개척에 큰 어려움을 겪은 1920년대와 시장에서 자리를 잡고 사업을 순조롭게 확장해간 1930년대 전반은 구별하는 게 적절하며, 또 전시통제로 인해 투자와 매출, 수익 등에서 경영환경이 전혀 달라진 전시기를 별도로 묶을 필요가 있다.

먼저 제3장에서는 경성방직이 설립되기까지의 전사를 구명한다. 김성수, 연수 일가의 대지주로의 성장, 그들의 근대화프로젝트 구상을 구명한다. 제4장과 5장에서는 초기의 경영을 다룬다. 제4장에서는 회사의 설립 및 자금, 인력, 설비 면의 준비과정을 다룬다. 제5장에서는 1920년대의 생산 및 매출, 수익현황을 다룬다. 그리고 제6장에서는 중기(1930~1937)의 경성방직을 다룬다. 1930년 공황 이후

1930년대 중엽의 방적공장 건설까지의 사업 확장과정을 구명한다. 이어서 제7장에서는 전시기의 경성방직을 다룬다.

　끝으로 제8장에서는 이상의 논의를 총괄하면서, 경성방직에 관해 기존의 예속자본론 · 제국의 후예론 대신, 성공적 후발자後發者 · 뛰어난 학습자라는 이미지를 새로 제시한다. 예속자본론 · 제국의 후예론의 논리적 · 실증적 및 함의상의 문제점을 지적하고, 경성방직의 성장사를 총괄하면서 그것이 매우 성공적인 후발자였으며, 뒤에 오는 대군의 척후가 되었음을 주장한다.

02 거대한 새 물결

식민지 조선의 공업화를 주도한 것은 일본의 대자본이고 본국경제와 결
부되어 공업화가 진행될수록 조선경제는 일본경제의 종속적인 일환으로
편입되었다. 그 의미에서 식민지공업화다. 그러나 당시의 많은 식민지의
공업화에 비하면 매우 대규모로 빠르게 진행된 공업화다. 그리고 비지적
飛地的 공업화가 아니라 조선의 사회와 경제를 근본적으로 바꾸어 자본
주의화해 갔다. 그 속에서 조선인 자본도 급속히 성장했다.
　　　　　　　　　　　　　　　－中村 哲, 《近代東アジア史像の再檢討》, 2000, 59쪽

재분배경제에서 시장경제로

조선왕조의 전통경제는 19세기에 심각한 내부균열을 겪고 있었으
며, 개항과 뒤이은 식민지화 과정에서 완전히 붕괴되어 새로운 경제
체제에 자리를 내주었다. 최근의 연구성과들은 이것을 재분배경제
로부터 시장경제로의 이행이라 설명하고 있다.[1]

재분배경제란 경제인류학자 칼 폴라니Karl Polanyi가 사용한 용어
인데, 그는 인류경제사에서 경제의 통합 형태를 호혜互惠reciprocity,
재분배redistr-ibution, 교환 또는 시장의 세 가지로 구분하였다. 이 중
호혜란 의례적 혹은 종교적 원칙으로 지탱되는 가족적 의무나 정치
적 의무에 입각해 재화와 용역이 순환되는 것을 뜻한다. 그리고 재
분배는 족장이나 국왕 등 중앙집권기구가 재화와 용역을 직접 생산
자들로부터 강제로 징발하여, 국방, 치안, 구제 등을 위해 구성원들

에게 분배하는 것을 말한다. 반면 교환은 생산자들이 각자의 이익을 위하여 자기조정적으로 결정된 등가等價의 재화를 주고받는 것을 가리킨다.[2]

조선왕조의 경제체제를 재분배경제라 부를 수 있는 이유는, 조선왕조가 각종 부세賦稅와 환곡還穀 형태로 쌀 생산량의 30퍼센트 가량을 수취하여 양반관료에게 분배하였으며, 그 양이 상품 유통량을 능가한 것으로 나타나기 때문이다.[3] 바닷길이 닫혀 있고 국제무역에 내놓을 만한 특산품이 없어 대외무역이 발달하지 못했으며, 정치이념이 성리학적 안민安民이고 산지가 많아 육상운송 조건이 매우 열악했다. 이러한 지정학적 특성 및 정치이념의 특성 때문에 조선왕조의 경제는 농촌 정기시나 원격지 교역과 같은 시장의 물류로 일부 보완되면서도 주로 조세나 군포, 환곡 등의 재정적 물류에 입각해 운영되었다.

이 재분배경제를 지탱하는 것이 소농경제였다. 농민들의 대다수는 소가족으로서 1헥타르 미만의 소규모 경지를 경작하는 소농이었다. 이들은 논과 밭의 경지를 개별적으로 소유하고 기본적으로 자신의 계산과 책임으로 생계를 꾸려나갔다. 촌락공동체나 친족공동체에 의존하는 농민과 달리 이들은 자기 소가족의 생계를 책임지는 자로서의 책임감과 근로의욕, 생활력, 경영계산 능력을 갖고 있었다. 이런 의미에서 조선 후기 소농사회는 공동체의 경제적 역할이 컸던 여타 후진사회보다 높은 수준의 문명이었다.[4]

국가 중심의 이러한 재분배체제는 19세기에 들어와 심각한 해체 양상을 보인다. 우선 정부 재정이 궁핍해지고 환곡제도는 허구화되

대군의 척후

었으며, 농민들은 민란을 일으켜 국가의 수취체제를 근본적으로 부정했다. 예컨대 1776~1880년간 중앙 각사各司와 각영各營의 연말 재고액(시재전문時在錢文)은 해마다 변동이 심한 가운데 1809년을 정점으로 감소하였다. 재정 적자가 지속된 것인데, 그 이유는 총 토지면적 중 큰 비중을 차지하는 궁방전, 서원전 등의 면세전과 은결隱結 등의 면세결(1804년에 전체 결수의 45퍼센트 정도)이 계속 증가하여 출세실결수出稅實結數가 감소했으며, 또 실상납實上納도 출세 실결에 대해 대개 10퍼센트 전후 혹은 그 이하로 부족했기 때문이다.[5] 이것은 경지가 실제로 감소하거나 국가의 토지 파악 능력이 약화된 데서 비롯된 일로서, 결국 국가의 위기를 의미하였다. 또 18세기 후반에 1,000만 석에 달했던 환곡은 1860년대에는 400만 석으로 격감해서, 사실상 풍흉에 대응한 진휼賑恤 기능은 못 하고 재정수입의 수단으로서 농민 부담만 증가시켰다. 이에 대한 농민의 반발은 1862년 남부 지방의 70여 군현에서의 민란으로 폭발해, 1894년 동학농민운동에서 절정에 달했다.[6]

그 기저에서는 농민의 영양 상태의 악화와 생활 수준의 저하로 사망률이 상승하고 인구가 감소해 갔다. 인구는 17세기 중엽에서 18세기 중엽 사이에 빠르게 증가했으나 18세기 후반부터는 정체해 1810년대에 1,850만 명에서 1,620만 명으로 격감했고 그 후 완만하게 증가해 갔다. 19세기 초의 이 심각한 인구 감소는 영양 상태와 생활 수준의 악화로 인한 사망률 상승에 기인한 것으로 추정되고 있다. 1호당 경지면적이 정체한 가운데 노동생산성과 토지생산성이 하락해 실질소득이 감소한 것으로 파악되고 있다. 13개 지역에서의 토지 단위면적당(두락斗落당) 평균 지대량은 1700년 전후 15두이던 것이 1800년 전후에는 10두로, 그리고 1900년 전후에는 5두로까지 낮아졌다. 수확량의 절반을 지대로 수취하는 병작반수竝作半收 관행에 큰 변화가 없었음을 고려하면, 이 지대량의 감소는 생산성의 하락에서 기인한 것으로 판단된다. 그리고 생산성 하락은 산림황폐화와 지력 고갈, 수리관개시스템의 붕괴에서 기인한 것으로 추정된다. 이 생산성 하락은 실질임금의 하락을 초래하였다. 양반가의 일기나 가계부에 기록된 날품팔이나 머슴의 임금 기록을 보면 19세기 후반 농촌의 실질임금은 1/3 수준으로 하락한 것으로 나타난다.[7]

또 18세기까지 발달했던 상업도 장시場市 수의 추세적 감소에서 나타난 것처럼 쇠퇴했다. 예컨대 1770년과 1872년의 약 100년 사이에 충청, 경상, 전라 3도의 장시 총수는 649개에서 521개로 20퍼센트나 줄었다. 단순히 수만 줄어든 게 아니었다. 지역간 시장통합도 해체되었다. 지역간 가격의 공동성共動性이 약해졌다. 쌀값 자료가 가장 풍부하게 남아 있는 전라남도 영암 지역의 1713~1937년 연평균 쌀값의 시계열을 보면, 1850년대 이전에는 안정적 추세를 보였으나 그 이후에는 심한 변동성을 보였다. 더욱이 영암의 쌀시장과 다른 지역의 쌀시장이 별개로 움직이기 시작했다. 예컨대 서로 상당히 떨어져 있는 영암과 경주 지역의 연간 쌀값의 변동 방향과 변동의 정도는 18세기 중엽에는 거의 같았으나, 19세기에 접어들 무렵부터 달라지기 시작하여 19세기 후반에는 전혀 달랐다.[8] 이것은 18세기까지 하나로 통합되어 있던 각 지역시장이 19세기에는 분열·고립되었음을 말해주며, 한마디로 상업의 쇠퇴를 의미한다.

이렇듯 조선왕조의 경제가 쇠퇴한 근본적인 이유는 조선왕조가 재산권제도를 비롯한 효율적인 경제제도를 창출하지 못한 데 있지만, 직접적으로는 동아시아 국제무역에서의 고립이라는 국제적 조건과 상업의 독점구조화라는 국내적 조건이 중요한 이유였다.

18세기 조선왕조의 번영은 조선이 청국과 일본간의 중계무역을 담당한 데 크게 힘입었다. 17세기에 청나라는 대만을 점거한 명나라의 유민들을 봉쇄하기 위해 바다에서의 자유항해를 금지했고, 그로 인해 일본이 원하는 중국 견직물은 조선의 중계무역을 거쳐야만 했다. 조선은 중계무역으로 막대한 은을 얻었고, 이것으로 중국에서 물자를 구입하며 번영을 구가할 수 있었다. 그러나 18세기 중엽 이후 청과 일본이 직접 교역하게 되면서 조선은 국제무역에서 소외되었고, 대중 적자무역으로 인해 은이 지속적으로 유출되면서 결제수단이 부족해지자 교역을 축소해야 했고 그에 따른 경제침체를 면할 수 없었다.[9]

게다가 "비교적 자유롭던 상품의 유통경로가 18세기 말 이후 독점적 구조로 전환"했다. 조선 후기에 상업이 확대되자 중앙정부의 각급 기관과 왕실 재정기관(궁방)이 특정 객주권 등 영업독점권을 주는 대가로 과중한 상업세를 받기 시작했다. 상인의 숙박, 매매중개, 물품보관, 금융 등 원격지 상업에 필요한 기능을 지원하는 존재로 등장한 객주는 이제 권력에 기생하는 징세청부업자가 되었고, 그것이 상업의 쇠퇴에 일조했다.[10]

1876년 개항 이후 세계자본주의 시장경제로의 편입은 이처럼 위기에 빠진 재분배경제체제에 최후의 일격이 되었다. 개항 이후 쌀 등 농산물의 수출과 면직물 등 공산품의 수입을 중심으로 한 무역이 확대되면서 전통산업구조가 재편되고 새로운 상품유통로가 창출되었다. 갑오개혁정부는 현물공납제와 환곡제도를 공식 폐지하여 전통적 재분배체제를 폐기하고 시장경제체제로의 전환을 시도했다. 그를 위해 은본위제 화폐를 도입하려 했다. 이제 정부는 금납조세를 거두어 그것으로 필요 물자를 시장에서 구매하기로 했다.

물론 시장경제로의 이행이 일사천리로 진행되지는 않았다. 얼마 안 가 갑오개혁정권이 붕괴되었고, 여러 개혁조치들은 제대로 실행되지 않았다. 곧이어 대한제국이 수립되었지만, 혼란스러운 화폐제도, 조세금의 유용과 관리의 부패, 특권상업체제, 매관매직이 온존하고 횡행하여 낡은 재분배체제는 쉽게 해체되지 않았다.

우선 특권상업체제가 온존, 확대되었다. 1897년에 대한제국이 수립되자 각종 특권을 노린 회사의 설립이 급증했다. 예컨대 누룩회사나 시탄柴炭회사, 어상魚商회사, 미상米商회사와 같이 한 지역에서 특정 물종의 전매권을 가진 회사나 특정 지역간 무역을 독점하는 대가로 상업세를 바치는 선상船上회사 등 수세收稅 청부회사가 대거 설립되었다.[11] 이 특권 회사들이 대한제국기 회사의 발흥에서 큰 비중을 차지했다.

그림 2-1에서 보는 것처럼, 그 전까지 연간 10개를 넘기 힘들던 신설회사 수가 대한제국 전기(1897~1904)에는 연평균 20개를 넘었다. 이것은 개항 이후 국제무역을 중심으로 새로 상품경제가 발달하고 근대적 상업시설, 회사제도가 도입된 것, 근대적 지식이 보급된 것 및 대한제국정부가 식산흥업정책을 편 것 등에 힘입은 바 크지만, 또한 전보다 더 막강한 권한을 갖게 된 황실이 수입을 늘리기 위해 전매권이나 징세청부권을 가진 도고都賈[12]회사의 설립을 남발한 데도

그림 2-1 개항기 한국인 회사의 설립 상황

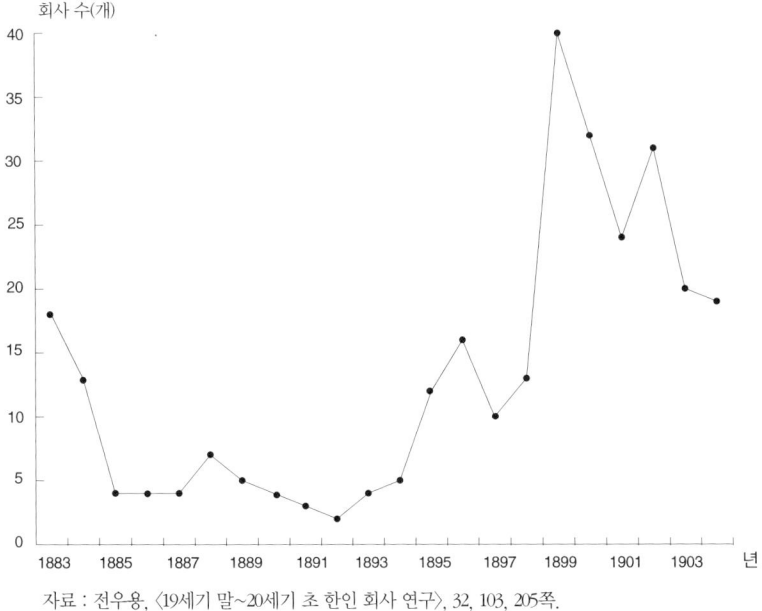

자료 : 전우용, 〈19세기 말~20세기 초 한인 회사 연구〉, 32, 103, 205쪽.

원인이 있었다. 특히 상업 부문에서 회사 설립이 활발했는데, 그 중에는 특정 물종의 유통과 판매를 독점하는 특권회사들이 많았다.[13]

정상적 기업활동과는 어긋나는 이 특권추구회사들은 유통을 독점하여 군소상인들을 수탈하는 기능을 했을 뿐, 중상주의정책의 체계성이 없었기 때문에 상업자본의 축적이나 국가 재정수입 증대에 기여하지 못했다.[14]

대한세국성부가 백동화白銅貨를 남발하여 화폐제도를 문란시킨 것도 경제활동에 혼란을 야기했다. 갑오개혁에서 은본위제도가 수립되었으나, 실제로 신식화폐가 대량으로 발행된 것은 대한제국기였다.

대한제국 황실은 주조 이익이 많은 보조화폐인 백동화를 남발하였고, 이에 민간에서도 백동화의 사주私鑄와 위조가 횡행했다. 상인들은 백동화를 처분하려고만 하고 받기를 꺼렸다. 그 결과 '악화惡貨가 양화良貨를 구축驅逐한다'는 그레샴의 법칙대로 시장에서는 갈수록 엽전이 자취를 감추고 백동화가 널리 퍼졌으며, 백동화 거래 지역과 엽전 거래 지역의 분단이 생겨 거래가 교란되었으며, 통화인플레가 일어났다. 1904년 물가는 10년 전인 1894년에 비해 3~5배 앙등했다.

재정에 있어서는 갑오개혁으로 조세가 금납화된 이후 지방관이 징수한 세금을 제3자에게 직접 지급하는 외획外劃이 행해지자, 연체나 미납, 횡령 등 지방관의 조세 유용이 만연했다.

부패한 정부가 만들어낸 이상과 같은 제도들은 결국 자기 노동으로 획득한 재산을 보호받지 못하게 함으로써 근로의 유인을 앗아갔다. 구한말 한국에 온 외국인들의 눈에 비친 한국인의 두드러진 특징 한 가지가 '게으름'이었다. 한국인들은 '가만히 서 있는 대신 움직여야 하는 이유'를 알지 못하는 듯 보였다. 한 한국인은 민정시찰에 나선 영국 영사 린들리에게 "관리들이 다 빼앗아 가는데 돈은 벌어서 무엇하느냐?"고 반문했다.[15] 1894~1897년에 한국을 방문했던 이사벨라 비숍은 한국여행기의 마지막에 이렇게 썼다.

한국의 농부들은 가장 열심히 일하는 계급이다. …… 그러나 이익이 안전하게 보호되고 보장된다는 보장이 없기 때문에 그들은 자신의 가족을 먹여살리고 옷을 입힐 정도로만 생산하는 데 만족하고 더 좋은 집을 세우거나 품위있게 옷을 입으려고 하지 않는다. 수많은 소작농

대군의 척후

들이 양반과 관료들의 가혹한 세금과 강제적 대부금 때문에……하루 세 끼를 마련할 수 있을 정도로만 경작한다.[16]

그러나 러일전쟁이 분수령이 되었다. 전쟁에서 승리한 일본이 한반도의 패권을 차지함과 더불어 시장경제체제로의 이행이 최종적으로 확정되었다. 일본은 1905년 이후 한국의 국권을 잇달아 침탈하면서 한국을 식민지로 만들어 갔지만, 그 과정에서 시장경제에 부합하는 여러 제도개혁을 단행하여 기업활동에 더 우호적인 환경과 유인체제incentive system를 조성했다.

우선, 일본은 화폐 및 재정개혁을 통해 좀더 시장친화적인 경제제도를 구축했다. 일본은 1905년의 백동화정리사업 및 1911년 조선은행의 중앙은행화를 통해 일본은행권을 본위화폐로 하는 화폐제도를 수립했다. 일본은행권을 일종의 정화준비로 하여 조선은행권을 발행한 것이었는데, 그 시행과정에서 여러 가지 폐해가 있었지만, 그후 조선내 통화의 가치는 안정되었고, 이 상태는 1937년 중일전쟁이 일어날 때까지 유지되었다.

또 일본은 1906년 재정개혁의 일환으로 종래 중간횡령과 수탈을 일삼았던 서리胥吏층을 배제하고 재무감독국-재무서로 이어지는 징세기구를 수립하여 제일은행 지점 및 출장소에서만 국고금을 취급하는 금고를 운영했던 바, 이로써 중간 관료층에 의한 자의적인 수탈과 횡령의 가능성이 낮아졌다.

나아가 일본은 특권회사체제도 혁파했다. 통감부는 1906년 10월 칙령 '각종 인허의 효력 및 기한에 관한 건'을 발포하여 특권회사에 대한 통제에 나섰다. 회사가 각종 인허를 기한내에 착수하지 않거나 임의로 인허가권을 타인에게 양도한 경우 그를 무효화하여 전에 부여된 특권을 박탈하였다. 그리고 합방후인 1910년 12월에 총독부는 제령 13호로 조선회사령을 공포했다. 총독부가 내건 명분은 "관청의 허가에 의해 사업의 독점권을 얻은 것처럼 선전하여 우민愚民을 속이고 부당한 이득을 탐하고자 하는 조선인 회사의 통폐通弊"를 없애겠다는 것이었다.[17]

이러한 제도개혁 조치들은 종래 만연했던 관료 상인층의 지대추구rent-seeking 행위를 억제했다. 경제학에서 지대economic rent란 토지처럼 공급이 제한되거나 비탄력적인 생산요소의 소유자가 생산요소의 기회비용 이상으로 얻는 몫을 의미한다. 특권상업의 경우처럼 국가가 영업독점권을 설정하여 특정인에게 부여하면, 독점권을 얻은 상인은 공급 제한에서 오는 독점적 이윤, 곧 지대를 얻을 수 있다. 이렇게 되면 국가로부터 영업독점권을 얻기 위한 경합, 곧 지대추구행위가 발생한다. 왕족·관리의 매수, 뇌물공여, 그 인척의 고용 등이 그것인데, 이는 결국 자원의 낭비를 초래한다.[18]

이제 경제적 지대가 부정됨으로써 기업활동에 더 우호적인 유인체제가 만들어지고 자원이 더 생산적인 용도로 흘러가게 되었다. "만약 투자 기회와 효율적 유인이 있다면 농민들은 모래를 금으로 만들어낼 것이다"[19]라는 말은 경제활동에 있어 유인체제가 얼마나 중요한지를 단적으로 시사한다.

그렇다면 시장경제의 도래와 더불어 한국의 산업은 어떻게 재편되었을까?

탈脫공업화에서 공업화로

　제국주의 국가의 식민지 혹은 반식민지로 전락한 대부분의 지역은 식민 본국에 농산물이나 광산물 등 1차산품을 수출하고 그로부터 공업제품을 수입하게 되었으며, 그 산업구조는 1차산업 일변도로 개편되었다. 예컨대 일찍이 영국에 면직물(캘리코)을 수출했던 인도는 영국의 산업혁명 이후에는 영국으로부터 면제품을 수입하는 신세가 되었다. 1830~1880년 사이에 면포 수입량은 31.9배로, 면사 수입량은 9.8배로 급증했다.[20] 그만큼 인도의 토착 면직물 공업은 쇠퇴하였다.

　일본에 의해 개항을 강요당하고 결국 식민지로 전락한 우리나라도 이와 비슷하였다. 무역이 급증하는 가운데 쌀 등 농산물을 주로 수출하고 면제품 등 공업제품을 수입하는 무역체제, 미면米綿교환체제가 성립했으며, 그에 따라 산업구조도 재편되었다.

　개항 이후 무역액은 급증하였다. 개항기인 1876/8~1908/10년 사이에 수출액은 143배로, 수입액은 21배로 커졌다. 일제하에서도 1910~1939년 사이에 수이출輸移出액은 51배로, 수이입輸移入액은 35배로 커졌다.[21] 무역액이 생산액보다 더 빨리 증가하였다. 그 결과 총생산액에 대한 무역액의 비율은 해가 갈수록 높아져, 1910년대에 평균 23.4퍼센트이던 것이 1920년대에는 41.7퍼센트로 상승하였다. 이 비율은 1930년대에는 더욱 높아져 54퍼센트나 되었다.

　무역의 구성을 보면, 먼저 1920년대 말까지는 수이출품의 거의 80~90퍼센트는 목재, 석탄, 조면繰綿, 원유, 광물 등의 원료품, 생사生絲, 금속판류, 경화유硬化油, 어유魚油, 코크스 등의 원료용 제품, 또 쌀, 수산물, 엽연초, 잡곡 등의 식료조食料粗제품이었다. 그 중에서도 식료조제품이 압도적이었다. 그리고 원료품 및 원료용 제품에서는 철광, 선철, 석탄, 면화, 생사류가 그 비중이 컸다. 특히 생사류는 1910년대 전반에 전체 수이출의 1퍼센트에도 못 미쳤으나 그 후 급증하여 1920년대 후반에는 5.7퍼센트를 차지하게 되었는데, 이는 가액으로는 140여 배나 증가한 것이었다.

한편 수이입의 절반 가량은 일관하여 완제품이었다. 수이입 무역에서 완제품의 비중은 1920년대 말까지 다소 감소하다가 그 후 다시 증가했다. 이에 따라 완제품의 비중 자체는 1910 · 1920년대에 비해 1930년대에 거의 달라지지 않았다. 그러나 그 내역을 살펴보면 1910 · 1920년대에는 방직제품 등 소비재 위주이던 것이 1930년대에는 기계기구, 금속제품 등 생산재 위주로 확연히 바뀌었다. 예컨대 섬유제품은 1910년대에 전체 수이입의 약 25퍼센트 가량을 차지하였으나, 그 후 1920년대 말에는 전체의 약 15퍼센트로 비중이 낮아졌다.[22]

이러한 무역상품 구조는 제국주의가 식민지를 식량공업원료의 공급기지, 공업제품의 판매시장으로 만든다는 고전적 제국주의론의 예견에 들어맞는다. 이것은 조선의 비교우위-열위구조를 반영한 것이었다. 1920년대 말까지 수이출품의 대종을 이룬 쌀, 콩 등 농산물, 조면, 생사, 선철 등의 원료용 제품, 철광석, 석탄 등의 원료품의 순으로 비교우위가 있었던 반면, 섬유제품을 비롯한 공업 완제품이 비교열위에 있었다.

이러한 비교우위-열위구조를 낳은 것은 개항 이후의 농공간 상대가격체제였다. 농공간 상대가격체제는 면직물과 대비한 쌀의 상대가격으로 나타낼 수 있는데, 그 가격은 개항 이후 상당히 심한 단기적 변동을 보이면서도 꾸준히 상승했으며, 일제하에도 그 추세는 다소 둔화된 가운데서도 계속되었다.

아래 그림의 세로축 수치는 수출 쌀(정미) 1석당 가격을 수입 면직물(생금건) 1반당 가격으로 나눈 것으로, 쌀 1단위로 구입할 수 있는 면직물 단위수를 나타낸다. 추세선이 우상향하는 것은 해가 감에 따라 쌀 1단위를 수출하여 더 많은 면직물을 구입할 수 있게 되었음을 말한다. 다시 말해, 면직물에 비해 쌀이 비싸진 것이다.

이러한 상대가격의 변화는 국내 면공업에서의 생산성 향상에 따른 비용 및 가격의 하락에서 비롯된 것이 아니라 국제시장으로부터

그림 2-2 개항 이후(1881~1929) 면직물 대비 쌀의 상대가격 추이

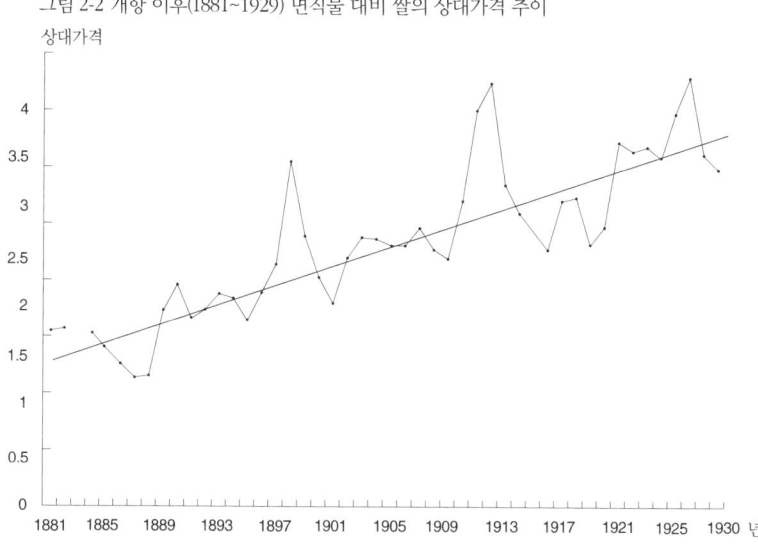

주 : 1907년까지는 쌀 1석당 가격을 생금건 1반당 가격으로 나눈 것이며, 그 이후는 쌀 1석당 가격을 생금건생시팅 1반당 가격으로 나눈 것.
자료 : 1907년까지는 오두환, 《한국근대화폐사》, 한국연구원, 1991, 21쪽, 그 이후는 《조선무역연표》.

주어진 것이었다. 값싼 면직물이 수입되는 반면, 쌀은 더 값비싼 외국(일본)으로 수출됨에 따라 그 가격이 올라, 결국 면직물에 대한 쌀의 상대가격이 오른 것이다.

그런데 이러한 변화는 개항 전 전통사회, 즉 18세기나 19세기 전반의 상대가격 추세와는 달랐다. 예컨대 1600~1850년의 250여 년간 서울에서의 쌀과 면포의 교환 비율은 쌀의 풍흉에 따라 단기적으로 변동했으나, 장기적으로는 쌀 1석=면포 2~3필로 상승도 하락도 아닌 매우 안정적인 추세를 보였다. 또 18~19세기 경주 지방에서의 재화가격의 추이를 보면, 쌀에 대한 직물의 상대가격은 18세기 후반과 19세기 전반에 걸쳐 상승세를 보였다.[23]

직물의 상대가격이 상승하는 것은 직물 생산의 수익성이 높아지고 따라서 그 생산이 확대될 수 있는 조건이 된다. 반면 직물의 상대가격이 하락하는 것은 국내 면직물 직조의 수익성을 떨어뜨린다. 가격 하락으로 수익성이 떨어진 면공업이 위축되고, 가격이 상승해 수익성이 좋아진 쌀농업이 확장되는 것은 당연한 귀결이다. 더 우수하고 저렴한 근대 공업제품이 이입됨으로써 조선의 동종 재래수공업 제품은 시장에서 밀려나고 그 제조공업은 위축되었다. 이미 개항기부터 쌀과 콩 등의 생산이 늘었다. 일제하에서는 산미증식계획이라는 농업개발정책이 추진됨으로써 농업은 더욱 확장되었다. 그 결과 산업구조는 1차산업 일변도로 개편되었다.

이러한 변화는 전형적으로 경제학이론에서 제시하는 바와 같이, 대외개방 이후 비교우위 부문으로의 특화에 해당한다. 우리나라의 경우에는 비교우위에 따른 특화는 곧바로 탈공업화deindustria-lization였다. 다음의 그림 2-3은 경제학원론 수준에서 농-공업 2부문 모형을 바탕으로 탈공업화 현상을 간단히 도식화한 것이다. 전통경제는 개항 전 생산가능성곡선상의 A점에서 생산-소비를 하고 있었으나, 개항 후 가격선 PP에서 가격선 P'P'로 국제시세대로 농산물 가격이 상대적으로 상승(=공산물 가격이 상대적으로 하락)함에 따라 생산이 B점으로 바뀌고(농산물 생산을 늘리고 공산물 생산을 줄임), 대신 농산물을 수출하고 공산물을 수입하여 예컨대 C점에서 소비를 하게 된다.

그렇지만 식민지 조선은 농업식민지로 고착화되지 않았다. 1920년대 초부터 서서히, 그리고 1930년대에 들어와서는 급속히 공업이 발달하기 시작하였다.

우선, 국내 산업생산 중 공업생산의 비중이 커졌다. GDP 중 공업부문 순생산의 비중은 1910/12년~1936/38년 사이에 2.9퍼센트에서 17.7퍼센트로 증가했다.[24] 또 최근의 본격적인 GDP 추계에 의하면,

그림 2-3 대외개방에 따른 산업구조의 변화(=탈공업화)

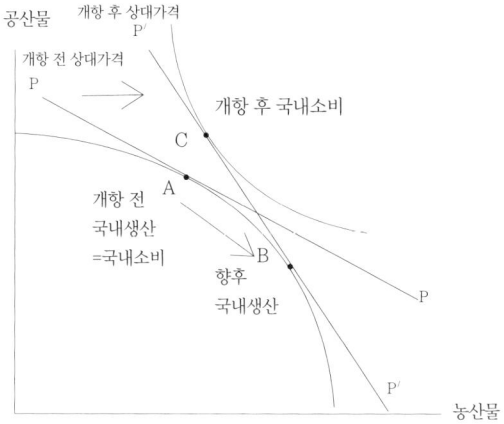

GDP 중 제조업 비중은 1910년대 초 3.8퍼센트에서 1930년대 말 14.6퍼센트로 커졌다.[25]

다음으로, 무역에서도 공산품의 수출이 급증했다. 1930년대에도 수입 중 공업완제품의 비중은 전과 별반 달라진 바 없으나, 수출 중 원료용 제품 및 완제품의 비중이 대폭 커졌다. 공업제품을 수입하면서 수출하는 무역구조가 자리 잡은 것이다.

또, 국내 공산품 소비 중 자급분이 급증했다. 다음 그림 2-4에서 보는 것처럼, 공산품의 조선내 생산액을 소비액으로 나누어 구한 공업제품 자급률은 1920년대 초에서 1930년대 중엽의 기간 중 다소 낮아졌다가 회복되는 정도에 그쳤다. 그러나 공산품 소비 규모가 급증했으므로 공산품의 조선내 자급분 역시 급증했다.

요컨대 공업제품의 일본으로부터의 이입과 조선내 생산은 병행해서 급증했다. 비교우위론의 단순한 예견과는 달리 일제하에서 조선내의 공업은 결코 위축되지 않았고 오히려 대대적으로 확장되었다.

그 대표적인 부문이 면방직공업이다. 그 발달 사실은 그림 2-5에 단적으로 잘 나타나 있다. 1910년 한일합방 당시에는 이미 기계제 생산에 의한 수입품이 시장을 지배하기에 이르렀고 자급률은 20퍼센트 이하로 매우 낮았다. 그 후 한동안은 수입량이 계속 증가했지만 조선내 생산도 증가하기 시작했다. 전체 시장이 확대되면서 조선내 기계제 제품의 생산도 증가한 것이다. 수입 증가율보다는 조선내 생산의 증가율이 더 높아 자급률은 점차 높아져 마침내 1930년대 후반에 수입대체가 완료되기에 이른다.

다른 식민지 종속국 중에서는 비교우위원리에 따라 극단적인 1차

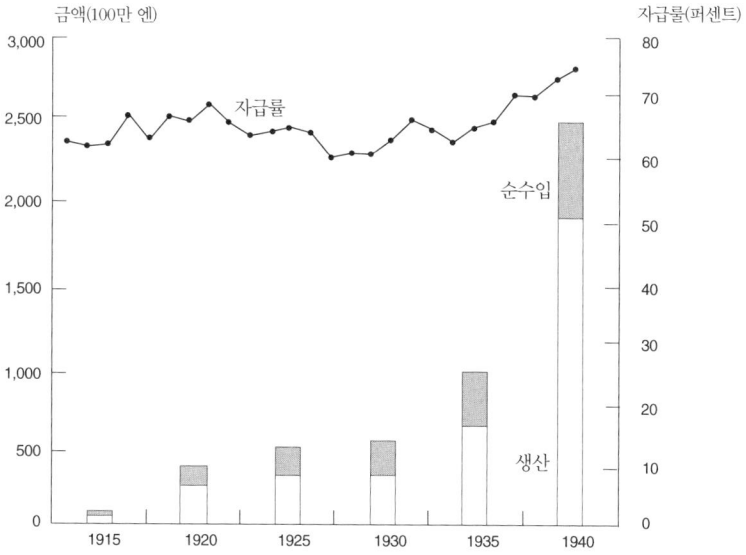

그림 2-4 공업제품의 생산과 무역, 소비

자료 : 《조선총독부통계연보》; 《조선무역연표》

산업에의 특화, 그것도 극소수 품목만 생산하는 단작화monoculture
가 진행된 곳도 있었다. 이런 경우 공업화는 불가능했다. 그렇지만
식민지 조선은 탈공업화의 함정에 빠지지 않고 공업화로 나아갔다.
어떻게 이것이 가능했을까?

　종래에는 이 공업화를 정책 요인으로 설명했다. 대륙병참기지론과
같이 1930년대에 군수공업화가 진행되었다거나, 일본의 필요에 따
라 식민정부가 선택한 공업 부문만 그 지원과 보호 덕분에 발전했으
며 따라서 공업화가 위로부터 '강요되었다imposed'는 주장이다.[26]

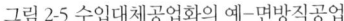
그림 2-5 수입대체공업화의 예-면방직공업

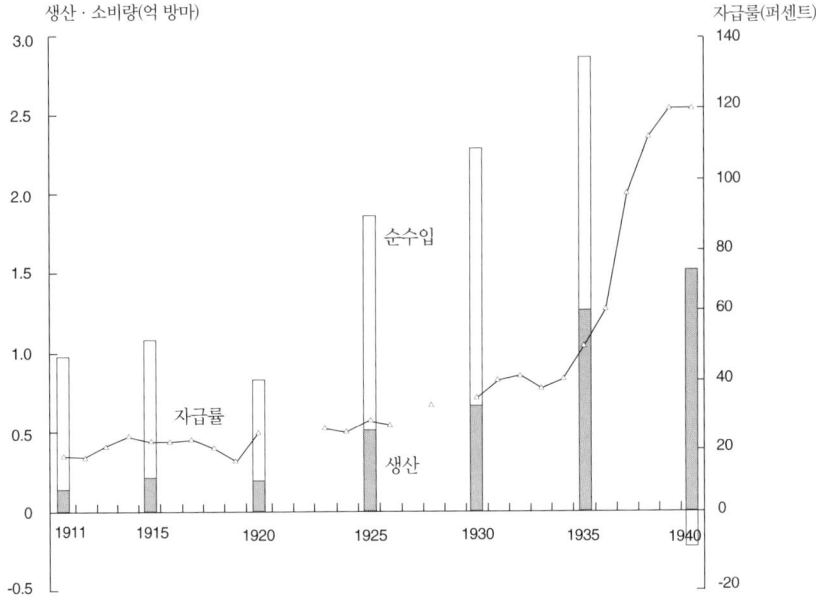

주 : 1910년에 관해서는 생산량 통계가 없음.
자료 : 부표 15와 같음.

근래까지도 이러한 견해는 하나의 상식으로 남아 있다. 예컨대 현행
고등학교 국사교과서에는 공업화가 일본 독점자본의 진출 및 병참
기지화정책에 의해 진행된 것으로 서술되어 있다.

그러나 이러한 전통적 견해는 잘못된 것이다. 왜냐하면 일제 말
전시체제 전까지는 공업화정책이라 할 만한 것이 없었기 때문이다.
잘 알다시피 1930년대 초까지만 해도 산미증식계획과 같이 농업을
적극적으로 개발하는 산업정책이 추진되었을 뿐 공업개발정책은 없

었다. 1930년대에 들어서 산미증식계획이 중단되지만 재정금융수단을 동원한 공업화정책은 역시 없었다. 일례로 1926~1937년간 농업 토지개량사업에 대한 정부지원금은 연간 315만 엔이었으나, 1920~1936년간 공업 부문에 대한 보조금은 연간 17만 엔에 불과해서, 조선총독부가 농업과 달리 공업은 그저 방치했음을 말해준다.[27]

실증적 근거가 없는 이러한 견해가 오랫동안, 그리고 지금도 버젓이 많은 연구자와 대중의 머릿속에 자리잡고 있다. 여기에는 제국주의가 마음만 먹으면 식민지에서 공업화를 할 수 있으리라는 생각이 깔려 있다. 그래서 일본이 대륙침략을 위해 군수공업화를 추진했다고 본 것이다.

그러나 내세울 만한 공업화정책이 없었다면 공업화는 시장요인을 중심으로 해서 설명될 수밖에 없다. 일례를 들면 국제시장에서 공산물에 대한 농산물의 상대가격이 하락해 농산물보다는 공산물의 생산이 더 유리해지자 공산물 생산이 늘어났다는 것이다. 그렇지만 실제로 농공간 상대가격이 바뀌어서 비교우위가 공업 부문으로 옮겨가고, 그에 따라 공업 부문에의 특화가 진행된 것은 아니었다. 1920~1930년대를 통틀어 농공간 상대가격에는 큰 변화가 없었다. 농산물의 상대가격은 1920년대 중엽부터 1930년대 초 농업공황기까지 떨어졌다가 그 후 1930년대 후반까지 재차 상승했다.

상대가격의 변화가 부문별 생산의 동향을 좌우한 것이 아니라면, 부문별 생산성 향상의 차이에서 비교우위의 변화를 찾을 수밖에 없다. 상대가격에는 추세적 변화가 없더라도, 공업 부문에서의 생산성이 농업 부문에서의 그것보다 더 빠르게 상승한다면 공업 부문의 수익성이 더 좋아지고, 따라서 비교우위 부문이 농업에서 공업으로 바뀌게 된다. 이는 아직 본격적으로 실증되지 않는 가설 수준의 논의이다. 하지만 공업 부문에서의 급속한 학습, 한국인의 근대공업기술 및 지식에 대한 빠른 적응을 통한 생산성 향상밖에는 일제하의 한국이 탈공업화의 함정에서 벗어난 것을 설명할 길이 없다.

그렇다면 전반적 공업화 속에서 한국인 공업은 어떤 동향을 보였는가?

한국인의 손으로

일본이 한국을 강제 합병할 무렵 국내 공업 발전 수준은 낮았고 전체 경제에서 주변적 지위에 머물러 있었다. 한국은 압도적으로 농업 위주의 사회였다. 예컨대 1909~1910년 민적民籍 조사에 의하면 농업호가 86.3퍼센트, 상업호가 6.3퍼센트인 반면, 공업호는 0.8퍼센트에 불과했으며, 날품팔이가 2.5퍼센트를 차지하였다.[28] 가내수공업이 공산물의 주종을 이루었고, 농업과 공업을 겸하는 층이 전업적 수공업자층보다 훨씬 많았다. 결국 한국인 공업이란 가내부업 정도의 매우 보잘것없는 것이었다.

현재 조선의 공업으로서는 하등 볼 만한 것이 없고 직물업, 제지업, 요업, 양조업 및 금속기업 등이 간신히 목숨을 유지하고 있지만 어느 것이나 대개 농가의 부업副業에 지나지 않고 간혹 단독으로 경영하는 자 없는 것은 아니나 아직 분업 방법이 발달되지 않아 공장을 설치한다든가

하는 것은 거의 없다. 요컨대 아직 부업적 공업의 지경을 벗어나지 못해, 근래 일본인의 여러 공업을 경영하는 자를 빼고서는 조선인으로서 기계를 이용한 공업을 경영하는 자를 도저히 찾을 수 없는 상황이다.[29]

《조선총독부통계연보》에 의하면, 1911년 종업원 10인 이상 또는 원동기를 사용하는 작업장으로서 한국인 공장 수는 직물업 9개, 요업 15개, 정미업 16개 등 총 66개에 불과했다. 그 총 직공 수가 2,400명 가량으로 공장당 평균 직공 수는 40명이 채 안 되었다. 서울의 직물업공장을 열거하면, 김덕창염직공장이 건평 30평에 직공 31명, 경성직뉴가 건평 81평에 직공 45명, 현오여자직조전습소가 건평 180평에 직공 34명, 공진사공장이 건평 42평에 직공 40명, 한양직조장이 건평 21평에 직공 14명이었다. 그나마 이 공장들은 모두 1910년을 전후해서 문을 연 것이었다. 즉 한일합방을 전후한 시기에 한국인 공장이라고는 전국에 중소공장 몇 십 개뿐이었고 그나마 막 새로 생긴 것들이었으니, 당시 한국의 공업이 얼마나 낙후되어 있었는지를 알 수 있다.

그러나 식민지기를 통해 한국인 공업은 빠르게 성장하였다. 한국인 공장은 1910년대와 1920년대를 통해 그 수와 자본금, 종업원 수 등에서 급속히 성장하였다.

가장 두드러진 것은 공장 수의 증가였다. 1914~1928년의 15년이 채 안 되는 기간에 공장 수는 175개에서 2,751개로 16배 가까이 증가했다. 특히 1910년대 후반기는 한국인 공업의 성립기라 불릴 만하다. 그 후 1920년대에는 증가율이 다소 둔화되었다.

이 한국인 공장의 증가세는 일본인 공장의 증가세를 능가하였다. 한국인 공장의 수는 1910년대 초에 전체의 1/4에도 못 미쳤으나 1920년대 초에는 전체의 절반 가까이 차지하였다. 마침내 1927년부터 한국인 공장 수가 일본인 공장 수를 추월하였다. 또 공장 수의 증가세만은 못하지만 한국인 공장의 생산액, 종업자 수도 일본인 공장의 그것보다 빨리 증가하였다. 생산액 면에서 한국인 공장의 비중은 1914년의 7퍼센트에서 1920년 12퍼센트로, 그리고 1928년 23퍼센트로 대폭 상승하였다.[30]

1910년대 후반~1920년대 초가 한국인 공업의 성립기였다. 한국인 공장 수가 1916년을 경계로 그 이전과 다른 모습을 보였으니 바로 증가폭에서 뚜렷한 전환이 일어났다. 그 생산액과 자본금은 1918년에, 기관 수 및 마력 수는 1922년에 뚜렷한 전환을 보였다. 이로써 한국인 공업은 '공장제공업'이라는 새로운 단계에 진입하였다.[31] 이 것은 1차 세계대전기에 비약적으로 발전한 일본자본주의의 호황이 조선내 상공업을 자극한 것과 1910년대 조선내 상공업 활동을 속박했던 회사령이 1920년에 폐지된 것에 크게 영향을 받았다.

한국인 공장 수는 1930년대에 두드러지게 증가했다. 1930~1939년 사이에 한국인 공장은 87퍼센트나 증가했지만, 일본인 공장은 38퍼센트밖에 증가하지 않았고, 한국인 공장의 비중은 1938년에 63퍼센트가 되었다. 또 업종별로도 종래의 정곡업精穀業, 주조업酒造業 대신 기계기구공업 등 새로운 업종에서 확장이 두드러졌다. 물론 1930년대에는 조선질소朝鮮窒素(주) 흥남비료공장과 같이 일본인 대공장이 대거 설립되었으므로 생산액 면에서도 한국인 공장의 비중이 반드시 커졌다고는 할 수 없다. 그러나 전반적인 공업생산, 공장생산의 급속한 확장 속에서 한국인 공업이 확장되고 있었음은 틀림없다.

이것은 회사자본 측면에서도 확인된다. 한국인 회사의 경우 1930년대 공업화기에 일본인 회사보다 먼저 확장 국면에 들어갔고 1933~1936년간에는 확장세도 더 두드러졌다. 그 결과 1930~1937년에 일본인 회사의 납입자본금이 2.6배가 된 반면, 한국인 회사의 그것은 2.9배가 되었다.[32] 이를 감안하면 1930년대 한국인 공업의 확장도 단순히 일본인 공업의 확장을 따라간 것이 아니라 그와 어깨를 나란히 했다고 할 수 있다.

그러나 이러한 성장에도 불구하고 한국인 공업은 일본인 공업에 비해 크게 뒤떨어져 있었다. 특히 근대적 업종에서 한국인 공업은 일본인 공업에 압도되었고, 정곡업이나 양조업과 같이 공정과 기술이 단순한 농산물가공업에 편중되어 있는 등 업종 면에서도 심한 낙후성을 보였다.

한국인 공업의 이러한 동태적 및 정태적 특징만을 근거로, 한국인 공업이 꾸준히 발전했으나 일본인 자본에는 여전히 미치지 못했다는 해석으로 그치는 것은 적절치 못하다. 한국인 공업이 일본인 공업에 압도당한 것은 식민지화로 인해 해당 업종의 한국인 자본이 몰락했기 때문이 아니라 한국인 자본이 조선에 새로 생긴 업종에 아직 진출하지 못했기 때문이다. 즉, 식민지화 이전 조선산업의 극심한 낙후성이 이 시기에까지 그 자취를 남겼던 것이다. 한국인 공업이 작은 비중이나마 차지한 것은 바로 식민지기에 지속적으로 성장한 덕분이었다.

시간의 경과와 더불어 각 업종내에서 한국인 공업의 비중, 지위가 어떻게 변해갔는가가 중요할 것이다. 이를 알아보기 위해, 각 업종별 공장생산액 중 한국인 공장의 비중 추이를 보자.

1920년과 1928년 각 업종별로 비교해 보면, 많은 업종에서 한국인 공장의 비중이 커졌음을 알 수 있다. 1920년의 36개 업종 중 1928년에 한국인 공장의 비중이 높아진 것은 제면업, 제사업, 정련업, 금속공업, 염료제조, 양조업, 정곡업, 국수제조, 제염업, 통조림, 비료제조, 인쇄, 가스전기 등 13개 업종이었고,[33] 비중이 작아진 것은 피혁제조업, 제유업, 연초제조, 성냥제조업 등 4개 업종이었다. 요컨대 한국인 자본의 비중이 커진 업종이 그것이 작아진 업종보다 훨씬 더 많았다. 그밖에 고무공업, 누룩제조업 등 한국인 자본이 우세한 새 업종이 나타났다.

이들 중 고무공업이나 정련업 등은 메리야스공업과 더불어 한국인이 새로 진출한 근대적 공업이었고, 제면업이나 제사업, 양조업, 정곡업 등은 종래의 가내공업이 공장공업으로 바뀐 것이었다. 제면업, 제사업, 정곡업은 일본으로 원료·농산물 및 공업제품을 수출함으로써 확대된 업종이었는데, 이 업종들에서 한국인 공장의 비중이 증대된 것은 식민지화와 더불어 도래한 새로운 경제적 기회에 한국인이 적극 대응한 결과였다.

일제하 조선의 근대공업은 외부로부터 이식된 것이지, 전통적 재래공업이 근대화한 게 아니었다. 이식된 근대공업은 대부분 일본인이 담당했다. 이와 관련해, 한국인 공업이 단지 전통적 가내공업의 확장 형태에 불과하였으며 그것이 수적으로 크게 늘어났으나 근대공업으로 전환하지는 못했다고 보는 논자도 있다. 예컨대 서상철은 "한국인 공업은 단지 전통적 가내공업의 확장 형태였다. ……우리 관심에서 특히 중요한 것은 토착공업이 근대적 공업으로 전환하는 데 실패했다는 것이다. 그 대신 그것들은 단지 작업 규모를 확대하고 고용된 노동자 수를 늘리며 그리하여 관청통계에서 '공장'으로 재분류되었을 뿐"이라고 주장하였다.[34] 그렇지만 이러한 인식은 일제하 한국인 공업의 동향을 정확히 파악한 것이 아니다. 한국인 공장은 근대공업 부문에 진출하고 그 지위를 향상시킴으로써 일제 초기의 낙후성을 극복해 가고 있었기 때문이다.

한국인 공업 중에는 메리야스공업이나 고무공업과 같이 한국인이 일본인보다 우위를 점한 경우도 있었고, 방직공업이나 제면업, 제사업 같이 일본인의 압도적 우위 속에서 한국인이 새로 그 부문에 진출하여 일각을 차지한 경우도 있었다. 그리고 정미업이나 주조업과 같이 전통적으로 유지되어 온 독자적 영역에서 근대화를 이룩한 경우도 있었다. 한국인이 진출한 근대공업 업종의 수는 많지 않으며 그나마도 대부분 일본인에 비해 열세에 있었지만, 한국인 공업이 새로 생겨나고 급속히 발달했다는 사실은 부정할 수 없다.

그렇다면 한국인 공업이 급속히 발흥한 것은 어떤 요인 때문이었을까? 이를 학습대상, 주체적 조건의 형성이라는 두 측면에서 살펴보자.

1) 일본인 자본의 자극

조선에 진출한 일본인 자본은 한편으로는 한국인 자본의 사업기회를 선점했지만, 다른 한편으로는 한국인의 기업활동에 선례요 모델이 되었다. 전자는 한국인 공업의 성립에 부정적으로, 후자는 긍정적으로 작용했다고 볼 수 있는데, 어느 방향의 작용이 더 우세한가는 산업에 따라, 기업에 따라 달랐다.

일본인 자본은 크게 회사 형태를 취한 것과 그렇지 않은 것(개인경영 형태의 자본)으로 나누어진다. 또 회사는 조선내에 본점을 둔 회사와 조선밖의 본점이 조선내에 지점을 둔 회사로 나누어진다. 개인경영 자본보다는 당연히 회사 형태의 자본이 압도적으로 컸으며, 본점회사의 자본이 지점회사의 자본보다 압도적으로 컸다. 1931년 조선은행의 추계에 의하면, 당시 조선내 사업회사자본 중 조선에 본점을 둔 회사의 자본이 약 80퍼센트를 차지하고 지점회사의 사업자본이 20퍼센트 가량을 차지하였다고 한다.[35] 따라서 일본인 본점회사의 추이로써 일본인 자본의 조선 진출 상황을 대표할 수 있다.

민족별 회사에 관한 《조선총독부통계연보》와 기존 연구의 통계를 종합해 볼 때, 일본인 회사자본은 1910년대 말과 1930년대 중엽 이후의 두 시기에 걸쳐 급증하였다. 다음의 그림 2-6에서 보는 것처럼, 회사 수는 1917년부터 급증하여 1930년대 초까지 거의 매년 전년 대비 두 자리 수의 증가율을 보이고, 그 이후 증가세가 둔화되었다. 그 납입자본은 1918년부터 1920년까지 3년간 연간 증가율이 50퍼센트에 달할 정도로 급증한 후 1920년대 중엽까지 정체 상태에 있다가 이후 계속 증가하였는데, 특히 1934년 이후 1940년대 초까지 매년 두 자리 수의 높은 증가율을 보였다.

1910년대 말 일본인 회사자본이 급증한 것은 1차 세계대전 후 일본자본주의가 호황의 절정국면에서 보인 '식민지 기업열企業熱'의 결과였다. 당시 일본에서는 조선에 진출하여 회사를 설립하는 것이 붐을 이루어, "주식시장의 경우 한 때는 '조선' 이라는 두 글자를 붙인 회사의 주식은 그 내용 여하를 불문하고 매진"될 정도였다.[36]

  이처럼 일본인들 사이에서 조선관계 회사의 설립이 쇄도하는 상황 속에서 한국인 회사도 발흥기를 맞았다. 한국인 회사자본은 1919년부터 1921년까지 급증하였다. 일본인 회사자본의 발흥과 1년 정도의 시차가 있는 것인데, 이는 일본인의 회사설립이 한국인의 회사설립에 영향을 주었다는 것을 말해준다.

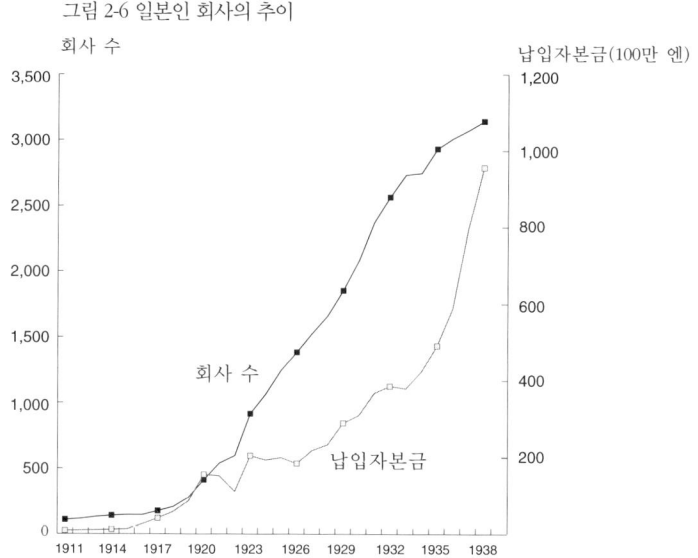

그림 2-6 일본인 회사의 추이

주: 1922년까지는 조선인-일본인 합작기업을 포함 안함. 1923년 이후는 일부 포함.
  자료: 1922년까지는 《조선총독부통계연보》, 1923년 이후는 주익종, 〈일제하 조선인 회사자본의 동향〉, 《경제사학》 15, 1991.

일본인 자본의 진출이 한국인 자본의 성립에 어떤 자극을 주었는가를 일본에서 직접 진출한 일본인 자본(주로 대자본)과 조선에서 성장한 일본인 자본(주로 중소자본)의 두 범주로 나누어 살펴보자.

　먼저, 본국에서 직접 진출한 대자본의 경우를 보자. 1910년대부터 일본의 재벌자본을 포함한 대자본이 조선에 진출했는데, 대표적인 진출 부문은 철도, 전기 등의 사회기간시설과 공업이었다. 대규모 전력업이나 철도건설사업에 진출한 일본 거대자본은 한국인 자본에 별다른 영향을 주지 않았다. 당시 한국인은 자금면이나 기술 면에서 그 부문에 진출할 만한 역량을 갖지 못했다. 따라서 이 부문으로 일본인 자본이 진출한 것이 한국인 자본의 진출을 막은 요인은 아니었다. 또한 한국인 자본이 일본인 자본을 뒤따라서 그 부문에 진출할 수 있는 것도 아니었다.

　일본 대자본이 건설한 공업들로는 일본의 공장에 원료·중간재를 공급하는 것, 조선시장에 제품을 공급하는 것, 그리고 수출품을 생산하는 것의 세 가지가 있었다. 첫째는 조면업, 제지업, 제철업 등이었으며, 둘째는 방적방직공업, 제당업, 경질도기硬質陶器업, 시멘트공업, 제분업이었고, 셋째는 제사업이었다.

　이 가운데 제철업, 제지업, 제당업, 시멘트공업 등에서는 일본 대자본의 진출이 한국인 자본에게 별다른 영향을 끼치지 않았다. 이 공업들은 모두 한국인이 감당하기 어려운 자금과 지식, 기술을 필요로 하였다. 따라서 앞의 전력사업이나 철도사업의 경우와 마찬가지로 이 부문들에 한국인이 진출하지 못한 것이 먼저 진출한 일본 자본 때문은 아니었다. 그러나 조면업과 제사업은 한국인이 담당하기

에 그리 어렵지 않은 부문이었기에 일본 대자본의 뒤를 따라 조선
내 일본인 중소자본가와 한국인 자본가가 진출하였다. 이 업종들의
확대과정에 한국인이 참여할 수 있는 길은 열려 있었으므로, 이 부
문에서의 일본 대자본의 활동은 한국인의 진출을 촉발하는 것이기
도 했다. 방직공업의 경우 일본자본의 진출이 그 부문으로의 한국인
의 진출을 촉진하기도 하고 저지하기도 했으니, 1910년대 후반 조선
방직의 설립은 곧이어 경성방직의 설립을 자극하는 역할을 했지만,
1930년대 거대 방적자본의 연이은 조선내 공장설립은 한국인이 새
로 이 부문에 진출하기 어렵게 만들었다.

한편, 일본인 상공업자가 조선내에서 성장해온 경우도 많았다. 비
록 이 업체들이 주로 중소업체로서 개별로는 본국자본에 의한 업체
들에 못 미쳤지만, 그 수가 워낙 많아서 총계로는 본국자본에 의한
업체들에 필적하였다. 특히 최근의 연구들은 조선내 본점회사 자본
중 과반이나 절반 가까이가 조선내에서 조달되었다고 봄으로써, 조
선내에서의 일본인 상공업자들의 기업활동에 주목하고 있다.[37] 그
중에는 중소상공업자들도 다수 포함되어 있는데, 이들은 본국 대자
본과 달리 한국인들과 빈번하고 긴밀하게 접촉하면서 큰 영향을 미
쳤다.

이 일본인 중소자본의 기원은 청일전쟁에서 러일전쟁에 이르는
기간 중 조선에 몰려온 일본인 이민에 있었다. 이민자들이 조선에서
상업이나 대금업, 농사경영을 통해 자금을 축적하여 중소자본가로
성장하고 그 가운데 일부가 조선내 굴지의 기업가로까지 성장해 갔
다.[38] 이민 제1세대는 청일전쟁에서 러일전쟁에 이르는 기간 중에

조선에 건너왔고, 러일전쟁 이후 조선이 일본의 보호국이 되면서 일본인 이민이 더욱 증가하였다. 조선내 전체 인구 중 일본인의 비율은 1910년 1.3퍼센트였던 것이 1920년에는 2퍼센트, 1930년에는 2.5퍼센트로 높아졌다. 영국의 식민지였던 인도나 프랑스 식민지였던 베트남의 경우에 비해 많은 인구가 식민지에 이주한 편이었다.

이들은 대개 변변한 자금 없이 조선에 건너왔으며, 일본에서 사업에 실패한 자들이 새로운 기회를 찾아 온 경우도 많았다. 조선에서 이들 중 다수가 각종 상업에 종사하였다. 그들 중 자금력이 있는 자는 처음부터 점포를 얻어 잡화상, 매약상賣藥商, 고리대금업을 영위했으며, 그렇지 못한 자는 잡화류, 약품류, 석유 등의 행상을 하였다. 이들이 취급한 과자나 사탕, 약품, 석유, 램프 등은 조선에 새로 들어온 물품으로서 한국인들에게 큰 인기를 끌었으며, 또 이들은 때로 고리대금이나 사기와 같은 부정한 방법도 써서 재산을 모았다. 게다가 축적한 부富를 다시 토지에 투자하는 등 더욱 증식하였으며, 나아가 1910년대 말 호황기에 회사와 공장을 설립하였다. 이들의 회사나 공장은 많은 부문에 걸쳐 있었으나 그 중에서도 전력전등업, 보통은행업, 주조업, 토목건축업, 자동차운수업 등에서 특히 활발하였다.

《조선은행회사조합요록朝鮮銀行會社組合要錄》(1923년판), 《재조선실업가사전在朝鮮實業家辭典》(朝鮮實業新聞社, 1913), 《조선신사록朝鮮紳士錄》(1931) 등의 자료를 이용해 이들 업종의 일본인 회사와 그 주주명을 확인하고 내력을 조사해 보면, 이들은 거의 무산 상태에서 혹은 약간의 자금만을 갖고서 조선에 건너와 사업기회를 포착하고 상공업자로 성장했다는 것을 확인할 수 있다. 업종 면에서는 무역업, 운송업, 이입품 판매업, 전당업, 토목건축업, 정미업 등이, 그리고 시기적으로는 각기 청일전쟁과 러일전쟁을 전후한 때에 특히 활발하였다. 이들은 일단 첫 사업에서 성공한 뒤 합자해 유망한 신사업에 속속 진출했다. 합방 이후 조선 산업의 식민지적 재편이 본격 진행되면서부터는 본국 대자본의 뒤를 따라 조면업이나 제사업 등에도 진출하였다.

　이러한 이주 일본인의 기업활동은 한국인 자본에 큰 영향을 미쳤다. 이들은 각종 상업을 통해 급속히 부를 축적함으로써 그만큼 한국인 일반이 부를 축적할 수 있는 기회를 빼앗았다. 이 점에서 그들의 기업활동은 한국인 자본의 성립에 부정적 영향을 미쳤다고 할 수 있다. 그러나 일본인 기업의 높은 수익성은 한국인 자본을 자극하였다. 일본인들이 잡화상이나 무역상 등으로 돈을 벌고 나아가 전력전등업, 주조업, 정미업, 은행업 등에 진출하는 것을 본 한국인들도 그들을 뒤따라 잡화상이나 무역상에 종사하고 나아가 전력전등업, 정미업, 은행업 등의 업종에 진출했던 것이다. 예컨대 전주의 한국인들은 일본인들의 잡화상(주로 사탕장사, 과자제조), 매약상과 고리대금업 등이 잘되는 것을 보고, 그들을 뒤따라 그 업종에 진출하였고 그 때문에 일본인이 업종을 바꾸지 않을 수 없었다.[39]

　결국 본국에서 진출해 온 대자본이든, 조선내에서 축적된 중소자본이든 일본인 자본의 기업활동은 한국인 자본의 성립을 촉진한 측면이 있다. 일본인 자본의 활동으로 조선경제 전체가 급속한 성장과 재편의 국면에 들어섰고, 그 속에서 한국인 상공업이 발전할 수 있는 기회가 생겼다. 일본인 상공업의 높은 수익률은 한국인을 유인하였으며, 그 한층 진일보한 생산기술이나 경영방식은 한국인 업체들에게 근대적 상공업의 영위에 관한 '교사' 역할을 하고 '학습' 기회를 제공했다.

2) 기업경영 역량의 성장

일찍이 조기준은 1920년대 한국인 기업의 발전요인으로 외부적 여건의 변동 이외에 3·1운동 이후 경제적 자립에 대한 민족의 각성, 지주 및 상인계층에 있어서의 자본동원 능력의 제고, 국내시장의 확대, 근대교육의 훈련을 받은 경영자·기술자 및 기능공의 대량 배출을 지적하였다.[40] 여기서는 이 주체적 역량을 자금력의 증대, 근대상공업에 관한 지식의 증대, 상공업발전에 대한 한국인의 의지 강화 등의 측면으로 나누어 살펴보고자 한다.

첫째로, 1910년대에 지주층을 중심으로 하여 한국인 자산가의 자금력이 크게 증대되었다. 이것은 주로 대일 미곡수출의 증가와 쌀값 상승에 따라 소작료 수입이 증가한 데서 기인하였다. 1915년경에 바닥을 찍은 쌀값은 1916년부터 가파른 상승세를 보여서 1919년에 절정에 달하였고, 그 후 하락했다가 1920년대 중엽에 과거의 최고치를 회복하였고, 그 후 농업공황기까지 서서히 하락하였다.

1919년의 쌀값은 1915년에 비해 네 배 가까이 되었는데, 특히 1910년대 말 두세 해 사이에 쌀값이 급등하여 지주들은 소작미 판매를 통해 전과 비교할 수 없는 거액의 자금력을 갖게 되었다. 1910년대 말 한국인 자산가들 사이에 기업설립 붐이 일었던 것은 이렇게 급성장한 자금력에 힘입은 것이었다.

대군의 척후

둘째로, 기업경영에 관한 지식, 근대적 공업생산기술을 습득한 한국인들이 등장하였다.

개항기에 대상인, 관료, 지식인 등이 무역업과 같은 상업이나 직물업 등의 공업에서 회사 경영을 꾀한 바 있었지만 대부분 실패하였다. 1910년에 회사령이 시행될 때 허가 대상이 된 107개 회사 대부분이 1905~1910년에 설립된 것이었고, 1904년 이전에 설립된 회사는 대한천일은행大韓天一銀行 등 6개에 불과했다.[41] 1905년 이전에 설립된 회사의 대부분은 5년도 버티지 못했다.

좀더 구체적으로 보면 직물업의 경우, 일찍이 1884년 정부기구로

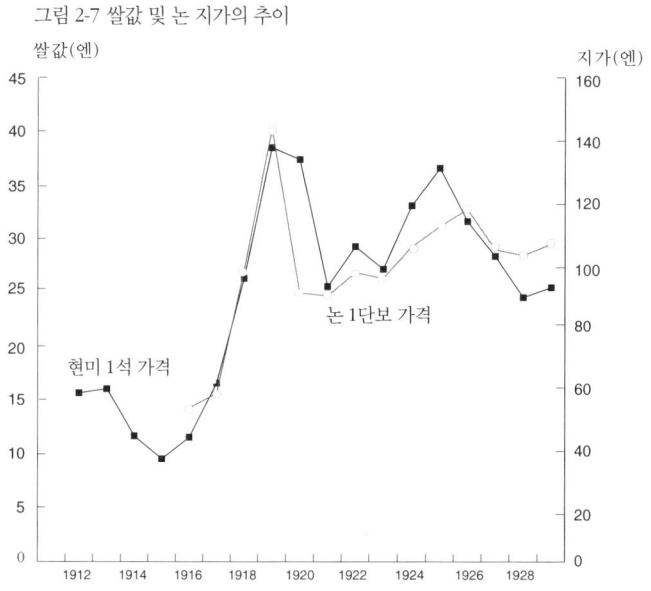

그림 2-7 쌀값 및 논 지가의 추이

자료: 小早川九郎, 《朝鮮農業發達史 : 發達篇》, 朝鮮農會, 594~595쪽.

설치된 직조국織造局이 근대적 직기로 직조를 시도한 바 있으며, 특히 대한제국 수립을 전후하여 1897년 대한직조공장大韓織造工場, 대조선저마제사회사大朝鮮苧麻製絲會社, 1898년 직조권업장織造勸業場, 1899년 한상방적고본회사漢上紡績股本會社 등의 업체가 설립되었다. 그러나 이 업체들은 설립 후 곧 없어졌으며, 그 영업실적이 확인되지 않는 점으로 보아 그것들이 실제로 생산을 했는지도 의심스럽다. 대조선저마제사회사, 직조권업장은 그 설립 작업을 하던 개화파 고위관료 안경수安駉壽가 고종폐위모사사건으로 일본에 망명함으로써 아무 성과 없이 끝났다. 또 운수 부문의 경우 1897년 부산-하단포간 부하釜下철도, 1899년 서울-원산간 경원철도, 1902년 삼랑진-마산간 삼마三馬철도, 1904년 서울-목포간 호남철도 등의 부설 시도가 있었으나 어느 하나도 제대로 실행되지 않은 채 중단되었다.[42]

그 실패 원인 중 가장 근본적인 것은 사업을 추진하던 한국인들에게 실행 능력이 없었기 때문이다. 이들 업체의 설립자는 주로 전현직 관료로서 해당 사업에는 완전히 문외한이거나 정치활동에 분주하여 기업활동에 힘을 쏟을 수 없었다. 또 그들에게는 자금이나 기술 면에서 사업을 실제로 추진할 만한 능력이 없었으며 심지어는 그럴 의지도 없었다.

이것은 철도부설사업의 경우에서 단적으로 나타났다. 일례로 호남철도부설운동에 동원된 자금을 보면, 주식자금의 납입은 전혀 없고 전적으로 창립위원과 일본인들로부터의 고리대적 차입금뿐이었다. 또 지출 면에서도 차입원리금 상환을 위한 지출이 전체 지출에서 38퍼센트라는 가장 큰 비중을 차지하고 측량비와 토공비土工費는 합계 20퍼센트에 불과하였다. 철도회사 설립자들이 실제로 자금은 부담하지 않고 자신의 회사를 상대로 고리대 이자(4만 3,830원의 원금에 대한 3만 1,775원의 이자)나 수취하였으며, 하나의 이권利權으로서 철도부설권을 일단 획득한 후에는 결국 일본측에게 그를 팔아먹는 데 그쳤다.[43]

한국 철도업의 선구자라 할 박기종朴琪淙(1839~1907)도 철도부설 허가는 받았으나 출자 능력이 없어 사업을 더 이상 추진하지 못했다. 그가 부산과 하단포간 부하釜下철도 사업을 위해 설립한 부하철도회사는 총 10만 5,061원의 자본금을 모집할 계획이었으나 실제로는 4,250원의 모집에 그쳤고, 그래서 몇 차례 측량 외에는 공사가 더 이상 진행되지 않고 사업이 중단되었다. 또 1902년 6월에 허가받은 삼랑진과 마산간 삼마三馬철도사업도 6개월만에 일본인으로부터 사채차입을 하면서 사업을 넘겼다.[44]

이처럼 개항기에 설립된 회사들은 그 설립자들이 실제로 사업을 영위할 능력과 의지를 갖지 못했기 때문에 대부분 실패하였다. 그러나 개항 이래 30~40여 년 동안 한국인들이 외국의 선진문물과 생산기술을 꾸준히 접한 결과, 1910년대에는 근대적 상공업을 건설할 능력을 갖춘 새로운 세대의 인물들이 등장하였다.

이 책에서 다룰 경성방직의 김성수, 연수 형제 및 이강현李康賢은 그 대표적 예이거니와, 1912년 설립된 평양의 대표적 염직업체인 평양염직소의 기술자 배영엽裵永燁도 일본 교토京都공업학교 염직과에서 공부한 인물이었으며, 1920~1930년대 평양의 대표적 정미업자 중 한 사람인 정규현鄭奎鉉도 일본의 와세다대학교 정치학과를 졸업

하고 1914년에 귀국하여 평양 최초로 전동식 정미기를 갖춘 정미소를 개업하였다.[45]

그리고 신식교육을 받은 자들보다 훨씬 많은 수의 소상인, 수공업자들이 새로 등장하였다. 비록 이들은 정식 학교교육을 통해 근대 상공업에 관한 지식을 체계적으로 습득하지는 못했지만, 실제로 업체를 경영하면서 경험을 쌓고 주변의 일본인 상공업으로부터 많은 지식을 '학습'하였다. 그들은 일본인이 사용하는 기계를 도입하고 일본인 업체에서 기술을 배워서 자신의 업체를 건설하였다.

이들 중에는 우선 일본에서 직공생활 등을 통해 공업생산기술을 익힌 경우가 있었다. 예컨대 경성 직물업계의 원조라 할 수 있는 김덕창金德昌은 19세 때인 1897년 일본에 건너가 그곳의 염직공장에서 직공생활을 통해 염직기술을 배우고, 몇년 후 귀국하여 1902년 2월 종로에 직포소를 차리고 그를 확장·발전시켰다.[46] 마찬가지로 대구 직물업계의 대부격인 추인호秋仁鎬는 일본에서 중학교를 졸업한 후 제직製織기술을 익히고 귀국하여 직조를 시작하였다. 처음에 족답기足踏機 1대로 출발한 그는 그 후 규모를 늘려 1928년경에는 동력직기 45대를 설치한 중규모 업자로 자리 잡았고, 나아가 그의 두 동생들도 직조업에 나서게 이끌었으며 그밖에 지역내 다른 한국인들도 직조업에 나서게 하는 향도 역할을 했다.[47]

다음으로, 일본에서 기계를 도입한 후 연구를 통해 생산기술을 습득한 경우도 있었다. 메리야스직조가 그에 해당하는데, 평양에서 처음으로 메리야스제조를 시작한 김기호金基浩는 1906년 일본신문에 게재된 양말기계 관계기사를 보고 기계 4대를 일본에 주문하여 집

안에 설치한 후 3개월 동안 혼자서 사용법을 연구한 끝에 몇 타씩 양말을 제조하기 시작하였다.[48]

그밖에 총독부의 공업기술교육을 통해 공업생산기술을 배운 자들도 많았다. 예컨대 1910년대 경성에서는 공업전습소에서 염직기술을 익힌 자들이 염직업체의 기술자나 공장주가 되었으며, 또 대구에서도 역시 총독부가 1906년 설립한 대구산업전습소에서 교육을 받은 전습생들이 직물공장을 차렸다.[49]

요컨대 이러한 여러 경로를 통해 근대적 상공업을 영위하는 데 필요한 지식과 자세를 배운 새로운 한국인 세대가 등장하였다.

셋째로, 한국인들이 상공업 발전에 대한 강한 의지, 강한 지향성을 갖고 있었다는 것도 중요하다. 한국인들은 일본인과 경쟁하고 그를 능가할 정도로 상공업을 발전시키려는 의지를 갖고 있었고, 이것이 한국인 공업의 성장에 크게 기여하였다.

구한말에는 근대 상공업을 발전시키려는 지향이 전국적인 운동으로까지 표출되었다. 러일전쟁 이후 문명개화나 항일구국의 길로 자강운동이 전개되었는데, 이 운동은 교육과 산업의 진흥을 통해 나라의 실력을 양성할 것을 민중에게 계몽하고 그를 실천하는 것이었다. 서북 지역의 신민회新民會와 같이 각지에 학회를 비롯한 수많은 운동단체들이 조직되었다. 비록 이 운동이 식민지화를 막지는 못했지만, 많은 한국인들에게 민족의식의 각성을 불러일으키고 그들의 뇌리에 실력양성에의 지향을 심었다. 그것은 한국인들이 의식적으로 상공업 발전을 위해 애쓰게 만듦으로써 한국인 공업의 발전에 결정적 기여를 했다. 신민회 활동의 중심무대였던 평양에서 훗날 메리야스공업과 고무공업 등의 한국인 공업이 두드러지게 발전한 것, 호남학회의 활동에 참가하고 신식학교를 설립한 고창 김씨가가 훗날 한국의 근대화를 위한 일련의 사업을 펼친 것 등이 그 증거이다.

한국인 상공업을 발전시키려는 지향성은 3·1운동 이후에 더욱 강해졌다. 3·1운동을 계기로 일제에 대항하는 한국인의 민족의식이 확고해지고 그 일환으로 한국인 상공업의 발전을 꾀하는 경제적 민족주의가 고양되었다. 1920년대에는 한국인의 민족적 이익을 옹호하려는 활동 및 한국인의 생활을 혁신하고 개조하려는 운동, 그리고 각 방면에서 일본인에 맞설 수 있는 역량을 기르려는 자기개발운동, 자기향상운동이 활발히 펼쳐졌다. 수많은 사회단체들이 우후죽순처럼 생겨나 각 방면에서 활동을 벌였다. 또 학교 교육열이 고양되어 취학률이 높아졌다. 이는 매우 극적인 사건이었는데, 3·1운동 이전까지는 일제에 대한 저항의식 및 신학문에 대한 거부감 등으로 취학이 지지부진하였으나, 3·1운동 이후에는 학교가 문전성시를 이루고 입학난이 절규되었다. 그리고 미래의 독립을 위한 당면과제로 경제적 역량을 양성하려는 운동이 펼쳐졌다. 1920년대 초 조선물산장려운동은 토산품의 사용을 장려하여 민족기업을 육성하려 하였다.

물산장려운동이 목표로 삼았던 한국인의 경제적 독립역량의 양성은 당시 좌파가 비판했던 것처럼 일제의 지배 아래서는 결코 달성될 수 없는 것이었다. 그러나 이 운동은 중요한 성과를 거두었다. 이 운동의 결과, 한국인 상공업을 발전시켜야 하며 그렇기 위해서는 외래품보다는 한국인의 생산품을 소비해야 한다는 의식이 일반 한국인의 뇌리에 깊게 뿌리를 박은 것이다. 또 한국인 상공업자들은 자신의 기업활동이 조선 민족의 독립에 일조한다는 자부심과 사명감을 품고, 일본인 자본을 따라잡고자 사업활동에 열의를 갖게 되었다. 일본인 자본과의 경쟁에서 살아남은 경성방직이나 메리야스공업과 고무공업의 한국인 자본은 한결 같이 일본인 자본과의 대결에서 승리하고자 하는 강한 의지를 보였다. 그러한 의지가 훗날 그들의 성공에 도움이 되었음은 물론이다.

03 잉태

우리나라가 오늘날 외국의 보호를 받게 된 것은 자강지도自强之道를 깨
치지 못한 까닭이다.……무릇 교육이 흥興하지 못하면 백성이 미개해지
고 산업이 일어나지 못하면 국부國富가 커지지 못하나니, 민지民智를 열
고 국력을 기르는 길은 오직 교육과 산업의 발달에 있다. 교육과 산업의
발달이 유일한 자강의 길이다.

        −1906년 7월 대한자강회 창립취지서

고창高敞의 김씨가

1) 지주가 창립

울산 김씨 비변랑공파備邊郎公派에 속하는 김씨가는 조선조 초 이
래 전라남도 장성 지방에서 4~500년을 살아온 호남 명문가의 후예
였다. 울산 김씨는 조선조 중엽에 성리학자 하서河西 김인후金麟厚(제
22세, 1510~1560년)를 배출하여 전국적으로 명문 선비가로서의 명성
을 얻었다. 그렇지만 제33세인 김요협이 태어난 19세기 전반에만 해
도 김씨가는 부호 집안은 아니었다. 그들이 지주가로 성장한 것은
요협이 연일延日 정씨鄭氏에게 장가를 들면서 전라북도 고부군古阜郡
부안면富安面 인촌리仁村里(현 고창군 부안면 봉암리 인촌마을)로 이주한
후였다.

김요협은 부친 김명환金命煥의 3남이어서 별반 재산을 물려받지 못했으나, 만석군이던 처가 근처로 이주하면서 그로부터 얼마간의 전답을 받았다. 그의 아내가 이를 토대로 근검절약하며 가산을 경영해 갔고, 말년에는 천석군으로까지 키웠다.[1]

근검절약하여 모은 재산으로 농지를 사들이고 그로부터 얻은 소작료 수입으로 다시 농지를 사들이는 식으로 소유지를 늘려가는 것은 일견 상투적이며 대수롭지 않아 보이지만 주목할 필요가 있다. 이것이야말로 김요협이 재산을 불려갈 수 있는 유일한 길이었기 때문이다. 일반적으로 축재과정에서 재산 규모가 어느 이상으로 커지면 돈이 돈을 벌어 주지만, 그 전까지는 종자돈을 마련하기 위해 절

인촌리 전경
나지막한 매봉 산기슭에 자리잡은 인촌리에는 마을 앞에 제법 너른 평야가 펼쳐져 있다. 멀리 북쪽 줄포만 너머로 변산반도가 건너다보인다.

대군의 척후

약하고 저축해야 한다. 큰 눈사람을 만드는 과정에서 처음에는 눈을 손으로 뭉치고 붙여야 하듯이, 축재과정에서도 어느 단계까지는 애써 절약해서 돈을 모으고 저축해야 한다. 김씨가가 이것을 했다는 것이 이례적인 일이다.

전통적인 양반지주들은 수입의 대부분을 관혼상제冠婚喪祭, 손님 접대 등 과시적인 소비생활에 소진해 버리는 것이 일반적이었다. 양반의 일상생활에 있어 가장 중시된 신조는 '봉제사 접빈객奉祭祀 接賓客', 즉 조상에 대한 제사를 빠뜨리지 않고 정성껏 지내는 것과 친족과 벗을 비롯한 방문객을 정중하게 대접하는 것이었다. 조선시대 중기의 사례에 속하지만, 해주 오씨 일족인 오희문吳希文(1539~1613)은 임진왜란기의 피란생활 와중에도 월평균 2번 이상의 제사를 지냈으며, 매우 빈번하게 방문객을 맞고 또 다른 사람의 집도 방문했다. 제사며칠 전부터 제수준비를 해야 하므로 비용도 많이 들고 시간 부담도 컸다. 1900년대 전반 전라남도 구례군의 유씨 양반가의 경우에도 생활비의 거의 1/3이 제사비용이었다. 손님을 맞거나 다른 사람의 집을 방문할 때에도 선물을 주고받고 융숭한 대접을 하기 때문에 역시 비용이 많이 들었다.[2]

김요협의 차남 경중의 막내 사위로서, 김연수에 이어 해방 후 경성방직을 경영하고 전국경제인연합회 회장을 역임한 김용완金容完의 회고에 의하면, "예전의 양반행세라는 것은 봉제사와 접빈객이 전체의 일로 항상 양반가정에서는 그 일에 신경을 써야 했다. 가족의 세습관념이 있어 가지고 조상을 위하고 유교의 학문과 글공부를 하는 것이 유일한 낙이요, 최대의 가치관으로 생각했다."

양반 본연의 과시적 소비지출을 삼가는 것은 양반으로서의 체모에는 그만큼 신경을 덜 쓰는 것을 의미한다. 김씨가의 가산은 김용완가의 가산(1,000석 규모)을 훨씬 능가하였으나, "가장 집물 등 비교적 사치한 생활을 하던 나[김용완—인용자]의 집에 따르지 못했다. ……격식을 따라서 안목 있게 쓰고 먹고 사치하던 것만을 본 어린 신랑인 나는 검소하고 우리 집보다 못한 초가집에 장가를 갔으니 어린 마음에 자연 흡족치는 못했다." 줄포로 이사하기 전에 살던 인촌리의 기와집도 그 경제력에 비하면 매우 수수한 것이었다.[3]

김용완의 아내 김점효金占效는 남편이 중앙상공, 삼양사 등에서 근무할 때의 월급 중 저축금과 소유지에서의 소작료 수입을 재투자해

인촌리의 김씨가 가옥(1977년 중건 이전)

대군의 척후

그림 3-1 김씨가 가계도

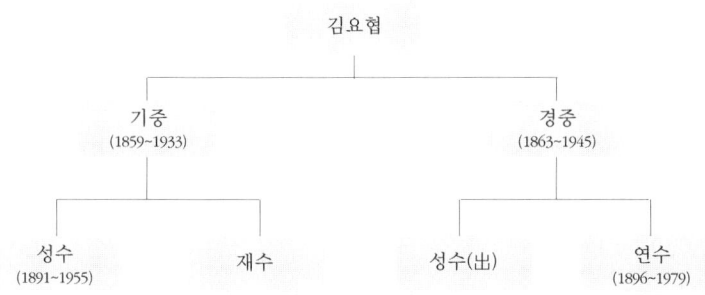

결혼 당시 240석 규모의 토지를 일제 말에는 600석 규모로 늘렸다.[4] 이처럼 김씨가가 근검절약을 통해 소작료 수입을 재투자한 것이 중소지주로 성장하게 된 핵심적 요인이었다.

김요협은 과거를 보지 않았으나 나이 40세 되던 1872년부터 관직에 나아갔다. 그는 1872년에 선공감繕工監 감역 監役이 되었고, 개항 후 민씨정권에서 의금부도사義禁府都事, 영릉참봉寧陵參奉, 상서원별제尙瑞院別提, 사옹원주부司甕院主簿를 거쳐, 1888년 이후 화순, 진안, 군위 군수를 역임했다. 그는 1898년에는 중추원의관中樞院議官, 1905년에는 비서원승秘書院丞, 1906년 1월에는 시종원부경侍從院副卿에 임명되었다.

그가 27세 되던 1859년에 장남 기중이, 그리고 31세이던 1863년에 차남 경중이 태어났는데, 장남 기중만 과거시험을 보았고 그것도 진사進士 등과에서 그만두었지만, 두 아들 모두 군수 등의 관직에 나아갔다. 장남 기중은 29세 되던 1888년에 진사가 된 후 1897년 의릉 참봉을 거쳐, 1900~1903년에 용담龍潭(현 진안군), 평택平澤, 동복同福(현 화순군)의 군수를 역임했으며 1907년에 관계를 떠났다. 그리고 차남 경중은 1898년 이후 경릉참봉敬陵參奉, 비서원승秘書院丞, 봉상시부제조奉常寺副提調를 거쳐 1905년에 진산珍山(현 금산군) 군수로 임명되었으며, 5개월만에 이를 사임하고 관계를 떠났다.[5]

김요협의 군수 재임기간은 정확히 알 수 없으나, 장남 기중은 1900년 4월~1901년 10월에 용담 군수를, 1901년 10월~1902년 3월에 평택 군수를, 그리고 1902년 3월~1903년 10월에 동복 군수를 역임했다. 그리고 차남 경중은 1905년 10월~1906년 3월에 진산군수로 있었다.[6] 김기중의 용담 군수 재임기간은 1년 6개월 가량이었지만, 나머지 군수직에는 6개월 가량 재직했다.

김씨가 인물들이 과거시험을 보지 않고도 관직에 나아갈 수 있었던 것은 명문양반가 후손이라는 가문의 배경과 신흥지주가로서의 경제력 덕분이었던 것으로 추정된다. 김용섭과 에커트는 이와 관련하여 김씨가가 '경제력을 기반으로' 관직에 진출했다고 설명하고 있다.

이러한 해석은 다음의 세 가지 사실에 의해 뒷받침된다.

우선, 그들이 관직에 나아간 시기가 고종황제가 앞장서 매관매직을 행하던 대한제국 전기(1897~1904)였다는 것이다. 황현의 《매천야록梅泉野錄》에 의하면,

이 때(1901)의 매관 남발은 갑오년(1894) 이전에 비해 훨씬 심하

여……관찰사 자리는 10만 냥 내지 20만 냥이었고, 1등 수령은 적어도 5만 냥을 밑돌지 않았다. 그리고 관직에 부임하면 자기 돈으로 빚을 갚지 않고 서로 앞을 다투어 공전公錢을 끌어다가 갚았으며…이에 관리들이 범하는 것은 모두 공전이었으므로 국고가 자연히 감축되었던 것이다. 그러나 고종은 국고를 공물公物로 생각하여 국고가 차거

그림 3-2 김씨가 3부자의 군수 근무지

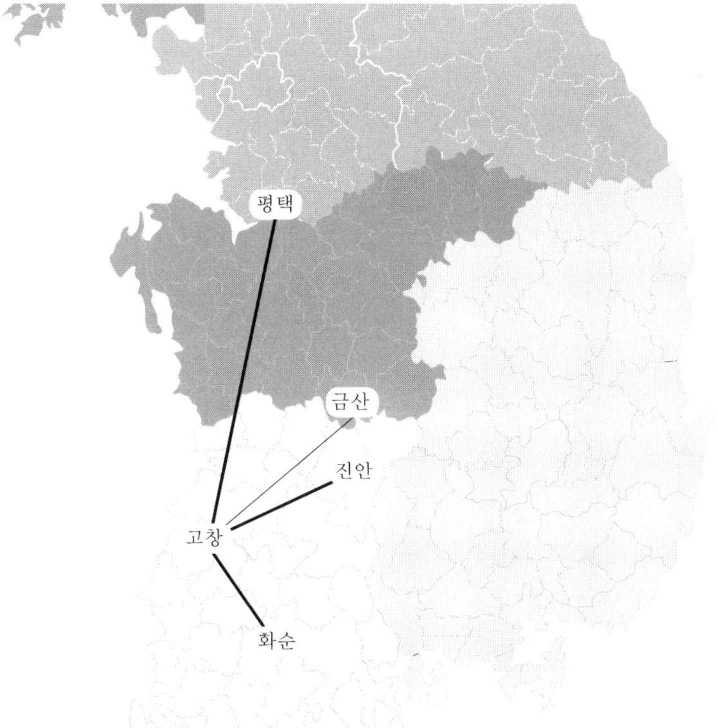

나 줄거나 관계하지 않았고 매관전賣官錢은 사전私錢으로 생각하여 혹 손해가 날까 두려워하였다.[7]

"돈만 있으면 황제 또는 인사권자에 대한 뇌물상납을 통하여 군수와 같은 지방관으로 부임할 수 있었다."[8] 매관매직이 횡행한 시기에 그들이 주로 관직에 올랐음은 그들 역시 돈으로 관직을 샀으리라고 추정케 한다. 무학으로서 행상을 통해 돈을 모은 후 동대문의 대표적 포목상으로 입신한 박승직朴承稷(1864~1950, 두산그룹의 시조)이 1900년에 성진 감리서 주사에 임명된 것[9]도 같은 경우라고 하겠다.

다음으로, 그들이 나아간 관직들은 군수직을 제외하고는 실제로는 봉직하지 않는 허직虛職이었다. 대한제국기의 관료를 분석한 결과에 의하면, 중추원 의관, 각릉의 참봉, 비서원승, 봉상시부제조 등은 명목만의 관직으로서 대거 남발된 것이었다.[10]

마지막으로, 그들이 정규적인 관료승진방식을 따르지 않았다는 것이다. 예컨대 요협은 1872년에 비교적 높은 등급인 2품의 선공감 감역으로 관직생활을 시작했으나, 1885년에는 6품과 8품 사이의 등급을 소지한 의금부 도사 관직을 받았으며, 이듬해(1886)에는 참봉으로서 관료기구의 최하층(9품)으로 떨어졌다가, 2년 후인 1888년에는 전라남도 화순 군수로 격상되었다. 이것은 "김씨가가 시장에 그때그때 나와 있는 관직을 매입한 것으로 설명될 수 있다."[11]

이처럼 요협 대부터 김씨가는 중소지주로서 재산 규모를 늘려갔고, 이를 기반으로 늦은 나이에나마 관직에도 진출하였다. 이 김씨가가 대지주로 성장한 시기는 언제였으며, 그 경위는 무엇이었을까.

대군의 척후

2) 고속성장

김씨가의 소유지 규모를 알 수 있는 것은 1910년대 말부터이다. 김요협의 장남인 기중은 1910년대 말에 약 700정보를 소유하고 있었고, 1920년대 중엽에는 이를 900정보로 늘렸다. 차남 경중은 1920년대 중엽에 약 2,000정보의 거대한 경지를 소유하고 있었다 (부표 2).

그런데 1909년 요협의 사망 시 장남 기중은 약 100정보를 상속받았을 뿐이며, 경중은 불과 20정보만을 상속받았다. 두 사람 모두 상속 규모에 비해서 훗날의 소유 규모가 매우 컸다. 이들은 언제쯤, 그리고 어떻게 해서 거대지주로 성장한 것일까?

기존 연구는 김기중과 경중이 상속 이후 짧은 기간 사이에 거대지주로 성장했다고 보았다.[12] 기중의 소유지는 9년만에 약 7배로 성장했으며, 경중의 소유지는 1909~1924년의 15년 사이에 약 65배로 늘어났다고 한다. 그렇지만 소유지 규모가 그처럼 빠르게 확대되는 것은 불가능한 일이다.

우선 김기중 일가의 소유지 규모는 1918~1924년의 6년간에 16퍼센트 가량 커졌을 뿐임을 상기해야 한다. 소유지가 9년만에 7배로 되었다가, 그 후 6년 동안 20퍼센트도 증가하지 않는 것은 상식적으로 납득하기 어렵다.

쌀값이 하락한 1918~1924년과 달리 1909~1918년에 쌀값이 상승하여 소작료 수입이 커졌고, 그래서 소유지를 대폭 늘릴 수 있지 않았을까, 라고 생각한다면, 그것은 틀렸다. 쌀값이 오르면 지가도 오르기 때문이다. 앞의 그림 2-7에서 본 것처럼 쌀값과 토지 가격은 거의 맞물려 움직였다. 쌀값이 올라 소작료 수입이 늘면 땅값도 오르기 때문에 토지를 대거 사들이기는 어렵다.

소작료 수입 전액을 토지구입에 투입하더라도, 1909~1918년의 9년만에 소유지가 7배로 커지기 위해서는 소작료 수입을 지가로 나눈 토지수익률이 연평균 24퍼센트가 되어야 한다. 하물며 김경중의 경우처럼 소유지가 60배 이상으로 커지기 위해서는 해마다 30퍼센트 이상의 수익률을 올려야 했다.

그러나 당시 토지수익률이 그렇게 높지는 않았다. 1905년의 조사 자료에 의하면, 낙동강유역, 금강유역, 영산강유역의 세 곳에서 소작료 순수익을 지가로 나눈 토지수익률은 평균 17.4퍼센트 정도였다.[13] 이 정도면 절대적으로도, 또 당시 일본에서의 토지수익률과 비교해서도 매우 높은 것이었다. 그 후 일본인을 필두로 토지투자가 늘면서 지가가 상승했고, 따라서 토지수익률은 갈수록 낮아졌다. 훗날 1928~1940년에 식산은행이 발간한 《전선답전매매가격급수익조全鮮畓田賣買價格及收益調》 자료에 의하면, 토지수익률은 최저 7.4퍼센트, 최고 8.8퍼센트로서 8퍼센트 내외에 머물렀다. 따라서 토지수익률은 1900년대에는 확실히 10퍼센트를 넘었다가 1920년대 후반에는 10퍼센트 이하였던 것으로 추정된다. 1910년대에 토지수익률은 10퍼센트를 넘었을 가능성이 크지만, 위의 계산처럼 20퍼센트를 넘을 수는 없었을 것이다.

일반적인 토지수익률이 이처럼 높지 않은데 김씨가만 해마다 높은 토지수익률을 기록한다는 것은 불가능한 일이다. 따라서 김기중의 소유지가 불과 9년만에 7배로 늘어날 수는 없으며, 하물며 경중의 소유지가 같은 기간 중에 수십 배로 커지는 것은 더더욱 있을 수 없는 일이다.

사실은, 1909년에 김기중과 경중 모두 부친으로부터의 상속분 외에 자신 명의의 토지를 이미 갖고 있었던 것이다. 그 때 그들의 나이가 50대에 접어들고 있었던 것, 이미 40대 초에 여러 군수직을 역임했던 것 등을 감안하면, 기중과 경중 모두 상속 토지와는 별도로 그보다 훨씬 더 큰 규모의 토지를 자기 명의로 이미 소유하고 있었다고 보아야 할 것이다. 물론 이들 명의의 토지에는 기중과 경중이 직접 치산治産한 것과 부친으로부터 미리 상속받은 것이 섞여 있었을 것이다. 1918년이나 1924년에 김성수와 연수가 자기 명의로 토지를 갖고 있었음을 본다면, 김요협도 자신이 치산한 토지의 일부를 미리 증여한 것으로 추정된다.

따라서 김씨가는 김요협이 군수직에 나아간 1880년대 말에서 그의 아들들이 관직생활을 한 1900년대 전반의 시기에 거대 지주가로 고속성장했으며, 이 치산과정에 3부자가 모두 큰 역할을 한 것으로 판단된다. 1890년대와 1900년대 전반은 김기중과 경중이 적극 치산하기에 적당한 연령인 30대와 40대 전반이었다. 1911년 전국 자산가를 조사한 《시사신보時事新報》에 의하면, 김기중과 경중은 재산 10만 엔 이상의 한국인 자산가 32명 중에 이미 끼어 있었다.[14]

김기중 일가의 소유지가 1918~1926년에 700정보에서 200정보 가량 더 커진 것은 소작료 수입을 재투자한 결과로 보아도 무리가 없다. 반면, 경중 일가의 소유지는 1924년의 1,300여 정보에서 1926년 1,900정보로 급증했다. 불과 2년 사이 50퍼센트 가까이 증가한 것인데, 이를 소작료 수입의 재투자 결과로 보기는 어렵다. 그 가운데 상당 부분은 그의 아들 연수가 전적田籍 정리 등을 통해 새로 파악한 것이었다.

그 후 김경중 일가에서는 간척답을 제외하고는 소유지 규모가 크게 증가하지 않은 것으로 나타난다. 일제 말 간척지(고창군 해리면과 함평군 손불면 소재)를 제외한 소유지 규모는 2,044정보로서 간척 전인 1926년의 1,969정보와 거의 같다. 간척답이 고창군에서 약 320정보, 함평에서 약 390정보, 합계 710정보 가량이었다(부표 3).

실제로는 간척답 외에도 소유지가 늘어났다. 김성수가 재단법인 중앙학원을 설립할 때나 보성전문을 인수할 때 김경중 일가가 토지를 기부했던 것이다. 1929년 중앙학원을 재단법인으로 조직할 때 재

고창군 해리 간척답

단기금은 총 60만 6,017엔에 달했는데, 그 태반을 김경중 일가가 기부했으며, 1932년 김성수가 보성전문학교를 인수했을 때에도 김경중 일가는 6,000석 추수 토지, 대략 400정보 가량의 토지를 기부했다.

김경중 일가는 기증한 토지보다 더 넓은 수백 정보의 토지를 새로 사들였고, 그래서 소유지 규모가 커졌다. 예컨대 1924년 조직된 장성농장은 수입을 계속 투자해 규모를 확대해나감으로써 1934년에는 418정보, 그리고 일제말에는 801정보에 달했다. 또한 고창농장도 1926년 270정보였던 것이 1936년에는 538정보로 커졌다.[15]

그렇다면 토지의 소재지는 어디였던가. 1910년대 말에 김기중 일가의 소유지는 거주지인 고창군 부안면과 인근의 건선면을 중심으로

그림 3-3 일제 말 김경중 일가(삼양사) 소유지의 군별 구성

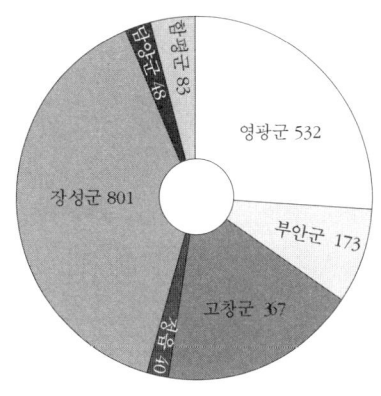

주 : 숫자는 군별 소유지 면적으로, 단위는 정보임.
자료 : 부표 3과 같음.

고창군, 부안군, 장성군, 정읍군 등의 넓은 지역에 분포해 있었다. 김
성수 명의의 토지는 고창군 일대에 집중해 있었고, 부친 김기중의 토
지는 장성군, 부안군, 정읍군에, 차남 재수의 토지는 부안군, 정읍군,
고창군 등에 산재해 있었다.[16]

　김경중 일가의 소유지 분포는 일제 말 삼양사의 소유지를 보면 알
수 있다. 삼양사가 김경중의 소유지를 출자한 회사였기 때문이다.
그림 3-3은 일제 말 삼양사의 소유지 중에서 간척지를 뺀 토지의 군
별 구성을, 그림 3-4는 간척지를 포함한 면별 소유지 분포 상황을
나타낸 것이다. 간척지는 함평군 손불면(약 390정보)과 고창군 해리
면·심원면(약 320정보)에 있었는데, 그를 제외한 일제 말의 토지 규
모가 1920년대 중엽의 소유지 규모와 비슷했다. 따라서 이 그림에
나타난 일제 말 군별 소유지 분포가 1910년대 말의 그것과 대체로
비슷했다고 할 수 있다.

　그림을 보면, 소유지의 40퍼센트 가량이 전라남도 장성군에 있었
고, 그 다음으로 전라남도 영광군, 전라북도 고창군에 소유지가 많
았다. 이 3개 군 소재지를 합하면 전체의 85퍼센트 가량이었다. 그
나머지는 부안군, 함평군, 정읍군, 담양군 등지에 있었다.

　김경중의 소유지가 장성군에 많은 것은, 그곳이 그들의 출신지인
것과 관련이 있다. 그 토지들은 조상으로부터 물려받은 것이 아니라
김요협과 기중, 경중 대에 사들인 것이다. 그들이 출신지인 장성군
에 애착을 갖고 있었고, 그래서 가세의 확장에 따라 가까운 친족들
이 많이 살고 있는 지역의 토지를 집중적으로 사들임으로써 가문내
에서 자신의 지위를 높이려 한 것으로 해석된다. 소유지는 장성군내

그림 3-4 일제 말 김경중가 소유지의 분포(간척지 포함. 단위 : 정보)

황해

부안군
보안면
고부면
줄포면

고창군
소성면 40
성내면

삼원면 320
부안면 77
정읍군

해리면 47
아산면
신림면 51

상하면
고창면
북이면 100

홍농면
무장면
북하면 19

공음면 70
고수면
북일면 90

염산면
법성면 93
성송면
서삼면 88

영광군
대산면 53
황룡면 77
장성면 31

백수면
영광면 43
대마면 38
삼계면 142
등화면
장성군

군서면 99
묘량면 134
삼서면 135
진원면

염산면
군남면 92
불갑면 31
남면 47

손불면 390
함평군

주 : 숫자는 면내 소유지 면적임.

총 12개 면 중 1개 면을 제외한 11개 면에 골고루 분포해 있었다. 삼
양사는 5개 면(장성면, 북상면, 북하면, 동화면, 남면)에서는 각기 50정
보 이하의 상대적으로 소규모의 토지를, 4개 면(서삼면, 황룡면, 북일
면, 북이면)에는 각기 80~90정보의 비교적 많은 토지를, 그리고 2개
면(삼계면, 삼서면)에는 각기 130~140정보의 대토지를 소유하고 있
었다. 그 소유지는 장성군 전체 경지면적의 5.7퍼센트에 달했다.

그리고 영광군내 소유지는 군내 전체 경지면적의 3.7퍼센트에 달
할 정도로 역시 규모가 컸다. 반면 거주지인 고창 일대의 소유지 규

모는 간척답을 제외하면 그리 크지 않았다. 영광군내 소유지가 장성군에 인접해 있음을 볼 때, 김씨가가 장성군 토지를 중심으로 소유지를 확대했음을 알 수 있다. 1920년대 전반에 김연수가 소유지를 농장화할 때 장성 소재 토지부터 착수했던 것도 장성군 토지가 가장 중요했음을 시사해 준다.

장성, 고창, 영광, 부안은 각기 김씨가의 출신지와 거주지 및 그 인접지였다. 고창과 부안은 전라북도의 남서부 일대이며, 장성과 영광은 전라남도의 북서부 지역이다. 이곳은 일본인 대지주가 집중해 있던 김제, 옥구, 익산, 태인 등 전북의 북부평야지대로부터는 다소 거리가 떨어진 곳이다.

전북의 북부평야지대는 대표적인 일본인 대지주 정착 지역이었다. 동양척식주식회사를 제외한다면, 전국에서 500정보 이상을 경영하던 일본인 지주의 농장은 1908년에 모두 15곳이었는데, 그중 절반에 가까운 7개 농장이 전북에 있었다. 그 논 면적은 1만 1,039정보로서 전국 15개 농장 전체 논 면적의 80퍼센트에 해당하였다. 그만큼 일본인 대지주가 전북의 북부평야지대에 집중해 있었다.

김씨가는 일본인 농장지주들의 관심이 상대적으로 작았던 전북의 남부 일대 및 전남의 북부 일대에 자신들의 권역을 건설했다. 김씨가의 토지는 거의 전부가 논이었으므로, 각 군내에서 평야지대에 집중되어 있었다. 김씨가는 어떻게 그 많은 토지를 집적할 수 있었던 것일까?

사사류와 전기류에서는 지주로서의 성장요인으로 김씨가 인물들의 부지런함과 검소함, 경제동향에 대한 정확한 감각을 지적하고 있

대군의 척후

다. 앞서 본 것처럼 김씨가가 중소지주로 성장하는 과정에서는 근검 절약이 결정적 역할을 했다. 그러나 그들이 그로부터 대지주로 성장하는 데에는 더 중요한 다른 요인들이 가세했다.

첫째, 소작료 수입의 재투자를 통한 토지확대를 지적할 수 있다. 비록 훗날의 사실이지만, 다음 그림 3-5에서 보는 것처럼 1918~1924년 김기중 일가의 소유지 9,700여 두락에서의 소작료 수입은 연간 10만 엔 내외였다. 김경중 일가는 그 2.5배 정도의 토지를 소유했으므로 이들의 연간 수입은 25만 엔 정도로 추정된다. 그 전인 1910년대 전반에는 물론 이보다는 수입이 적었을 것이다. 그러나 그래도 소작료 수입이 막대했던 것은 사실이다. 일상 생활비를 포함한 각종 지출이 연간 수만 엔에 달하더라도, 역시 연간 수만 엔에서 10여만 엔의 저축자금이 생겼고 이것으로 소유지를 늘려갈 수 있었다. 이미 김씨가는 눈덩이를 굴리기만 해도 저절로 커지는 단계에 도달한 것이다. 앞의 그림 2-7에서 본 것처럼, 1920년대 전반에 논의 전조선 평균 지가는 단보당 100엔을 약간 넘었는데, 전북 평야지대의 논 가격이 그 2배였다고 가정하면, 김경중가는 연간 저축가능 자금 10만 엔을 전액 재투자할 때, 소유지를 논 50정보씩 늘려갈 수 있었다.

둘째, 그들이 적절한 토지구입 시점을 선택한 것도 급속한 확장비결의 하나였다. 예컨대 젊은 시절 한때 경성방직의 회계담당 서기로 일했던 국어학자 이희승李熙昇의 회고에 의하면, 김경중은 1910년대의 쌀값 상승기에는 돈을 모아 두었다가, 1920년 이후의 쌀값 하락기에 저렴한 가격으로 토지를 구입했다고 한다. 그래서 "곡가 등귀

그림 3-5 김기중 일가의 연간 소작료 수입(1918~1924)

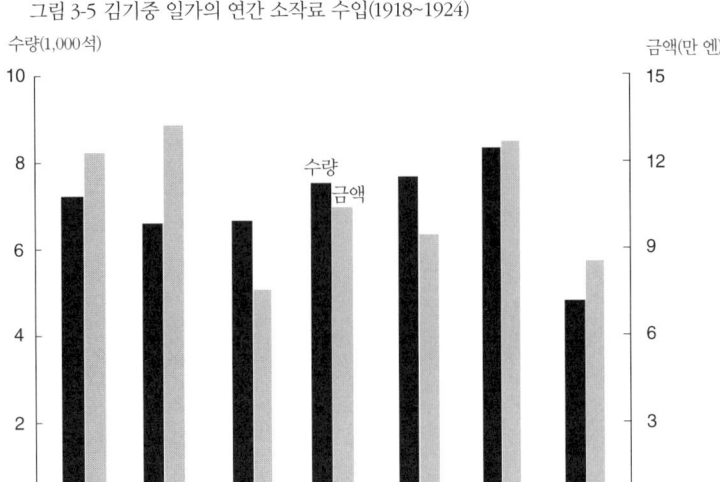

자료 : 김용섭, 〈한말·일제하 지주제 연구 사례 4〉, 221~223쪽.

장성농장의 소작료 수납 장면(1924)

시에 살 수 있었던 토지의 3, 4배나 되는 많은 농지를 구입했다"는 것이다.[17]

  김씨가는 1920년대 이전에 이미 거대지주가 되었다. 그 전에도 쌀값의 등락에 따라 토지 가격 역시 등락을 보였을 터이므로, 경제감각이 있는 자라면 이를 적절하게 활용할 수 있었을 것이다. 물론 그들이 쌀값 및 토지 가격의 동향을 항시 족집게처럼 맞추어 바닥가격에서 토지를 사들일 수는 없었을 것이다. 그러나 김씨가는 대체로 그러한 투자에서 성공한 것으로 판단된다. 주식투자자는 주가상승을 확신한 다른 많은 사람들이 주식을 사지 못해 안달하는 급등기에는 팔고, 또 모든 사람이 주가하락의 공포에 질려 주식을 내던지는 바닥국면에서 살 수 있어야 돈을 벌 수 있다. 앞의 그림 2-7에서 보는 것처럼 당시 지가는 쌀값 변동에 따라 해마다 요동을 쳤다. 쌀값이 급등하고 덩달아 논값이 급등하는 시기에는 현금을 갖고 인내심 있게 기다리고, 쌀값이 하락하고 그에 따라 논값이 떨어진 시기에는 과감하게 논을 사들일 수 있는 자라면, 역시 대지주로 성장할 수 있었을 것이다. 오늘날 소수의 성공적인 주식투자자가 있는 것처럼, 당시에도 소수의 성공적인 토지투자자가 있었을 것이며, 김씨가가 그중 하나였을 것이다.

  한편 사사류나 전기류에서는 김씨가 지주경영에서 후덕厚德했음을 강조한다. 즉,

  그(김경중)는 후덕한 사람으로 결코 남을 해치고 돈을 벌 생각은 추호도 하지 않았다. 그때의 많은 우리나라 지주들은 일인日人 지주들이

악착같이 소출을 거두어들였고 소작료를 올리기 위해 소작권을 빼앗아 또 다른 사람에게 넘겨주는 데 자극 받아 실질적으로 그들의 소작료를 올리는 일이 많았다.

그러나 나의 장인은 이런 일을 하지 않았다. 고창 사람들은 지금도 "지산 영감네 논을 얻으려면 3년 치성을 들여야 하지요"하고 말할 정도로 장인의 논을 얻기란 내놓은 사람이 없어 힘이 들었던 모양이다.[18]

그러나 소작인에게 후덕하여 온정을 베풀면서도 김씨가처럼 지주가로서 초고속 성장을 할 수는 없다. 엄격하고 철저한 지주경영을 하지 않고서는 결코 초고속 성장을 할 수 없었을 것이다. 따라서 초고속성장의 설명 요인으로 후덕함보다는 지주경영의 철저함을 드는

부안군 줄포 가옥

대군의 척후

것이 적절할 것이다.

또 그들이 당대의 경제적 기회를 잘 포착하여 활용했음도 중시되어야 할 것이다. 우선 김씨가는 일본으로의 쌀 수출 및 가격 상승이라는 경제적 호기를 활용했다. 특히 김씨가는 1907년 봄에 화적떼를 피해 고창군 부안면 인촌리에서 일본 순사 주재소와 헌병대 분견소, 수상경비선파출소 등이 있던 인근의 부안군 줄포茁浦로 이주했던 바, 그곳이 전라북도에서 군산 다음가는 포구였기 때문에 김씨가는 소작미 판매에서 좀더 유리해졌다.

그림 3-6에서 보는 것처럼, 줄포는 "전북 고창군의 일각에 있으면서 군산 남쪽으로 해상 17마일 떨어진 하진河津으로서 그 배후에는 고부, 고창을 끼고 연액 5만 석의 미곡과 실면實綿을 토출하고 있는 곳"이었다. 군산은 금강 하구의 항구로서 강경과 연결되며, 옥구, 임피, 함열, 만경과 익산, 김제 일부 등 전북의 북부평야지대를 배후 상권으로 하고 있었다. 1910년경 줄포의 수출입액을 살펴보면 잡화 등의 연간 수입액은 18만 엔 가량, 그리고 쌀과 면화 등의 연간 수출액은 8만 엔 가량이었다. 군산 개항이 목포보다 늦었기 때문에 러일전쟁 이전까지는 줄포에서 쌀과 면화가 목포로 반출되었다. 군산이 러일전쟁 당시 물자공급기지로 활용된 후부터 점차로 줄포는 군산 상권과 연결되기 시작하여, 1910년대에 그에 편입되었다.[19]

줄포가 목포 상권과 연결되어 있을 때에는 김씨가는 소작미 판매 시 목포로의 운송비만큼 부담을 져야 했다. 1910년대에 군산항을 통한 쌀 이출이 급증하면서 줄포에서 군산으로의 쌀의 집산도 커졌고, 그와 더불어 김씨가는 소작미를 더 편하게 팔 수 있었다.

그림 3-6 전라북도 지도

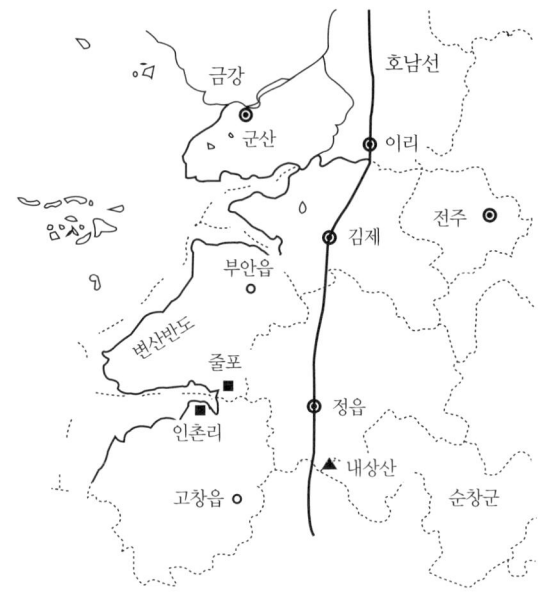

그리고 일본인 지주의 경우와 같이, 고리대를 계기로 한, 헐값의 토지구입도 대지주로의 고속성장에 일조했다. 한일합방을 전후하여 짧은 기간에 대지주로 고속성장한 전라남도 신안군 암태도 문씨가文氏家의 경우, 상업, 대금업, 염전경영 등에 종사하여 부를 축적하고 그를 토지에 투자했다.[20] 김씨가도 순전히 지주경영만 했던 것이 아니라, 그 시대의 다른 지주들과 마찬가지로 농민, 어민에 대한 식량대부도 겸했다.[21] 이것은 식량대부 시 토지를 저당유질抵當流質했다가, 농민이 채무를 상환하지 못할 때 토지의 소유권을 갖는 것

인데, 당시 전라북도 일대에서 부호들이 토지겸병 수단으로 흔히 쓰던 것이다.

정식으로 토지를 구입해도 물론 싼 값에 점령할 수 있으나 한국에서는 이것보다 한층 편리하고 싼 값으로 점령할 수 있는 방법이 있다. 그것이 바로 '저당유질'이다. 저당사업은 질옥質屋사업과 함께 한국에서 가장 유망한 사업이며 그 유리함에 비해 위험도 극히 적으므로 다소 자본의 여유가 있는 사람이면 이 방법으로 토지점령 목적을 달성하는 것이 가장 편리하다. 원래 저당해야 할 만큼 빈곤한 한인韓人이므로 일단 저당한 이상 이것을 반환 받는 일은 도저히 생각할 수 없는 일이며, 따라서 그중의 8, 9는 모두 저당유질되는 것이 상례이다.……이와 같은 고리高利이므로 일단 토지가 저당에 잡히면 그 토지는 다시 원래의 소유자의 손에 들어오기는 힘들다.[22]

다음으로, 요협과 기중, 경중의 2대에 걸친 관직 진출도 거대지주가로 성장하는 데 매우 중요했다. 관직에 있을 경우 권력을 이용한 수탈적인 치부가 가능하며, 설령 수탈자가 되지 않더라도 수탈로부터 자신을 보호할 수 있고, 지주로서 성장하는 데도 여러 가지 혜택을 누릴 수 있기 때문이었다. 예컨대,

조선의 부호는 거의 모두 관위官位를 지닌다. 만약 관위가 없다면 지방장관 때문에 주구誅求를 면할 수 없기 때문에, 대금大金을 지니고 경성에 올라가 가령 현관現官에 취임할 수 없더라도 군수 이상의 관위

를 매득하면 우선 재산은 안전하다. 조선의 부호는 전前 관리가 대다수를 점하고 그 다음이 이름뿐인 관명, 공관空官이라도 지방장관의 주구를 면할 권리가 있음과 동시에, 인민에 대하여 반드시 그 권리를 떨칠 수가 있다.[23]

김씨가 인물들이 역임한 관직 중 비서원승, 봉상시부제조는 정3품의 관직이며, 시종원부경은 종2품의 관직이었다. 그것이 설령 명목상의 관직이었다 해도 그런 고위직에 임명될 수 있었다면, 그들이 자신들의 거주지인 고부군의 수령 등으로부터 수탈당하는 일은 당연히 없었을 것이다.

또 그들은 군수직을 통해서 축재 기회를 얻었을 것으로 추정된다. 그들이 당시의 일반적인 지방관의 행태에 따랐을 경우, 비록 길지 않은 재임기간이나마 관행상의 수탈을 통해 치부할 수 있었을 것이다. 특히 그들이 군수로 재임했던 기간은 관료의 조세횡령 및 축재가 극성을 부리던 대한제국 전기였다. 따라서 그들의 관직진출이 축재에 크게 도움이 되었을 것이다.

김씨가의 대지주로의 성장과정을 요약한다면, 김씨가는 초기 요협 대에서는 근검절약을 통해 가산을 축적하고 이를 토지에 투자하는 식으로 중소지주로 성장했으며, 그 후에는 소작료 수입의 재투자를 기본으로 하면서도, 경제력을 기반으로 관직에 진출해 한편으로는 지방관의 수탈을 피하고, 다른 한편으로는 지방관으로서 관행적인 축재 기회를 활용함으로써 한층 더 가산을 축적했으며, 저당유질한 토지를 획득하고, 적절한 토지매매시점을 포착하여 더 많은 토지

대군의 척후

를 매입하였다. 이렇듯 김씨가는 이렇게 이용가능한 온갖 기회를 모두 활용할 수 있었기 때문에 거대지주로 성장할 수 있었다. 단순히 소작료의 재투자만으로는 초고속 성장이 불가능했던 것은 1920년대의 경험으로부터 확인할 수 있다.

여기에 오늘날의 경제윤리를 내세워, 관직을 이용한 치부, 농민에 대한 고리대행위, 헐값의 토지구입을 문제삼거나 비판하는 것은 적절치 않다. 전주田主가 병작농민으로부터 지대地代를 받으며 양반관료가 농민을 밭으로 삼아 농사짓듯이 거두어 먹는 것은 조선왕조 사회의 체제적 원리였고, 신용이 발달하지 못하고 불확실성과 변동성이 큰 전통사회에서 고리대가 횡행하고 물가 변동이 심한 것도 당연한 일이었다. 김씨가는 그러한 당대의 경제질서에 따라 재산을 축적했을 뿐이었다.

부를 어떻게 축적했느냐보다 더 중요한 것은 그렇게 '짜낸 자본이 어디에 쓰였는가' 하는 것이다.[24] 도덕적 기준에서 보아 '부정, 부당' 한 방법을 통해서 부를 축적한 후, 그를 개인적 소비에 탕진하거나 기생지주경영만을 확대했다면 훗날의 경제발전과 관련하여 그 부의 축적이 갖는 의미는 거의 없을 것이다. 그러나 축적한 부를 더 중요한 사회적 용도(근대교육시설의 확충, 근대산업의 건설)로 사용한다면, 그 부의 축적은 사회적 의의를 가질 수 있다. 김씨가의 경우가 바로 후자에 해당하는 바, 그들로 하여금 그렇게 하도록 이끈 것은 바로 그들이 갖고 있던 가치 지향성이었다.

3) 가치 지향

김씨가는 양반관료체제내에서의 계층 상승, 지위 상승에 강한 열망을 갖고 있었다. 관직 진출과 자녀 결혼에서 이것을 볼 수 있다. 김용완의 회고에 의하면,

나의 장인은 그 스스로 거부巨富요, 또 지체 높은 양반댁이었으면서도 충청도 양반이고 광산 김씨인 우리집 양반보다는 양반이 떨어진다 하여 사돈을 높여서 맞기 위해 우리집과 혼담을 맹렬히 추진시켰던 모양이다. 그는 점치고 사주관상을 보아가며 지체 높은 양반댁만 골라 혼인을 했다. 그래서 내 동서 하나는 당시 나는 새도 떨어뜨리는 세도가인 안동 김씨였다.[25]

'점치고 사주관상을 보아가며 지체 높은 양반댁만 골라 혼인을 한' 것, 이것이 바로 김씨가가 계층 상승, 지위 상승에 대해 강한 열망을 갖고 있었음을 보여준다.

김씨가의 이러한 열망은 그 사회적 지위가 명문가의 후손이라는 자의식에 아직 못 미쳤기 때문이다. 김요협은 양반가의 일반적 행동 규범과는 달리, 결혼하면서 전남 장성의 본가를 떠나 처가가 있는 전북 고창으로 이주했으며 가산을 물려받지도 못했고 과거에 합격하지도 못했다. 이것은 고창으로 이주할 무렵 그의 사회적 지위가 양반으로서는 변변치 못했음을 의미한다. 또 그가 새로 고창에서 지주로 성장했다고 해서, 바로 명문 양반가로 인정받을 수도 없었다. 조선의 전통사회에서 한 가문이 양반가가 되기 위해서는, 지역 내

기존의 양반가들에게 동격의 양반으로 인지되어야 했다.[26] 그러나 김씨가는 이제 막 부를 쌓아가던 신참 외래자일 뿐이었다. 김씨가가 고창 일대, 나아가 호남 지역의 명문 양반가가 되기 위해서는, 관직에 진출하고 과거에 급제하며 더 높은 격의 집안과 통혼할 필요가 있었다. 1900년대 전반까지 김씨가가 한 일은 바로 이 계층 상승 노력이었다.

그런데 김씨가의 관직 진출은 1906년으로 끝났다. 이것은 1905년 을사조약 이래 일본이 조선의 국정을 장악하면서 연고나 뇌물을 이용한 관직진출에 제동이 걸렸기 때문으로 해석된다.

그 후 김씨가는 계몽운동에 참여했다. 김씨가가 동화되고자 했던 상층 주류 양반층의 사조가 당시 문명개화, 계몽으로 흘렀기 때문이다. 1899~1904년은 전제황권의 시대였다. 이 때는 황제의 전횡을 비판하거나 정변을 일으킬 만한 개혁세력은 이미 뿌리 뽑힌 침묵의 시대였다.[27] 러일전쟁 중 을사조약이 체결되면서 대한제국의 황권이 약화되고 개화·개혁세력의 입지가 강화되었다. 의식있는 양반층 사이에서는 일본을 뒤따라 문명개화하고 그를 중심으로 동양 국가들이 단결하여 서세동점西勢東占을 막자는 사조, 교육진작과 식산흥업殖産興業을 통해 자강自强을 기하여 근대국가를 수립하자는 사회개혁론, 신국가건설론이 백화제방百花齊放했다.[28]

김씨가는 그 영향을 받았다. 김씨가가 계몽운동에 참여하게 된 데에는 당시 그 운동에 앞장서던 창평의 명문 양반가 고씨高氏가와의 혼사가 계기가 되었다. 김기중은 1904년에 13살이던 장남 성수를 창평의 장흥 고씨 고정주高鼎柱(1863~1934)의 딸 광석光錫(1886~1919)과 결혼시켰다. 고씨가는 임진왜란 때 왜군과 맞서 싸우다 목숨을 바친 고경명敬命(1533~1592)−인후因厚·종후從厚 3부자를 배출한 명문가였다. 인후의 후손은 창평을 세거지로 해서 살아왔는데, 그의 10대 후손인 고정주는 규장각을 관리하는 직각直閣 벼슬을 지냈다. 1905년 을사조약 이후 고향에 돌아와 창흥의숙昌興義塾(현 창평초등학교)을 세워 근대교육을 시작했고, 호남학회를 조직하여 회장을 맡았다.[29] 김씨가와 고씨가의 혼사는 신흥 유력가와 전통있는 명문가의 결합이었다.

김기중은 고정주와의 관계를 계기로 1908년 줄포에 영신학교를 설립했고, 경중도 호남학회에 참여하여 평의원을 맡았으며 자금도 찬조했다. 이것은 그들이 당시 화두였던 사회개혁, 국가개혁과 국권강화에 동조한 것을 의미한다. 김씨가는 문명개화사상에 공감하게 되었다. 개화사상의 수용은 국가 사회의 장래가 염려되는 상황에서 양반지주들이 나름의 방식으로 대처하는 것이기도 했다. 그 연장선상에서 김씨가는 교육사업과 언론, 학회활동을 통해 계몽운동에 참여한 것이다.

특히 김씨가는 학회활동을 통해 지주로서의 개인적 이익만이 아니라 사회적 책무를 감당해야 한다는 의식을 갖게 되었다. 그리고 그 구체적 방안으로서 교육과 산업의 중요성을 인식하였다. 이러한 의식, 지향은 김씨가의 제3세대(김성수와 연수)에게 계승되어 현실에서 구현되었다.

근대화 프로젝트

1) 시대의 화두, 실력양성!

김성수는 1891년 김경중의 4남으로 태어났다. 그 위의 세 형은 모두 어릴 때 죽었고, 성수 다음으로 연수가 1896년에, 그 뒤로 두 여동생이 태어났다. 성수는 아들이 없던 백부 김기중에게 입양되었으나, 기중가와 경중가가 바로 이웃에 있었으므로 그와 동생 연수는 함께 자랐다. 그들은 각기 16, 11세 되던 1907년까지 부안면 인촌리에서 살았다.

김성수는 7세가 된 1897년부터 서당에서 한문을 배우기 시작했으며, 16세가 된 1906년 봄에는 처가가 있는 창평으로 가서 장인이 만든 일종의 공부방인 영학숙英學塾에서 영어 등을 배우기 시작했다. 공부한 기간은 6개월 여에 불과했지만, 그곳에서 김성수는 훗날의 사업 동지가 되는 고하 송진우古河 宋鎭禹(1890~1945)를 만났다. 송진우는 담양군 고지면 손곡리 출신으로 부친이 고정주와 친분이 있던 까닭에 그곳에서 공부하게 된 것이었다. 서로 의기투합한 김성수와 송진우는 함께 일본 유학을 떠난다.

창평에서 줄포로 돌아온 김성수는 1907년 여름에 인근의 한 암자에서 부친의 친구 아들인 근촌 백관수芹村 白寬洙(1889~1950), 송진우와 더불어 공부를 하다가, 1908년 봄에는 계몽운동 계열 인사들이 세운 군산의 금호錦湖학교에서 각종 학과목을 좀더 체계적으로 배웠다. 군산은 개항장으로서 줄포와는 비교할 수 없이 넓은 세계로 통하는 창구였다. 특히 그는 일본 도쿄의 다이세이大成중학에 재학 중이던 벽초碧初 홍명희洪命熹(소설 《임꺽정》의 작가)를 만나 '선진 문명국' 일본의 이모저모에 관한 이야기를 듣고 유학을 결심하게 되었다. 마침내 그해 10월에 송진우와 함께 일본 유학을 떠났으니, 그때 그의 나이 18세였다.

그들은 세이소쿠正則영어학교에 입학해 영어와 수학을 배우면서 중학교 입학준비를 했다. 이 학교는 일종의 예비학교로서, 학생들은 다니고 싶은 만큼 다니면서 정규학교 입학시험 준비를 하다가 아무 때나 그만둘 수 있었다. 이광수, 최남선, 신익희申翼熙, 장덕수張德洙 등 한국 근대사를 주름잡은 많은 인물들이 이 학교를 거쳤다. 김성수는 이듬해 1909년 봄에 긴죠錦城중학교 5학년에 편입해서 본격적으로 근대식 학과목들을 배우게 되었다. 1910년에 중학교를 졸업한 그는 와세다대학 예과에 입학해 이듬해 1911년에 정경학부에 진학하여 1914년에 졸업했다. 그 해 와세다대학의 한국인 졸업생은 8명이었다.[30]

김연수는 15세가 되도록 서당과 집에서만 공부를 했을 뿐이나, 형 김성수와 송진우가 유학을 권유하고 부모를 설득한 덕분에 1911년 1월 일본 유학에 올랐다. 첫 3개월간 일어日語학교에서 일어교육을 받은 그는 4월에 기독교계통의 학교인 아사부麻布중학교에 입학하여 5년간 공부하여 1916년에 졸업했다. 그는 형의 권유에 따라 제국 대학 진학을 위해 교토京都의 명문 제3고등학교(3년제 대학 예과에 해당)에 입학했으나 신경쇠약증으로 1년만에 그만두었고, 이후 1918년에 교토제국대학 경제학부 선과選科(청강생에 해당)에 진학했다가 고등학교 검정시험을 거쳐 본과에 진학하여 1921년에 졸업했으니, 그 학부의 첫 한국인 졸업생이었다.[31]

도쿄 유학 시절의 김성수와 연수(왼쪽이 김성수)

김연수의 교토제국대학 경제학부 성적표
세 학년도에 걸친 시험 성적은 평균 61점이었으나, 3학년 때는 72점으로 높아졌다.

上段表

第一回試驗	點	第二回試驗	點	第三回試驗	點
經濟原論（第一部）	七〇	經濟原論（第二部）	五五	經濟學史	七〇
經濟史	五〇	農業經濟	七五	金融論	七〇
殖民政策	六〇	工業經濟	七二	交通論	七八
統計學		商業經濟	七二	保險論	七五
憲法	五〇	外國貿易論	七二	社會政策（社會問題第二部）	七〇
行政法		社會問題（第一政策部學）	四〇	財政學第二部	七〇
民法第一部	七〇	財政學第二部	七五	商法	八五
經濟書講讀（第一外國語）	癸七	民法第二部	七五	學東洋經濟史	
哲學		經濟書講讀（第一外國語）	七五	經濟地理	八〇
社會學		政治學		會計學	六九
政治史		日本經濟史		國際私法	
刑法總論		國際公法第一部		經濟書講讀（第二外國語）	
經濟書講讀（第二外國語）		國際公法第二部		工業經濟學	
經濟原論上特殊問題	六〇	經濟書講讀（第二外國語）		財政學第一部	
		統計學	七〇		
		行政法	一〇〇		

下段表

第一、回試驗	點	第二回試驗	點	第三回試驗	點
經濟原論（第一部）	七〇	經濟原論（第二部）	五五	經濟學史	七〇
經濟史	五〇	農業經濟	七五	金融論	七八
殖民政策	六〇	工業經濟	七二	交通論	七五
統計學		商業經濟	七二	保險論	七五
憲法	五〇	外國貿易論	七二	社會政策（社會問題第二部）	七〇
行政法		社會問題（第一政策部學）	五〇	財政學第二部	
民法第一部	六八七	財政學第二部	七五	商法	八五
經濟書講讀（第一外國語）	七〇	民法第二部	七五	學東洋經濟史	
哲學		經濟書講讀（第一外國語）	七二	經濟地理	八〇
社會學		政治學		會計學	六九
政治史		日本經濟史	六〇	國際私法	
刑法總論	一	國際公法第一部		經濟書講讀（第二外國語）	
經濟書講讀（第二外國語）		國際公法第二部		工業經濟學	
疑問ハ特殊問題	六〇	經濟書講讀（第二外國語）		財政學第一部	
		統計學	七〇		
		行政法	一〇〇		

훗날 경성방직의 운영 주역이 될 이강현李康賢(1888~?)도 일본에서 유학을 했다. 전주 이씨인 그의 아버지 이기홍李起弘은 경기도 10개 군의 군수, 함흥 판관判官, 육군참장陸軍參將 등 고위직을 역임했다. 이강현은 한학을 공부하다가 17세 되던 1905년에 궁내부宮內府 주사 직主司職에 기용되었으나, 사양길에 들어선 조정의 관직에 뜻이 없어 사직하고 신학문을 배우기로 작정하고 일본으로 갔다. 1904년 이래 수년간 한국 황실이 양반가 자제 50명씩을 선발하여 내장원內藏院의 학자 부담으로 일본에 유학시켰던 바, 그는 1905년 이 황실 특파 장학생으로 뽑혀 명문인 도쿄 부립府立 제1중학교에 입학했다. 이 학교는 3년 과정의 특설 한국위탁생과를 두고 한국학생들을 가르쳐, 졸업 후 학생들이 가급적 농공상업農工商業 또는 의학 계통의 상급학교로 진학하도록 지도했다. 이강현은 1907년 3월 이 학교를 졸업하고 구라마에藏前고등공업학교 방직과에 진학했다. 당시의 유학생들이 귀국 후 관리가 되기 위해 대개 법률이나 정치학을 공부하려 했던 것을 상기하면, 이는 매우 특이한 일이었다.[32]

이들뿐 아니라 많은 청년들이 일본으로 유학을 떠났다. 재일유학생들이 발간한 잡지 《학지광學之光》에 의하면, 러일전쟁 이전의 일본 유학생 수는 200명 정도였지만, 1909년에는 900명 가까이에 달했을 정도로 급증했으며, 1910년대 전반에는 한일합방으로 일시 감소했음에도 600명 가까이 되었다.[33] 특히 러일전쟁 이후 일본 유학이 급증한 것은 일본이 사실상 한국의 운명을 좌우하게 됨에 따라 그를 따라 문명개화하려는 사조의 영향이었다.

많은 한국인 유학생들에게서 두드러지는 경향은 사회책임의식과

대군의 척후

실력양성지향이었다. 이광수에 의하면, "동경유학생들이 펜으로, 혀로 절규하고 또 필생의 정력을 다해 노력하려 하는 바는 산업의 발달, 교육의 보급, 사회의 개량 등이다. 어떻게 하면 조선을 알게 하고 부유케 할까 하는 것이 그네의 이상"이었다.[34]

합방 이전에도 일본 유학생 수가 급증했지만, 그들은 "대부분 빠른 출세와 정치적 야심에 충동된 경우가 많아 중도에 학업을 포기한 경우도 많았다. 그러나 1910년대 유학생들 사이에서는 학업에 충실하려는 분위기가 고조되어, '학문에 임하는 방법이 중학을 밟아 순서 있게 전문학교로 올라가는 기풍이 새로 한층 더 왕성해졌으며 따라서 근본적으로 학문을 연구하려는' 풍토가 조성되었고, '실지학實地學에 착수하는 자도 많고 진정한 학리를 연구코자 대학에 입학하는 자가 적지 않았다.'"[35]

김성수와 연수를 일본 유학으로 이끈 요인 중 하나도 바로 이러한 실력양성에의 지향이었다. 곧, "공부를 해야지, 모두가 남에게 뒤떨어진 때문이 아닌가" 하는 의식이었다. 이강현도 "신학문을 섭취하기로 결심을 굳히고 반대하는 양친도 모르게 도주하여 일본으로 건너갔다."[36]

이러한 지향의 배후에는 당시 한국인 유학생들을 사로잡았던 사회진화론적 세계관이 있었다. 이것은 인류사회에서도 약육강식과 적자생존, 우승열패와 자연도태의 자연법칙이 관철되며, 따라서 살아남으려는 사회는 힘을 길러야 한다는 사고방식이었다. 김성수의 후배로서 와세다대학에서 공부하던 현상윤玄相允이 《학지광學之光》에 기고한 다음 글에서 이를 단적으로 볼 수 있다.

슬프다 눈을 들어 한번 세계대세를 보라. ……제군이여, 제군은 일찍이 여름날 들판에 수많은 곤충이 저보다 강한 제비나 참새에게 잡혀 죽고 또 그 제비나 참새가 저보다 강한 새매나 독수리에게 먹혀 죽는 것을 구경한 일이 있는가. 오늘의 인류사회도 또한 이런 자연률 아래 지배를 받고 세계의 존재도 또한 이런 법칙 위에 건설되어 있는 것이로다. 그러므로 남의 동정 없는 것을 서러워하지 않고 나의 힘없는 것을 서러워하는 것이 현대생활의 특징이오, 남은 어찌되었던지 내 배나 잘 채우는 것이 현대 인류의 도덕이다.[37]

김성수와 연수도 유학생활을 통해 그러한 세계관을 갖게 되었다. 그들은 처음 일본에 도착해서 일본의 발전상을 보고 압도되었다.

도쿄를 한 바퀴 돌아본 인촌은 놀라움보다 허탈감을 느꼈다. 시모노세키에서 도쿄 신바시까지 오는 하룻밤 이틀 낮 동안 차창 밖으로 내다본 울창한 수목과 잘 정리되어 있는 전답田畓, 규모 있는 도시와 깨끗한 촌락, 이런 풍경과 조국의 모습을 비교하고 허전함을 금할 수 없었다. 더구나 도쿄에 와서 관공서나 학교 등의 시설, 고층건물과 번화한 상가, 여기 저기 벌여 놓은 엄청난 공사장들을 보면서 소총 하나 제대로 갖추지 못하고 환도나 죽창을 들고 지금도 일본군과 싸우고 있는 의병을 생각하면 암연暗然해지지 않을 수 없었다. ……국력의 차는 너무나 컸다. 그들은 새로운 문물에 압도당했고, 큰 소리만 치던 송진우도 풀이 죽었다.

특히 나를 놀라게 한 것은 기차를 타게 된 일이었다. 시모노세키에서 도쿄까지를 이은 동해도선은 32시간이나 걸리는 긴 여행이었다. …… 가장 인상적이었던 것은 오사카 등지의 공장들이었다. 송진우의 설명을 들으면서 공장들을 바라볼 때 나의 마음에는 만감萬感이 오갔다. 우리나라에서는 별로 볼 수 없는 큰 굴뚝에서 연기가 뿜어 오르는 공업도시의 광경은 두고두고 훗날까지 잊히지 않았다.[38]

그들은 일본 근대화의 비결을 나름대로 간파했다. 학습이 그 비결이었다는 것이다. 송진우는 다음과 같이 말했다.

한 꺼풀 벗겨놓고 보면 그들의 창의로 된 것이라고는 거의 없습니다. 괜찮아 보이는 것은 다 대륙의 것이 아니면 서양의 것을 흉내낸 것입니다.[39]

일본이 서양을 재빨리 모방해서 근대화에 성공했다면, 조선도 같은 방법으로 근대화에 성공하지 말란 법이 없다는 것이다. 구체적으로 이것은 교육과 산업을 진흥시키는 것이었다. 이광수는 닭싸움의 예화로 이를 역설하였다.

우리나라가 나아갈 길은, 날 쇠고기 한 근과 구리가루 한 돈쭝 어치를 먹고 며느리발톱을 날카롭게 갈아서, 바다 건너에서 온 일본 수탉을 물어뜯어 이기는 길뿐이다. 쇠고기와 구리가루란 다름 아닌 교육과 산업이다.[40]

김성수 역시 일본 근대화의 원동력이 교육에 있다고 보고, 자신이
조선에 귀국하면 와세다대학처럼 장차 조선을 이끌 수백의 정치가,
각 방면의 인재를 배출할 교육기관을 세우겠다고 결심했다.

　　일본이 발전한 원동력은 교육에 있으며, 조선 민족이 일본의 기반羈絆
　　에서 벗어나려면, 그들이 좋아서가 아니라 무엇보다 교육에 있어서
　　그들을 따라가야 합니다.[41]

　　김연수는 기업가가 되어 산업건설에 매진하기로 마음먹었다.

　　중학교 2학년 무렵부터 나는 장차 실업인이 되어 조국의 부강을 위하
　　여 몸 바칠 것을 결심하기 시작하였다. 처음 도쿄로 올 때 오사카를
　　비롯한 철도 연변에 즐비하게 세워진 큰 공장들을 잊을 수가 없었다.
　　나는 학교를 마치고 귀국하면 곧 공장을 세우고 크게 산업을 일으킬
　　생각이었다. ……나는 중학교 2학년에 불과하던 나이에 산업을 생각
　　하고 있었다. 이것은 아버님에게서 배운 것과 처음 일본에 와서 큰 공
　　장의 굴뚝을 보고 결심이 선 것인지도 모르겠다. ……학교만 마치면
　　지체 없이 조국으로 돌아가 산업을 일으켜 실력을 길러야 한다고 몇
　　번이나 다짐하였다.[42]

　　그는 산업 중에서도 공업을 건설해야 함을 인식했다. 공업이야말
로 근대사회의 산업적 기초라고 생각했던 것이다.

근대의 문명은 과학적 문명이다. 기계의 문명이다. 기계문명의 대표
적 표현은 농업에 있지 아니하고 공업에 있다. 그럼으로 기계를 사용
하여 공업으로 입국한 국가는 문명국이며 우등국이요, 그렇지 못한
국가는 미개에 열등이다. 농산물은 대개 원료요, 그 가격이 싸고 공업
품은 정품이요, 따라서 고가가 아닌가. ……공업을 등한시하고 농업
으로만 입국한다 하면 현재와 같은 저 국가적 경쟁장리에 도저히 그
존재를 인정치 못하게 된다.[43]

이강현은 "우리나라는 이미 국운이 쇠퇴한 때라 수구적인 타성에
서 탈피하여 과학적인 새 기술의 습득과 이를 바탕으로 한 산업근대
화로써 국력을 배양하는 길만이 구국의 첩경이라고 판단"하여, 고등
공업학교에 진학했다.

그들은 각자 맡은 일을 잘하는 것이 애국이라고 생각했다. 귀국
직후 중앙학교의 운영에 힘을 쏟던 김성수와 송진우는 학생들에게
"우리 민족이 일제의 굴레에서 벗어나는 길은 각자가 자기가 맡은
일, 즉 학생들은 공부를 열심히 하는 것"이라고 가르쳤다.[44] 한국인
이 식민지 상태에서 벗어나기 위해서는 각자의 학업과 생업에 충실
해야 한다는 것이 실력양성주의의 핵심적 지침이었다.

따라서 그들은 자신이 투신한 교육사업 및 기업활동을 '애국' 행위
로 자부했다. 그들은 기업활동에 대해 강한 자부심과 긍지를 갖게 되
었다. 김연수는 학업을 마친 매제 김용완에게 실업계 투신을 권유할
때, "농촌 젊은이들을 일깨우는 것도 좋은 일이나 기업을 한 번 운영
하여 굶주리는 백성들에게 일자리를 많이 주어 잘 살게 하는 것도 결

국 애국하는 길"이라고 말했다. 그는 훗날의 간척사업도 자신의 이익을 위한 것이 아니라 국가와 농민을 위한 일이었다고 자부했다.[45]

이들만이 아니라 훗날 경성방직의 사원들도 회사의 일을 '민족의 사업'이며 '독립운동의 일환'으로 자부하며 긍지와 보람을 느꼈다. 예컨대 경성고등공업학교를 졸업하고 경성방직에 입사한 유홍柳鴻은 판로 확장을 위해 조선 각지, 만주 일대에 출장을 다니면서, "이러한 일들이 곧 우리 민족을 위하는 길이요, 완전 독립을 위한 경제적 독립의 길이라고 생각하고 큰 긍지를 가졌다."[46]

이 자부심과 긍지는 김성수, 연수 등이 기업활동에 헌신케 함으로써 기업성장에 도움이 되었지만, 일제 말기에는 전시협력을 합리화하는, 아니 적극적으로 전시협력에 나서게 하는 요인이 되었다. 그들이 자신들의 기업활동에 강한 자부심과 긍지를 가지면 가질수록, 기업의 성장을 위한 모든 활동을 정당화하고 그를 위해서는 어떤 일도 마다하지 않게 되었기 때문이다.

이처럼 김성수와 연수는 일본 유학을 통해 근대사회와 근대지식을 체험하고 공부하며 근대화라는 시대과제를 자각하였다. 그런데 그에 못지않게 중요한 성과는 그들이 유학생활을 통해 당대 최고 엘리트의 네트워크를 구축한 것이었다. 특히 김성수가 그러한데, 그는 와세다대학의 현상윤玄相允, 최두선崔斗善, 양원모梁源模, 장덕수張德洙, 도쿄제국대학의 유억겸兪億兼과 박용희, 김준연金俊淵, 메이지대학의 조만식曺晚植, 김병로金炳魯, 현준호玄俊鎬, 조소앙趙素昂, 게이오대학의 김도연金度演, 교토제국대학의 김우영金雨英, 구라마에고등공업학교의 이강현과 폭넓은 친분을 쌓았다. 이들은 대개 재력가 출신이면서 특출한 두뇌와 의지의 소유자였던 바, 졸업 후 조선에 돌아와 각종 사회·경제사업의 조직자가 되었으며, 독립 후에는 한국 정치·경제·문화계의 거목이 되었다. 김성수는 귀국 후 그들을 사업의 협력자이자 동지로 만들었다.

2) '교육'에 이어 '산업'으로

김성수가 1914년에 와세다대학 정치학과를 졸업하여 귀국한 후 처음 착수한 일은 교육사업이었다. 처음에 그는 백산白山학교라는 이름으로 학교를 설립하려 했으나, 학무당국으로부터 인가를 받지 못했다. 그 과정에서 부호가 출신 엘리트 청년이 학교를 설립하려 한다는 소문이 퍼지자, 경영난에 처해 있던 학교들이 그에게 인수를 요청했고 그중 중앙학교가 물망에 올랐다.

중앙학교는 구한말 계몽운동단체의 하나인 기호흥학회畿湖興學會가 1908년 6월 1일 기호학교라는 이름으로 설립한 것이었다. 이것이 1910년에 흥사단에서 경영하던 융희隆熙학교와 합쳐졌다가 호남, 교남嶠南, 서북, 관동關東 등의 학회가 중앙학회로 합병되면서 중앙학교로 바뀌었다. 이 학교는 법령상 3년제의 각종各種학교였다.

김성수는 학교의 채무 1,900엔을 갚고 경영권을 인수했다. 그는 부친 김기중에게 학교시설 확충을 위한 출자를 청했다. 그가 고작 스물 세 살의 나이에 거금이 드는 교육사업을 하려는 데 대해 생부生父 김경중이 반대했으나, 김성수는 며칠간의 단식 끝에 양부養父 김기중의 동의를 얻었다. 김기중은 학교 인수 후의 확충 자금으로 쓰도록 3,000두락, 150정보의 경지를 내놓았다. 이 재정적 기초와 와세다대학 스승의 도움 덕분에 김성수는 총독부 학무국으로부터 학교 인계를 승인받을 수 있었다. 그는 1915년에 학교를 인수한 후 교장에 황성신문을 창간한 저명한 언론인 류근柳瑾(1861~1921)을, 학감에 송진우를, 그리고 최두선, 현상윤 등의 일본 유학 귀국생들을 교사로 초빙했다. 그리고 학교를 정규학교로 승격시키기 위해, 1917년에는 종로구 계동 1번지 4,300여 평의 땅을 8,800엔에 사들여 120평의 벽돌 2층 교사와 부속건물을 완공했으며, 마침내 1921년 4월 1일부로 정규학교인 고등보통학교 승격 인가를 받았다.

그런데 이미 중앙학교에는 방직기술 전문가인 이강현이 교사로 있었다. 그는 1911년 7월에 도쿄의 구라마에고등공업학교 방직과를 졸업하고 귀국한 후, 한편으로는 배재, 경신, 보성, 중앙 등 서울의 여러 사립학교를 순회하면서 자연과학과 수학을 가르치고, 다른 한편으로는《경성상업회의소 월보》등에 기고문을 써 근대 상공업 건설의 필요성을 강조하는 등 계몽활동을 해 왔다.[47] 이런 그에게 한때 자신이 기술 지도를 해준 적도 있는 경성직뉴京城織紐의 폐업 소식이 전해졌다.

경성직뉴는 광희문 인근의 직뉴업자들이 협력하여 설립한 업체였다. 이 회사는 이정규李正珪, 김성기金聖基 등 17, 18인의 합자에 의해 1910년 4월 합명회사로 출발했다가, 1911년에 주식회사로 개편되었다. 납입자본금은 7만 5,000엔이었으며, 사장은 윤치소尹致昭였는데, 그는 훗날 제2공화국의 대통령이 되는 윤보선尹潽善의 아버지이다. 주생산품은 허리띠, 대님, 주머니끈 등의 끈 종류이며, 일부 직물도 직조하였다. 동사는 현재의 중구 쌍림동에 있던 공장에서 1912

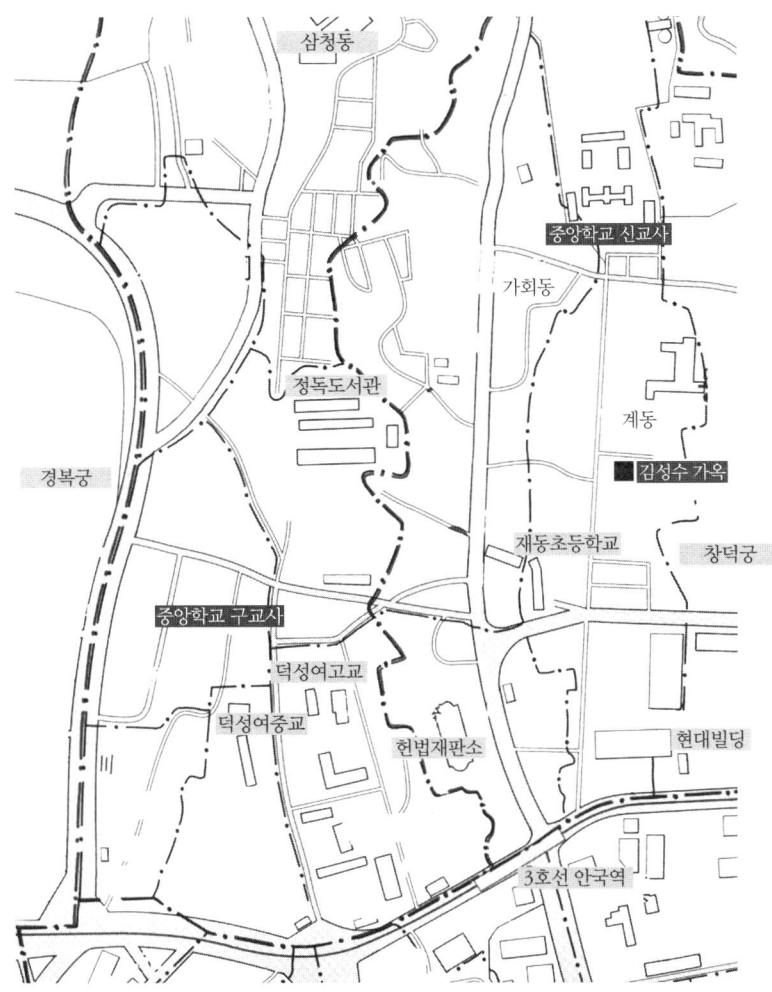

중앙학교 신·구 교사 및 김성수 집

중앙학교 구교사는 종로구 화동에 있었으며, 김성수의 집과 중앙학교 신교사는 계동에 있었다. 이
일대는 조선왕조시대의 '강남' 인 북촌北村의 양반 거주지로서 멀리는 성삼문, 맹사성 등의 재상
과 좀더 가까이는 실학을 개화파로 계승한 박규수와 갑신정변의 주역 박영효, 그리고 일제시대의
민족운동가인 손병희와 이상재, 제2공화국의 대통령 윤보선 등의 집터를 포함하고 있다.

•구교사 ••1917년 12월 신축 교사 입교식 •••신교사 전경

년 당시 직뉴용으로 낭뉴편기囊紐編機 40대, 요대편기腰帶編機 8대, 대님기 26대를, 직조용으로 족답기 3대, 밧탄기 1대를 갖추고 있었다. 동력기관을 사용했다는 기술 자료도 있으나, 다른 자료들에서는 그렇지 않았던 것으로 나타나므로 단정하기는 어렵다.[48] 《조선총독부 통계연보》에 의하면, 초기인 1910~1912년간에는 연생산액이 3만 엔 내외에 불과했으나, 1914~1915년에는 5만 엔에 이르렀고, 1917년에는 8만 엔을 넘었다. 뒤에서 볼 재무제표와 비교해 보면, 이 수치들은 다소 과장된 것으로 보이지만, 여하튼 생산량이 증가했음을 알 수 있다. 그리고 직공 수도 첫 한두 해에 30~40인이던 것이 곧바로 70인 이상으로 늘어났다.[49]

경성직뉴는 김성수가 인수하기 얼마 전까지는 근소하게나마 거의 해마다 순이익을 냈으며, 자산 규모도 일정하게 유지되는 등, 안정성을 보였다. 이 회사는 1912년 척식拓植박람회에 제품을 출품하여 금상을 받았고 1915년의 조선총독부 주최 시정5주년기념 조선물산공진회共進會에서 금상을 수상한 바,[50] 우수한 품질의 직뉴 제품을 생산했던 것으로 보인다.

그렇지만 자산 규모의 안정성이란 사업의 정체성의 다른 표현이었다. 1,000엔 정도에 불과한 기계기구금액에서 볼 수 있는 것처럼 그 사업은 간단한 수공업적 도구를 사용하는, 보잘것없는 것이었다. 매출채권, 재고자산의 규모가 각기 매출액과 맞먹고, 이 운전자산이 총자본의 절반 이상을 잡아먹고 있었다. 생산은 하되 팔리지 않아 재고가 쌓였고, 팔리더라도 실제 현금회수가 되지 않으니 실상은 팔린 것이 아니었다. 그만큼 운영이 비효율적이었다. 게다가

경성직뉴공장
경성직뉴공장이 있던 서울 중구 쌍림동은 옛날부터 허리띠, 댕기, 대님 등 끈목
생산의 본거지였다.

주주들은 얼마 안되는 이익금도 배당으로 회사에서 빼내갔다. 기본적으로 이 회사는 성장 가능성이 없는 전통 의류 부속물을 만들고 있었기에 전망이 없었고, 경영진도 이 사실을 잘 알고 있었던 듯하다. "수요가 날로 줄어드는 사업인데 양산을 한, 처음부터 잘못 시작된 기업이었던 것이다."[51]

특히 제7기에는 경영진 내부에 분란이 일어나 더 이상 회사를 유지하기가 어려웠다. 이강현은 폐업 위기의 이 회사를 보고 그것을 대규모 방직업체로 키울 생각을 했다. 이것은 교육과 산업에서 조선 독립의 희망을 찾고 있던 김성수의 뜻과 통하는 것이었다. 이미 김성수는 "조선의 원료로, 조선에서 조선인이 방적하여 조선인이 제직하고 조선인이 착용하자는" 취지의 토산장려운동단체인 조선산직장려계朝鮮産織獎勵契(1915년 조직)의 일반 계원으로 참여하는 등 직물업에 관심을 갖고 있었던 바, 1917년에 경성직뉴를 인수하여 직포업을 시작했다. 이것은 역시 이강현의 권유에 따른 것이었다.[52]

김성수는 인수 후 자본금으로 2만 5,000엔을 추가 납입했다. 자신이 사장을, 그리고 선우전鮮于全(1889년생)이 전무이사직을 맡았다. 선우전은 김성수보다 1년 늦게 1915년에 와세다대학 상과商科를 졸업한 유학 동창으로서, 조선은행에서 서기로 2년간 근무하다가 1918년 1월 김성수의 경성직뉴에 전무로 합류했다. 이강현은 중앙학교 교사를 그만두고 지배인(상무에 해당)으로 취임하였다.

김성수가 경성직뉴를 인수한 것은 소폭직물을 직조하기 위한 것이었다. 1910년대 후반 조선에서는 조선산 토포는 이미 변두리로 밀려나고 일본산 수입품이 면직물시장의 대부분을 차지하고 있었다.

1876년 개항 이후 한동안 수입 면직물은 고급품으로서 도시의 일부 상층에서만 소비되고, 대중은 여전히 재래 토포를 사용했다. 그러나 일본의 면공업이 1890년대 이후 산업혁명을 거치면서 조선의 면직물시장을 장악할 힘을 갖게 되었다. 러일전쟁 후부터 조선산 토포와 비슷한 품질의 일본산 제품이 조선의 대중 소비시장에 침투하여 시장을 장악하기에 이르렀다. 아래 그림 3-7에서 보는 것처럼, 면직물의 조선내 자급률은 1910년대에는 20퍼센트 정도에 불과했다.

그러나 이처럼 수입품이 소비시장을 장악하는 과정에서 토착 면공업이 궤멸되었고 그로써 내재적 발전의 싹이 뽑혔다는 주장[53]은

그림 3-7 1910년대 조선내 면직물의 생산 · 수입 · 소비

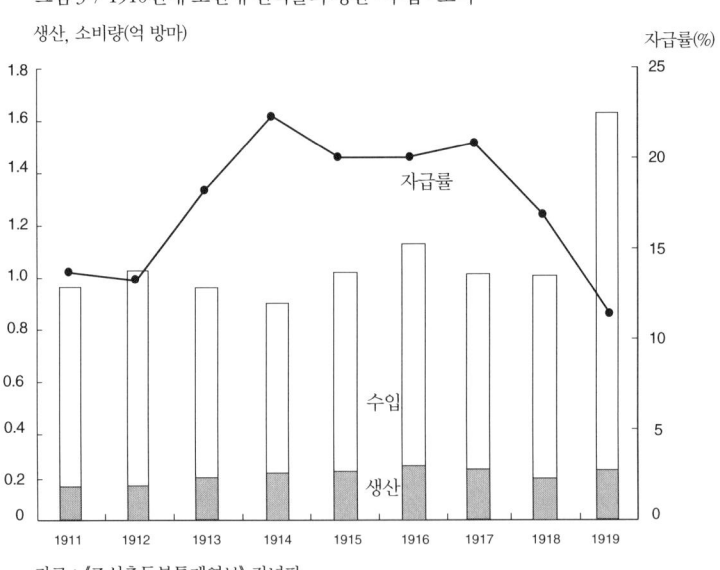

자료 : 《조선총독부통계연보》 각년판.

대군의 척후

적절하지 않다. 물론 재래면포의 생산은 줄었다. 그러나 그것은 오늘날 우리가 보는 바와 같이 수입품과의 경쟁에서 패배한 국내 생산자가 몰락하여 국내 산업이 없어진 것은 아니었다. 재래면포란 대부분 농가의 가내부업으로서 수공업방식으로 직조되어 왔고, 공장 조직 형태의 대규모 생산은 없었다. 개항 후 더 저렴하고 품질 좋은 수입제품이 몰려오자 부업적인 직물 생산자인 농민은 그 직조를 그만둔 대신, 수출품인 쌀과 콩 등의 농산물 생산을 늘려서 번 돈으로 수입직물을 사는 쪽을 택했다. 그는 수입직물이라는 경쟁제품 때문에 몰락한 것이 아니라, 어렵고 비효율적인 베짜기 노동을 줄이고 그것을 수출용 농산물 생산에 돌린 것이다. 다음 인용문은 이를 잘 나타내주고 있다.

외국상품의 수입은 국내 산업에 놀라운 영향을 미쳤으며 면화의 재배와 그것의 직물로의 직조는 크게 감소했고, 이것은 많은 노동력을 다른 경로로 방출시키고 있는 형편이다("Korean Domestic Trade", *The Korea Review* 5, 1905. 11).

지난 1890년 이래 일단 근기近畿 부근의 미곡이 계속 일본으로 수출되었으므로, 이에 비로소 조선 농민도 그 잉여미곡을 고가高價로 방매할 수 있고, 도리어 그 수입품을 염가로 살 수 있는 이익을 알자마자……따라서 내버려 두어 돌보지 않는 논 두둑도 잇따라 개발되기에 이르렀다(《통상휘찬通商彙纂》 8, 〈1893년 중 인천항 상항년보〉).[54]

그 후 조선에서도 새로운 직조설비와 기술을 이용하여 직물이 생산되기 시작했다. 직물업은 수입방적사 및 수입직기를 활용한 이식형 공업으로 발전해 갔다. 역직기를 갖춘 대방직공장은 아직 설립되지 않았지만, 그 대신 개량직기를 갖춘 소규모 직물업체들이 경성등 도시 지역을 중심으로 하나 둘 생겨났다. 1910년경 경성에는 대부분 한국인들이 경영하던 38개의 직조업체가 있었다. 이 업체들은 평균 5대 정도의 직기와 5명 정도의 직공을 거느리고 작업을 하고 있었다. 전체 직기 208대 중 재래기가 30대, 밧탄battan직기가 132대, 족답기足踏機가 43대, 역직기가 3대였다.[55]

그 발달 순서는 재래직기-밧탄기-족답직기-역직기의 순順이다. 이중 밧탄기와 족답직기는 재래직기와 역직기 사이의 과도단계의 개량직기였다. 밧탄기는 1733년 영국에서 존 케이J.Kay가 발명한 것으로 위사를 꿴 북이 자동으로 좌우를 오가는 장치였다. 재래직기에서는 손으로 북을 움직여야 하므로 직물의 폭이 좁았으나, 밧탄기로는 더 넓은 폭의 직물을 짤 수 있었고, 숙련도 별반 필요 없었다. 족답기는 직기로부터 손을 '해방'시켜 발의 운동으로 직조하는 것이었다. 밧탄기에서 손으로 북을 좌우로 움직이는 동작을 발로 발판을 밟는 동작으로 바꾼 것이다. 역직기는 족답기의 발판에 동력을 연결한 것이다. 따라서 족답기는 역직기로의 전환과정에 있는 과도적 단계의 수직기手織機였다.

밧탄기와 족답직기는 작업능률이 각기 재래직기의 2배, 3~4배에 달했다. 역직기로 직조된 이입직물이 폭 38인치(=1야드=96센티미터)의 제품이었던 데 비해, 밧탄직기 및 족답기로 짠 직물은 폭이 그 절

반(약 50센티미터)에 불과해, 소폭직물이라 불렸다.[56]

새 직물업의 담당자들 중에는 망국 이전의 각부各部 대신大臣이나 도관찰사, 부윤府尹 등의 고위관리 출신자도 있어서, 개화파 관료들의 근대공업에 대한 관심을 보여주지만, 중심인물은 당시 경성 직물업의 선구자로 불렸던 김덕창金德昌이었다. 그는 1890년대 후반에 일본의 직물공장에서 직공생활을 하면서 직조법을 익히고 밧탄직기를 갖고 돌아와 염직업을 시작하였다. 그 뒤를 따라 여러 재래수공업자, 상인들이 속속 직조공장을 설립하였다.

김성수가 경성직뉴를 인수한 것은 이러한 소규모 직포업의 발흥 흐름에 따른 것이었다. 김성수는 40대의 소폭직기를 설치하여 소폭직물의 직조에 나섰다. 건평도 170평으로 공장을 증축하고 직공 수도 100명 이상으로 늘렸다.[57] 인수 직후 부동산 규모가 1만 엔 정도에서 2만 엔 가량으로 증가했고, 다시 1920년 3월 말에는 5만 엔 가량으로 급증했으며, 기계기구 규모도 1,000엔 내외에서 1만 4,000엔 정도로 급증하고, 1920년 3월 말에는 1만 9,000엔에 이르렀다(부표 4).

경성직뉴는 1919년 말 당시 7.5마력짜리 전동기를 설치하고 소폭직기로 110명의 직공을 고용하여 한양목漢陽木, 한양사漢陽紗, 와사단瓦斯緞 등을 제조하고 있었다. 한양목은 두터운 금건金巾과 비슷하게 경사, 위사 모두 20번수의 단사單絲를 써서 평직한 것으로 한국인의 의복지로 애용되고 있었다. 와사단은 비단처럼 광택이 있어서 한국인 상류층의 의복지로서 도회지에서 인기가 있었다.[58]

그러나 경성직뉴는 1920년대에 들어서까지도 종래의 대님, 허리띠 등을 계속 생산하였다. 그림에서 보는 바와 같이 경성직뉴는 1920년 8

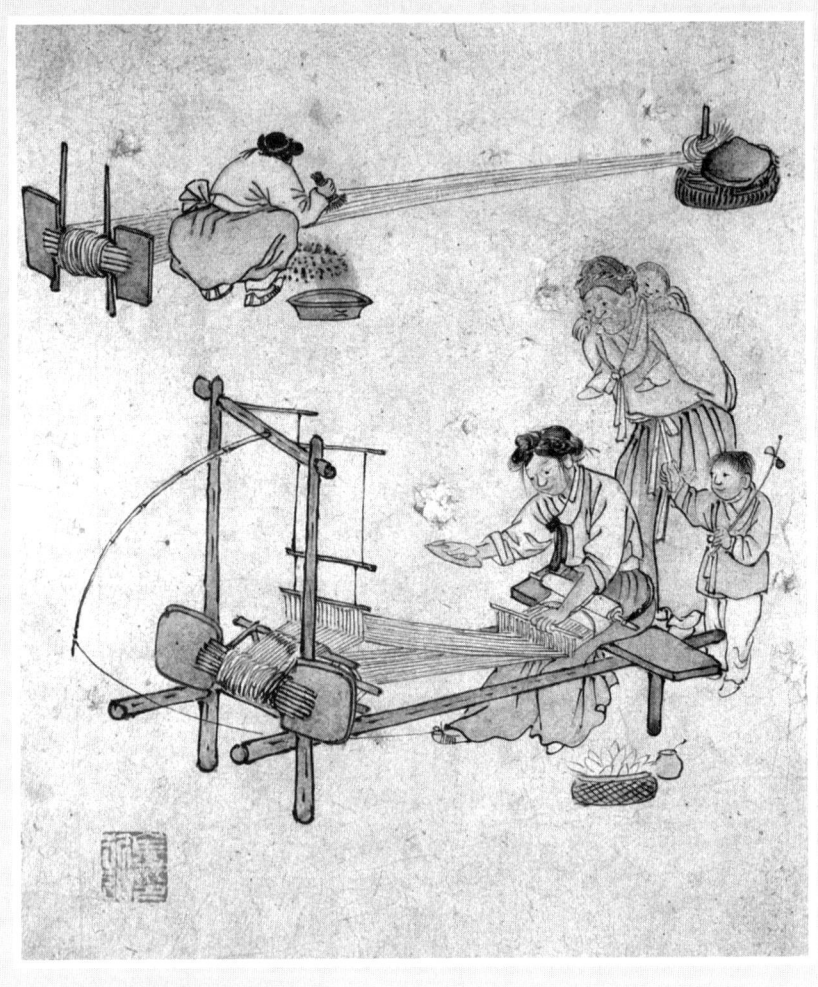

김홍도 작 〈길쌈〉(국립중앙박물관 소장)

•재래직기 ••밧탄기 •••족답기

경성직뉴 제품 광고(《동아일보》 1920년 8월 24일자)

월에도 '금화대金花帶' 등 허리띠와 대님제품의 광고를 하고 있었다.

경성직뉴가 인수 이전부터 제조하던 대님 등은 완연히 사양길에 있던 품목이었고, 새로 추가된 소폭직물은 조선 직물시장을 석권하고 있던 도요방적의 '3A' 표 직물(대폭직물, 조포)을 당해낼 수가 없었다. "생산했다고 해서 제품이 팔리는 것은 아니었다. ……상인도 수요자도 별로 거들떠보지 않았다."[59] 매출은 전보다 그다지 늘지 않았고, 따라서 재고가 계속 쌓였다. 재고자산은 인수 전 3만 엔 내외에서 인수 후 7만 엔 정도로 급증했고, 2년 뒤에는 10만 엔에 달했다.

따라서 자금수요가 커졌다. 고정자산이 커진 데다 운전자산까지

대군의 척후

급증했기 때문에, 경성직뉴는 차입을 대폭 늘릴 수밖에 없었다. 인수 전 2만 엔 이하였던 외부차입금은 인수 후 5만 엔 내외로 증가했고, 인수 3년차에는 8만 엔을 넘었다. 20퍼센트 이하였던 차입금 의존도도 40퍼센트 가까운 수준으로 높아졌다.

이처럼 직물직조에도 불구하고 경성직뉴는 탈출구를 찾을 수 없었다. 이것은 경성직뉴만의 사정은 아니었다. 1910년대의 조선내 소규모 직물업체들 모두가 그러한 사정에 있었다.

1910년대에 대거 늘어난 한국인 염직공장(직물공장) 수는 1920년 초 일본의 전후공황이 파급되면서 24개로 대폭 줄었다. 불과 2년만에 그 수가 1/3로 줄어들 정도로 경영은 불안하였다. 그 후 1930년대 말까지 그 수가 계속 늘어났지만, 개별 업체는 거의 발전하지 못했다. 예컨대 김덕창은 1902년에 설립한 업체를 꾸준히 발전시켜 마침내 1920년에는 종로 일대의 포목상, 금융업자를 규합하여 자본금 50만 엔(그중 12만 5,000엔 납입)의 동양염직(주)를 설립했으나, 1년만에 2만 6천 엔의 결손을 내고 쇠퇴 일로를 걸었다. 다른 직물공장들은 주변적이며 특수한 분야의 업체로 겨우 존속했다. 1930년 말의 한국인 직물공장 38개 중 16개 공장이 의마포疑麻布, 반포班布 등의 특수 면직물 생산업체였고, 11개가 견직물 생산업체였고, 기타 인견교직물, 마포, 저포공장이 각각 5개, 3개, 1개였다.[60] 즉, 1910년대의 소규모의 한국인 직포업에는 발전전망이 없었던 것이다.

이처럼 김성수와 이강현이 희망없는 경성직뉴에 갇혀있는 동안 식민지 조선의 면제품시장은 바야흐로 새로운 시대에 접어들고 있었다.

3) 새 술은 새 부대에

김성수가 경성직뉴를 인수한 1917년에 일본 재벌계자본이 조선방직(주)을 설립하여 광폭면직물의 조선내 직조시대를 열었다. 조선방직은 1910년대 말 일본경제, 특히 면공업에 있어서 기업열의 소산이었다.

일본 방직업계는 1차 세계대전 초기에만 해도 10~20퍼센트의 조업단축을 하는 등 업계현황이 그리 좋지 않았다. 그러나 1917년 이후 상황이 일변하여 대호황이 찾아왔다. 전쟁으로 인해 중국과 인도 등 아시아시장에 영국 등 교전당사국의 면제품 공급이 격감하면서 일본산제품에 대한 수요가 격증하고 면사포 가격이 폭등했다. 영국의 면포수출은 1913~1918년에 반으로 줄었고, 그 결과 인도에서는 국내 면포생산의 증가에도 불구하고 1913/1914~1917/1918년에 공급이 24퍼센트나 감소했다. 일시적 공급부족을 틈타 일본산제품의 수출이 늘어났다. 인도 면포 수입액 중 일본산제품의 비중은 1914년 0.3퍼센트에서 1918/1919년 21.2퍼센트로 올랐고, 중국 면포수입액에서 차지하는 비중은 1914년 24퍼센트에서 1918년 57퍼센트로 올랐다.

국제적 공급부족에 따라 또한 면사포 가격이 크게 올랐다. 일본의 직물 및 그 원료의 도매물가지수는 1913년 1월을 100으로 할 때 1917년 초에 140 정도로 비교적 완만한 상승을 보이다가, 그 후 폭등하여 1918년 말에는 250을 넘었고, 1919년 말에는 400에 달했다.[61] 대표적인 면직물인 도요방적의 3A표 제품 가격은 그림 3-8에서 보는 것처럼 1917년부터 급등하여 1916~1919년의 3년 사이에 3

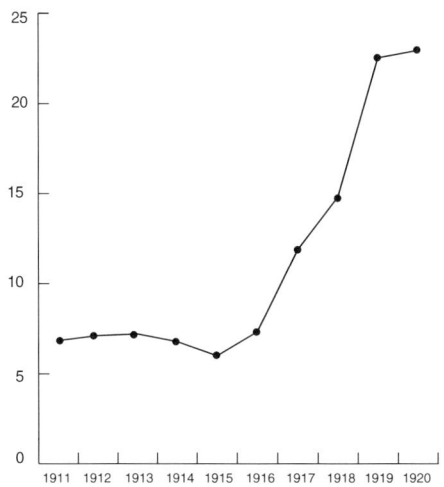

그림 3-8 1910년대 3A 제품 가격의 추이

가격(엔)

자료 : 朝鮮綿絲布商聯合會, 《朝鮮綿業史》, 1929, 83쪽

배 이상으로 되었다.

이에 따라 면공업의 수익성이 높아졌다. 일본에서의 면포직조의
채산성 추이를 보면, 제품별로 다소 편차는 있으나, 1910년대 초에
비해 1910년대 말에 매출이익률이 뚜렷하게 더 높아졌다. 조포 직조
의 매출총이익률은 1910년대 초 3퍼센트였으나, 1910년대 후반에
는 7~8퍼센트로 높아졌다.

방적기업의 평균자기자본수익률은 1916년 38.8퍼센트, 1917년
48.0퍼센트, 1918년 49.4퍼센트, 1919년 52.0퍼센트 등에 달하는 등
놀라운 수준이었다. 주요 19개 방적업체의 납입자본금이익률은 다

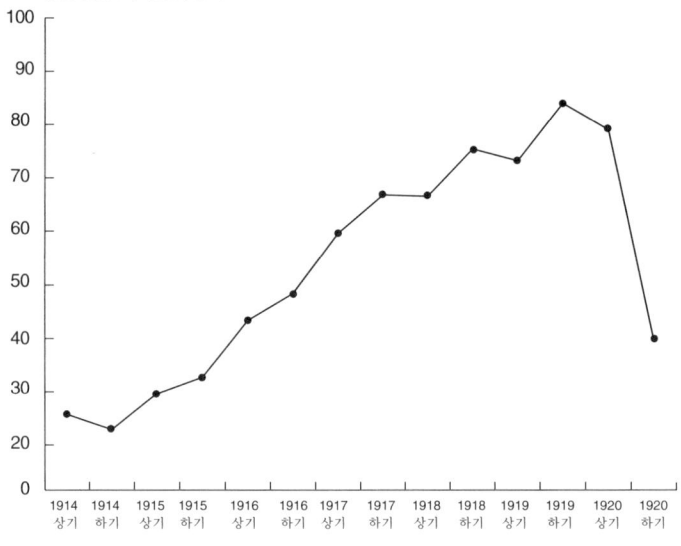

그림 3-9 일본 대방적회사들의 1910년대 수익률 추이

납입자본금이익률(퍼센트)

자료 : 橋本壽郎, 《日本帝國主義史》 1, 1985.

음 그림 3-9와 같이 치솟았다.

　해외시장이 활짝 열리고 가격이 폭등하여 고수익을 올리게 된 일본의 방적회사들은 중국에 직접 방적공장을 설립하기 시작했다. 이것이 중국내 일본인 방직기업을 뜻하는 소위 재화방在華紡의 설립 러시였다. 그 방추 수는 1913~1918년에 12만 9,000추 가량 증가했으나, 1918~1920년에는 56만 1,000추나 증가했다. 재화방은 1924년에 14개 사에 35개 공장으로서 중국 면사생산의 32.4퍼센트, 면포생산의 30.4퍼센트를 차지했다.[62]

　조선에도 기업설립 붐이 일었다. 은행업, 신탁업을 필두로, 공업,

상업, 운수업에서 기업신설이 잇따랐다. 대호황을 맞은 일본기업의 확장욕구가 조선에서 분출구를 찾으려는 데다 쌀값 상승으로 큰 부를 축적한 한국인들의 사업열도 고조되었기 때문이다. 회사령 아래서 1911년 1월~1915년 3월에 회사의 설립신청 건수 185건에 허가 건수 130건이었으나, 1915년 4월~1920년 4월에는 설립신청 건수 491건에 허가 건수는 426건에 달했다. 특히 일본자본의 진출이 급증한 1917년 4월 이후의 허가 건수가 90퍼센트를 차지했으며, 다시 그 90퍼센트 가량이 1918년과 1919년에 집중되었다.[63] 1918~1919년은 가히 사실상 조선내 회사설립의 원년이라고 할만 했다. 총독부는 1918년 6월에 회사설립 규제를 완화하는 쪽으로 회사령을 개정하여 이 기업열을 수용했다.

1915년 4월~1917년 3월에 인가된 회사 수가 31개, 공칭자본금이 1,500만 엔이었으나, 1917년 4월~1920년 4월에 인가된 회사 수는 384개, 공칭자본금은 2억 4,100만 엔에 달했다. 이것은 10배 이상의 비약적 증가세였다. 그중 한국인 회사도 많아서 종전 31개 중 4개가 한국인 회사이던 것이 전체 384개 신설 회사 중 97개가 한국인 회사(25퍼센트의 비중)로 바뀌었다. 한국인이 이 시기 기업설립 붐에 적극 참여한 것이다. 업종별로는 상업회사가 153개로 가장 많고, 이어서 공업회사 120개, 운수업 51개, 농업 30개 등의 순이었다. 상업에서는 무역업, 공업에서는 주류제조나 정곡제분업 등의 식료품업에서 특히 회사설립이 활발했다.[64]

이러한 조선내의 전반적인 회사 설립 붐과 일본 방적기업의 해외 진출 붐이 결합해, 조선에도 방적공장을 설립하려는 움직임이 생겼다. 우선, 미쓰이 계열 중심의 일본 대자본은 조선에 면방적공장을 설치할 계획을 세웠으니, 주동자는 후지가스방적富士瓦斯紡績의 창립자인 히비야日比谷平左衛門, 동사의 사장 와다和田豊治, 미쓰이 출신의 다이니혼맥주大日本麥酒 사장 마코시馬越恭平, 역시 미쓰이 출신의 야마모도山本條太郎 등이었다. 당초 노다野田大塊 동양척식주식회사 부총재가 사임하여 조선을 떠나면서 데라우치 총독을 면담할 때, 데라우치가 "영구히 조선을 위한 무언가 토산土産을 만들어 달라"고 요청하자, 그가 일본에서 미쓰이물산의 야마모도 조타로에게 의뢰했고, 이에 야마모도가 경성에 와서 총독을 만나 방직공장 설립을 추진하게 되었다.[65]

또한 대만에 진출한 일본인 사업가들도 방적공장 설립을 시도하였다. 대만제당 사장 야마모토山本悌二郎, 데이고꾸제당 사장 마쓰가다松方正熊, 훗날 1925년에 일본의 상공성 정무차관이 되는 사쿠세柵瀨軍之佐 등 소위 '대만조台灣組' 사업가들이 목포에 방적회사를 설립하겠다고 인가신청을 했다.

조선총독부는 조선에 두 개의 방적공장이 설립되면 모두 살아남지 못할 것이니 양자가 하나로 합치도록 해서 회사설립을 인가했다. 당초 계획은 면화재배지라는 조선의 특성을 활용하여 전라남도 일대에서 면작용지를 매수하여 면화를 재배하고, 그 면화로 방적을 행한다는 것이었다. 그러나 면화재배지로서의 미간지 매수 및 역둔토 불하가 여의치 않았기 때문에 대신 회사가 공장건설에 착수한 영업기로부터 3년간 총독부가 매년 납입자본금의 6퍼센트 만큼 보조금을 지급하기로 했다.[66]

조선방직은 총자본금 500만 엔에 1차로 125만 엔을 납입하여, 영국 쯔이텔, 스모레사의 최신식 방적기 1만 2,500추와 광폭직기 608대를 설치하기로 했다. 이러한 규모는 대략 당시 일본의 평균적인 방적방직겸영공장에 해당하는 것이었다. 1918년 말 현재 일본의 43개 방적회사는 총 1억 3,850만 엔의 납입자본금으로 177개의 공장에 323만 추의 방추와 4만 대의 직기를 보유하고 있었다. 회사당 평균 납입자본금은 322만 엔, 방추 수는 1만 8,235추, 직기 대수는 228대였다.[67] 조선방직의 방추 수가 일본내 공장의 평균치보다 상당히 적으면서도 직기 대수가 그보다 많은 것은, 수많은 중소 규모 직포업체들과 병존하면서 방적에 치중한 일본의 방적방직겸영회사들과 달리, 중소 직포업체들이 발달하지 못한 조선에 있어서는 조선방직

과 같은 업체가 방적과 방직을 모두 담당해야 했기 때문이다.

조선방직의 설립은 김성수와 이강현에게 경성직뉴에 대한 미련을 버리라는 최후통첩이었다. 경성의 염직업체들처럼 소폭직기를 설치해 직물업을 영위하려던 그들의 계획은 갈수록 이입광폭직물의 지배력이 커지던 시장에서 통하지 않았다. 제품은 팔리지 않았고 재고가 쌓여갔다. 게다가 수입면제품과 똑같은 제품을 생산할 공장이 조선에 세워지고 있었다. 기왕에 방직업을 하려면 조선방직과 같은 대폭면포직조업체를 설립해야만 했다. 새 술은 새 부대에 담아야 했던 것이다.

04 불안한 출발

3·1 운동은 우리에게 생기와 희망을 가져다 주었습니다. 우리 경성방직
은 작으나마 눈에 보이는 그 희망의 하나입니다. 경방이 여기서 문을 닫
는다면, 이것이 선례가 되어 감히 근대적 산업에 손을 대는 사람이 나오
지 못할 것입니다. 그렇게 되면 무슨 얼굴을 들고 한길을 다닐 수 있겠습
니까?
　　　　　　　－김성수, 파산위기에 몰린 1920년 봄의 경성방직 중역회의에서

고고呱呱의 성聲

김성수는 1918년부터 전국의 지주, 유력자에게서 동조자를 규합
하여 경성방직의 설립작업에 착수했다. 그는 전국 각지를 편력하며
민족기업으로서의 방직공장 설립이 긴요함을 역설하여 투자자를 모
집하였다. 김성수, 박영효朴泳孝, 김기중, 김경중, 이일우李一雨, 최준
崔浚, 윤홍섭尹弘燮, 김찬영金瓚永, 최희순崔熙淳, 이승준李承駿, 윤현진
尹顯辰, 김영철金永哲 등 182명이 창립발기인으로 참여했고, 그들은
1919년 2월 19일부로 회사령에 따라 총독부에 경성방직(주)의 설립
청원을 제출했다.[1]

이와 관련하여 기존 연구는 김씨가가 농업 부문에서 수익성이 악
화되자 그 대안으로 공업투자를 하게 된 것이라 설명한다. 1920년경
이후 쌀값 하락으로 지주경영의 수익성이 나빠지자 김씨가가 그 대

책으로 일부 지주자본을 산업자본으로 전환했다는 것이다.[2]

이러한 설명들은 일견 그럴 듯해 보인다. 1920년대에 들어와 쌀값이 하락했고 공업투자는 증가하여, 양자간에 인과관계가 있는 것으로 보이기 때문이다. 김용섭은 김씨가 소작미의 석당 평균 판매가가 1919년의 21.15엔에서 1920년에 11.30엔으로 급락했고, 그 후에도 그다지 회복되지 않았다고 주장했다. 에커트는 "조선에서 쌀값이 제1차 세계대전 후 급격히 하락했다가 1920년대에 다소 회복되고는 1930년대에 계속 하락했음"을 지적했다.[3] 그리고 1920년대 이후 공업투자가 늘어난 것은 사실이다. 따라서 김씨가 지주경영의 수익성이 저하되자 경성방직을 설립하게 되었다는 설명은 그럴 듯해 보인다. 그렇지만 이러한 주장은 사실과 부합하지 않는, 매우 도식적이고 기계론적인 오해다.

김성수에게 이윤은 주요한 동기가 아니었다. 그는 자기 집안의 지주경영에 거의 관여하지 않았다. 그는 일본에서 대학을 졸업한 후 줄곧 서울에서 중앙학교와 경성직뉴의 인수·경영, 이어서 경성방직과 동아일보사의 설립작업에 매달렸는 바, 가업인 지주경영에 관여할 겨를이 없었거니와 그 수익성이 떨어지는 것을 고민했던 흔적도 없다. 또 이 활동들은 수익성을 고려한 것이 아니었다. 그가 벌인 교육사업, 언론사업, 방직사업은 당시로서는 돈을 버는 일이 아니라 오히려 돈을 까먹는 일이었다. 그와 그의 집안이 수익성만을 중시했더라면 다른 많은 지주들이그랬듯 아예 이런 일들을 하지 않았을 것이다.

더욱이 시기적으로도 그의 활동들은 지주경영의 수익성 저하와는 무관했다. 그가 교육 및 기업활동에 나선 1917~1919년에는 쌀 값이 해마다 올라서 지주경영의 수익성이 갈수록 높아졌고, 경성방 직과 동아일보사가 설립된 후에 지주경영의 수익성이 낮아졌기 때 문이다.

일반적으로 지주경영의 수익성은 1920년대 전반에 다소 낮아지기 는 했으나, 다른 투자기회에 비해 결코 나쁘지 않았다. 예를 들면 1920년부터 산미증식계획에 따라 토지개량사업 등에 무상의 국고보 조와 저리금융 형태로 막대한 자금지원이 있었다. 국가가 정책적으 로 농업 부문을 지원하는 한 농업투자가 가장 매력적일 수밖에 없었 다. 실제 자금의 흐름도 토지 및 그를 포함한 농업을 향했다. 총독부 관할하에 있던 식산은행의 대출금 구성을 보면, 농업 부문 대출금의 비중은 1921년 33.1퍼센트에서 1925년 51.7퍼센트, 1931년 66.3퍼 센트로 갈수록 커진 반면, 공업 부문 대출금의 비중은 각기 2.8퍼센 트, 2.5퍼센트 1.4퍼센트로 실로 보잘 것 없었다. 당시 한국인 대지주 는 헤아릴 수도 없이 많았음에도 한국인 대공업가는 매우 적었던 것 은, 바로 이 때문이었다. 경제논리로 보아, 공업투자는 별로 매력적 이지 않았으며, 토지가 여전히 최고요, 왕이었다.

이것은 김씨가에게도 마찬가지여서 그들은 경성방직 설립 후에도 오랫동안 지주경영에 더 치중했다. 경성방직에 대한 김씨가의 투자 액은 그 설립 당시에는 5만 엔도 채 안되었고 1920년대 말까지도 40 만 엔을 조금 넘는 데 그쳤다. 그러나 김씨가, 그중에서도 김경중 일 가의 토지재산은 적게 잡아도 1920년대 전반에 이미 200만 엔 가량 에 달했다.

단기적 수익성 면에서도 김씨가가 '지주자본을 산업자본으로 전환'할 이유가 없었다. 1920년대에 김경중 일가의 연간 소작료 수입은 20만 엔이 넘어, 10퍼센트 이상의 수익률을 보인 것으로 추정되지만, 경성방직에 대한 투자금은 뒤에서 볼 것처럼 1920년대에는 사실상 수익을 내지 못했고, 총독부 보조금에 의지해서야 연간 5퍼센트 정도의 배당을 받았다. 즉, 수익성을 중시하는 경제논리로는 경성방직과 같은 공업회사를 설립하여 그를 어렵사리 꾸려갈 이유가 없었다.

따라서 김성수가 경성방직을 설립한 것은 기존 지주경영의 수익률 저하라는 요인이 아니라 그가 품고 있던 근대화이념으로 설명되어야 할 것이다. 그는 문명개화와 실력양성을 위한 활동이 활발히 전개되는 분위기 속에서 일본에 유학하며 근대문명의 위력을 절실히 체험했다. 그는 날로 발달하는 일본의 공업을 보고 조선의 장래도 결국은 공업화에서 구할 수밖에 없으며, 자신은 그를 앞당기는 역할을 해야 한다고 생각했다. 그는 근대화론자가 되었으며, 그래서 중앙학교, 경성직뉴의 인수, 경성방직과 동아일보사의 설립에 나선 것이었다. 근대화라는 시대의 대세에 들어맞는 이 사업이 성공할 경우 장기적으로 큰 이익을 얻을 것이었지만, 당장은 경제적으로 더 이익이 되는 것은 아니었다. 따라서 경성방직의 설립은 그 이념적 동기로 설명되어야 할 것이다.

경성방직 창립취지문에는, 소비액의 절반 이상을 수입품에 의존하는 면포의 자급을 기도하는 것이 조선경제 독립상의 급선무이며, 경성방직은 우선 면직물을 제조하고 장래 방적도 겸할 것이며, 이로써 조선공업의 발달을 도모하고 한국인에게 직업을 주고 공업적 훈련을 하겠다고 되어 있다.

조선에 있어서의 면포의 수용은 연액 4,200만 엔이며, 그중 2,700만 엔은 수입품에 의존하고 있는 현상이니, 이의 자급을 기도함은 조선 경제 독립상 급선무라고 하겠습니다. 아래에 기명한 우리들은 이 기운에 즈음하여, 경성방직주식회사를 창설하여, 우선 면직물의 제조로써 제1기 기업起業으로 하며, 장래 적당한 시기(조선산면産棉의 성적이 점차 양호해짐에 따라)가 도래하면 필경에는 방적업무도 겸영하고자 합니다. 그리하여 조선공업의 발달을 도모하는 동시에 더욱 증산을 도모하고, 자급은 물론 여액餘額은 만주 지방에도 이출할 것을 기할 것이며, 더불어 다수의 조선인에 직업을 주고 공업적 훈련을 하는 동시에 주주의 이익을 희도함을 목적하고 동지가 상모相謀하여 본사 창립의 허가신청서를 이에 제출하는 바입니다.

여기에는 조선내 소비면포는 조선내에서 생산해야 하며 그것을 자신이 담당하겠다는 수입대체공업화에 대한 지향성이 분명했다. 비록 처음에는 직포업으로 출발하지만, 장차 방적업무도 겸하여 완전한 방직업체로 만들 것이며, 또 장차 수출기업으로 발전시키겠다는 지향도 표명하고 있었다.

창립발기인들은 1919년 5월에 창립총회를 개최하고, 1919년 10 설립 허가를 받았다. 당초 총독부는 조선방직의 경우와 달리 부정적 태도를 보였지만,[4] 김성수 등은 마침내 허가를 받아 회사를 설립할

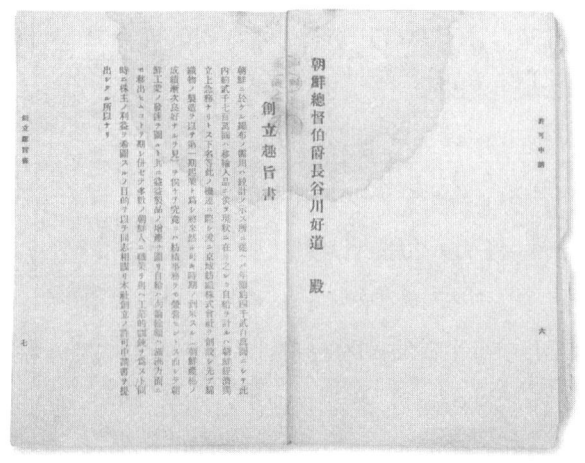

조선총독 앞으로 제출한 경성방직 설립신청서

수 있었다.

　주식모집의 결과, 전체 2만 주 중 발기인이 3,790주를 인수하였고, 나머지 1만 6,210주를 일반에게서 공모하였다. 1퍼센트 이상의 지분을 가진 대주주는 12명이었다. 김씨가에서는 김경중이 2,000주, 김기중이 650주, 그리고 김성수가 200주를 인수했다. 박용희가 1,020주를, 조설현, 안종만이 1,000주씩을, 김찬영, 고하주, 노창섭이 500주씩을, 장춘재가 350주를 인수했다. 사장직을 맡은 박영효는 200주를 인수했다. 이들 대주주의 지분율은 50퍼센트에 못미쳤다.

　김씨가 외의 주요 발기인 및 주주가 어떤 인물이었는지를 보면(부표 5), 우선 박영효(1861~1939)는 갑신정변甲申政變의 주역 중 하나로 한말의 유명한 중신이었다. 오랜 망명생활 끝에 1907년에 귀국한 그는 한일합방 공로로 후작 작위를 받았는데, 청년들 일색으로 구성된 회사의 총독부에 대한 교섭 적임자로서 초빙되었다.

박용희(1885~1949)는 한강 서강西江의 부호 객주가 출신으로 1902년 대한제국 학부學部에서 선발한 관비유학생으로서 일본 도쿄의 순천順天중학교와 제1고등학교를 거쳐 1913년에 도쿄제국대학 정치학과를 졸업하였다. 그는 귀국 후 한동안 사법관 양성소인 법학전수학교法學專修學校 교유敎諭로 있다가 김성수의 권유로 경성직뉴의 지배인을 맡았고, 이어서 경성방직 설립시에 전무이사직을 맡았다.

조설현은 전라남도 영광靈光의 대지주로서 영광창고금융(주)의 대표 외에 목포창고금융(주), 조일비누(주) 등의 대주주였다. 장두현(1874~1938)은 종로의 시전상인 출신 포목상으로서 종로 일대 포목상인들의 연합회사인 동양물산(주)의 설립자였으며, 장춘재도 서울 출신의 실업가로서 무역상회사인 조선무역(주)의 전무이면서 동양물산(주)의 이사였다. 안종만은 객주상회사인 용산권업(주)의 상무였으며, 1920년대 말에는 인천고무(자)를 설립·경영한 자였다. 장두현과 장춘재, 안종만은 서울에서 객주업이나 포목업에서 기반을 갖고 있는 상인이었으므로 경성방직의 제품을 판매하는 데 일익을 담당하리라는 기대에서 영입된 듯하다.[5]

윤상은(1887~1984)은 경상남도 구포龜浦의 대지주가 출신으로, 개성학교(훗날 부산상업고등학교, 현 개성고등학교)를 졸업하고 동래 감리서 주사를 역임한 후 구포저축(주)를 설립하는 데 앞장섰고, 1915년에는 이것이 구포저축은행을 거쳐 발전 개칭된 경남은행의 두취頭取(은행장)를 맡은 인물이었다. 김성수는 일본 유학 시에 윤상은의 동생과 친교를 맺은 덕분에 경성방직에 그를 참여케 하고, 또 그를 통해 구포와 동래 일대의 한국인 유지의 협력을 얻을 수 있었다.

그리고 대주주나 임원으로 참여하지는 않았으나, 경주 지방의 대지주로서 백산무역(주)의 사장이자 경남은행과 대구은행, 해동은행의 대주주인 최준崔浚, 황해도 봉산의 호상豪商인 이성준, 군산의 실업가인 변광호 등도 회사의 설립에 일조했다.

이처럼 주요 발기인 및 임원 주주들의 분포는 지역적으로나 그 직업에서나 매우 광범위했다. 이북 지역을 제외한 서울, 경기, 충청, 영남 및 호남 지역 등에 널리 분포해 있었고, 직업도 전통 양반 대지주로부터 근대적 은행가를 거쳐 상인에 이르기까지 다양하여, 각지 유력자가 망라되어 있었다. 이렇듯 자금원은 주로 지주자본, 상업자본이었다.

김씨가의 지분으로 확인되는 것은 전체의 14.3퍼센트였다. 이것은 김성수의 주도적 역할에 비해서는 낮은 것이었다. 이에 관해 에커트는 김씨가조차도 경성방직에 자신의 자금을 투입하기를 꺼렸으며, 이것은 경성방직에 대한 투자 리스크 때문이었다고 해석하였다.[6] 김씨가의 소작료 연수입액에 비해 그들의 자본금 납입액이 근소하기는 했다. 지분률 14.3퍼센트는 금액으로는 14만 3,000엔이었고, 김씨가는 제1차 납입금으로 그 1/4인 3만 5,000엔을 냈다. 그 무렵 김기중가의 소작료 연수입액만도 10만 엔 정도였고, 김경중가의 그것은 그 두 배를 넘었으므로, 30만 엔이 넘는 합계액에 비하면 경성방직에 대한 제1차 출자금은 1/10 정도였다. 그리고 경성방직의 사업이 성공할지 매우 불투명했던 것도 사실이다.

　그렇지만 김씨가가 자신들은 꺼렸던 투자를 다른 유지들에게 독려했던 것은 아니었다. 단적으로 김씨가는 설립 1년 뒤 파산 위기라는 훨씬 더 열악한 상황에서 거액을 새로 투자하여 회사를 사실상 '인수' 했다. 그들이 자신들 대신 다른 유지들을 끼워 넣은 게 아니었다. 이는 더 많은 한국인 유지들을 경성방직에 끌어들임으로써 그 사업기반을 넓히려 한 것이었다.

　면방직회사는 그 소요자금 면에서나, 경영진의 조직 면, 회사의 설립허가 면, 판로의 확보 면에서나 쉽지 않은 거대 프로젝트였다. 그것은 전 사회적, 전국적 지지가 없이는 성공하기 어려웠다. 김성수 혼자서 이를 감당하기에는 그는 28세로서 아직 너무 어렸고(젊었고) 무명無名이었다. 출신도 명망 높은 서울 양반이 아니라 차별받는 전라도였다. 그는 전국에 걸친 유지들의 참여를 절실히 필요로 했다.

　같은 시기에 김성수의 주도로 설립된 동아일보사도 마찬가지였다. 그는 역시 전국 각지의 다수 유지들을 참여시키기로 하여, 1920년 1월 14일 78인의 발기인을 규합하여 공칭자본금 100만 엔의 회사를 설립하려 했다. 총주식 2만 주 중 발기인이 1만 6,210주를 담당하고 나머지 3,790주는 일반공모했다. 1920년의 경제불황 때문에 자본금 모집이 계획대로 진척되지 않아 1회 납입금 25만 엔 중 절반만 납입되었으므로, 김성수의 보증을 받아 일단 창간부터 했다. 1년만에 그간의 납입금을 다 쓰게 되자, 동아일보사 경영진은 주식회사의 설립을 서둘렀다. 그들은 1921년 9월 자본금 70만 엔에 제1회 납입금 17만 5,000엔, 주주 총수 400여 명의 주식회사로 출범시켰다. 그중 발기인 55인이 전체 2/3 가량을 인수했고, 나머지는 일반공모했다. 300주 이상 대주주는 937주를 인수한 김성수를 필두로 신용식愼鏞植 900주, 홍증식洪璔植 410주, 장두현 400주, 양원모梁源模 340주, 성원경成元慶, 김찬영, 이운李雲 각 300주 등이었다. 김씨가의 지분은 매우 작아, 역시 조선 각지의 유지로부터 출자를 받는다는 원칙이 실행되었다.[8]

출범 당시의 조직체계는 사장(박영효)-전무(박용희)-지배인(이강현)-서무과(김성집金聲集) 및 회계과(이희승)로 되어 있었는데, 실제로는 김성수, 이강현, 박용희의 3인체제로 운영되었다.[8] 김성수는 이 조직체계에는 들어있지 않으나 실질적으로 운영을 총괄하였고, 이강현과 박용희가 실무를 담당하였다. 이 3인은 일본에서 정규 고등교육을 받은 한국인 제3세대 엘리트였다. 그들은 뛰어난 두뇌와 뜨거운 열정을 가진 혁신적 청년들이었다.

그렇지만 그들은 기업경영에 관해서는 풋내기였다. 이 점은 그들을 조선방직의 경영진과 비교해 볼 때 확연히 드러난다. 회사를 설립하던 1919년에 김성수는 28세, 박용희는 34세, 이강현은 31세였으며, 학교 졸업 후 사회활동 경력이 10년도 안 되며 더욱이 기업경영 경험은 2~3년에 불과했다. 이에 반해 조선방직의 경영진은 대개 일본과 대만에서 기업근무 경력이 오랜 50대 이상의 인물들로 구성되었다. 특히 1844년생으로 1919년 당시 75세였던 사장 마코시馬越恭平는 미쓰이물산합명회사와 다이니혼맥주의 사장을 역임한 원로였으며, 45세였던 상무 사이토齋藤吉十郎와 52세였던 이사 야마모토

대군의 척후

山本條太郎는 미쓰이물산합명회사의 본사와 해외 지점에서 오랫동안 근무해온 베테랑이었다. 그리고 감사 마쓰가다는 데이고꾸제당의 사장이었다.[9]

당초의 계획은 제1차 납입자본금 25만 엔 중 부지 및 건물, 창고 등의 부동산에 11만 엔을 사용하고, 기계기구를 10만 엔으로 조달하며, 초기의 운전자금으로 3만 6,000엔을 보유하는 것이었다. 이러한 경성방직의 계획은 과연 그대로 실행되었던가?

좌초 위기

회사설립 후 경성방직은 공장건축을 추진하고 직기를 발주하는 한편, 면사구입계약을 맺는 등 제품생산을 위한 준비작업을 해 나갔다.

경성방직은 10월 하순에 공장부지로 노량진의 토지 1만 5,894평을 1만 5,874엔에 매입했고, 본사사옥용으로 남대문통 5정목(51, 52, 53, 55, 56번지)의 토지 250평 및 건물을 1만 6,853엔에 사들였다. 그리고 나고야의 도요타豊田직기(주)에 직기 100대를 발주하였다.

그런데 잘 알려진 대로, 경성방직은 1919년 말, 1920년 초에 단기차익을 노리고 면제품의 투기거래에 나섰다가 막대한 손실을 입었다.

이것은 경영진이 당시의 면제품 가격의 급등세에 현혹된 때문이었다. 그림 4-1에서 보는 것처럼 가장 대표적인 제품이었던 도요방적의 3A 직물(20반) 가격은 제1차 세계대전 기간 중에 급등세를 보인 후, 1919년 5월까지는 400엔대 이하에서 머물렀으나, 6월부터 재차 급등하여 11월에는 547엔에 달했다. 그 후 면제품 가격은 이듬해

1월까지 다소 하락했으나 3월까지 재차 상승세를 보였다. 경성방직이 설립된 1919년 10월에서 이듬해 3월까지, 5개월밖에 안되는 짧은 기간 동안에 3A제품 가격은 40퍼센트 이상 급등했다.

이것은 투기가 투기를 부른 결과였다. 1910년대 후반의 경제활황은 면제품 시세를 분출시켰다. 이에 현혹된 경성방직의 초보 경영자

그림 4-1 1910년대 말~1920년대 초 면포가격의 추이

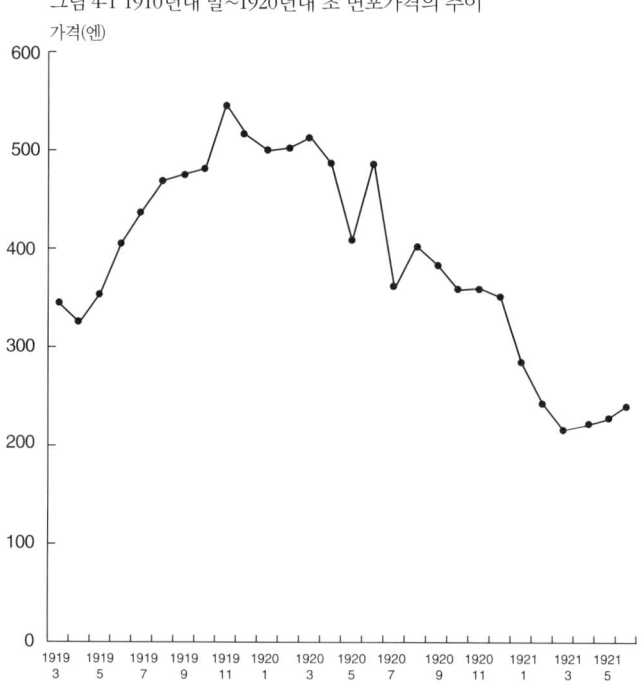

주 : 도요방적 3A제품 20반反 기준 월별 가격.
자료 : 《朝鮮金融事項參考書》(1939년판).

대군의 척후

들은 공장건립자금으로 면제품 투기거래에 나섰다.

경성방직의 면제품 매매에는 현물거래와 선물거래의 두 가지가 있었다. 《일기장》을 토대로 그 거래액 및 성적을 결산기별 및 월별로 파악할 수 있다(부표 6).

우선 경성방직은 면제품 가격의 막바지 상승기인 1919년 12월~1920년 3월의 4개월 동안 납입자본금(25만 엔)에 거의 육박하는 규모(19만 엔)의 현물을 매입하였다. 특히 1920년 1월에는 8만 엔이 넘는 액수의 면제품을 사들였다. 이 4개월간 6만 엔이 넘는 금액을 되팔았지만, 제1기말의 상품잔액은 12만 7,000여 엔에 달했다. 전후 공황으로의 돌입국면에서 사업자금의 절반을 현물투기에 쓴 것이다. 경성방직은 면제품 가격이 하락하기 시작한 4월에도 2만 엔이 넘는 상품을 사들였으며, 그 후에야 상품매입을 그쳤다.

매입한 현물상품은 주로 면포였다. 면포가 76퍼센트를 차지했으며, 면사는 22퍼센트였다. 면직물은 조선무역(주)나 동양물산(주), 백산무역(주) 등의 조선내 상회사로부터 사들였고, 면사는 나고야의 아라카와荒川(명) 및 오사카의 야기八木상점으로부터 매입하였다.

현물을 사들이려면 대금을 지급해야 했다. 경성방직은 현물매입 대금으로 주로 부동산 매입 후 남은 자기자본 잔액을 사용하였고 부족분은 할인어음 형태로 조선상업은행 등에서 조달하였다. 매매가 빈번했으므로, 할인어음은 빈번히 발행되었다.

경성방직의 상품거래는 현물거래에만 그치지 않았다. 경성방직은 1920년 3월 말까지의 제1기 중에 34만 7,700엔의 면사 선물을 매수한 뒤 이를 36만 8,775엔에 매도하여 2만 1,075엔의 큰 이익을 올렸다(부표 7). 《일기장》에는 1920년 3월 12일과 7월 31일 각각 한날에 선물 매수와 매도가 동시에 이루어진 것으로 나타나지만, 실제로는 물론 그렇지 않았을 것이다. 하루 동안에 이와 같은 이익과 손실을 볼 수는 없는 일이었다. 3월 12일과 7월 31일은 그 전에 이루어진 선물 매수나 매도가 전매도나 환매수를 통해 청산되어 차익 혹은 차손이 확정된 날짜였다. 그렇다면 경성방직이 선물을 매수한 후 전매도하여 청산한 것인가, 아니면 선물을 매도한 후 환매수하여 청산한 것인가?

《일기장》의 3월 12일자 차변–대변에는 아라카와합명, 야기상점 두 거래 모두에 있어서 각기 선물상품–지불미제의 거래가 먼저 기록되고, 이어서 수입미제–선물상품, 수입미제–차익의 거래가 기록되어 있다. 경성방직의 선물거래가 기록된 날짜인 3월 12일이 면제품 가격 상승국면의 막바지였던 바, 이 때까지는 먼저 선물을 매수하고 나중에 전매도를 통해 청산할 경우 이익을 볼 확률이 높았다. 따라서 《일기장》의 기장 순서와 선물거래의 속성을 고려할 때, 3월 12일자의 아라카와합명과의 선물거래는 경성방직이 먼저 선물을 매수한 후 전매도를 통해 청산한 것으로 보아야 할 것이다. 그렇지만 3월 12일자 야기상점과의 거래는 이해하기 곤란하다. 《일기장》에는 18만 3,000엔 어치의 선물을 매입하여 1만 1,400엔의 차익을 올린 것으로 기재되어 있지만, 7월 31일에는 그 거래가 취소된 것으로 나와 있기 때문이다. 7월 31일에는 또 야기상점과 33만 9,500엔에 매입한 선물을 28만 9,500엔에 청산한 것으로 나와 있다. 3월 12일자 거래의 계약해제분은 차변–대변에 각기 지불미제–수입미제, 손실–

수입미제가 기록되어 있다. 이것은 앞서 1만 1,400엔의 수익을 냈던 거래가 그대로 취소된 것이다. 그리고 그 다음의 거래는 지불미제-선물상품, 손실-가불금으로 기록되어 있다. 이것은 선물상품의 매입을 취소하는 대신, 매입 당시의 선물 가격과 취소 시점의 선물 가격간의 차액을 지불한 것이다. 경성방직이 고가로 매수한 선물을 큰 손실을 보면서 청산한 것이다.

이처럼 경성방직이 현선물거래에 나선지 얼마 안되어 제1기 결산 시점에서는 자본금 대비 약 8퍼센트의 이익을 올렸다. 현물매매로 올린 이익은 1,000여 엔에 불과했으며, 수익의 대부분은 선물거래에서부터 왔다. 이것은 경성방직이 투기에 나선 시점이 면제품 가격 상승의 막바지 국면이어서 추가적인 상승의 여지가 작았기 때문이었다.

당연한 일이지만 요행은 오래 가지 않았다. 면포 가격이 4월 이후 폭락하자 막대한 규모의 매입상품은 애물단지 정도가 아니라 시한폭탄이 되었다. 경성방직은 4월에도 2만 엔이 넘는 상품을 매입했는데, 이것은 경영진이 그 달의 가격 하락을 일시적 현상으로 보았음을 말해준다. 그렇지만 5월과 7월 두 차례의 폭락 사태를 맞아 더 이상 버틸 수 없게 된 그들은 마침내 매입가격보다 훨씬 낮은 가격으로 상품을 처분하게 되었다.

경성방직은 가격이 일시 반등한 6월에 매입원가 기준으로 1만 5,000엔 가량의 현물을, 그리고 7월의 폭락 이후 재차 반등한 8월에 2만 엔 가까운 현물을 처분하는 등 상품을 계속 처분해 갔다. 특히 면제품 가격이 다시 하락세로 접어든 9월에는 매입가 기준으로 7만 엔 가량의 현물을 처분하기에 이르렀다. 이로써 현물매매는 일단락되었다. 경성방직은 그때까지 2만 7,000엔 가량의 매매손실 말고도 1만 6,000엔에 달하는 재고상품의 평가상각손실까지 입었다. 현물매매에서의 손실률은 40.3퍼센트에 달했다.

또 1920년 7월 말까지는 6만 엔이 넘는 손실을 입으면서 선물 포지션도 정리하였다. 7월 31일자로 계상된 두 거래 중 하나는 3월 12일 야기상점과의 매매계약이 해지된 것이었던 바, 이것은 제1기에 올린 차익이 없어진 것으로서 경성방직이 직접적인 손실을 입은 것은 아니었다. 그러나 다른 하나의 거래는 치명적이었다. 이 거래의 평균 매수단가는 377엔으로서, 취소된 거래의 매수단가 300엔보다 훨씬 높았고, 제1기 중에 차익을 올렸던 환매도 거래의 매수단가 322엔보다도 높았다. 경성방직은 322엔에 그것을 청산했고, 이 한 건의 거래로 5만 엔이라는 거금을 날렸다.

결국 경성방직은 제2기에 2만 7,000엔 가량의 상품매매 손실과 6만 1,000엔 가량의 선물상품거래손실을 입었다. 더욱이 건축계약 등 관련 가불금 및 매출채권 상각손실까지 1만 엔 가량 더해져 잡손실이 도합 9만 8,732엔에 이르렀고, 끝으로 1만 6,000엔의 상품평가소각을 포함한 판관비 등이 더해져 총 13만 2,550엔의 기록적 손실을 입었다.[10] 회사 설립 후 1년 6개월 만에 자본금의 절반을 날린 것이다.

여기서 주목할 것은 경성방직이 현·선물의 동시 매수라는 일방적 포지션을 택했다는 점이다. 시세차익을 노리고 현물을 매수하는 경우 선물 매도를 통해 일부라도 위험을 헤지hedge할 필요성이 있겠지만, 경성방직은 현·선물을 동시에 매수했다. 이는 회사 경영진이 면제품 가격이 계속 오를 것으로 확신했기 때문이다.

이것은 당대 한국 최고 엘리트들의 기업경영 능력이 보잘것없었음을 말해 준다. 가격이야 오를 수도, 떨어질 수도 있는 것인데, 경성방직 경영진은 면제품 가격이 떨어져 손실을 볼 가능성에 대해서는 무지했다. 그들은 회사를 무방비 상태로 위험에 노출시켰고, 그 대가로 회사는 설립 후 반년도 안되어 존망의 갈림길에 이르렀다.

조선방직의 경우는 이와 매우 대조적이었다. 조선방직은 1917년 11월 설립 이후 1922년 여름까지 공장건축 및 설비구축을 마쳤는데, 그 사이 여유자금을 현금예금 형태로만 운용했을 뿐 상품매매는 전혀 하지 않았다. 조선방직은 최초의 납입자본금 125만 엔 대부분을 현금예금 형태로 운용하다가 1920년 상반기에 공장건축대금으로 지불했고, 그해 하반기에 제2차 납입 주금 125만 엔 역시 공장건축 및 기계설치 대금으로 사용했다. 조선방직이 경성방직보다 더 일찍 설립되어 1910년대 말의 면제품 가격 상승으로부터 시세차익을 누릴 기회가 더 많았음을 감안하면, 조선방직이 공업회사로서의 정도를 지켰던 것이 돋보인다.

이러한 차이는 양사 경영진의 경륜의 차이에서 기인했다. 기업경영의 경험이 일천하고 시장의 풍파를 겪어보지 못한 경성방직의 경영진은 면제품 투기거래의 덫에 걸리고 만 것이다.

실상 그 시절에 면제품 투기거래는 아주 흔한 일이었다. 그것은 좀처럼 거부하기 힘든, 달콤한 유혹이었다.

작년래[1919년 이래] 면류綿類 폭등에 즈음하여 면직물이면 무엇을 사든지 이득을 보리라는 관념이 당업자 사이에서 강경하게 되어 조선에서는 수요가 가장 많은 3A, 3S에 그치지 아니하고 닥치는 대로 과도한 매투기買投機를 행하여 현품의 거래를 행했다.[11]

경성방직만이 아니고 수많은 면사포 관련 한국인 상인, 상회사들이 투기거래에 나섰다가 참담한 실패를 맛보았다. 《조선은행회사조합요록朝鮮銀行會社組合要錄》 1921년판을 보면, 면사포거래를 주사업으로 하고 있던 대부분의 한국인 상회사들은 1920년 회계년도 중에 막대한 손실을 입었다. 해동물산은 납입자본금(7만 5,000엔)을 훨씬 넘는 금액의 손실(12만 4,622엔)을 보았고, 동양물산은 납입자본금(50만 엔)의 절반이 넘는 거액(28만 7,497엔)을 한 해 동안에 날렸다. 그리고 대창무역은 납입자본금(50만 엔)의 1/4 가량인 12만 6,335엔의 손실을 보았다. 이 회사들은 모두 위의 신문기사와 같이 "무엇을 사든지 이익을 보리라는" 기대에서 위험한 베팅을 했다가 막대한 손실을 입었다. 초기 경성방직의 투기거래는 이 시기의 전형적인 면사포 상회사의 행태였던 것이다.

경성방직의 공식 사사 및 전기류 저작들은 이러한 삼품투기와 관련하여 이강현의 책임을 강조한다. 직기도입 및 면사매입 계약을 위해 일본에 파견된 그가 야기상점에 들렀다가 회사 경영진과 상의 없이 삼품투기를 했다는 것이다. 에커트도 이를 답습하여, 이강현이 면사 구매차 오사카에 갔다가 투기로 회사자금을 날린 것으로 설명하면서, 그를 경영자가 아니라 단순한 기술자로 혹평했다.[12]

그러나 이러한 서술은 초기의 경성방직이 위기에 빠지게 된 책임을 김씨가 외부인물에게 떠넘기고, 반면 회사를 살린 공적은 김씨가에게 돌리는 것이다. 물론 경성방직의 선물거래가 일본에 있는 면사 포상점을 통해 이루어졌으며, 이강현이 1919년 12월에서부터 1920년 6월경까지 도합 여섯 차례나 일본 출장을 했으므로, 이 삼품투기는 그가 발의하고 주도한 것임에 틀림없다. 그렇지만 그의 일본 출장 결과가 매번 상세히 경성방직 경영진에게 보고되었으리라는 것, 매매 실적이 1920년 3월의 제1기 결산에도 반영되었다는 것, 경성방직의 현·선물 상품매입이 1919년 12월부터 1920년 4월까지 지속되었다는 것, 그리고 현물 상품매입은 조선에 있는 한국인 무역상을 통해 이루어진 것 등의 수많은 사실들을 고려할 때, 이러한 투기거래는 경성방직 경영진이 승인한, 아니 그들이 결정한 것임에 틀림없다.

물론 그러한 거래를 주도했을 이강현의 책임은 부정할 수 없다. 그러나 이 투기는 어느 한 개인만의 책임으로 몰아버릴 것이 아니라, 경영진의 공동 의사결정의 결과로 보아야 할 것이다.

이렇게 해서 경성방직은 설립 후 1년도 채 안 되어 존망의 기로에 섰다. 자본금의 절반을 날린 경성방직은 공사비를 감당할 수 없게 되어 건축업자에게 손해배상을 해 주면서까지 사옥신축을 중단해야 했다. 게다가 경제불황 속에서 면포 가격이 하락 일로에 있었기 때문에, 설령 공장 준공 후 제품을 생산하더라도 수익을 낼 가망이 없었다. 경성방직 경영진은 회사의 해산까지도 논의하기에 이르렀다. 삼품투기가 명백한 실패로 판명된 1920년 4월의 중역회의에서 전무 박용희는 경제불황의 한 가운데서 사업자금을 날렸으니 회사 문을 닫을 수밖에 없다고 주장했으며, 다른 중역들의 의견도 같았다. 경성방직은 침몰을 면할 길이 없어 보였다.

수습

1) 사태의 수습

이 위기에서 회사를 구한 것은 김성수였다. 그는 3·1운동이 조선민족에게 가져다 준 생기와 희망의 한 산물인 경성방직을 문닫을 수는 없다고 역설하여, 사태를 수습하고 회사를 재건하는 데 앞장섰다.[13] 그는 공장 건립 및 설비도입 작업을 흔들림없이 계속 추진하는 한편, 그를 위해 추가적 자금조달에 진력하였다.

그는 사태의 직접적 책임이 있는 이강현의 사임청원을 반려했다. 그것은, 그를 내보낸다고 해서 경성방직에 도움될 것은 하나도 없고 오히려 회사의 기둥이 없어질 뿐이며, 이번 일을 불문에 붙인다면 이강현이 회사를 위해서 분골쇄신할 것이라는 판단에서였다. 그후 이강현은 회사의 굳건한 기둥이 됨으로써 김성수의 기대에 부응했다.

또 김성수는 긴급한 자금 문제의 해결에도 나섰다. 제2차 주금 납입을 서두르는 한편, 긴급필요자금은 차입했다. 당면과제는 공장 건축과 그 후의 본격적 영업활동에 필요한 자금을 조달하는 것이었다. 향후 공장부지를 취득하고 직기를 설치하기에도 보유자금이 부족했기 때문이다.

경성방직 경영진은 긴급한 유동성 부족 사태를 맞아 당장은 외부 차입을 통해 급하게 불을 꺼야 했다. 이를 위해서는 그때까지 사용해 왔던 할인어음 형태의 단기자금으로는 적절치 않았고, 더 장기의 자금이 필요했다.[14]

경성방직은 거액의 손실을 입은 제2기 초, 즉 1920년 4월과 7월에 식산은행으로부터 각기 4만 2,000엔과 4만 엔, 도합 8만 2,000엔을 차입하였으며,[15] 1922년 11월과 12월에는 직기설치를 위해서 각기 2만 엔, 3만 8,000엔 가량을 추가 차입하였다. 물론 경성방직 자체의 신용으로는 차입할 수가 없어서, 김성수가 가산 토지를 담보로 제공했다.

직기설치를 마치고 본격적 생산에 들어가기 직전인 제4기말, 즉 1923년 3월 말에 총차입금은 15만 엔으로 증가했다. 그로부터 1년 동안은 운전자산 증가로 인해 차입금이 더욱 늘었으나, 그 후 경성방직은 증자대금과 순이익금으로 차입금을 제8기말에는 6만 엔으로 줄였다.

이처럼 적시에 차입하지 못했더라면, 경성방직은 제2기에 필시 도산했거나 심각한 유동성 부족사태에 빠졌을 터이다. 이런 의미에서 이 차입을 통한 자금조달이 경성방직의 사활을 좌우했음을 인정할 수 있다.

김성수의 결단 덕분에 이 차입이 가능했다는 것은 아무리 강조해도 지나치지 않다. 1920년 8만 2,000엔을 차입할 때 식산은행으로부터 담보물을 요구받은 그는 고향으로 부친을 찾아가 지원을 청했다. 김기중은 가산을 탕진할지도 모른다는 염려를 놓을 수 없었지만, 다시금 아들을 믿고 땅 문서를 내놓았다. 김성수는 가망없어 보이는 사업에 가산家産과 가운家運을 걸 때의 어두운 심정을 친구 고희동高羲東(한국 최초의 서양화가)에게 다음과 같이 내비쳤다고 한다.

왜정倭政의 탄압은 심각하고 경제는 한限이 있는데, 아니 할 수는 없고 앞길은 까마득하다. 부여조父與祖가 모아 놓은 재산을 소진하고 아무 것도 이루는 것이 없다면 사람으로 부끄러움을 금치 못하겠다.[16]

차입금으로 급한 불은 껐지만, 회사를 살릴 근본대책으로 자본금의 추가 납입이 필요했다. 경영진은 1920년 4월 11일의 제5회 중역회, 그리고 6월 21일의 제8회 중역회에서 제2회 납입을 실행하기로 의견을 모았지만, 구체적 방침을 세우지는 못했다. 그들은 제3기 중인 1921년 10월 28일의 제13회 중역회에서야 제2회 납입을 결정하고, 12월에 주주들에게 이듬해 1월 16일을 기한으로 주당 7엔50전, 총 15만 엔을 추가 납입할 것을 통지했다.

1922년 3월경부터 주금이 납입되기 시작했으나, 그 실적은 부진했다. 1년이 지나도록 목표금액 15만 엔 중 7만 엔이 납입되는 데 그쳤다. 주주들에게는 1922년 3월~1924년 7월에 도합 다섯 차례에 걸쳐 최고장이 발송되었다. 그렇지만 3년이 지나 1924년 11월이 되어서도 목표치의 1/5은 끝내 납입되지 않았다. 경영진이 투자금의 절반을 날리는 것을 본 초대 소액 주주들은 추가 납입을 할 이유가 없었던 것이다.

이래서야 회사를 정상화시킬 수 없었다. 문제는 바로 주주 구성에 있었다. 기존 주주들은 가망없어 보이는 이 사업에 자금을 계속 투입할 생각이 없었다. 오직 김성수만이 사업을 계속할 의지와 능력을 갖고 있었다. 그렇다면 주주는 김씨가로 바뀌어야 했다.

김씨가는 실권 주식을 포함하여 경성방직의 지분을 인수했다. 우선, 1924년 11월 7일 경성방직 이사회는 11월 23일부로 미납 주식들을 실권처리하고, 경매형식을 통해 그 소유권을 김연수에게 넘겼다. 아울러 여타 일반 주주들의 지분도 매입하였다.

창업자인 김성수 대신 김연수가 지분을 인수하게 된 것은, 그가 언론 및 교육 사업에 관심이 있었고 이미 가산을 많이 소진한 김성수와 달리 기업경영에 관심을 갖고 있었으며, 또 거액의 가산을 갖고 있었기 때문이다.

이렇게 해서 1925년 8월에 김연수는 회사 총 주식수(2만 주)의 절반에 가까운 9,270주를 보유하게 되었다. 2년 전에만 해도 13퍼센트 정도에 불과했던 김씨가의 지분률은 65퍼센트에 육박하게 되었다.[17] 제1회 주금의 잔존가치를 납입액의 50퍼센트인 6~7엔으로 보고, 여기에 제2회 납입주금 7.5엔, 제3회 납입주금 8엔을 더하면, 김씨가가 13퍼센트의 기보유 지분에 추가주금을 납입하고 또 50퍼센트의 지분(1만 주)을 추가매입하여 납입을 완료하는 데에 25만 엔 가량이 새로 투입되었다.

비록 김씨가가 지주경영으로부터 해마다 30만 엔 가까운 막대한 소작료 수입을 올리고 있었다고는 하나, 그들이 수익 및 생존전망이 불투명한 신생기업에 이같은 거액을 투자한 것은 경성방직을 육성하려는 그들의 의지를 보여준 것으로서 주목할 만하다. 김씨가는 존망의 기로에 있는 기업이 살아남는다는 쪽에 베팅한 것이다.

경성방직은 이 자본금 추가납입분으로 자금수요를 해소할 수 있었다. 직기 설치에 따라 13만 엔 가량의 자금수요가 있었지만, 그중 7만 엔이 이 추가납입으로 충족되었으며, 또한 1924년 중에도 8만 엔의 추가납입이 이루어짐으로써, 경성방직은 자기자본으로 유형자산을 감당할 수 있게 되었다. 그리고 그 2년 후에는 더 이상의 증자는 없었지만 그간 6만 엔이 넘는 당기순이익과 5만 5,000엔에 달하는 총독부 보조금 덕분에 자기자본으로 유형자산을 감당하고도 10만 엔 가량의 여유분을 갖게 되어, 운전자산 부담이 5만 엔 가량 늘었음에도 불구하고, 차입금을 줄일 수 있었다.

그렇지만 주금의 추가납입의 의의는 단순히 여기에 그치는 것이 아니었다. 그것은 경성방직의 기업지배구조를 더 안정되고 강력한 것으로 바꾸는 계기가 되었다. 194명이나 되는 발기인 및 일반 주주들의 출자로 설립되어 최대 주주인 김씨가의 지분률이 13퍼센트에 불과했던 경성방직은 누구의 전유물도 아닌 '민족기업' 이었을지는 몰라도, 위기를 헤쳐 나가기 어려웠다. 민족기업으로서의 이 경성방직은 절실히 필요했던 자본금의 추가납입도 행할 수 없었고, 자체 신용으로는 차입도 할 수 없었다.

김씨가의 지분률이 65퍼센트를 넘게 됨으로써 경성방직은 이제 김씨가의 소유물이 되었다. 그렇지만 김씨가가 '민족' 기업을 사유물화했으며 경성방직이 족벌기업이 되었다고 해석하는 것[18]은 적절하지 않다. 김씨가는 살아날 가망이 없어 보여 아무도 출자하지 않으려는 회사를 인수한 것이었다.

대군의 척후

이로써 회사의 지배구조는 더 효율적인 것으로 개편되었다. 그 핵심 인물은 김연수였다. 그는 1922년 4월 26일의 제16회 중역회에서 상무이사에 임명됨으로써 경성방직의 경영에 합류했다. 그가 1921년 3월 대학을 졸업하고 귀국하여 처음 한 일은 김성수로부터 경성직뉴를 넘겨받아 그것을 고무공업회사로 개편하는 일이었다. 그리고 1922년 4월에 경성방직의 상무이사가 되면서 경영에 참여하기 시작했다. 그는 이강현을 대신하여 지배인을 겸임하였다. 이듬해 4월에는 박용희의 뒤를 이어 전무이사가 되었으며, 12월에는 지배인 자리를 이강현에게 다시 넘겼다. 1923년 초의 회사조직은 사장 - 전무 - 상무 - 지배인의 라인 아래 있는 본사조직(서무과, 회계과, 영업과의 3개 과)과 영등포공장으로 되어 있었다. 본사조직이라고 해야 인원 10명 정도에 불과했다.[19] 김연수가 전무, 이강현이 상무, 그리고 김성수는 평이사로서 경영을 주관했다.

김연수는 이후 필요할 때마다 적시에 경영에 참여했다. 제2회 주금납입에 있어서 미납입주식을 실권처리

1921년 만주시찰에 나선 김연수

하고 이를 제3자에게 넘기기로 한 1924년 11월 7일의 이사회 결의는 김연수의 제안에 따른 것이었다. 같은 이사회에서 그는 경성시내 포목상과의 더 폭넓은 접촉을 위해 본사 사무소를 시내 중심가로 옮기자고 제안했으며, 향후 평양과 원산을 중점 영업 지역으로 삼고 지점을 낼 것을 주장하였다.

그러나 이 시기를 포함하여 1930년대 초까지는 회사 경영에서 김연수보다는 이강현이 중심적 역할을 했던 것으로 판단된다. 이 문제에 관해 경성방직 사사에는 엇갈리게 서술되어 있다. "경성방직의 전반적인 업무는 김연수의 소관으로 넘어갔으며 이강현 상무는 영등포공장의 건설과 기계설비에 대한 업무를 맡게 되었다. ……김연수의 등용은 이강현의 위치를 격하시켰고……곧 경성방직의 경영이 김연수체제에 들어갔다." 반면, "그 일(판로개척)을 수행할 수 있는 사람은 이강현 상무가 적임자로 판단되어 김연수 전무는 1923년 12월 5일 지배인직을 이강현에게 맡기고 자신은 고무산업에 집중했다."[20] 어느 쪽이 사실에 가까운 것인가?

경영에 있어 무게 중심은 김연수보다는 이강현에 있었다. 김연수가 중앙상공(주)과 지주농장의 경영, 은행 인수에 바빴기 때문이다. 김연수는 1922년 4월에 경성직뉴 전무로 취임한 후 가을부터는 경성직뉴를 고무공업회사로 전환하고 조기에 정상화하는 데 주력하였다. 당시 고무공업회사란 고무신을 제조하는 것이었는데, 이것은 1920년을 전후해서 새로 발흥한 산업이었다. 고무신 제조 설비를 들여오고 제조법을 익히고 판매처를 구하는 일은 완전히 새로운 일로서 김연수에게는 큰 부담거리였다. 그 때문에 그는 아예 공장 숙직

실에서 침식했다고 한다. 또한 1923년 이후에는 장성농장을 설립하는 등 재래소작지의 관리에도 힘을 쏟았다. 여기에는 전적田籍정리와 토지집중 등에서 일거리가 매우 많았다. 그는 일가 소유 농지를 체계적으로 관리하겠다는 생각에서 1924년 삼수사三水社를 설립하고, 1931년까지 장성농장, 줄포농장, 고창농장, 명고농장, 신태인농장, 법성농장, 영광농장 등 모두 7개의 농장을 창설했으며, 1927년에는 서울에 총괄사무소를 설립했다. 그는 1927년 8월에는 영업부진에 빠져 있던 해동은행海東銀行을 인수하여 그 정상화에도 힘을 쏟아야 했다.[21] 이상의 업무들 때문에 1920년대에는 그가 경성방직 경영에 주력하기는 어려웠다.

경성방직의 주요정책 결정 시에도 김연수의 주장이 꺾이는 경우가 많았다. 예컨대 그는 판촉전략의 하나로 1924년 11월 제27회 중역회에서 평양, 원산지점의 설치를 주장하였으나, 이강현이 소규모 실행을 주장하고 김성수도 이에 동조하여, 결국 판매원을 파견하는 것으로 결정되었다.[22] 그리고 태극성표라는 새 주력 상품의 상표도 이강현과 여타 사원이 창안하였으며, 1930년대 초까지도 회사와 관련된 신문 보도기사에는 김연수보다는 이강현이 등장했다. 심지어 김연수는 1927년 10월 전무직을 사임하고 평이사로 남기까지 했다. 그 후 회사는 전무 없이 운영되었다.[23]

요컨대, 1920년대 후반의 경성방직은 김연수와 이강현의 2인체제로 운영되었다. 김성수는 1928년 3월 아예 이사직마저도 그만두었는데, 그가 이사로 있던 동안은 같은 유학세대이자 창업동지인 이강현에게 계속 중책을 맡겼던 것으로 보인다. 이강현은 삼품투기사건

이강현
경성직뉴 인수에서 시작해 경성방
직의 설립 후 1930년대 전반까지 경
성방직의 경영을 맡았다.

에도 불구하고 회사에 남게 되자 "침식을 잊고 헌신적 노력을 기울여 경성방직의 기둥이 되었다."[24] 따라서 이 시기 경성방직의 운영은 소유주 김연수의 감독 하에 전문경영인 이강현이 총괄했다고 판단된다. 이것은 효율적인 체제로 판명되었다. 경성방직은 자금조달, 설비증설, 판매전략 등에 관해 합리적인 의사결정을 하고 그를 효과적으로 실행할 수 있었다.

2) 재무 안정화

이러한 노력 덕분에 경성방직의 재무 상태는 안정화되었다. 재무구조, 곧 자금의 조달과 운용의 구조를 통해 이 점을 살펴보자. 이를 위해서는 경성방직의 대차대조표를 재구성할 필요가 있다. 먼저, 그림 4-2의 대차대조표 항목들을 개관해 보자.

자산은 자금을 사용한 것이며, 그 자금은 부채나 자기자본으로 조달된다. 조달된 만큼 사용될 것이므로, 자산총계와 부채 및 자본총계가 항시 같을 수밖에 없다는 것이 복식부기의 원리이다. 자산은 현금화가 용이한 정도에 따라 크게 유동자산과 고정자산으로 나누어지는데, 기업은 고정자산을 자기자본이나 장기부채로 구축해야

그림 4-2 대차대조표의 구성

차변 (자금의 운용)			대변 (자금의 조달)	
유동자산	단기금융자산(A)	단기차입금(F)	유동부채
	여타 유동자산(B)	여타 유동부채(G)	
고정자산	장기금융자산(C)	장기차입금(H)	고정부채
	유형자산(D)	여타 고정부채(I)	
	기타 투자자산(E)	자본금 및 잉여금(J)	자본

재무적 안정성을 확보할 수 있다.

위 그림에서, 자산총계(A+B+C+D+E)=부채 및 자본 총계(F+G+H+I+J)이므로, (B+D+E)−(G+I+J)=F+H-A-C이다. 곧, (B-G)+(D+E-I-J) = (F-A)+(H-C)이다.

우선, 이 식의 좌변에서 B와 G는 각기 영업활동에서의 자산 획득액과 그를 위한 비非차입성 부채 형태의 자금조달액을 나타내며, 그 차액은 직접적 영업활동을 위한 차입 필요액을 나타낸다. 또 D는 본연의 사업을 위한 고정자산 구축액, 그리고 E는 투자자산의 취득액을 나타내며, I와 J는 각기 차입금 외의 장기부채, 그리고 자기자본으로서 D와 E를 위한 자금조달액을 지칭한다. 따라서 그 차액,

곧 D+E-I-J는 장기자산구축을 위한 자금부족액, 곧 차입필요액을 가리킨다. 따라서 좌변 총액은 금융자산 외의 유동자산과 고정자산 중 차입금으로 충당되어야 할 금액으로서 차입필요성을 나타낸다.

　반면, 우변에서 (F-A)는 순단기차입금을, (H-C)는 순장기차입금을 나타내며, 그 총액은 총차입금에서 금융자산을 뺀 순차입금으로서 차입현황을 나타낸다. (B-G)와 (F-A), 그리고 (D+E-I-J)와 (H-C)를 비교함으

그림 4-3 재무구조(자산의 구축과 자금의 조달)

구분	항목	정의식
영업활동	순운전자산①	매출채권+재고자산-매입채무
	기타순영업자산②	현금 및 등가물 외 기타 유동자산 -차입금 외 기타 유동부채
	소계 : 순영업자산③	①+②=B-G
장기자산 구축활동	유형자산④=D	
	기타투자산⑤=E	
	기타고정부채⑥=I	
	자기자본⑦=J	
	소계 : 순자기자본여유⑧	④+⑤-⑥-⑦=D+E-I-J
금융자산	현금 및 등가물⑨	
	장기성 예금⑩	
	소계 : 금융자산	⑨+⑩
총차입필요	단기	③+⑨
	장기	⑧+⑩
차입현황	단기	단기성차입금
	장기	장기성차입금

로써, 차입필요금액은 얼마나 되었는지, 또 적절한 기간구조로 차입이 이루어졌는지를 알 수 있으며, 따라서 자금의 조달과 운용의 기간구조 면에서 기업의 재무구조가 얼마나 안정적인지를 판단할 수 있다.[25]

그 결과를 간략히 그림으로 나타내면 그림 4-3과 같다.

위 그림에서, 자산은 자금을 운용(사용)한 것이므로 (−)로 표시하며, 부채 및 자본은 자금을 조달한 것이므로 (+)로 표시한다. 각 항목의 합계액이 (−) 수치인 것은 그만큼 자금이 더 조달되어야 함을 의미하며, 그것이 (+) 수치인 것은 자금을 사용하고도 그만큼 남았음을 의미한다.

다음 표 4-1은 앞의 도식과 같이 경성방직의 기업활동을 영업활동과 장기자산구축활동, 금융활동으로 나누어, 각각의 활동에서 자금이 어떻게 조달되고 운영되었는지, 그래서 자금이 얼마나 외부로부터 차입되어야 하며, 어떤 형태로 차입되었는지를 보여준다.

경성방직이 상품매매와 선물상품거래에 나섰던 제1기의 경우, 거액의 운전자산으로 인해 영업활동에서 거액의 자금이 필요했으나, 대체로 자기자본으로 이를 감당하고 있었다. 비록 할인어음 형태로 20만 엔 정도를 차입했지만, 금융자산이 15만 엔이나 되어 총차입금에서 금융자산을 차감한 순차입금은 5만 엔에 못미쳤다. 제2기의 경우, 상품을 대부분 매각하고 선물거래를 청산함에 따라 영업활동상 필요자금은 대폭 줄었다. 그러나 손실로 인해 자기자본이 절반 이하로 줄어는 상태에서 공장 건축을 위해 새로 12만 엔 가까운 유형자산 투자가 이루어졌기 때문에, 장기자산 구축활동에서 자금여유가 자금부족으로 반전하였고, 순차입금도 8만 엔을 넘어섰다.

제3기에는 가수금 형태의 자금조달(그 실체는 주금 납입)에 따라 차입필요금액이 소폭 줄었으나, 제4기에는 직기설치로 인해 자금수요가 생겼으며, 제6기 이후에는 본격적인 제품생산 및 판매활동에 따

표 4-1 초기 경성방직의 재무구조(단위 : 1,000엔)

		제1기 (1920.3)	제2기 (1921.3)	제3기 (1922.3)	제4기 (1923.3)	제5기 (1924.2)	제6기 (1925.2)
	차입필요성						
영업 활동	운전자산	-515	-234	-14	-27	-93	-143
	매입채무 등	362	211	0	1	22	16
	기타순영업자산	122	36	4	-3	-6	3
	순純영업자산	-275	-59	-9	-29	-77	-130
장기 자산 구축 활동	유형자산	-35	-153	-153	-283	-300	-301
	투자자산	0	0	0	0	0	0
	기타고정부채	0	0	0	0	0	0
	자기자본	262	129	117	166	289	401
	순자기자본여유	228	-24	-36	-117	-10	101
금융자산		-147	-6	-22	-4	-9	-31
차입필요자금		-194	-89	-67	-150	-96	-60
	차입현황						
할인어음		194	7	0	10	21	0
차입금		0	82	67	140	75	60
총차입금		194	89	67	150	96	60

주 : ① 제5기와 제7기에 관해서는 상세한 자산·부채 내역을 알 수 없음.
　　② 차입현황 중 할인어음의 만기는 1개월, 차입금은 1년이었음
자료 : 《동아일보》 1920년 5월 16일자, 1922년 5월 9일자 ; 《要錄》 1921·23·25·27년판.

　　　　　　　　　　　　　　　　　　　　　　　　대군의 척후

라 운전자산 규모가 커져서 새로 자금수요가 생겼다.

요컨대, 제2기까지는 거액의 손실로 인해, 그 후 제4기까지는 설비 구축에 따라서, 그 이후는 제품생산 및 판매라는 본연의 영업활동을 위해서 차입이 필요했다.

그러나 회사가 차입 후 얼마 지나지 않아 자기자본의 확충을 통해 차입금을 줄였으므로 차입은 일시적인 유동성 부족을 해소하는 역할을 했으며, 자금수요는 기본적으로 자기자본으로 충족되었다고 하겠다.[26]

끝으로 차입금이 경성방직의 사업 규모 및 실적 대비로 어느 정도 비중을 가졌는가를 보자. 이자 및 할인료를 구하고, 그를 매출액으로 나누어 구한 금융비용부담률과, 총차입금을 총자산으로 나눈 차입금 의존도를 구해보면, 금융비용부담률은 제품생산 첫 해인 제5기에 7.6퍼센트로 비교적 높았으나, 이듬해에는 2.8퍼센트로 떨어져, 금융비용이 순익 획득에 큰 부담이 되지 않았음을 말해준다. 또한 차입금의존도도 제2기까지의 20퍼센트 수준에서 제5기에 55퍼센트 정도로까지 높아졌으나, 증자가 이루어진 제6기에 23퍼센트로 떨어졌고, 제8기에는 12퍼센트로 더욱 낮아졌다. 이 정도라면 매우 건실한 기업이라고 할 수 있다.

한편 경성방직에 적용된 식산은행의 금리는 11퍼센트대로서 이 은행의 평균 대출금리와 거의 비슷했으며, 시간이 갈수록 조금씩 낮아졌다. 에커트는 이와 관련하여, 식산은행이 당초 경성방직에 7~12퍼센트의 대출금리 중 최고금리를 적용했지만, 한국인 배려정책에 따라 금리가 인하되었으며, 이런 의미에서 경성방직이 식산은행으로부터 대부받은 것이 일종의 특혜라고 논평했다.[27] 이 금융은 그가 '협력적 자본가개발정책'이라 명명한 식민지정책에 따른 것이었다고 한다.

그렇지만 경성방직에 적용된 금리는 당시 식산은행의 평균 대출금리 수준으로서, 특별히 높지도 낮지도 않은 것이었다. 대출금액이 크지 않았을 뿐 아니라 이 대출에 대해 김씨가 소유지를 담보로 제공하였으므로, 대출이 일종의 특혜도 아니었다. 더욱이 당시는 산미증식계획기로서 토지개량사업을 하는 한국인 지주에게 거액이 대출되던 시기임을 감안하면, 이 대출을 특혜로 볼 이유는 더욱 없다.

경성방직보다 다소 앞서 사업을 추진한 조선방직의 재무구조는 어떠했던가? 이를 나타낸 것이 다음 표 4-2이다.

조선방직은 당초 125만 엔의 납입자본금으로 출발했으나 유형자산 투자액이 커짐에 따라 납입자본금을 늘렸다. 본격적 조업 후 1년이 지난 제10기말 현재 약 390만 엔의 자기자본은 유형자산 투자액 470만 엔의 3/4 가량을 감당하고 있었고, 그 부족자금 100여만 엔과 운전자금 70여만 엔 등은 사채 발행(200만 엔)으로 조달하였다.

공장 가동 시점인 1923년경 두 회사를 비교해 보면, 경성방직은 아직 증자납입이 완료되기 전이라 유형자산 구축자금에 비해 자기자본이 크게 부족해서 자기자본만큼의 차입을 한 반면, 조선방직의 자기자본 부족액은 그리 크지 않았다. 따라서 출발시점에서는 조선방직 쪽의 재무안정성이 좀더 나았다고 하겠다. 그러나 경성방직이 그 후 얼마 안 되어 증자납입금으로 차입금을 상환했으므로, 경성방직은 재무 안정성 면에서 조선방직에 별로 뒤지지 않았다.

표 4-2 조선방직의 재무구조(단위 : 1,000엔)

		제2기 (1919.1)	제4기 (1920.1)	제6기 (1921.1)	제8기 (1922.1)	제10기 (1923.1)
차입필요성						
영업 활동	운전자산	0	0	0	−94	−1,020
	매입채무	0	150	0	0	278
	기타순영업자산	−21	−236	46	−254	20
	순純영업자산	−21	−86	46	−348	−721
장기 자산 구축 활동	유형자산	−6	−347	−2,151	−4,345	−4,677
	투자자산	0	0	−205	−110	−205
	기타고정부채	0	0	0	0	−52
	자기자본	1,294	1,251	2,501	3,000	3,896
	순자기자본여유	1,288	904	145	−1,455	−1,038
금융자산		−1,267	−818	−191	−1,006	−241
차입필요자금		0	0	0	−2,809	−2,000
차입현황						
단기차입금		0	0	0	809	0
장기차입금		0	0	0	2,000	2,000
총차입금		0	0	0	2,809	2,000

자료 : 《조선방직영업보고서》.

준비 완료

경성방직 경영진은 자금 면에서 위기를 수습해 가는 한편, 회사의 새로운 여건에 맞추어 공장 건물을 건축하고 설비를 구축해 나갔다. 우선, 그들은 1919년 말에 1만 6,000여 엔에 샀던 영등포 역 앞의 5,000여 평 부지에 1920년 여름부터 공장을 짓기 시작했다. 여기에는 약 11만 5,000엔의 공사비가 소요되었다.

　이어서 경성방직은 설비를 도입했다(부표 11 참고). 회사는 1922년 여름에 일본의 도요타직기(주)에 역직기 100대를 발주하여 가을에 설치작업을 완료하고 시험가동에 들어갔다. 직기 100대의 가격은 3만 9,000엔이었으나, 각종 부속기기 및 전동장치, 펌프장치 등의 비용이 7만 6,000엔 가량에 달했다. 이것이 부동산 이외 고정자산의 거의 전부를 차지했다.

1920년대 초 영등포역 일대
한 가운데 있는 건물이 영등포우체국, 그 뒤에 있는 건물이 영등포역사이다

대군의 척후

이것은 조선방직의 설비에 비해 소규모에 불과했다. 조선방직은 출범 당시 영국 슬레이터회사의 방기 1만 5,200추 및 부속기계, 그리고 도요타식 직기 608대를 갖추었는데, 조업이 시작된 결산기인 1922년 7월 말 현재 기계기구의 금액이 234만 6,241엔으로서, 경성방직의 기계기구 금액의 약 20배에 달했다.

기계 설치 이후 고정자산의 구성이 바뀌었다. 제3기까지는 고정자산의 대부분이 토지와 건물 등의 부동산이었으나, 직기 설치 후에는 부동산과 기계기구가 비슷한 비중을 차지하게 되었다.

경성방직은 그 후 판매호조에 따라 생산수량이 부족해지자 1924년 말에 직기 20대를 추가 발주하여 1925년에 설치를 마쳤다. 그리고 1927년 7월에도 성수기의 공급 능력을 늘리고자 직기 104대를 추가 증설하기로 결정하여 1928년 말에 설치 완료했다.[28] 경성방직 출범시의 직기 대수는 같은 시점 조선방직의 직기대수 500대의 1/5에 불과했으나, 1928년 말에는 그 1/3을 넘게 되었다.

아울러 회사는 기술인력도 양성하였다. 설립 당시 경성방직에는 이강현 외에도 현득영玄得榮, 유덕호柳德浩, 최사열崔士烈 등의 기술자가 있었다. 현득영은 경성고등공업학교의 전신인 경성공업전문학교 염직과의 제1회 졸업생(1918년 3월 졸업)이었다.[29] 유덕호도 비슷한 학력의 소유자로 추정되며, 최사열은 1920년대에 소규모 직조공장과 경성직뉴를 거쳐온 기술자였다. 현득영과 유덕호 역시 경성직뉴에서 근무하다가 옮겨온 것이 아닌가 한다.

회사는 직기를 발주하면서 현득영과 유덕호를 도요타직기(주)에 보내 직기조작법을 습득케 했다. 이들은 설립 직후인 10월에 일본에

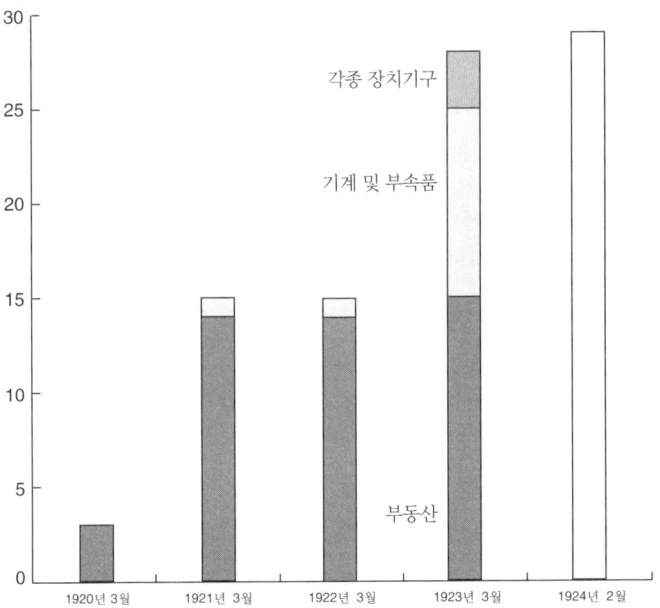

그림 4-4 경성방직 고정자산의 추이
금액(만 엔)

주 : 1924년 2월 말의 고정자산의 내역 미상.
자료 : 《동아일보》 1920년 5월 6일자 ; 1922년 5월 9일자 ; 《朝鮮銀行會社組合要錄》 1921, 1923년판.

가서 유덕호는 4개월 후인 1920년 2월에 귀국하였으며, 현득영은 그
보다 4개월을 더 연수한 후 6월에 귀국하였다. 이들은 적어도 1920
년대 말까지 공무 담당으로 근무한 것으로 확인된다.[30] 이외에도 기
관수汽罐手 김만선金萬善이 1920년 3월 일본에 가서 8개월간 기관 조
작법을 습득한 후 11월에 귀국하였다. 이로써 공장 가동에 필요한 최
소한의 핵심인력이 확보되었다. 경성방직이 1919년 10월~1921년 3
월까지 기술원 양성비로 지출한 금액은 총 1,200엔이었다.

대군의 척후

도요타직기

경성방직은 또 기술자로서 1923년에 윤주복尹柱福을, 1924년에는
유홍柳鴻을 채용하였다. 이들은 각기 경성고공 방직과 제1회 및 제2
회 졸업생(각기 1923년 3월 및 1924년 3월 졸업)이었는데, 윤주복은 얼
마 뒤 회사를 그만두고 일본 규슈九州제국대학 화공과에 진학해 졸
업한 후 김연수의 중앙상공에서 근무하다가 훗날 경성방직의 공장
장까지 역임했으며, 유홍은 1933년경까지 근무하였다.[31]

경성방직은 경성직뉴에서 소폭직물을 짜고 있던 30~40명의 종업

원을 직공으로 충당하였다. 그런데 이들이 광폭직기의 조작기술을 새로 습득하는 것이 쉽지 않아, 공장건립 후 6개월이라는 상당한 시간이 지나서야 조업을 시작할 수 있었다. 물론 그것도 자체 기술인력만으로는 수행할 수 없어, 도요타직기가 파견한 일본인 숙련공의 도움을 받아야 했다.[32]

경성방직은 1923년 4월에야 첫 제품(사실상 시제품)을 생산할 수 있었으며, 계속 훈련을 거쳐 그해 8월경부터 제대로 된 제품을 생산하게 되었다. 회사 창립 후 제품생산에 4년 가까이 걸린 셈인데, 이러한 시간 소요는 한국에서 근대산업이 생겨나는 과정의 산고産苦를 의미한다. 그 일부는 삼품투기와 같은 실책에도 기인하나, 기본적으로는 기술자, 직공이 기계조작기술 및 품질관리기술을 습득하는 데 시간이 많이 걸렸기 때문이다. 직기도입에서 제품생산까지는 1년 정도 걸렸는데, 이것은 경성방직만의 사정은 아니었다. 조선방직도 기계설치에서 조업개시까지 1년 가까운 시간이 걸렸다. 조선방직은 1919년 7월 공장부지를 매수하고 건축공사에 들어가, 1920년 여름에 공사를 마쳤다. 그리고 1921년 1월부터 기계설치에 들어가, 1921년 말부터 조업을 개시하였다.[33] 조선방직의 경우 일본인 기술자가 한국인 직공을 지휘 훈련하였으나, 경성방직의 경우 한국인 기술자가 훈련을 받고 이들이 다시 한국인 직공을 훈련시켜야 했다. 이런 이중의 과업을 감안하면, 경성방직에서 제품생산까지 소요된 시간은 결코 긴 것이 아니었다.

이렇게 조업체제를 갖춘 경성방직의 공장 조직은 원동부, 준비부, 직포부, 정리부의 4부로 나누어져 있었다. 공정별 조직구성은 그림

그림 4-5 공정별 조직도

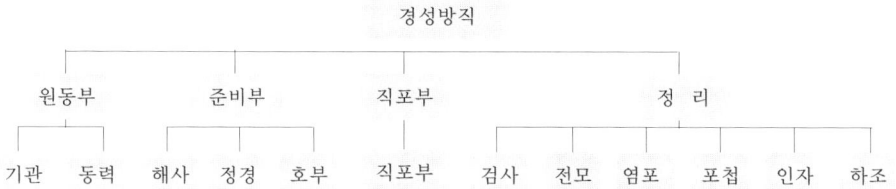

4-5와 같았다.

이 가운데 원동부는 기관과 동력으로 양분되는데 모든 기계에 원동력을 공급하는 곳이었다. 준비부는 해사解絲, 정경整經, 호부糊付의 3계로 나누어져 있었는데, 해사계는 구입한 원료사를 경사와 위사로 쓰기에 적합하도록 준비하는 곳이었고, 정경계는 직포에 적합하도록 씨줄을 늘어놓는 곳이었으며, 그리고 호부계는 실에 풀칠을 해서 강도를 높이는 것이었다.

그리고 직포부는 직물을 직조하는 곳이었는데, 1930년 경 폭 36인치 짜리 직기 1대에 경사 2,060가닥이 들어가 있었고 1대당 10시간마다 1필 반(180척)의 포목이 생산되었다.

마지막으로 정리부는 검사, 전모剪毛, 염출艷出, 포첩包疊, 인자印字, 하조荷造의 6계로 조직되어 있었다. 먼저 검사계에서 포목을 검사한 다음 전모계에서는 직물 표면의 거칠거칠한 실 털을 없애며, 염출계에서는 온도와 습기를 가하여 포목을 압착하면서 건조시키는, 일종

직기에 여러 가닥의 경사를 거는 정경공정

의 대규모 다림질을 하며, 포첩계에서 포목을 개어 놓은 뒤에 인자
계에서 상표를 인쇄하고, 하조계에서는 이를 필 단위로 묶는 것이었
다. 이로써 제품이 완성되는 것이었다.

경성방직 경영진은 이렇게 기술면의 준비 작업을 하면서 다른 한
편으로는 경영의 안전판을 확보하는 데도 힘썼다. 그것은 총독부의
정책적 지원을 얻어내는 것이었다.

1920년대 초는 3·1운동의 열기가 식지 않은 때로, 한국인들 사이
에서 한국인 본위의 산업정책에 대한 요구가 거셌다. 상공업 발달을

위해 총독부가 보조정책을 수립하여 보조금을 지급하고 보호관세를 도입하라는 요구가 쏟아졌다. 예를 들어 《동아일보》는 일본의 식민 정책에 대한 과감한 비판, 한국인 본위의 산업정책 및 경제건설 등을 요구하는 논설로 지면을 채웠다. 《동아일보》 논설진은 1921년 4월에는 공공연히 보조금 지급을 요구했다. 1921년 4월 18일자 사설을 보면, "조선인의 기업경쟁력이 박약하고 경영에 위험이 있기 때문에, 또는 만일의 경우 결손이 생기면 그 산업이 발달하기까지 조선인의 산업시설이 자립자영할 때까지 정부에서 상당한 보조금을 지급해야 한다"는 것이다.

이러한 요구는 조선방직이 보조금을 받는다는 사실에서 자극받은 것이었다. 조선방직은 당초 자신의 면화 밭에서 생산한 면화로 방적과 직포를 할 구상이었으나, 그를 위한 역둔토驛屯土의 불하나 미간지未墾地의 매수가 여의치 않자 그 대신 총독부가 보조금을 지급하기로 약속했다. 그 설립 전에 이미 총독부는 설립자들의 요청에 따라 "회사가 공장 건설에 착수한 영업기로부터 기산하여 향후 3년간 회사의 납입자본금에 대해 연 6퍼센트의 보조금을 교부한다"고 약속했다. 조선방직이 공장 건설에 착수한 1920년 상기부터 보조금이 지급되었다. 3·1운동 이후 민족의식이 한층 고양된 한국인들은 이에 자극받아, 한국인 기업에 대해서도 보조금을 지급하라고 요구했다.

《동아일보》의 이러한 요구는 당연히 경성방직 경영진의 바람이기도 했다. 총독부가 한국인 본위의 산업정책을 편다면, 한국인 기업 중 대표격인 경성방직이 그 첫 수혜자가 될 것이기 때문이다.

그러한 논의의 연장선상에서 한국인 유력 유지인사들은 1921년 7

월 30일 조선인산업대회 창립대회를 열어, 9월 개최될 조선산업조사위원회에 제출할 건의서를 작성했다. 대회는 한국인 본위의 산업정책을 확립할 것과 상공업 발달을 위해 보호정책을 채용할 것을 총독부에 건의키로 했다. 대회의 위원장은 박영효, 그리고 위원으로는 송진우, 장덕수, 박용희, 이강현, 김성수가 참여했으니, 전체 위원 28명 중 6명이 경성방직 관련 인사였다. 대회는 다분히 경성방직을 위한, 경성방직에 도움이 될 회의였다.

이러한 논의를 배경으로 경영진은 1922년 6월에 총독부에 보조금 지급을 청원했다. 즉, "일본인 자본가의 손으로 부산에 설립한 조선방직회사에 대해 총독부로부터는 주주배당 연 7퍼센트에 달하기까지 보급금補給金을 교부하게 되었으므로 동일 성질의 사업을 경영하는 경성방직회사에서도 조선방직의 예에 의해 보급금의 교부를 희망하여, 회사 당국자는 얼마 전 총독부 당국과 누차 교섭한 결과 관계당국의 양해 하에 정식으로 청원서를 제출"하였다.[34] 요청한 보조금은 납입자본금에 대해 연 7퍼센트였다. 《동아일보》는 한 달 후의 사설에서 일본인 방직회사인 조선방직에 보조금을 지급한다면, 당연히 한국인 방직회사인 경성방직에도 보조금을 지급해야 할 것이라고 엄호 사격을 했다.[35] 즉,

우리들의 구체적 제안이 무엇인가. ……조선인 자체의 생활을 표준하여 그 산업의 정책을 정하고 동시에 이 정책을 위해 그 예산을 편성하라 함이니, 환언하면 조선인의 농업은 물론 장려 발전하려니와 조선인의 상공업을 또한 조장하라는 것이로다.……우리는 총독부가

조선인의 이 사업을 혹은 보조금의 형식으로, 혹은 기타 금융상의 편의로 원조 보호함이 필요할 뿐 아니라 그 임무의 마땅한 줄로 인정하노니. ……[36]

그 후 총독부는 경성방직의 "내용을 상세히 조사한 후 유망하다 판정하여 1923년도 예산에 계상하였고," 12월 말까지는 대장성과의 교섭을 마쳐, 마침내 29일에 보조금 지급계획을 회사에 알려왔다. 이에 상무이사 김연수는 "조선인 경영 공업회사에 보급금을 계상하는 것은 금번이 효시라. ……다음 달 중순부터 작업을 시작할 것인데. …… 보급금이 확정되면 5년 계속될 터인즉, 금후 사업의 진행과 함께 확장하여, 자작자급에 일조가 되기를 기하는 바더라"고 말했다.[37]

경성방직에 총독부의 첫 보조금이 지급된 것은 1924년 3월이었다. 그것은 경성방직이 첫 제품을 내놓은 1923 회계년도(1923년 4월~1924년 3월)의 사업에 대한 지원이었으니, 보조금 지급을 신청한지 근 2년만이었다. 회사가 제품생산을 시작하면 손실이 날 것이니 총독부가 그를 보전해 준다는 의미였다.

조선방직에 대한 보조금은 당초의 각서와 비슷하게 3년 반(7개 결산기) 동안 지급되고는 1923년 초를 끝으로 중지되었다. 조선방직이 조업을 개시한지 꼭 1년만이었다. 그로부터 1년 후 경성방직은 첫 보조금을 받았다. 이제부터는 경성방직만 보조금을 받을 예정이었으나, 조선방직이 1923년 말에 화재를 당해 조업이 중단되자 1924년 하기부터 보조금 지급이 재개되었다. 이 보조금 지급은 총독부가 1930년에 공황대책으로 재정긴축을 할 때까지 계속되었다.

양사에 대한 보조금은 기본적으로 조선내 면방직업의 발달을 지원하기 위한 것이었다. 총독부로서는 조선내 각종 산업의 발달을 가급적 조장하려는 입장에 있었다. 조선방직과 경성방직에 대한 보조금 지급은 결국은 낙후된 식민지의 신생기업이 자립할 수 있도록 하려는 정책적 지원이었다.

이렇게 하여 경성방직 경영진은 제품을 시장에 내놓을 준비를 마쳤다. 회사 설립 직후 무모한 투기를 하다가 자초한 위기는 심각했지만, 김성수는 회사를 재무적으로 안정시켰고, 회사는 공장을 짓고 설비를 들여오며 기술자와 직공을 훈련시켜, 마침내 제품을 내놓을 수 있는 단계에 이르렀다. 아울러 향후 손실이 예견되자, 그 안전판으로 총독부에 보조금을 청원했다.

이러한 준비과정에서 경성방직 경영진은 그 전이나 동시대의 다른 한국인 기업가들과는 다른 면모를 보여주었다. 우선, 그들은 확고한 사업의지를 갖고 있었다. 그들은 최초 납입자본금의 절반을 잃는 치명적 실수를 범했지만, 그로 인해 사업을 그만둘 정도로 나약하지는 않았다. 김성수는 다른 주주와 임원들을 설득하고, 또 자신의 부모를 설득해, 사업을 계속하는 끈질긴 면모를 보여주었다.

둘째로, 그들은 회사를 탄탄한 재무적 기초 위에 올려놓았다. 종래의 한국인 회사들은 흔히 출자금을 제대로 납입하지 않거나 과도한 고액 배당으로 회사의 자금을 빼내가곤 했고, 따라서 재무적으로 부실한 경우가 많았다. 그러나 경성방직 경영진은 사업에 필요한 주식자금을 납입했고, 유사시에는 언제라도 차입을 통해서, 혹은 자본금의 추가납입을 통해서 필요자금을 조달할 수 있었다. 이것은 굴지의 대지주로서 든든한 자금력을 가진 김씨가가 회사의 대주주로 등장했기에 가능한 일이었다.

셋째로, 그들은 자질 면에서 당대의 한국인들 중 최상이었다. 그 경영진은 김성수가 유학시절 형성한 인적 네트워크를 통해 구성되었다. 그들은 기업경영의 경험이 부족한 것을 빼고는 흠잡을 데 없는 당대 최고의 엘리트 청년들이었다. 경제학, 정치학, 법학, 공학 전공의 다양한 지식 배경을 갖고 있었고, 실천력과 책임의식을 갖고 있었다.

넷째로, 그들은 선진 기술을 제대로 학습했다. 경성방직은 일본과 조선의 고등공업학교 졸업자들을 확보하고 그들을 일본에 파견하여 교육을 시켰다.

다섯째로, 그들은 정부에 대한 교섭력, 사회에 대한 선전 능력을 갖고 있었다. 그들은 원군援軍 역할을 하는 신문사를 통해 자신들의 요구를 총독부에 제출하고, 또 일반 사회에 호소할 수 있었다.

요컨대, 이러한 면모는 다른 한국인 기업들에게서는 부분적으로밖에 찾아보기 어려운 것이었다. 경성방직이 제품을 시장에 내놓고 본격적인 생존 테스트를 받을 때, 이러한 요소들은 결정적 힘이 되었다.

그럼에도 불구하고 이러한 혁신적 면모는 아직은 막 돋아나는 싹에 불과했다. 제3자가 보기에 경성방직의 걸음마는 불안하기 짝이 없었다. 일본제품이, 또 한걸음 앞서 출범한 조선방직 제품이 지배하는 시장에 뒤늦게 뛰어든 경성방직은 과연 살아남을 수 있을까? 많은 사람들이 의구심을 떨치지 못했다. 경성방직의 경영진은 이 어려운 질문에 어떤 답을 내놓았던가?

05 주변부에서 : 1920년대

종래 오천만 엔이라는 대금大金이 해마다 광목 값으로 조선에서 빠져나
간다는 생각을 하여 애를 태우며 짜내는 유일의 우리 광목입니다. 개인의
이익으로나 민족적 경제를 돌아보아 사랑하여 입고 힘 있게 권면합시오!
─《동아일보》1928년 1월 23일자 태극성표 광목 광고문

데뷔

경성방직은 1923년 1월부터 원료 면사를 매입하기 시작하여, 4월
부터 제품을 생산하기 시작하였다.

면사는 주로 14번수가 사용되었고, 그밖에 16번수도 사용되었다.[1]
당시 한국에 수입된 면사는 10번수, 14번수, 16번수의 세 가지가 주
종이었다. 10번수는 주로 농가가 자가소비용 목면을 직조할 때 쓰는
원료였고, 14번수는 경성방직과 조선면화 등 방직공장의 제직원료
였으며, 16번수는 주로 서울의 염직업체의 제직 원료로 쓰였다. 조
선방직, 경성방직 등은 14번수 면사로 염색가공하지 않은 생지 면포
를 생산했는데, 이것이 주된 대중소비품이었다. 반면 염직물은 그보
다 고급품이었다.

해마다 생산이 늘어났다. 생산 첫 해인 1923년에 3만 8,652필이었

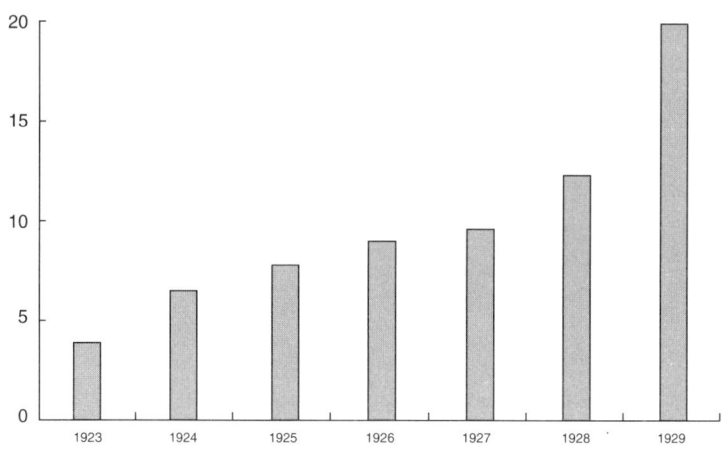

그림 5-1 1920년대의 생산량 추이

생산량(만 필)

자료 : 경방, 《경성방직五十年》, 390쪽.

던 생산량은 1929년에는 19만 9,351필로 5배 이상으로 커졌다.

《일기장》과 《제품원장》 등을 통해 제품내역을 보면, 첫해에 경성방직은 삼성표三星標, 삼각산표三角山標, 닭표의 세 종류 제품을 생산하였다. 필당 원면소요량이 가장 큰 삼성표가 가장 두터운 제품이었고, 그 다음으로 삼각산표, 닭표의 순이었다. 1필당 원가도 삼성, 삼각산, 닭표의 순으로 높았다. 삼각산은 전체 생산량 중 60퍼센트 가까이 차지하여 가장 컸고, 다음으로 삼성이 30퍼센트 이상을 차지했다. 닭표는 4월과 6월, 2개월만 생산하고 그만둔 제품으로, 10퍼센트에도 미치지 못했다.

이듬해인 1924년에 회사는 생산제품을 6종으로 늘리고 생산량도

대군의 척후

50퍼센트 이상 키웠다. 제품별 비중도 어느 한 품목에 치우치지 않고 더 고르게 되었다. 회사는 4, 5월에 용왕龍王, 시계時計, 목탁木鐸표 세 종의 제품을 새로 생산하기 시작했고, 12월부터는 불로초不老草표도 생산하기 시작했다. 삼성표가 30퍼센트 가량을 차지한 반면, 삼각산 표의 비중이 크게 낮아졌고, 대신 목탁, 시계표 등이 비슷한 비중의 신제품으로 나왔다. 1필당 원면소요량 및 제조원가로 보아, 불로초 가 상급품, 삼성, 삼각산, 시계표가 중급품, 목탁이 하급품이었는데, 상급품의 비중은 크지 않았고, 중급품 및 하급품의 비중이 컸다.

 1925년에 경성방직은 목탁, 용왕, 시계표 제품을 없애고, 태극성 太極星, 산삼山蔘, 천도天桃표의 세 가지 제품을 새로 출시했다. 그리 고 1926년에는 제품 종류를 7종으로 더 늘렸는데, 삼성표의 생산을 그만둔 대신, 산삼, 태극성, 불로초 등을 주력제품으로 삼았다. 1필 당 원면소요량 및 필당 원가로 보면 태극성이 상급품, 불로초와 산 삼이 중급품, 천도와 삼신산이 하급품이었는데, 상급품의 비중이 커 지고, 하급품의 비중이 낮아졌다. 생산제품의 수준이 높아진 것이 다. 설비를 120대에서 224대로 늘려 제품 생산량을 배가한 1929년 에도 태극성과 불로초가 각기 30퍼센트 정도로 주력 제품이었다.

 여기서 특이한 것은 제품명brand name이다. 부표 17과 다음 광고 그림에서 보는 것처럼, 목탁, 삼신산, 용왕, 산삼, 천도, 불로초, 태 극성, 삼각산 등이 당시 경성방직 제품에 붙인 이름이었다. 이것들 은 오늘날 우리가 보기에는 직물 제품명으로서 의아스럽지만, 당시 한국인들에게는 친숙한 느낌을 주는 것이었다.

 이 제품들이 조선내 시장에서 어떤 지위에 있었는지를 알아보기 위

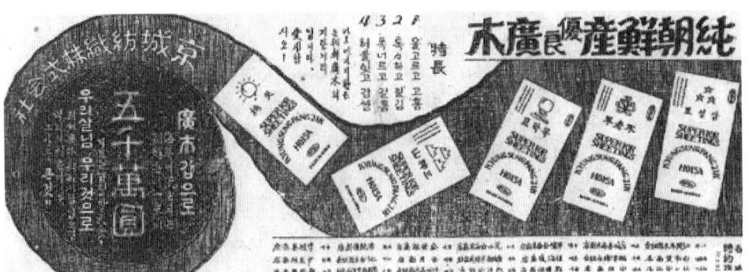

경성방직의 제품 브랜드(《동아일보》 1925년 9월 4일자 광고)

해, 당시 면포시장을 보자(그림 5-2). 그림의 막대기둥이 보여주는 것처럼 1920년대에 조선내 전체 면포 소비량은 다소 기복을 보이면서도 1억 5,000만 방마로부터 2억 방마로 증가했다. 실선으로 표시된

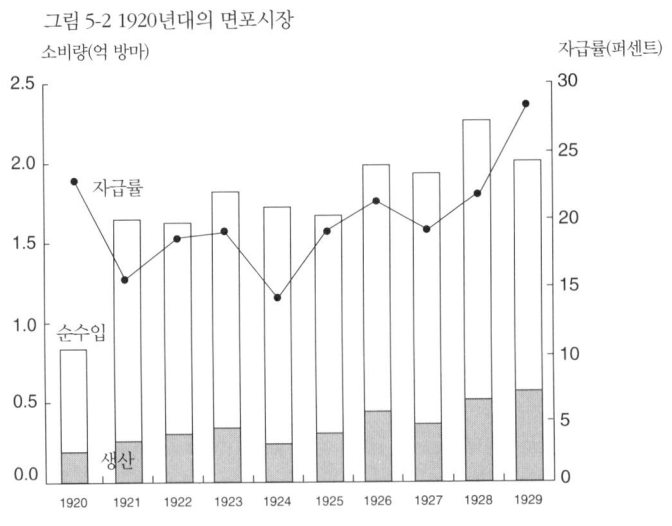

그림 5-2 1920년대의 면포시장

자료 : 부표 14.

대군의 척후

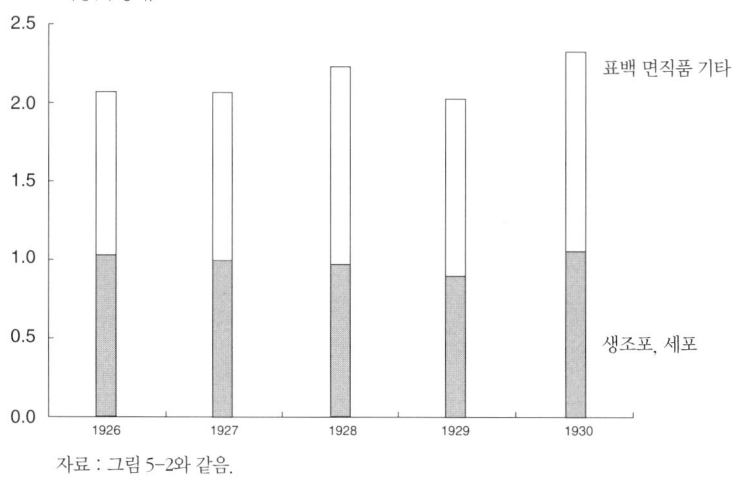

그림 5-3 1920년대 소비면포의 품목 구성

소비량(억 방마)

표백 면직품 기타

생조포, 세포

1926 1927 1928 1929 1930

자료 : 그림 5-2와 같음.

조선내 자급률은 18퍼센트 가량에서 28퍼센트 가량으로 높아졌다.

그리고 소비제품의 종류를 보면, 1920년대 전반에는 표백하지 않은 생지 위주였으나, 1920년대 중엽 이후에는 갈수록 표백가공품의 비중이 커졌다. 또 소비 면포의 20~25퍼센트 가량만이 조선에서 생산되고 나머지는 거의 전적으로 일본에서 들여오고 있었다.

조선산품은 1920년대 초에는 일부 도시 직물업의 생산품을 제외하고는 대부분 수많은 농가에서 부녀자들이 면화를 수방하여 베틀로 짠 수직 백목면이거나 방적면사를 밧탄직기나 족답足踏직기로 짠 소폭직물이었다. 이 농가의 자급용 제품과 도시 직물업에서 제조된 특수직물은 수입 면직물에 밀려나 주변에 머물러 있었다.

수입품 중에서는 그림 5-3에서 보는 것처럼 1920년대 초 생조포 生粗布와 생세포生細布의 두 품목이 대부분을 차지하였다. 그러나 1920년대 중엽 이후에는 생조포와 생세포의 수입량이 완만하게 감소한 반면, 그 표백제품과 염색제품, 기타제품의 수입량이 급증했다. 1920년대 말에는 수입품 중 생조포와 생세포의 비중은 30~40퍼센트 정도로 떨어졌다. 소비제품이 표백염색제품 중심으로 바뀌어 가는 가운데 조선산 생조포 및 생세포가 수입품을 대체해 갔다. 조선방직과 경성방직의 생산제품은 주로 생조포였다.

생조포의 중품 표준은 12~16번수의 단사를 써서 직조한 폭 36인치, 길이 40마의 1필 중량 13.5파운드 제품이었다. 한국인이 선호한 조포는 보통 경사로 14번수 실을, 위사로 16번수 실을 써서 직조한 1필 중량 13파운드 정도의 제품이었다.

생세포는 경사, 위사 모두 20~50번수 정도의 단사를 써서 평직한 것이었다. 폭 34~45인치에 길이 36~50마 정도가 1필=1반反인데, 필당 무게는 12~14파운드 정도였다. 이것은 약간 고급품으로서 대체로 상류층 사이에서 소비되며, 계절적으로는 봄, 가을의 3, 4월, 9, 10월에 수요가 가장 많았다.

생세포의 1921년도 수입량이 30만 반 정도였으나 생조포의 수입량은 184만 반 정도로서 훨씬 더 컸다. 그만큼 조포는 조선내에서 수요가 큰 대중적 제품이었다. 계절적으로는 초가을에서 이듬해 봄까지가 그 성수기였다.

1926년경 생조포와 생세포의 조선내 수요량은 연간 약 200만 반인데, 그중 35만 반 정도가 조선내에서 생산되었고, 나머지 165만

반이 수입되었다. 수입의 거의 전부는 일본에서 온 것이었으며, 조선 내 자급률은 20퍼센트에도 못미쳤다. 조선에 이 제품들을 공급하던 일본의 회사들은 약 30개에 달하는데, 그중 도요방적과 가네가후치방적이 대부분을 차지하였다. 도요방적은 일찍이 1890년대부터 조선에 제품을 수출하기 시작했는데, 1923년에는 생조포 약 55만 반, 생세포 15만 반, 합계 70만 반을 조선에 수출하여, 수입 생조포 130만 반의 40퍼센트 이상을, 그리고 수입 생세포 30만 반의 약 50퍼센트를 차지했다. 그 다음으로 가네가후치방적이 생조포 11만 반, 생세포 3만 반을 공급하였다.

중목조포 중 상급품인 17~18파운드급 제품은 반세포半細布라고도 불렸는데, 도요방적의 3A제품이 그 대표였다. 3A제품의 수입량은 호경기 시절에는 약 40만 반에 달했고, 1923년에도 20만 반 정도 되었다. 이 제품은 조선 면포계의 왕자라고도 불리고 있었다. 개항기에 3A표를 붙인 영국산 금건이 한국인들 사이에서 인기를 끄는 것을 본 일본인 면사포상들이 도요방적의 전신인 오사카방적의 조포 제품에 이 상표를 붙인 것이 그 유래였다. 이 제품 말고도 여러 회사의 제품, 수입품들이 경쟁을 벌였는데, 결국 3A제품이 조선시장을 제패하기에 이르렀다.

그렇지만 조포 중에서 수요가 많은 품목은 14~16파운드급의 중목조포였다. 1910년대 말까지만 해도 16파운드 이하의 제품은 수입되지 않았으나, 1920년 이후 불황기에 염가제품이 선호되자 이 제품들이 대거 수입되면서 조포의 중심 제품으로 등장했다. 도요방적은 14파운드의 연관煙管표를 직조하여 조선시장에 내놓았다. 뒤이어 다이

도요방적의 3A 상표

니혼大日本방적의 군함軍艦표, 사토佐藤의 호월湖月, 조선방직의 엽전葉
錢표가 등장하여, 일반 수요에서 큰 비중을 차지하게 되었다(부표 18).

1920년대에 조선방직과 경성방직의 제품은 대부분 14~16파운드
급의 중목조포에 속하였고, 따라서 그것들은 도요방적의 금강산, 삼
인三印, 연관 등과 직접적 경합관계에 있었다. 3A표에 대해서는 조

신방직에서는 계룡, 경성방직에서는 태극성이 동급의 제품이었다. 흔히 경성방직의 제품과 이 3A제품이 경합관계에 있던 것으로 기술하지만, 경성방직의 제품들은 대부분 이보다 저급했다. 경성방직이 1926년경부터 그와 동급 제품으로서 태극성을 생산하기 시작했지만, 1921년 당시 3A 제품의 수입량이 약 1만 9,500곤, 곧 39만 반이었던 반면, 1926년도 경성방직의 태극성 생산량은 2만 반을 약간 넘는 정도였다. 따라서 이 때까지는 경성방직과 도요방적은 제품의 등급이나 생산 규모 면에서 직접적인 경합관계에 있지 않았다. 그렇지만 1929년에는 태극성의 생산량이 6만 7,000반에 달해 양자간의 경합관계가 현실화되었다.

앞서 본 것처럼 1920년대 후반에 생지 조포 수입량은 감소했다. 반면 조포 생산량은 증가했는데, 이것은 조선산 조포가 수입 조포를 시장에서 대체해 갔음을 의미한다.

그 원인은 조선산품이 더 저렴하기 때문이었다. 1928년 말의 신문 기사에 의하면, "일본으로부터의 조포 이입은 매우 감소했다. …… 그에 반해 격증한 것은 조선내 산품이다. ……그 주요한 원인은 근래 조선내 산품의 품질이 매우 향상되어 일본제품과 비슷해졌고 어떤 제품은 일본제품을 훨씬 능가하기에 이르렀기 때문"이었다. "종래 일본산 이입제품의 대체품으로서 생산되는 조선산품의 우세는 현저했다."[2]

1924년 경성방직의 생산량은 그해 조포 수입량에 비해 실로 보잘 것 없었다. 1926년의 생산량 8만 3,000필도 조포 수입량 5,700만 방마=143만 필과 조선방직의 판매량 35만 5,000필의 합계액의 1/20에도 못미쳤다. 그 후 경성방직의 생산량은 1928년 24만 필, 1929년 21만 필로 증가했다. 조포시장에서 경성방직이 차지하는 비중은 1926년의 4퍼센트에서 1929년에는 12퍼센트로까지 커졌다. 조선방직의 비중 역시 1926년 21퍼센트에서 1929년 38퍼센트로 커졌다.[3] 양사는 조포 시장에서 입지를 넓혀 갔다.

세포 수입량은 거의 불변이었지만, 표백 및 염색 제품의 수입이 갈수록 늘었다. 1926년경 표백 및 염색제품을 포함한 기타제품의 수입량은 약 7,000만 방마였으나, 1929년에는 약 1억 방마가 되었다. 고급품의 수입이 계속 증가한 것인데, 이것은 "조선내의 민도가 점차 높아짐에 따라서 기호도 또 향상 변천하고 있는 것"을 의미했다.[4]

전체 면직물 시장에서 경성방직의 비중은 1926년 1.6퍼센트에서 1929년에 3.9퍼센트로 커지는 데 그쳤다. 그 성장 속도는 빨랐고 조포시장내에서 입지도 강해졌지만, 경성방직은 1920년대 말까지도 전체 면직물시장에서 매우 작은 비중을 차지한 마이너 플레이어에 불과했다.

그렇다면 경성방직의 판매 실적은 어떠했던가?

회사는 생산 개시 다음 달인 1923년 5월부터 제품을 팔기 시작했다. 판매량은 1923년 회계년도에는 약 3만 필 정도였고, 이듬해에는 그 2배인 6만여 필에 달했다. 그 뒤에는 각기 7만 8,000여 필, 8만 4,000필이었다. 매출이 지속적으로 늘어난 것이다.

《일기장》과 《제품원장》 자료를 이용하여 제품별 판매량과 금액이 어떠했는지를 보면(부표 17), 첫해에는 판매제품 종류가 세 가지에 불과한 가운데, 삼성과 삼각산표가 전체 판매액의 90퍼센트를 넘었으며, 특히 삼각산표의 판매액이 절반을 넘었다. 제품들간에 가격차이도 별반 없었다. 그러나 이듬해인 1924년 봄부터는 특정제품에의 의존도가 낮아졌으며, 제품간 가격차도 나는 등 차별화도 진전되었다. 생산 제3차년도에는 생산품목이 9종으로 더욱 다양화되는 가운데 판매량은 25퍼센트, 판매액은 23퍼센트 가량 늘었다. 그 이듬해에는 중심 판매제품이 태극성과 산삼 등으로 바뀌었고, 제품간 가격차도 더욱 벌어졌다. 이 해에는 불로초와 산삼, 삼신산, 태극성 등이 주력제품으로 자리잡았다.

회사가 새 상품을 계속 출시해 제품을 빈번히 교체한 것은, 한편으로는 경성방직의 시장 진입에 어려움이 있었음을 시사한다. 그러나 그것은 다른 한편으로는 회사가 다각도로 시장을 공략했음을 말해준다.

생산량 대비 판매량의 비율로 구한 판매율은 1924년에 80.6퍼센트여서, 그해에 20퍼센트 가까운 재고부담이 생겼지만, 이듬해에는 제품 생산량만큼 판매되어 더 이상 재고부담이 늘어나지 않았으며, 제8기에도 95퍼센트 가까운 판매율을 보였다. 생산한 제품이 거의 대부분 팔렸고 재고가 쌓이지 않았다. 신생업체에게 어떻게 이것이 가능했을까?

경성방직의 판로를 추적함으로써, 그 해답의 단서를 찾아 보자.

《일기장》을 통해, 제5, 6, 8기의 판매처, 금액을 집계해 보면(부표 19), 1923년에 경성방직이 총 153개 상점과 거래했음을 알 수 있다. 그러나 그 다수는 소매에 가까운, 극소량을 판매한 것이었으며 전체 판매량에서 차지하는 비중은 작았다. 대신, 회사는 소수의 몇몇 상

그림 5-4 지역별 판매 비중의 추이

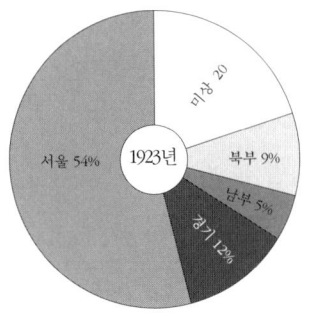

서울 54% 1923년 북부 9%
미상 20
남부 5%
경기 12%

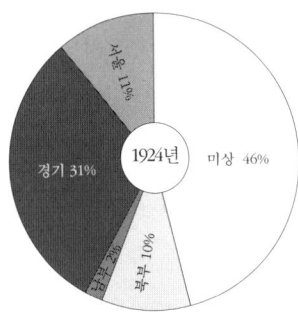

서울 11% 1924년 미상 46%
경기 31%
남부 2% 북부 10%

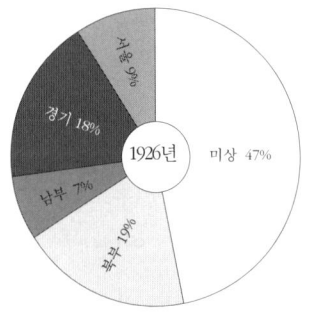

서울 9% 1926년 미상 47%
경기 18%
남부 7% 북부 19%

자료 : 부표 19.

점에 크게 의존했다. 전체 매출액의 1퍼센트 이상을 차지한 판매처는 모두 11곳으로, 이들이 전체 판매액의 77.9퍼센트를 차지하였다. 특히 고우노河野상점, 동양물산東洋物産 등 두 업체의 비중이 전체의 절반에 달했다. 전 거래처 153개 소의 평균 매출액은 2,670엔이지만, 매출 비중이 1퍼센트 이상인 거래처의 평균 매출액은 3만 6,421엔이었다. 또한 지역별로 보면, 회사는 그림 5-4에서 보는 것처럼 경인 지역(특히 서울)에서 주로 판매처를 구했으며, 그밖에 안성, 예산과 평양에 판로를 가졌다. 소유주별로는 일본인 상점에 대한 의존도가 높아, 나가타中田상점과 고우노河野상점 등 두 곳의 매출 비중이 30퍼센트를 넘었다.

그러나 이듬해부터는 양상이 달라졌다. 매출처가 다양해져 회사는 첫해와 같이 소수 상점들에 지나치게 의존하지 않게 되었다. 전체 매출 중 1퍼센트 이상의 비중을 차지하는 매

대군의 척후

출처의 수는 22 곳으로 늘어난 반면, 이 업체들의 비중은 전기보다 작아졌다. 그리고 판매 지역도 다양해져, 경성의 비중이 작아진 대신 여타 지역(인천, 원산, 평양 등), 특히 북부 지방의 비중이 커졌다. 또 전년도 전체 매출의 1/4 이상을 차지했던 고우노상점과의 거래가 거의 중단됨에 따라, 일본인 상점과의 거래 비중도 미미해졌다. 이제 경성방직은 거의 전적으로 한국인 상인들과 거래하였다.

그로부터 2년 뒤이자 판매 4년차인 1926년에는 매출처가 더욱 다양해졌다. 1퍼센트 이상 매출비중을 가진 거래처의 수는 14개로 줄고, 이들이 전체 매출에서 차지하는 비중도 더욱 낮아졌다. 경성방직은 더 광범위한 판매기반을 갖게 되었다. 인천포목상조합의 경우처럼, 그 비중이 20퍼센트를 넘어서 판매처 다양화 경향과는 다소 배치되는 모습도 있었다. 그렇지만 그를 제외한다면, 1퍼센트 이상 매출비중을 가진 거래처의 비중은 40퍼센트 정도로까지 낮아졌다. 일본인 상점의 비중은 새로운 거래처(안주의 구다ㅅ田상점)가 생겨 7퍼센트로 늘어났으나, 대부분의 판매가 한국인 상점을 통해 이루어졌음에는 변함이 없었다.

1924년과 1926년 매출처의 지역별 구성을 보면, 남부와 북부의 비중이 줄고, 경기도 등 중부 지역의 비중이 커졌다. 이를 보면, 초기 수년간 경성방직 제품이 남부에 뿌리를 내리지 못한 것은 확실하나, 기존 연구에서 언급한 것처럼 북부 지방이 주 시장은 아니었다.[5]

이처럼 3개년도의 판매실적을 검토해 볼 때, 시간이 갈수록 회사의 판로가 확장되었음은 분명한 사실이다.

이러한 분석결과는 지금까지의 경성방직 사사에서의 서술이나 경성방직 종사자들의 회고담과 다소 배치된다. 왜냐하면 이 자료들은 한결같이, 제품이 안 팔려 초기 경성방직이 무척 곤란을 겪었다고 서술하고 있기 때문이다. 예컨대, "도요방적의 3A표 광목이 남한 지방을 거의 독점하다시피 하였고 조선방직도 중요 도시에 든든한 발판을 깔고 있어서 이를 뚫고 제품을 팔기란 거의 불가능에 가까운 일이었"으며, 경성 시내에서는 1년간 겨우 500필 정도밖에 팔리지 않을 정도였고, "종로 포목상에 사람을 보내 '우리 힘으로 만든 광목이니 팔아 달라'고 하면 물건은 받아주었지만, 물건을 찾는 사람이 없어 그대로 쌓였다"고 한다.[6]

재무제표상으로도 제품생산 이후 재고자산이 크게 증가한 것으로 나타난다. 제4기말 이후 제9기말까지 재고자산, 그중에서도 제품재고가 증가했다. 제품재고는 1925년 2월 말에 5만 엔을 넘었고, 1927년 2월 말에는 10만 엔에 육박하였다. 그 후의 재고자산 증가도 대부분 제품재고의 증가로 인한 것으로 파악된다.

그러나 1927년 2월의 제품재고액 9만 8,949엔 중 경성방직이 생산한 제품의 재고액은 6만 974엔으로 2년 전 결산시에 비해 1만 엔 정도 늘어났을 뿐이다.[7] 1925년 2월과 1927년 2월 모두 제품재고액은 총자산의 12퍼센트 정도로 다소 부담은 되었으나, 갈수록 급증한 것은 아니었다. 또 그 절대금액은 연간 매출액(제6기의 경우 87만여 엔)에 비해 과중하지도 않았다. 제품이 안 팔려 재고가 누적되는 일은 실상 없었다.

또, 밀어내기식 억지 매출로 매출채권이 누적되는 일도 없었다. 당좌자산 금액은 계속하여 2만 엔 내외 수준에서 약간의 변동을 보

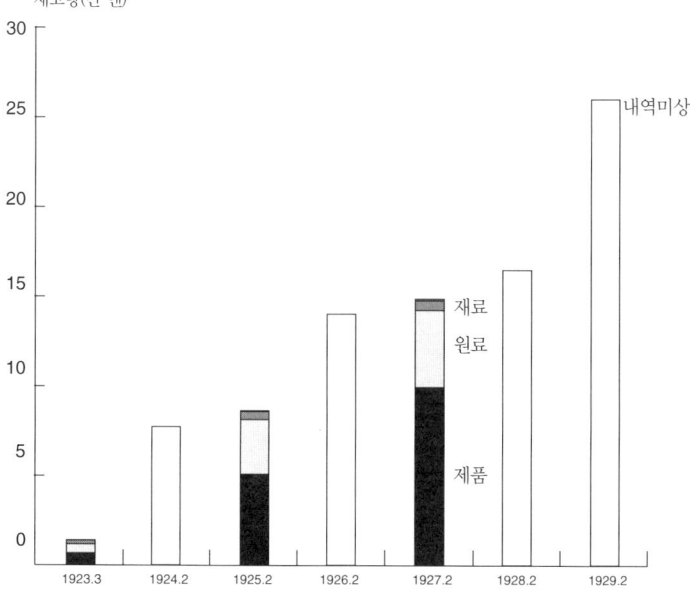

그림 5-5 1920년대 재고자산의 추이

재고량(만 엔)

자료 : 경방, 《경성방직오십년》, 396쪽 ; 《일기장》.

였을 뿐이다.

요컨대 생산 개시 이후 다소 재고가 증가하기는 했으나, 제품 대부분은 잘 팔렸다. 그렇다면 어떻게 이것이 가능했을까? 제품 판매의 어려움에 관한 여러 서술들은 어떻게 해석되어야 할까?

틈새를 파고들어

1) 전략

제품을 판매하기 위해서는 우선 그를 취급해줄 판매점이 필요했다. 예컨대 경성방직보다 한 발짝 먼저 조업을 시작한 조선방직은 도요東洋면화(주)에 판매를 위탁했다. 도요면화는 면화 및 면사포의 제국내 유통망을 갖추고 있는 전문상사였기 때문에, 조선방직은 판로를 개척하거나 판매대금을 회수하는 데 어려움이 없었다. 더구나 조선방직은 면화도 그를 통해 조달했기 때문에, 원료대금의 지불 면에서도 큰 편익을 누릴 수 있었다.

반면 경성방직은 그러한 유리한 조건들을 갖추지 못했다. 도요면화와 같은 거대 상사는 물론이고 조선내 각지의 유력 면사포상들조차 제품을 거의 취급하지 않았고, 설령 취급하더라도 한두 해에 그쳤다. 경성방직의 판매처 명부(부표 19)와 조선 각지의 주요 면사포상 명부(부표 20)를 비교해 보면, 경성방직의 판매처 중 고우노상점, 나가타상점, 야스이상점, 구다상점 등의 일본인 상점만이 주요 면사포상에 들었을 뿐, 그밖의 판매처들은 주요 면사포상 명단에 끼지 못했다.

대부분 일본인이었던 주요 면사포상들은 경성방직의 제품을 취급하지 않았는데, 이것은 경성방직 제품이 품질, 브랜드 인지도 면에서 뒤떨어져 판매의 실익이 작았을 뿐 아니라 그것이 한국인 기업이었기 때문이다.

일본인 상인들이야 그렇다 치더라도 박승직이나 백락원白樂元(대창

직물)과 같은 서울의 대표적인 한국인 포목상들이 경성방직의 제품을 별로 취급하지 않은 것은 다소 의외다. 이들은 경성방직과 거래하기는 했으나, 그 주문액은 보잘 것 없었다. 이들 상점은 위의 3개 결산기 중 어느 한 해에도 각기 경성방직 매출액의 1퍼센트 이상을 소화한 적이 없었다. 그 근본적 이유는 경성방직 제품이 한국인 소비자들로부터 외면당했기 때문이다. 이에 관해 당시 김연수는 다음과 같이 말했다.

> 빈약한 우리 힘으로 피땀을 들여 만들어낸 제품이……조선 사람의 손에 된 것이라서 눈도 거들떠보지 않는 것이다. ……조선 사람 자체가 거의 모두 그런 관념을 가지고, 실용에 있어서 외관미에 있어서 다 건너온 상품에 손색이 전혀 없는 조선제품에 쉽게 손을 대지 않는 것이다. 그리하여 조선 사람을 본위로 하여 만든 물건이 조선 사람에게 멸시적 불고를 당하게 되니. ……[8]

중심부 시장을 도저히 뚫을 수 없는 막막한 상황에서 경성방직의 경영진은 주변부 시장을 공략하기로 했다. 서울보다는 지방을, 그리고 각 도시, 읍내에서도 주변적 지위의 상인과 접촉하여 판로를 개척하려는 것이었다. 이것은 현지 한국인 상인의 네트워크를 활용함으로써 가능했다.

이를 위해 경성방직 경영진은 경성방직이 '민족기업'이며 한국인은 이 '민족기업'의 제품을 사용해야 한다고 민족정서에 호소하는 한편, 한국인의 기호에 맞는 제품을 생산했다.

우선, 회사 경영진은 생산 첫해인 1923년에 물산장려운동에 적극 참가하여 자신이 민족기업임을 적극 홍보하였다. 경성방직은 《동아일보》 등을 통한 광고에서 '조선인은 조선인의 광목으로'라는 표어를 내걸고, "조선을 사랑하시는 동포는 옷감부터 조선산을 쓰십니다"라고 호소하였다. 이강현은 서울시내 포목상들을 초치하여, 경성방직 제품이 도요방적 제품보다 품질이 못한 것은 사실이지만, 경성방직 제품은 '우리 자본, 우리 기술로 짠 것'이고 "우리 어린 소녀들의 손으로 짠 것이니 외면하지 말고 점두에 놓아주기만이라도 해 달라"고 읍소하였다.[9]

또, 회사 경영진은 그 제품이 다소 투박하더라도 견실한 제품이 필요한 조선인의 생활습관, 기호에 맞는다고 선전활동을 했다. 다음은 《동아일보》 1923년 8월 8일자에 실린 삼각산과 삼성표의 광고문이다.

경성방직회사에서 직조하는 광목은 삼성표와 삼각산표의 두 종류가 있습니다. 삼성표는 최상등품으로 직제織製가 정밀하고 지질이 견실하여 씨와 날이 곱고 고를 뿐 아니라 보통광목보다 4, 5차나 세탁을 더 할 수 있으므로 무엇에든지 최상등의 광목을 사용하실 때에는 반드시 삼성표를 선택하시면 가장 안심하게 되실 것이오, 삼각산표는 일반이 보통으로 사용하심에 적당하기를 목표로 삼아 직조된 것이므로, 견실을 위주로 하고 가격이 또한 다른 동종제품에 비해 저렴하므로 의복차는 물론 기타 제반에 매우 적당한 것이므로, 이 양종 중에서 선택하시면 다시 다른 종류를 구하실 필요가 없을 것이올시

다. 상점에서 매입하실 때에는 반드시 삼성표라, 삼각산표라 지정하시옵소서.

특히 면직물 수입으로 인해 해마다 막대한 금액이 일본으로 '유출'되고 있다는 점도 줄기차게 강조되었다. 일찍이 경성방직의 설립 취지서에도 언급된 바 있지만, 이 점은 1920년대 말에도 계속 강조되었다. 예컨대 《동아일보》 1928년 1월 23일자에 실린 태극성표의 광고문은 다음과 같았다.

광목을 입는 터에는 한물을 더 입더라도 얼마인지 모릅니다. 이러한 모든 사정을 짐작하여 아무쪼록 튼튼하고 얌전하게 짜내어 한 푼이라도 값싸게 파는 것이 우리의 광목입니다. 종래 오천만 엔이라는 대금 大金이 해마다 광목 값으로 조선에서 빠져나간다는 생각을 하여 애를 태우며 짜내는 유일의 우리 광목입니다. 개인의 이익으로나 민족적 경제를 돌아보아 사랑하여 입고 힘있게 권면합시오!

경성방직 경영진은 한국인 소비자들이 경성방직의 광목을 구매하는 것이 '개인적으로나, 또 민족적으로' 이익이 된다고 강조하였다.

이러한 캠페인이 더 효과적이 되도록, 회사 경영진은 조선적인 이미지의 상표를 제정하여 한국인 소비자의 정서에 부합하고자 했다. 회사는 처음에는 경성직뉴가 사용하던 삼성표, 삼각산표를 그대로 사용하다가, 새 상표로 태극성표를 개발하였으며,[10] 그 후에도 호미, 불로초, 산삼, 춘향, 제비 등 고유토산품과 풍속을 상징하는, 조선적인 이미지의 상표명을 개발하였다.

　이러한 노력을 통해 회사 경영진은 한국인 대중 사이에 '민족기업'으로서의 이미지와 토산품 애용의식을 심을 수 있었다. 3·1운동으로 민족의식에 일대각성이 일어난 상황에서 한국인 기업은 '민족기업'으로서, 그 생산제품은 토산품으로서 애호받게 되었다. 이로써 경성방직은 오늘날까지도 이어져 온 국산품 애용의식의 덕을 볼 수 있게 되었다.

　경성방직에게 정말 긴급한 일은 판매망을 구축하는 것이었다. 이것은 지역의 한국인 포목상조합이나 대표적인 한국인 상점들을 통해 이루어졌다.

　경성방직 경영진은 판매 첫해에는 각기 인천과 개성의 대표적 면사포상점인 고우노상점 및 나가타상점에 많은 제품을 내보내는 등 한국인, 일본인을 가리지 않았다. 그러나 이듬해부터는 한국인 상인들과 거래하는 쪽을 택해서 포목상조합과 같이 지역 상인들의 네트워크 조직을 적극 활용하였다. 예컨대 《동아일보》 1925년 5월 9일자에 게재한 광고에 의하면, 경성방직은 강계, 성진, 인천, 청주 등지의 포목상조합, 그리고 안성과 예산의 지역내 유지들이 설립한 상회사들과 특약점계약을 맺고 있었다. 이는 면포상이 판매액에 따라 경성방직에게서 장려금을 받는 계약이었다. 이러한 판매방식은 조선산 면포의 거래에 널리 쓰이고 있었다.

　그 결과, 인천에서는 생산 제2차년도부터 인천포목상조합에 대한 매출이 시작되어, 제4차년도인 1926년에는 총매출의 20퍼센트 이상을 소화하였다. 인천포목상조합은 1922년 출자금 5만 엔으로 설립

태극성 제품 광고

태극성 광고(《동아일보》 1928년 6월 8일자) (좌)
중앙상공의 별표 고무신 광고(《동아일보》 1928년 2월 11일자) (우)

되었으며, 조합장은 지역내 유력 포목상인 정순택鄭順澤이었다.[11] 그는 조합을 통해서뿐 아니라 개인적으로도 경성방직에서 거액의 제품을 구매하였다. 안성에서는 지역 유지들이 설립한 안성상사주식회사를 통해서 판로를 구축했다. 이 회사는 1919년 12월에 자본금 50만 엔으로 박필병朴弼秉 등 안성 유지들이 설립했다. 그리고 원산에서는 상회사 (주)흥업사와 원산포목상조합장 최수악崔秀嶽을 통해 판로를 구축했다.[12]

그러나 회사 경영진의 이 전략이 중심지인 서울에서 효력을 보기까지는 좀더 시간이 필요했다. 서울에는 일본인 면사포상과 한국인

대군의 척후

포목상의 두 조합이 있었다. 일본인 조직은 1918년 5월 설립된 경인면포조합이었는데, 주요 회원은 (주)공익사共益社, 가지하라梶原상점, 미야바야시宮林상점, 이데井手상점, 도요면화 경성출장원, 다카세高瀬합명회사 경성지점, 야스세이安盛상점 등이었다. 그리고 한국인쪽 조직으로는 1918년 2월 설립된 경성포목상조합이 있었는데, 그 주요 회원은 박승직, 김윤면, 태응선, 대창무역, 공동무역, 최인성, 이창하, 김윤수, 허택, 방태경, 조효순, 박경화, 조선용, 김용관 등이었고, 박승직이 조합장이었다.[13]

경성방직은 초기 수년간은 일본인 면사포상조합과는 물론이고 이 한국인 조합과도 거래를 트지 못했다. 일부 회원들과는 거래를 했으나, 그 규모가 크지 않았고, 조합이 경성방직의 판매망 구축에 도움이 되지도 않았다. 예컨대 조합장이자 대표적인 포목상이었던 박승직상점에 대한 경성방직의 매출액은 1926년에도 5,000여 엔으로서 그해 매출액의 1퍼센트에도 못미쳤다.

회사 경영진은 주변 지역에서 한국인 상인 네트워크에 진입한 다음에 중심부 시장에서 네트워크의 구축에 나섰다. 그들은 1928년에 서울 지역 판로 확장전략으로 경성포목상조합과 일수一手판매계약을 체결하여, 서울, 고양군 일대의 판매를 모두 포목상조합에 위탁하였다. "경성방직 마크의 광목이 세상에 알려지지 않아 그것을 선전하는 수단으로 조합과 계약을 체결"하였는데, 조합은 1년간 1,500척隻 이상의 판매를 책임지며, 경성방직이 그 대가로 조합에 수수료를 지불하기로 하였다. 1척은 20필이므로, 이 계약은 조합이 연간 3만필, 약 30만 엔 가량의 제품판매를 대행한다는 것이었다. 경성방직은 판매이익을 공유하는 방식으로 판매유인을 제공하면서 상인들 사이에서 지명도를 높였다. 이 전략은 상당한 효과를 내서, 수년 뒤 소비자 사이에 회사제품의 인지도가 높아졌다.[14]

또 경성방직은 경인 지역 외에 관서, 관북 지방에서 시장 개척에 주력하였다. 이 지역에는 아직 일본제품이 깊이 침투하지 못했고, 또 상인과 대중의 애국심, 민족주의적 정서가 더 강했기 때문이다. 경성방직 경영진은 평양, 원산 등지에 판매원을 파견하여 집중적으로 선전을 하고, 특히 각 지역별로 유력 한국인 포목상인들과 교섭한 결과, 평양과 원산 등지에서 강력한 판매거점을 확보하고 양호한 판매실적을 올릴 수 있었다.

이러한 마케팅전략이 적절한 것임은 분명하지만, 이것만으로는 충분치 않았다. 왜냐하면 도요방적이나 가네가후치방적의 판매망은 이미 수십년에 걸쳐 구축된, 매우 튼튼한 것이었으며, 또한 경쟁업체인 조선방직도 경성방직과 마찬가지로 장고나 엽전 등의 조선적 이미지의 상표명을 사용했기 때문이다. 따라서 경성방직 제품에 품질이나 가격 면에서 경쟁력이 있어야 했다.

경성방직 경영진은 제품 가격을 낮춤으로써 경쟁력을 확보하는 전략을 택했다. 이것은 경성방직 제품 가격을 조선방직 및 도요방적의 제품 가격과 비교해 보면 알 수 있다(부표 21). 미리 염두에 두어야 할 것은 경성방직의 제품이 같은 급내에서도 좀더 두터운 제품이고, 따라서 약간이라도 더 높은 가격을 받는 것이 정상이라는 것이다. 1926년에 태극성, 불로초 등은 조선방직의 동급 제품인 계룡, 장고보다 훨씬 비쌌으나, 1929년에는 그 차이가 대폭 줄었다. 그만큼

대군의 척후

경성방직 제품이 상대적으로 저렴해졌다. 다만 도요방적 제품과 비교하면, 오히려 도요방적 제품이 약간 더 싸져 경성방직 제품의 가격 메리트가 희석되었다.

경성방직이 이처럼 가격 인하를 할 수 있었던 것은 생산경험을 축적하면서 생산성을 높였기 때문이다.

2) 학습과 생산성 향상

생산경험의 축적을 통한 생산성의 향상 여부를 알아보기 위해, 제품 제조원가의 추이를 보자. 《일기장》에는 매월 한 번씩 제품별 생산량과 소요된 원료, 재료, 연료의 양과 금액, 공임과 공장비가 수록되어 있어, 제품별 및 전제품 평균 제조원가를 계산할 수 있다.

먼저 평균 제조원가의 추이를 보자. 제품 1필당 제조원가는 첫해인 1923년에 10.90엔에서 이듬해 12.69엔으로 높아졌다가 2년 뒤인 1926년에는 9.33엔으로 낮아졌다. 이러한 변동은 대부분 원료가의 변동에서 기인하는 것이었다. 원료가의 등락에 따라 제품원가도 등락을 보였는데, 이것은 제조원가에서 차지하는 원료비의 비중이 워낙 크기 때문이었다. 그 비중은 1923년 81.3퍼센트에서 1924년 85.9퍼센트로 높아졌다가 1926년에는 81.4퍼센트로 다시 낮아졌다. 제품 1필당 원료사용량이 비슷한 1923년과 1926년을 비교하면, 원료단가가 큰 폭으로 하락(하락률 14.1퍼센트)했는데도 불구하고 필당 원료비 비중은 오히려 근소하게 높아졌는데, 이것은 공임이 큰 폭으로 하락(하락률 28퍼센트)했기 때문이다. 필당 공임은 이미 1924년에 전년 대비 16퍼센트 하락하였고, 1926년에는 1924년 대비로 다시 14

퍼센트 하락하였다.

필당 공임이 이처럼 하락한 데는 임금 하락과 노동생산성의 향상 이라는 두 가지 요인이 있을 수 있다. 그런데 임금하락의 영향은 별 반 크지 않았다. 경성노임지수를 보면, 1923~1926년간에 6퍼센트 정도 하락한 것으로 나타나,[15] 위의 28퍼센트라는 필당 공임 하락을 제대로 설명해 주지 못한다. 지역내 일반 노임의 추이와 달리 경성 방직이 직공 임금을 삭감한 바는 없으며, 1926년 5월 7일 일어난 파 업도 직공들의 상조회相助會 결성이 발단이 된 것이고, 직공들의 요 구조건에 임금인상은 명시되지 않았다.

따라서 필당 공임의 하락은 노동생산성의 향상으로 설명된다. 경 성방직 직공수, 특히 직포부 직공수의 연도별 통계를 갖고 있지 못 하므로, 이 점은 간접적으로 추론할 수밖에 없다. 우선, 직기 대당 산출량이 일관되게 증가하였다. 조업 첫해인 1923년 직기 1대로 연 간 387필을 생산했지만, 정상조업 단계로 접어든 1924년 경우 연간 617필로 늘었으며, 3년 뒤에는 804필 정도를 생산하였다. 1928년에 1대당 생산량이 감소했지만, 이는 기중에 직기 104대의 증설이 이루 어졌기 때문이지, 직기 대당 생산량 자체가 감소한 것은 아니었다. 대당 생산량은 1929년에 885필로 더욱 늘었다.[16]

더욱이 직공 1인당 담당 직기 대수도 시간이 갈수록 늘었다. 조선 내 방직업에서 직공 1인당 담당 직기 대수는 1920년대 초에는 1대 에 불과했으나 1930년대 초에는 4대로 늘었다.[17] 경성방직도 1928년 에 직공 1인당 직기 2대 담당을 4대 담당으로, 4대 담당을 8대 담당 으로 개편한 바 있었다. 이렇게 하면 직공 1인당 생산량이 늘어날 터

대군의 척후

인데, 회사는 임금제도를 종래의 청부제(성과급제)에서 일급제로 바꾸었고, 따라서 노동강도는 높아졌으나 임금은 그대로이기 때문에 직포공들이 파업에 들어갔다.[18] 1920년대 후반 중에 경성방직에서도 직공 1인당 담당 직기 대수가 늘었던 것이다.

이처럼 직공 1인당 담당 직기 대수가 늘고 직기 1대당 산출량도 늘어난 것은 생산경험이 축적된 덕분이었다. 김연수의 회고에 의하면, "1923년 초부터 직조작업을 시작했으나, 조선에서 이 업이 처음인 관계로 직공의 경험이 없으므로, 작업이라기보다 직공양성이었다."[19]

회사는 노동생산성의 향상을 통해 제품당 공임을 크게 절감하였다. 비록 제조원가에서 공임의 비중은 크지 않았으나, 공임의 절감 덕분에 제조원가가 하락하였고, 이에 따라 경성방직은 가격을 인하하면서 시장개척을 시도할 수 있었다.

이처럼 경성방직 경영진은 민족주의 정서와 한국인 포목상 네트워크를 십분 활용하고 한국인 기호에 적합한, 저렴한 제품을 생산하여, 시장을 개척하였다. 생산 개시 이후 수년간 재고자산이 다소 늘었으나, 이는 매출액 대비로 정상 수준을 크게 넘어서는 것이 아니었다.

그렇지만 초기 매출처의 잦은 변동에서 확인되는 바와 같이, 판로가 안정되는 데는 시간이 걸렸다. 게다가 거의 대부분 일본인이었던 각 지역 주요 면사포상들은 경성방직 제품을 취급하지 않았다. 초기 수년간에는 한국인 유력 면사포상들도 마찬가지였다. 대신 면사포상계에서는 주변적 지위에 있던, 소매상 중심의 한국인 상인들이 경성방직의 제품을 취급하였다. 경성방직의 사사나 관계인사의 회고담에서 흔히 언급된 초기 판매의 어려움은, 매출처를 제대로 구하지 못해 재고자산 및 매출채권이 누적되었음을 의미하는 것이 아니라, 주요 일본인 도매상들 대신 한국인 소매상들에게 제품을 판매할 수밖에 없었고 매출처가 자주 바뀌던 판로의 불안정성을 뜻하는 것이었다.

살아남다

경성방직이 착실히 생산경험을 축적하고 판로를 넓혀 갔지만, 큰 수익을 올릴 수는 없었다. 이것은 한편으로는 후발기업의 불리함, 다른 한편으로는 시장 환경의 악화 때문이었다. 이 절에서는 경성방직의 수익성을 고찰함으로써 이를 구명하고자 한다.

수익성을 평가하기 위해서는 매출액과 비용을 알아야 하는데, 경성방직의 사사에 실린 연도별 손익계산서에는 1920년대에 관해서는 매출총이익 이하 항목만 기재되어 있어, 수익성이 어떠했는지, 그 결정 요인이 무엇이었는지를 알 수가 없다. 《일기장》과 《제품원장》을 통해 매출액 및 매출원가, 판관비, 영업외비용과 영업외수익 각각의 세부 항목을 계산하여 그를 보완했다. 1923년도에 관해서는 《일기장》의 기록을 토대로 손익계산서를 새로 작성하고 1924~1926년도에 관해서는 기존 사사의 손익계산서에 《일기장》에서 구한 매출액 항목만 새로 추가했다. 그 결과가 다음 그림 5–6이다.

경성방직은 생산 첫 해에 손실을 보았다가 다음 2년간 양호한 수익성을 보였다. 생산 첫 해에 경성방직은 1만 8,000엔에 가까운 적자를 냈으나, 제2차년도와 제3차년도에는 각기 2만 5,000여 엔과 6

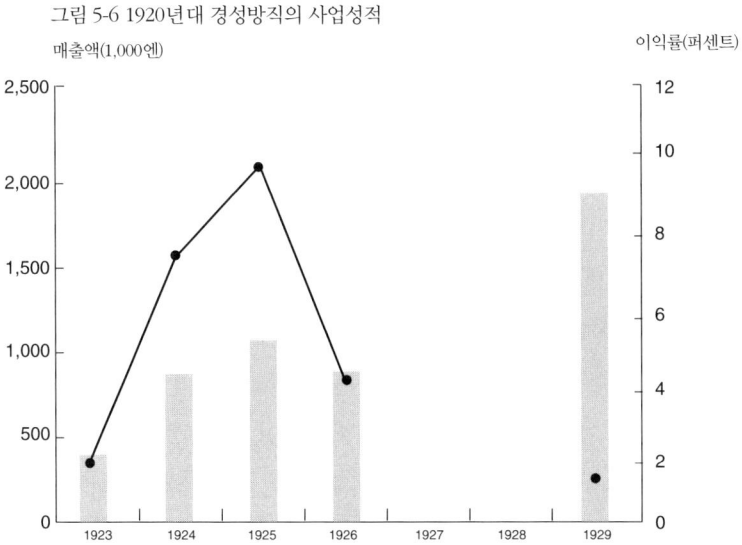

그림 5-6 1920년대 경성방직의 사업성적

매출액(1,000엔)　　　　　　　　　　　　　　　　　　　　　　　　　이익률(퍼센트)

자료 : 1923~1926년의 매출액은 《일기장》과 《제품원장》, 그 밖은 경방, 《경성방직오십년》, 402~403쪽.

만 4,000여 엔의 양호한 순이익을 올렸다. 특히 제2차년도에는 1919
년 선물상품 관련 미수상품대금 1만 3,275엔과 부실화된 유가증권
(파산한 백산무역주식회사 주식 100주) 소각금 5,000엔 등 총 1만 9,125
엔을 대손상각하고도 순이익을 올린 것이었다. 대손상각 전 이익금
은 4만 5,000엔 가까이 되었다.

　그러나 그 후 수년간 경성방직의 수익성은 저조했다. 제8기
(1926)~제11기(1929)에 각기 169엔, 2,470엔, 7,870엔, 1만 2,891엔
의 순익을 올렸을 뿐이다. 이것은 무엇보다도 매출총이익이 감소한

데다 판관비와 영업외 비용까지 커졌기 때문이다. 1926년도에는 매출총이익은 10만 엔으로 1924년도와 비슷했지만, 판관비가 6만 4,000엔으로 2만 7,000엔이 증가했다. 영업이익에서 영업외손익을 가감하고 남은 순이익은 169엔에 불과했다. 1927년과 1928년에는 매출총이익이 8~9만 엔으로 더욱 감소했으며, 순이익은 각기 2,500엔, 8,000엔에도 못미쳤다. 1929년에는 매출총이익의 절대금액은 13만 4,000여 엔으로 커졌지만, 매출 규모가 커진 데 따라서 판관비도 커졌다. 순이익은 1만 3,000엔 정도에 불과했다.

수익성에 있어 관건은 매출총이익률이었다. 생산 2, 3년차에는 12~16퍼센트에 달했던 매출총이익률은 그 후 갈수록 떨어져 1929년에는 7퍼센트로 되었다. 그래서 1~2퍼센트 정도의 매출액경상이익률밖에 올릴 수 없었다.

한때 반짝했던 경성방직의 수익률이 이처럼 나빠진 것은 무엇 때문이었을까? 그것이 경성방직만의 사정이었던가, 아니면 한 발 앞서 사업을 시작한 조선방직도 마찬가지 문제를 안고 있었던가?

우선 이는 경성방직만의 문제가 아니었다. 조선방직도 이 시기에는 저조한 수익성으로 어려움을 겪었다. 조선방직은 경성방직과 달리 반년마다 결산을 했는데, 다음 그림 5-7에서 보는 바와 같이, 생산 1년차인 1922년 상반기와 하반기에 각기 10만 엔씩의 적자를 기록했다가, 2년차인 1923년 상기에 손익분기점에 도달하고 하기에는 9만 엔 가량의 순익을 냈다. 그러나 1923년 말의 화재 후 공장을 재건해 조업을 재개한 1925년 하기에 다시 7만 5,000엔의 적자를 냈다.

그 후로는 수익성이 조금씩 개선되어 갔다. 조선방직은 1926년 하기~1927년 하기에 2만 5,000~3만 4,000엔의 흑자를 냈으며, 그 후 기별 순익 규모는 1929년 하기까지 4~7만 엔에 달했다. 그러나 수백만 원에 달한 조선방직의 생산 규모에 비하면, 이것은 보잘것없는 금액이었다. 다른 결산기에는 매출액이 발표되지 않아 그 정확한 수익률 지표를 알 수 없으나, 1928년에는 생산액 718만 엔에 대해 순이익은 11만 엔이어서, 매출액순이익률은 2퍼센트도 채 안 되었다. 판관비율을 그 전과 마찬가지로 4퍼센트 정도로, 그리고 영업외손익을 매출의 1퍼센트 정도로 추정하면, 매출총이익률은 7퍼센트 정

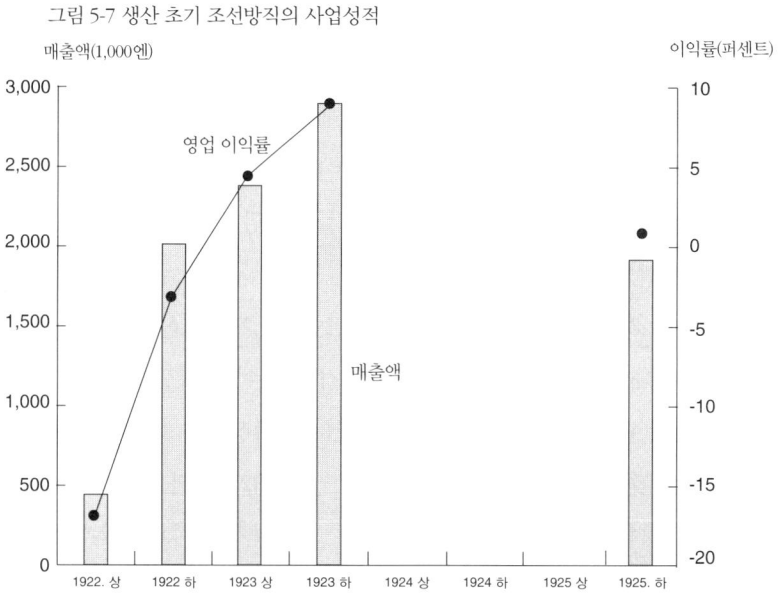

그림 5-7 생산 초기 조선방직의 사업성적

주 : 1924년 상기~1925년 상기의 3개 결산기에는 화재로 인해 조업 중단.

도가 된다. 이것은 경성방직과 거의 같은 수준이었다.

경성방직과 조선방직의 자기자본수익률ROE을 구하여 나타낸 것이 다음 그림 5-8이다. 1926~1929년에 조선방직의 ROE는 경성방직보다 결코 높지 않았다.[20]

그림에서 양사의 ROE가 1924~1925년간에 크게 어긋난 것은 조선방직이 화재를 당해 조업을 중단했기 때문이다. 양사의 ROE는 나머지 해에는 대체로 비슷한 추이를 보였는데, 한마디로 둘 다 매우 낮았다.

그런데 양사가 발표한 손익계산서에 입각한 위의 논의에는 한 가지 문제점이 있다. 1920년대에 양사가 감가상각비를 계상하지 않거나(조선방직), 소액만을 계상했기(경성방직) 때문이다.

본래 조선방직은 제1차 세계대전 직후의 고高물가 시기에 건물 및 기계설비를 구축했기 때문에, 큰 감가상각 부담을 지고 있었다. 그렇지만 조선방직은 감가상각비를 전혀 계상하지 않다가, 1925년 상반기에 자산재평가를 실시하여 토지로부터 89만 7,712엔의 평가익을 올리면서 건물 34만 2,469엔, 기계기구 61만 1,054엔, 총 95만 3,523엔의 감가상각비를 일괄 계상했다. 그 결과 화재 전인 1923년 7월 결산시 242만 엔인 기계기구금액이 1924년 7월 결산시에는 130만 엔으로 대폭 감소했다. 그 후 감가상각 부담이 없어졌다. 일거에 고정자산을 대폭 상각하고 나니, 매기마다 감가상각을 반영할 필요가 없어진 것이다. 조선방직은 1931년 7월의 제27회 결산까지 한번도 감가상각비를 계상하지 않았다. 이러한 몰아치기 감가상각은 오늘날이라면 기업회계기준 위반이다.

조선방직이 설립 이후 1931년 7월까지의 총 16회의 조업결산기

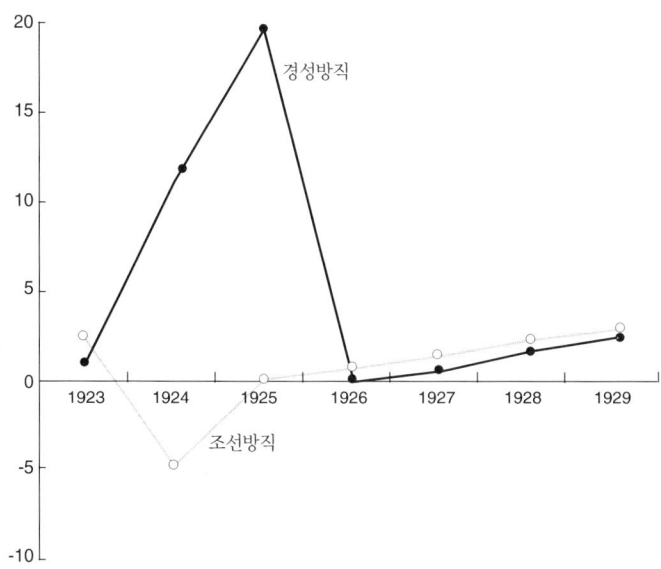

그림 5-8 1920년대 경성방직과 조선방직의 수익률

ROE(퍼센트)

동안 총 약 27만 엔(기당 평균 1만 6,841엔)의 순이익을 냈다고 하지만, 자산재평가 차익을 빼고 나면 실상 62만 엔의 적자였다. 제15기에 계상된 감가상각비의 1/3만 계상해도 적자가 된다. 회계기준을 달리 해, 화재 직전 결산 시점의 건물 및 기계기구 금액 402만 엔에 대해 매해 5퍼센트의 감가상각률을 적용해도 마찬가지다.

감가상각비를 거의 계상하지 않기는 경성방직도 마찬가지였다. 경성방직이 제품생산 1, 2차년도에 계상한 1,580엔, 1,786엔의 감가상각비는 기계기구금액의 1.5퍼센트에도 못 미쳤다.

적절한 감가상각을 반영한다면, 양사는 1920년대 말까지 실상은 적자를 본 셈이었다. 따라서 저조한 수익성은 경성방직만의 문제가 아니라 조선의 후발 방직기업의 공통된 문제이며, 막 출범한 조선 면방직공업의 구조적인 취약성에서 그 원인을 찾아야 할 것이다.

　그렇다면 왜 1920년대에 조선 면방직업의 수익성이 나빴을까? 그리고 1924년과 1925년에 잠시 그것이 반짝했던 것은 무엇 때문이었을까?

　1920년대 조선 면방직업의 저수익성은 조선산품이 수입면제품과 농촌가내생산 면직물 양자로부터 협공을 당했기 때문이라는 설명이 있었다.[21] 그렇지만 이것은 사실을 정확히 파악한 것이 아니다. 우선, 앞서 본 것처럼 조선산품은 분명히 수입제품시장을 침식해 들어갔다. 생조포의 수입량은 1926년 6,000만 방마로부터 1929년 3,340만 방마로 거의 절반으로 줄었다. 또한 농촌가내직물업 역시 위축되었다. 조선목면의 생산량은 1926년 3,130만 방마로부터 1928년 2,250만 방마, 1930년 2,140만 방마로 30퍼센트 가량 감소했다. 분명 수입제품과 조선산품의 두 기계제 산품이 가내직물업제품시장을 침식해 들어갔고, 기계제산품 시장내에서는 조선산품이 수입제품을 침식해 들어갔다. 따라서 조선 면방직업의 저수익성의 원인은 생산주체별 경합관계가 아닌, 다른 곳에서 찾아야 할 것이다.

　경성방직의 제품별 판매단가, 매출원가, 원료 면사대의 추이를 보면(그림 5-9), 1924년과 1925년에 제품 가격이 높았고 1926년에는 뚝 떨어진 것이 눈에 띈다. 경성방직의 면제품 판매단가는 1923년에는 필당 12.18엔이었지만, 1924년에는 14.23엔으로 올랐고, 1925년에는 13.95엔이었다가, 1926년에 10.71엔으로 떨어졌다. 그리고 판

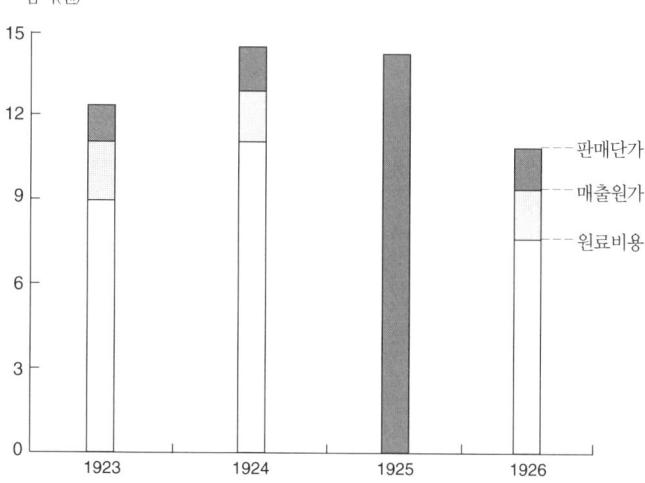

그림 5-9 제품단가 및 비용의 추이

금액(엔)

주 : 1925년은 비용을 알 수 없음.

매단가에서 매출원가를 차감한 후의 마진(매출총이익)은 1923년 2.11
엔에서 1924년 1.54엔, 1926년 1.29엔으로 계속 줄었다.

　이것은 제품 가격이 높을 때 경성방직의 수익성이 좋았고 제품 가
격이 떨어지자 수익성도 나빠졌다는 것을 시사한다. 매우 상식적인
이야기로 들리겠지만, 초기 조선 면방직업의 저조한 수익성을 설명
할 단서도 바로 여기에 있다. 곧, 면제품 가격의 동향이 그것이다.

　다음 그림 5-10은 경성방직이 제품생산을 시작한 해인 1923년 1월부
터 1930년 12월까지의 대표적인 면포 및 면사제품(각기 도요방적의 3A제
품, 가네가후치방적 16번수 제품)과 면화의 월별 가격의 추이를 본 것이다.

　도요방적 3A면포 가격은 몇 개월마다 심한 등락을 보이면서도

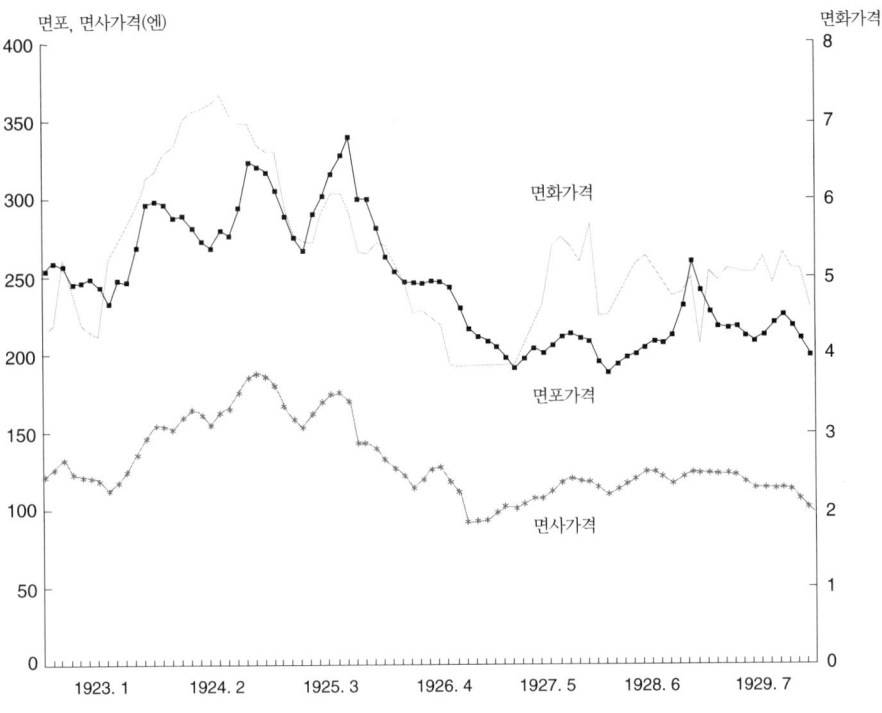

그림 5-10 면제품 등 가격의 추이(1923년 1월~1929년 12월)

자료 : 《朝鮮金融事項參考書》 1939년판.

1923년 여름 이후 1925년 10월까지는 상승추세를 보였으나, 그 후 1927년 봄까지 1925년 10월 가격(20반 들이 1곤당 339엔)의 거의 절반 수준(190엔)으로 폭락했다. 그리고 2년 후인 1928년 가을에 일시 반등한 것을 제외하곤 4년간 그 수준을 유지하다가 세계대공황이 일어난 1929년 10월부터 재차 폭락하였다. 16번수 면사 가격 및 면화

대군의 척후

가격도 이와 비슷한 추이를 보였다.

이처럼 제품 가격이 추세적으로 하락하는 한 직포 및 방적업자의 수익성은 나빠질 수밖에 없었다. 원료 대비 제품의 가공도가 낮은 경성방직과 같은 직포업체의 경우, 원료면사대가 면포 가격의 75퍼센트 이상에 달했다. 면포 가격이 하락하면, 원료 가격이 하락하더라도 마진이 작아져, 그것으로는 감가상각비나 판관비와 같은 고정비 및 공임을 감당하기 어렵다. 경성방직이 1924~1925년에만 양호한 수익성을 보인 것은 면포 가격이 1925년 말까지 높은 수준을 유지하다가 그 후 폭락한 것과 정확히 조응하는 것이다. 조선방직과 같은 방적방직겸영업체의 경우에도 경성방직보다는 정도가 덜하지만, 역시 면포 가격의 하락은 마진을 줄여, 고정비 및 공임을 감당하기 어렵게 만들었다.

게다가 경성방직과 조선방직은 내부 약점을 갖고 있었다. 이 회사들이 생산한 조포는 미숙련직공의 직조에 따른 품질 문제 및 소비자 측의 낮은 인지도 때문에 일본산 수입품보다도 낮은 가격을 받을 수밖에 없었다. 조선산 면포의 시장 가격은 일본산의 동급 제품 가격보다 1필당 1엔 이상 더 저렴했다.[22]

또 조선내 방직업체들의 생산조건도 상대적으로 불리했다. 우선, 조선방직은 주로 미국 면과 인도 면을 원료로 사용했는데, 그것은 일본을 거쳐서 도입되었으므로 운임 등에서 일본의 업체들에 비해 불리했고, 또 조선산 면화를 가공할 조면공장은 1920년대 후반에야 갖추어지기 시작해 조면기가 1926년에 40대, 1929년에 88대에 불과하였다. 그래서 그 생산원가가 일본 업체들보다 높을 수밖에 없었다.

방적-방직 일관생산공정을 갖추지 못하고 단순히 직포업만 영위하던 경성방직은 생산비 측면에서 더욱 불리했다. 앞서 본 것처럼 매출원가에서 원료면사가 차지하는 비중이 80퍼센트를 넘었기 때문이다.

비록 한국인 직공의 임금이 저렴하였으나, 그 생산성은 매우 낮았다. 앞서 언급한 것처럼 1930년대 초 일본방직회사에서는 직공 1인이 능히 8대의 직기를 담당했으나 조선에서는 4대가 최대 한도였다. 이것도 1930년대 초까지 1인 4대로 향상된 것일 뿐, 조선방직 창설 당초는 1인 1대에 불과했다. 한국인 직공의 저임금의 이점은 이 낮은 생산성으로 인해 상쇄된 것으로 판단된다. 제품단위당 공임은 일본의 방직업체보다 조선의 방직업체 쪽이 더 높았다는 언급도 있다.[23]

이처럼 불리한 생산조건을 갖고 있던 조선내 면방직업체들은 제품 가격이 폭락하여 바닥에 머무는 열악한 시장환경 속에서는 저조한 수익을 기록할 수밖에 없었다. 양사가 사실상 손실을 본 것은 별로 이상한 일이 아니었다. 태어난 지 얼마 되지 않은 이 조선의 업체들은 추운 겨울 동안 그 생존 시험을 치러야 했다.

1) 총독부의 보조금

이처럼 회사를 유지하기 어렵던 시절에 큰 위안이 된 것이 총독부의 보조금이었다. 경성방직은 1923년부터 1934년까지, 1932년 한 해를 제외하고 매년 총독부로부터 보조금을 받았고, 그 총액은 25만 6,000여 엔에 달했다. 1923~1929년의 7개 사업년도에 수령한 보조금은 연평균 2만 5,000엔 가량이었다. 그리고 조선방직은 1919년 하기부터 1930년 상기까지 총 22회의 결산기 중 3회를 제외한 19회에 걸쳐 총 173만 8,000여 엔의 보조금을 받았다. 회사는 먼저 1919년 하기~1922년 하기의 7개 결산기 연속으로 보조금을 받았고, 그 다음으로 1924년 하기~1930년 상기의 12개 결산기에 연속하여 보조금을 받았다. 1919년 하기~30년 상기의 11개 사업년도의 연평균 보조금액은 15만 8,000엔 가량이었다. 이처럼 각사의 연간 보조금 수령액은 현격한 차이를 보였다(그림 5-11).

그렇지만 총독부가 경성방직을 더 홀대했다고 보기는 어렵다. 비록 조선방직이 받은 금액이 경성방직의 5~6배에 달했지만, 조선방직의 납입자본금이 경성방직의 약 10배였으며, 조선방직의 생산액 역시 경성방직보다 훨씬 더 컸기 때문이다. 납입자본금과 보조금만을 비교해 보면, 오히려 경성방직 쪽이 우대를 받았다고도 할 것이었다.

양사는 모두 보조금을 주주배당에 썼다. 보조금이 지급된 결산기에 관해 미처분이익잉여금의 규모 및 그 처분내역을 계산해 보았다(부표 22). 경성방직의 경우, 25만여 엔의 보조금을 받은 결산기들 중 25만 엔 가까운 순이익을 냈고 전기이월손이 15만여 엔이어서, 이 기간 중 발생한 총미처분이익잉여금은 35만 엔에 달했다. 그런데 그보다 더 큰 금액인 38만 엔이 주주 배당금으로 사외 유출되었다.[24] 조선방직의 경우, 도합 약 174만 엔의 보조금을 받은 결산기들 중 27만 엔이 넘는 적자를 내서 총미처분이익잉여금이 146만 엔 가량이었다. 주주배당금으로 143만 엔, 임원상여금으로 7만 5,000엔 등 총 150만여 엔이 사외 유출되었다. 그 기간 중의 당기순손실을 보전하고 남은 보조금이 전액 주주배당금으로 지출된 것이다. 미처분이익잉여금의 사외 유출률은 103퍼센트에 달했다.

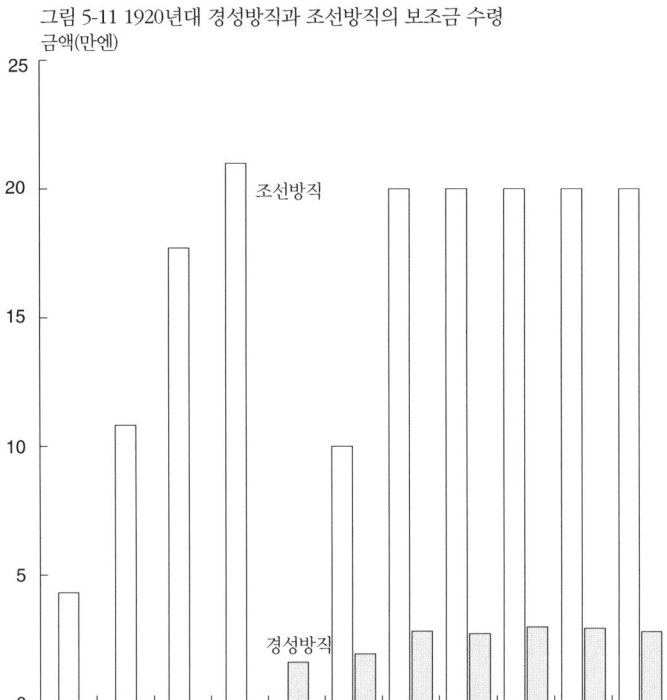

그림 5-11 1920년대 경성방직과 조선방직의 보조금 수령
금액(만엔)

주 : 보조금은 각사의 회계처리방식에 따라 지급일 이전 결산년도에 귀속시킴.
자료 : 경방, 《경성방직오십년》, 403쪽 ; 《조선방직영업보고서》.

양사는 왜 이처럼 이익금 전액을 배당한 것일까? 그것은 우선,
1930년대 전반까지는 경성방직에게 사내유보의 필요성이 작았기
때문이다. 초기 경성방직에게는 생산, 증산, 설비보다는 판매가 더
큰 문제였다. 따라서 경성방직 경영진의 노력은 시장개척에 집중되
었다.[25] 사업 확장에 따른 증자의 필요성은 몇 년에 한 번씩 간헐적

대군의 척후

으로 있었다. 따라서 매년 발생하는 잉여금은 배당하고, 몇 년에 한 번씩 설비를 확장할 때 주금을 납입케 하는 방식이 더 적절했다.

또 당시 일본 기업들이 해마다 배당하는 관행도 영향을 미쳤다. 1920년대에 일본내 110~150개 주요 기업의 배당성향(주주배당금을 당기순이익으로 나눈 것)은 70퍼센트 내외에 달했다.[26] 순이익의 2/3 이상을 주주에게 배당한 것인데, 이처럼 배당성향이 높았던 것은 재벌 콘체른 형태의 기업지배구조에 기인했다. 예컨대 미쓰이 동족三 井同族과 같은 혈연집단이 미쓰이합명이라는 지주회사를 구성하고, 그 지주회사가 여러 업종에 걸쳐 자회사를 두고 있었다. 이 재벌이 새로운 사업 부문에 진출하기 위해 지주회사가 신규로 회사를 설립 하는 경우, 출자금은 기존 자회사로부터의 배당금 수입으로 조달하 는 것이 일반적이었다. 이런 사정 때문에 전전 일본의 재벌계 대기 업들은 배당성향이 매우 높았다. 경성방직은 이런 콘체른체제 속에 들어 있지는 않았으나, 크게 보아 일본자본주의내의 한 기업으로서 그러한 배당 관행을 따랐던 것이다.

그런데 에커트의 지적처럼, 만약 이 정례적인 보조금 지원이 없었 더라면 경성방직은 살아남지 못했을 것인가? 또 총독부의 보조금이 "1920년대의 조선 방직공업에 있어서 결정적이었"으며, 그 시절의 경성방직 및 조선방직의 경영을 '보조금경영'이라 부를 수 있을 것 인가?[27]

그렇지 않다. 경성방직은 삼품투기 이래 제품생산 전까지의 누적 결손을 생산 개시 후의 영업순익으로 너끈히 메웠다. 이 기간 중 조 선방직이 누적 결손을 냈지만, 차입이 불가피할 정도로 큰 손실은 아니었고, 장부상으로는 손익분기점 상태를 넘어서 있었다. 보조금은 경성방직과 조선방직을 적자로부터 구한 것이 아니라, 근소하거나 불안한 순익을 보충하여 안정시키고 그래서 배당을 가능케 하는 역할을 했다. 따라서 1920년대의 총독부의 보조금이 없었더라도 양사의 존립은 가능했다.

보조금은 배당금으로 사용되어 주주들에게 사업의 유인을 제공하는 역할을 했다. 즉, 그것은 언제쯤 경영이 호전되어 이익을 낼지 모를 불투명한 사업을 주주들이 계속할 유인이 되었다. 1927년에 김연수는 납입자본에 대한 7퍼센트 비율의 보조금 덕분에 "과히 궁하지 않게 운영해 가는 형편"이라고 표현한 바 있다.[28] 김성수는 사이토 총독이 일본으로 귀환할 때, 보조금 지급에 대해 감사하는 편지와 선물을 보냈다.[29]

경성방직에게 보조금은 짭짤한 수입원이었으나 그것은 어디까지나 가욋돈이었다. 따라서 그것이 없었더라면 회사가 살아남지 못했을 것이라거나 그것이 1920년대 경영의 중심적 문제라고 보는 것은 잘못된 것이다.

또한 보조금 지급을 한국인 부르주아지에 대한 지원 및 회유책으로 해석하는 것도 적절치 않다. 일본 재벌계 자본이 세운 조선방직도 거액의 보조금을 받았기 때문이다. 앞서 언급한 것처럼 1920년대에는 조선방직과 경성방직 모두 낮은 수익성으로 어려움을 겪었다. 이 보조금은 조선내 공업 발달을 촉진하려는 정책의 일환으로 지급되어, 조선내 방직업체가 일본의 업체에 대해 경쟁력을 갖기까지 그를 지탱해주는 역할을 했다고 판단된다.

대군의 척후

요컨대 보조금이 필요했던 것은 경성방직과 조선방직이라는 식민지의 신생 방직업체들이 예기치 못한 열악한 시장 환경 때문이었다. 경성방직과 조선방직은 1910년대의 일본 면방직공업의 호황과 약진을 배경으로 출범했으나, 설립 당시의 예상과 달리 1910년대 말은 면공업 호황의 끝물이었다. 설립 직후나 공장건설 시점에서 이미 면공업은 공황에 돌입했으며 일시적인 업황의 호조 반전을 거친 후 1920년대 중엽부터 재차 불황에 빠져들었다. 따라서 초호황 국면에서 탄생한 조선방직과 경성방직은 본격적인 사업 영위 국면에서는 호황의 혜택을 전혀 누릴 수 없었다. 이런 어려운 시절을 식민지의 신생 방직업체들이 견뎌나간다는 것은 쉬운 일이 아니었다. 그래도 경성방직은 적자를 내지는 않았으나 조선방직은 적자와 흑자를 오가는 불안한 경영성적을 보였다. 투자자금이 사실상 무수익無收益 상태에 장기간 묶인 셈이었다. 보조금은 이 어려운 시절에 최소한의 배당을 가능케 함으로써 경성방직과 조선방직의 투자자들을 안심케 하는 역할을 하였다.

2) 이입세의 보호효과

신생 방직업체들에 대한 보호장치로서 보조금보다도 더 중요한 역할을 한 것은 이입세였다. 면제품에 관련해서는, 1920년 8월의 이입세 존속 조치를 거치면서 실면實綿 및 조면에 대해 종가 5퍼센트, 면사에 대해 종가 5퍼센트, 그리고 면직물에 대해 종가 7.5퍼센트의 이입세가 계속 부과되다가, 1923년부터 면직물에 대해서만 이입세가 부과되었고, 다시 1927년 4월부터 그 세율이 종가 5퍼센트로 인

하되어 1937년 3월까지 유지되었다.[30]

1920년 8월에 이입세를 존속시킨 것은 조선총독부의 재정에서 관세의 비중이 컸기 때문이었다. 재정 수입을 유지하길 원하는 조선총독부 재무국의 입김이 크게 작용했던 것이다. 한일합방시 일본은 일본-조선간의 이출입에 관해서도 향후 10년간 수입과 동일한 관세(=이입세)를 부과하다가, 1920년 8월에 그것을 철폐할 방침이었다. 1920년 8월이 되어, 일본 측에서는 예정대로 이입세를 모두 철폐했으나, 조선측에서는 관세수입이 조세수입의 28퍼센트나 차지하고 있었으므로 재정상 중요한 이입세를 철폐할 수가 없어 제령 제19호 (조선에 이입하는 물품의 이입세 등에 관한 건)로 그를 연기했다. 그 후 다른 재원이 확보되자 1923년 이입세수입을 반액으로 줄이기로 하고, 주정, 주정함유 음료, 직물의 세 품목을 제외하곤 이입세를 모두 철폐했다. 그리고 1927년 일본에서 면직물 소비세가 폐지됨에 이르러, 총독부는 이입세의 1/3 감세(종가 5퍼센트로 개정)를 단행했다.

이입세는 조선내 방직업에 얼마나 도움이 되었던가? 면직물에 대한 이입세는 그 만큼 조선내 면직물 가격을 일본의 그것보다 높임으로써 조선방직과 경성방직의 채산성에 큰 도움이 되었다. 실면과 면사, 면직물에 모두 이입세가 부과될 때에는 이입세로 인해 원료 가격도 높아져 보호효과가 크지 않았으나, 1923년 면직물에 대해서만 이입세가 부과되면서부터는 원료 가격은 그대로인데 제품 가격은 높아지므로 보호효과가 컸다.

1923년 이후 면직물에 대해서만 종가 7.5퍼센트의 이입세가 부과된 때의 경성방직의 원가구조를 기준으로, 이입세제도가 달라지면

대군의 척후

원가구조가 어떻게 변하는지를 살펴보았다(부표 23). 이입세가 전혀 없었다면, 매출원가는 그대로인데 제품 가격이 7퍼센트 가량 낮아져, 매출총이익이 절반으로 줄어든다. 그리고 면포에 7.5퍼센트, 면사에 5퍼센트의 이입세가 부과되는 경우, 원가가 올라가기 때문에 경성방직이 누리는 보호효과는 크지 않았다. 매출총이익은 제품당 4엔 가까이 감소할 터였다. 경성방직의 경우 7.5퍼센트와 5퍼센트의 이입세는 매출액 대비로 각기 7.0퍼센트와 4.8퍼센트의 보호효과를 의미했다.

이입세가 면방직업을 얼마나 실질적으로 보호해 주었는가는 실효보호관세율로 판단해 볼 수 있다. 관세가 최종재에 대해서만 부과되는 경우와 최종재를 생산하는 데 쓰이는 중간재에 대해서도 부과되는 경우는 관세의 보호효과가 다르다. 최종재와 중간재에 모두 관세가 부과되는 경우보다는 최종재에 대해서만 관세가 부과되는 경우가 중간재를 더 저렴하게 조달할 수 있으므로, 관세 부과의 보호효과는 후자에서 당연히 더 크다. 최종재와 중간재 각각에 대한 관세 부과 여부를 모두 고려하여 계산한 보호율이 실효보호관세율이다.

이 관세율은 면사, 면포에 모두 이입세가 부과될 때에는 14.4퍼센트였으나, 면포에만 이입세가 부과될 때에는 28.3퍼센트(1923~1927년 이입세율 7.5퍼센트)와 18.9퍼센트(1927년 이후 이입세율 5퍼센트)로 매우 높았다.[31] 이처럼 실효보호율이 높은 것은, 면직물 가격에서 중간재(면사) 비용이 차지하는 비중이 매우 컸기 때문이다.

방적공정을 갖춘 조선방직의 경우에, 면사, 면포뿐 아니라 실면에도 이입세가 부과된다면, 이입세의 보호효과는 작았을 것이다. 그러나 1923년 이후와 같이 면포에만 이입세가 부과됨으로써, 경성방직과 비슷한 보호효과를 누릴 수 있었다.

실제로 조선의 면포 시세는 이입세와 운임관계로 인해 일본의 시세에 비해 10~13퍼센트 정도 높아서, 조선방직과 경성방직의 채산성에 큰 도움이 되었다.[32]

만약 수입면직물에 대해 7.5퍼센트 혹은 5퍼센트의 세금이 부과되지 않았더라면, 조선방직 및 경성방직의 직물은 그만큼 가격 인하의 압력을 받았을 것이다. 《동아일보》 1926년 9월 14일자는 당시 논의되던 이입세 반감半減이 실행될 경우 3A 1반당 42전의 가격 인하가 이루어질 것이라고 분석했다. 1반당 84전의 이입세가 부과되고 있었던 것이다. 그와 동급 제품인 태극성표 1반의 그해 판매가가 12엔 47전이었으므로, 이입세가 부과되지 않았더라면 그 가격은 11엔 60전대로 인하해야 했을 것이다. 그 제조원가가 10엔 80전이었으므로, 차액인 80전으로 판관비 및 금융비용을 감당해야 했을 터인데, 이것은 불가능한 일이었다.

결국 이입세가 없었더라면 경성방직은 물론이고 조선방직도 적자를 면할 수 없었을 것이다. 경성방직의 경우 1920년대 후반에는 매출총이익률이 10퍼센트에도 못 미쳤는데, 이입세가 없었더라면 판매 가격을 최소한 5퍼센트는 낮추어야 했을 것이고, 이 경우 기껏해야 5퍼센트 정도의 매출총이익률로는 매출액 대비 10퍼센트가 넘었던 판관비 및 영업외비용은 결코 감당할 수 없어 매출액 대비 5퍼센트 정도의 손실이 불가피했을 것이다. 경성방직은 보조금을 받더라도 손실을 메우는 데 급급했을 것이며 배당은 언감생심이었을 것이다. 주주 및 경영진은 이 사업을 계속할 유인이 없었을 것이다.

어떤 행동이 그 의도와는 다른 결과를 낳는 것은 다반사다. 면포 이입세도 마찬가지였다. 그것은 보호관세가 아니라 재정관세였지만, 결과적으로는 조선내 면방직업을 보호하는 기능을 했다. 이 이입세는 수입을 막아낼 정도로 높은 세율로 부과되지 않았다는 점에서, 적극적인 보호기능을 한 것은 아니었다. 그렇지만 그것이 없었더라면 경성방직 및 조선방직의 경영이 위태로웠을 것이라는 점에서 그 의의를 인정할 수 있다.

형식상 독립주권을 갖고 있던 중국정부는 1919년에 중국인 면방적업을 보호하겠다면서도 면제품 수입세를 3.5퍼센트에서 5퍼센트로 인상하는 데 그쳤다.[33] 이것에 비추어 보면, 이 5~7.5퍼센트의 이입세율은 결코 낮은 것은 아니었다. 이입세율이 1927년에 2.5퍼센트 인하되었던 바, 이것을 일제가 조선내 산업 발달에 무관심했음을 보여주는 증거로 해석하는 것은 초점이 어긋난 것이다. 이입세가 인하되었다는 것보다는, 이입세가 존속했다는 사실이 중요한 것이다.

일제가 이입세의 완전 폐지를 통해 조선과 일본을 하나의 경제권으로 완전히 통합한다는 원칙을 갖고 있으면서도 면포이입세를 존속시킨 것은 총독부가 본국 정부의 정책과는 다소 독립적인 식민지의 이해관계를 그 정책에 반영했음을 말해준다. 총독부로서는 일차적으로는 재정 수입을 확보하려는 목적에서 이입세를 존속시킬 필요가 있었고, 이차적으로는 조선내 방직업계를 보호해 줄 필요가 있었다.

이처럼 출범은 했으되 아직 수익다운 수익을 내지 못하던 경성방직에게는 하루빨리 수익력을 갖추는 것이 시급한 과제였다. 이것은 외적으로는 시장환경의 호전을, 그리고 내적으로는 생산성의 향상을 요구하였다. 경성방직 경영진은 이 과제를 1930년대에는 달성할 수 있었던가?

06 중심부로 : 1930~1937

조선의 최근 면포계를 보면, 우리나라(일본)의 주요 소비시장이지만 조선
산품은 아직 수요의 일부를 대는 데 불과하여, 금후 조선내 진출의 여지
가 많을 뿐 아니라, 북중국, 만주, 몽고 시장에 가까워 수출상 좋은 지위
를 차지하는 등, 조선 면사포공업의 장래는 크게 기대할만하다.
—三浦兌郎, 《朝鮮綿業史》, 85쪽.

공업화 러시

일제하 한국의 1930년대는 거센 소용돌이 속에서 열렸다. 1929년
10월에 시작된 미국의 경제대공황은 일본에 이어 조선으로 파급되
었고, 일본 군부는 1931년 9월에 만주 침략을 감행하여 만주를 장악
하고 괴뢰정부를 세웠다. 그리고 조선내에서는 1929년 11월의 광주
학생운동 이후 학생들의 시위 및 동맹휴학사건이 빈발했다.

일본경제는 공황 상태에 들어갔으나, 그 정도는 그리 심각하지 않
았다. 물가만 크게 하락했을 뿐, 미국과 달리 실질국민총생산은 그
다지 감소하지 않았다. 조선에는 대공황의 타격이 다소 늦게 왔다.
이것은 조선의 경기를 좌우하던 쌀값이 1930년 10월 이후에야 급락
했기 때문이다. 쌀값 폭락으로 농민소득이 감소했으나 다른 물가도
하락해 실질소득의 감소 폭은 크지 않았다. 다만, 채무자 입장에 있

던 수리조합 및 그에 조합비를 내야 했던 조합원 지주, 농민은 소득 감소로 인해 한때 재무상으로 큰 어려움을 겪었다.

또 1929년 11월의 광주학생사건 이후 어린 학생들의 반일시위가 그치지 않았다. 1930년 1월의 신문은 연이은 학생시위와 체포, 재판, 그에 이은 제적에 관한 기사로 도배되다시피 했다. 빈민들이 곤궁에 못 견뎌 자살하거나 얼어 죽고 굶어 죽었다는 기사도 거의 매일같이 지면 일부를 차지했다.

공황으로 인한 사회불안에 자극받은 일본의 강경 군부는 1931년

1930년 1월의 학생시위 관련 신문보도
《동아일보》 1930년 1월 16일자 3면은 전체가 학생시위 관련 보도인데 곳곳이 검열로 삭제되었다.

대군의 척후

9월 만주사변을 일으켰고 1년 후인 1932년 10월에 괴뢰국 만주국滿洲國을 세웠다. 국제연맹이 철군 압력을 가하자 일본은 1933년에 아예 국제연맹을 탈퇴해 버렸다.

바로 이러한 파탄과 혼란, 격변 속에서 새로운 시대가 열리고 있었다. 급속한 공업화와 도시화, 경제성장이 시작되었다. 일본 제국이 중국 대륙으로 확장되는 가운데 조선경제도 급속한 확장의 기회를 맞았다. 도시화, 도로 및 항만 수축, 발전소 건설 등 사회간접자본 건설도 본격화했다. 그리고 제국내에서 조선의 지위도 농업식민지로부터 벗어나기 시작했다. 그와 더불어 조선사회의 분위기도 바뀌기 시작했다.

우선 일본의 만주침략 성공은 조선의 정치지도를 바꾸었다. 국제연맹까지도 무력화시킨 일본의 국위國威는 한국인들을 한편으로는 압도하면서 다른 한편으로는 유혹하였다. 1919년 도쿄 유학생들의 2·8독립선언 서명자 중의 한 사람인 서춘徐椿은 독립에 대한 생각을 저버리지 않으면서도 점차 일본의 지배에 동조할 수밖에 없었던 당시 한국인의 심정을 다음과 같이 표현했다.

1930년까지 21년 동안 조선인 2,300만 거의 전부가 정신적으로는 일본인이 아니었다. ……만주사변이 일어나면서 당시 조선인들은 일본이 이겨도 좋고 져도 좋다고 생각하였다. 일본이 이긴다면 일본에 따라서 만주로 뻗어갈 수 있기 때문에 다행이고, 진다면 독립할 수 있다고 생각……만주사변의 결과에……국제연맹이 패배한 꼴이 되었다. 여기에서 일본은 뜻밖에 강하여 조선의 독립은 도저히 바랄 수 없는

것으로 생각되었다.[1]

총독부의 호즈미穗積 식산국장은 만주사변 후의 치안 안정을 다음과 같이 지적했다.

최근까지 내지內地 쪽은 무언가 조선은 불안하다는 관념이 불식되지 않았다. ……그러나 만주사변이 일어나고 만주국이 건설된 이래, 조선의 치안이라는 것은 내지에서도 조금도 걱정하는 사람이 없어졌다.[2]

아울러 조선의 경제지도 역시 크게 바뀌기 시작했다. 조선은 농업식민지에서 탈피하여 농공병진체제로 이행하기 시작했으며, 그밖에도 광업의 확대, 지역개발, 도시화가 급진전했다.

첫째로, 조선은 제국내 농업식민지의 지위에서 벗어나기 시작했다. 일본 제국내 식량수급 문제가 해소되어 쌀값이 안정되자, 조선에서 적극적으로 농업을 개발할 필요성이 사라졌다.

1930년대에 들어오면서 일본, 조선, 대만을 아우른 일본 제국내 쌀 수급은 안정단계에 들어갔다. 약간의 여유분이 있던 1914년의 생산량과 소비량을 각각 100으로 할 때 1910년대 후반과 1920년대를 통틀어 소비량 지수가 생산량 지수보다 컸다. 항시 생산이 소비에 못 미쳤다. 그러나 1931년 이후에는 소비에 비한 생산의 여유분이 생기거나 수급이 균형 상태에 이르렀다.

그에 따른 쌀값 안정은 일본 본국정부 및 조선총독부에게 조선에서 농업중점주의가 필요없다는 신호가 되었다. 일본 제국의회는 일본 농민의 불만을 대변하여, 조선총독부에게 산미증식계획의 중단을 요구하고, 본국 대장성에는 그를 위한 자금공급의 중단을 요구했다. 이에 조선총독부는 당초 17년 동안 추진하기로 예정된 산미증식계획을 14년만인 1934년 7월에 공식 중단하기에 이르렀다. 그 후 토지개량사업에 대한 보조금과 저리자금 지원은 대폭 감소했다.

쌀값의 하락 및 정부지원의 감소는 농업투자의 매력도를 크게 약화시켰다. 유인체제는 과거의 농업편향적인 것에서 중립적인 것으로 바뀌었다.

둘째로, 공업 부문을 중심으로 일본자본이 대거 진출해 왔다. 일본내에서는 공황대책으로 산업통제를 강화했다. 심각한 생산과잉 문제를 완화시키기 위해 카르텔을 통한 생산통제 방식으로서, 1931년 중요산업통제법이 제정·시행되었다. 설비 확장, 조업률 등에서 카르텔 통제를 받게 된 대기업들은 통제를 피할 수 있는 새로운 사업기지를 찾았으며, 이 점에서 조선의 장점이 부각되었다. 조선은 공장법이라든가 중요산업통제법 등이 시행되지 않는 '자본의 낙토樂土'였기 때문이다.

새로운 산업개발방향을 찾고 있던 조선총독부 관료들은 이에 적극적으로 본국의 공업자본을 유치하는 데 나섰다. 1930년의 신임 총독 우가끼宇垣는, 일본 제국내에서 일본을 정공업精工業지대로 하고 조선을 조공업粗工業지대로, 그리고 만주를 농업지대로 한다는 분업구도론을 제창해, 그 이론적 근거를 제공했다. 이에 발맞추어 총독부 관료들은 전력개발, 토지 가격 등귀억제 등 본국기업을 끌어들일 구체적 유인책들을 내놓았다.

아울러 산금장려정책에 따른 광산개발 붐, 공업화에 따른 도시개발 붐이 일어났다. 일본이 금본위제를 폐지하자 총독부는 산금장려정책을 폈고, 그에 따라 조선 전역에서 금광개발 붐, '산금열産金熱'이 일었다. 전국의 광구 수는 1930년의 2,262개에서 1937년 7,454개로 약 3.3배로 늘었고, 실제 채굴 정도를 나타내는 가행률도 1930년 20퍼센트에서 1937년 61퍼센트로 높아졌다. 신설 광구의 압도적 다수가 금광이었으니, 전 광구 중 금광의 비중은 33퍼센트에서 58퍼센트로 높아졌다.[3] 황금광黃金狂 시대가 도래한 것이다.[4]

일본 중앙정부의 산금증산 최우선 정책에 말려들어간 수만 명의 조선인들이 허리띠에 한 자루씩을 꿰차고 산야를 헤매었다. 요행히도 광석 1톤 중에 2, 3 그램의 금이 함유되어 있는 것이 발견되면, 이 금광이야말로 절대로 조선 제1의 광산이 되리라는 꿈에 부풀어서 일가친척이나 친구에게서 돈을 꾸어다가 채광에 투입하기 일쑤였다. ……조선인들은 사채를 끌어다 무리한 작업을 강행하다가 실패하는 사례가 비일비재하였다. ……조선인 중에서도 광산업으로 치부한 사람들이 적지 않았으니, 최창학崔昌學씨나 정명선鄭明善씨 등이 그 모델 케이스였다.[5]

아울러 도시화 및 그에 부수한 도시개발, 토지개발도 급속히 진행되었다. 1930년대에는 행정구역상 부府가 늘었을 뿐 아니라 그 권역, 곧 부역府域도 크게 확장되었다. 부는 1930년 14곳에서 1940년에는 20곳으로 늘었고, 그 인구는 119만 명에서 282만 명으로 급증했다. 전인구 중의 비중도 5.6퍼센트에서 11.6퍼센트로 높아졌다. 아울러 부 이하의 준準 도시라 할 읍도 늘어나 1930년 41곳에서 1940년 76곳으로 되었으며, 그 인구도 74만 명에서 170만 명으로 급증했다. 물론 도시 인구의 증가는 읍면 지역이 시에 편입되는 것과 같은, 단순한 행정구역의 변경(예컨대 1936년에 서울의 행정구역은 2.7배로, 부산은 2.5배로 커졌다)에 힘입은 것이기도 하지만, 도시화 자체가 급속히 진행된 때문이기도 했다.

도시화는 공업지구와 주택단지로 구획정리하는 도시계획에 따라 진행되었고, 그밖에도 지역개발계획도 시행되었다. 예컨대 1930년대 전반에만 해도 경인 지역, 삼척-묵호 지역, 평양과 진남포를 잇는 보산 지역, 신의주-다사도 지역 등 네 곳의 지역개발계획이 있었다.[6] 이러한 토지개발에 따라 지가가 상승했고, 이것이 투기를 불러 지가가 더욱 급등했다.

이러한 환경 변화 및 총독부의 일본자본유치정책은 급속한 공업화로 이어졌다. 《조선총독부통계연보》에 의하면, 공업생산은 농업생산에 비해 훨씬 빠른 속도로 증가했다. 전생산액 중 공산액의 비중은 1931년 23퍼센트에서 1937년의 33퍼센트로 커졌으며, 농산액의 비중은 63퍼센트에서 52퍼센트로 감소했다. 부가가치 추계에 의하면, 공산물 비중은 같은 기간 중 8퍼센트에서 12퍼센트로, 농산물의 비중은 50퍼센트에서 46퍼센트로 감소했다.[7]

부문별로는 방직공업과 화학공업의 성장이 눈부셨다. 방직공업의 생산액은 1930~1937년 사이에 4배로 커졌고, 화학공업의 생산액은 8배로 커졌다. 1937년에 방직공업은 전공업생산액의 14.7퍼센트, 화학공업은 그 31.8퍼센트를 차지하는 중요한 공업이 되어 있었다. 그리고 각각에서 그 중심을 이룬 것은 면방직공업과 전기화학공업이었다.

전기화학공업은 전력을 이용해 유안비료 및 그 관련제품을 제조하는 화학비료공업으로서, 1929년까지만 해도 20만 엔대에 머물던 생산액이 1930년대 후반에 4,000만 엔대로 뛰었다. 이것은 일본질소(주)가 압록강의 지류인 부전강에 유역변경식 발전소를 건설하고, 그 전류를 이용하여 유안을 제조하는 질소비료공장을 함경남도 흥남에 건설하여 1930년부터 본격 가동했기 때문이었다. 이 조선질소비료(주)의 공장 하나만으로도 화학비료 생산액이 급증했다.

전기화학공업이 천혜의 수력자원을 토대로 급작스레 발흥한 것이라면, 면방직공업은 이전부터 진행된 수입대체가 가속화된 경우였다. 면방직공업의 생산액은 이 기간 중 3.9배로 커졌는데, 이 과정은 수입대체 공업화의 전형이었다. 그림 6-1에서 보는 것처럼, 면직물은 1937년경에 수입대체를 사실상 완료했다. 그림에서 막대 높이는 생산량에 순수입량을 더한 것으로 소비량을 나타내는 바, 소비량은 1930~1933년에는 빠르게 증가하다가, 그 후 1937년까지는 완만한 증가세를 보였다. 그러나 그 공급원은 수입품에서 조선내 생산품으로 급격히 바뀌었다.

면직물의 조선내 생산량은 1930년 6,467만 방마에서 1937년 2억 486만 방마, 1938년 2억 2,096만 방마로 3배 이상 증가한 반면, 수입량은 1930년 1억 6,861만 방마에서 1937년 9,298만 방마로 절반 가까이 감소했고, 또 수출량은 1930년 1,083만 방마에서 1938년 1억 481만 방마로 10배 가량 증가했다. 가액 기준으로 계산한 면직

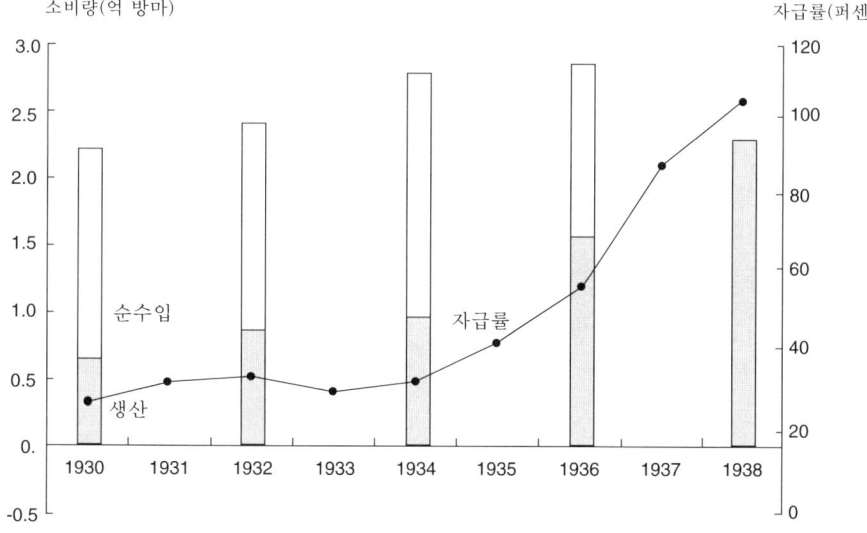

그림 6-1 1930년대 면직물의 수입대체

소비량(억 방마)   자급률(퍼센트)

자료: 宮林太司, 《朝鮮の織物に就て》, 1935, 91~92쪽.

물 자급도는 1931년의 31퍼센트에서 1938년 100퍼센트로 급속히 높아졌다.[184] 특히 1936~1938년의 3년 동안 자급률은 가히 수직 상승했다. 1938년에는 조선의 면포시장은 개항 이래 수십년간의 수입 의존에 종지부를 찍고, 자급률 100퍼센트를 달성하게 되었다.

생산 증가가 두드러진 품목은 광폭직물, 그중에서도 조포였다. 그림 6-2에서 보는 것처럼, 조선산 면직물 중 광폭직물의 비중이 1931년 55.7퍼센트에서 1934년 68.5퍼센트를 거쳐 1937년 79.8퍼센트로 상승했고, 소폭직물의 비중은 그만큼 감소했다. 이것은 조선내 면직물 생산의 무게 중심이 농촌의 부업적 직물업 내지 도시의 중소 직물업에서 대방직공장으로 옮겨 갔음을 의미한다. 또 광폭직물 중에서도 조포의 비중이 1931년 49.6퍼센트에서 1935년 64.6퍼센트로 높아졌다. 그 후에는 세포 및 금건의 생산이 급증하여 조포의 비중은 1937년에는 51.0퍼센트로 떨어졌다. 면직물 수요의 고급화에 따라 생산품목도 고급화된 것이다.

조선산품은 먼저 수입품 중 생지조포, 투박한 제품을 대체했고, 다음에 표백·염색제품, 섬세한 제품까지 대체해 갔다. 조포보다는 세포가, 그리고 생지제품보다는 표백염색제품이 더 고급 직조기술

그림 6-2 조선산 면직물의 제품 구성

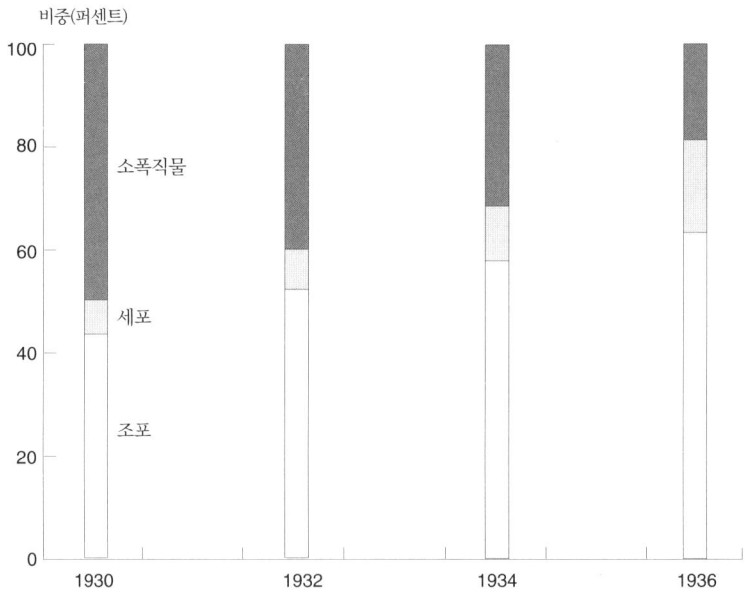

자료 : 그림 6-1과 같음.

대군의 척후

을 요한다는 점을 상기할 때, 이것은 필연적인 발전 경로였다.

면직물 생산의 이러한 변화는 소비시장의 변화, 즉 면직물 소비의 고급화와 다양화를 반영한 것이었다. 아래 그림 6-3에서 보는 것처럼, 전통적인 소폭직물로부터 광폭직물로 소비품이 대체되기 시작했고, 또 광폭직물 중에서도 생지조포로부터 세포 및 금건, 그리고 표백염색제품으로 중심이 옮겨 갔다. 광폭직물의 비중은 1920년대

그림 6-3 소비직물 구성의 변화

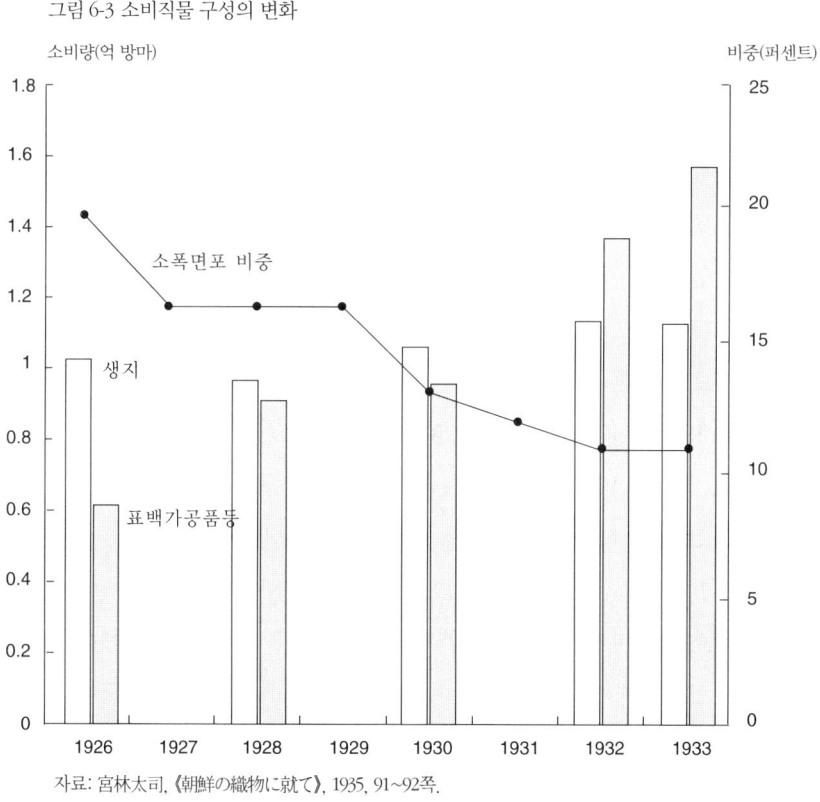

자료: 宮林太司, 《朝鮮の織物に就て》, 1935, 91~92쪽.

말 85퍼센트에서 1933년경 89퍼센트로 높아졌다. 1920년대 후반에만 해도 광폭직물 중 생지제품 수량이 표백가공품보다 많았으나, 1930년대 초 이후에는 표백가공품 쪽이 더 많아졌다. 종전에는 한국인들이 아무런 가공을 거치지 않은 면직물 생지 그대로 옷을 만들어 입었으나, 이제는 표백 가공 직물로 지은 의복을 입기 시작했다. 이것은 면직물 수요가 고급화, 다양화되었음을 의미한다.

한편 조선내 면직물 생산의 급증은 면사 수요의 급증을 불러왔다. 조선내 연간 면사 소비량은 1931년에는 9,000톤에 못 미쳤지만, 1934년에는 1만 8,000톤을 넘었고, 1937년에는 다시 2만 8,000톤을 넘었다. 이처럼 급증한 면사 수요는 1930년대 전반에는 조선산품과 일본으로부터의 수입품의 두 가지로 충족되었지만, 그 후반에는 조선산품으로 충족되었다. 1930년대 전반에는 조선내 생산과 일본으로부터의 수입이 비슷하게 증가하여, 1931년 조선내 생산 4,161톤, 수입 4,798톤이던 것이 1934년에는 각기 9,389톤, 9,798톤으로 되었다. 그러나 그 후 면사의 조선내 생산이 1937년까지 3년만에 약 3배로 급증했지만, 같은 기간 중 수입은 1/4로 줄었다. 면사의 자급률은 1931년 47퍼센트에서 1937년 95퍼센트로 급속히 높아졌다. 면사의 경우도 1937년까지 일관되게 수입대체공업화가 진행되었고, 특히 1935~1937년의 3개년간에 그것이 일거에 완료되었다.

면제품의 수출도 증가했다. 면직물 수출액은 100만 엔대에 불과했으나 1937년에는 1,800만 엔에 이르렀다. 특히 1937년에는 전년도의 600만 엔대에서 약 3배로 격증했다. 이는 주로 만주국에 대한 수출이었다.

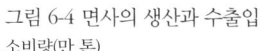

그림 6-4 면사의 생산과 수출입

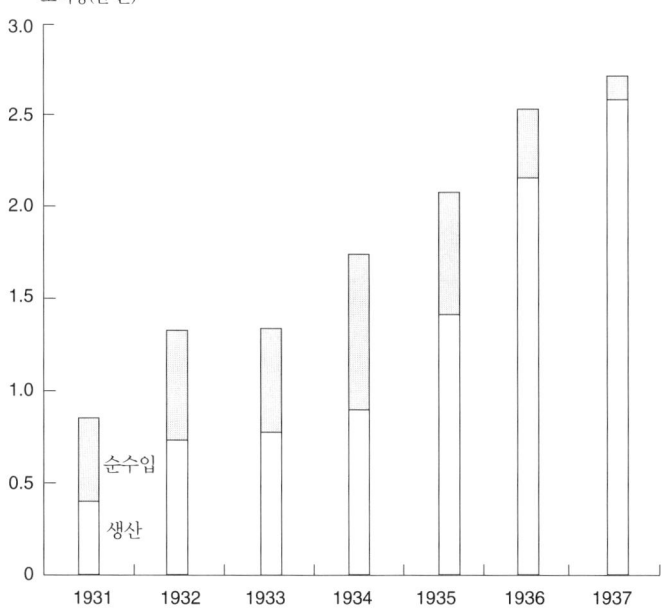

소비량(만 톤)

면제품의 수출과 관련된 대표적인 오해 한 가지는 단순히 총독부 무역통계상의 면사포 수출액을 조선산품의 수출로 간주하여, 그 수치로써 조선내 면방직업의 동향을 설명하는 것이다. 예컨대 에커트는 만주국의 관세 인상 때문에 조선에서 만주국으로의 면포 수출이 1930년대 중엽에 감소했고, 이에 경성방직이 만주로의 직접 투자에 나서게 되었다고 보았다.[9] 그러나 무역통계상의 수출액에는 조선을 경유한 일본산품의 수출이 포함되어 있었다. 1930년대 중엽에도 만주국으로의 수출 면제품 중 조선산품은 2/3 가량이었다(부표 24).

1930년대 초에는 조선산품의 비중은 좀더 작았고, 수출물량은 주로 조선을 경유해 수출되는 일본산품이었던 것으로 추정된다. 조선산품의 수출이 본격화한 것은 1930년대 후반이었다. 1936년 직물수출량의 78퍼센트가 조선산품이었다.

조선산 수출품 중 조선방직 제품과 경성방직 제품이 각기 얼마였는지는 알 수 없다. 경성방직 사사에 의하면, 만주에서 '불로초' 표가 인기를 끌어 수출이 활발했다 하지만, 만주의 면포시장 조사 자료에 의하면 역시 조선방직 제품이 조선산 수출품의 대종을 이루었다고 하겠다.

이같은 수입대체와 수출증대는 생산 능력이 획기적으로 증대했기에 가능했다. 면사와 조포는 모두 공장, 그것도 대공장에서 생산되는 것이었고, 수입대체와 수출증대가 진행되는 과정에서 공장생산품의 비중이 커졌다. 면직물 중 공장생산액의 비중은 1930년 50퍼센트 정도였으나, 1932년에는 60퍼센트를 넘었고, 1935년에 73퍼센트, 1937년에는 80퍼센트로 갈수록 높아졌다. 1930년에만 해도 조선산 면직물의 절반이 가내부업 생산품이었으나, 1937년에는 그 대부분이 공장생산품이 되었다.

이러한 1930년대 면방직업의 수입대체 및 수출산업화, 공장화의 주역은 일본으로부터 진출해 온 대 방적자본, 곧 도요東洋방적과 가네가후치鐘淵방적이었다. 양사는 수입대체가 완료된 1938년에 조선 내 방추와 광폭직기 설비의 70퍼센트 가량을 차지하고, 생산액의 태반을 담당하고 있었다.

양사가 조선 진출을 논의하기 시작한 것은 1932년 7, 8월경이었다. 조선총독부 관리 및 재계유력자들이 일단을 이루어 일본에 가서 유력 기업들에게 만주시장을 노린 방적, 직물공장의 설치를 권유했다. 양사는 1933년 초부터 조선 진출을 위해 서울, 인천, 광주 등지에서 지하수, 노동능률 등을 조사했다.[10] 도요방적은 1933년에 인천에 공장을 건축하기 시작했고, 가네가후치방적은 1935년에 광주에, 이듬해에는 서울에 공장을 건축하기 시작했다. 그리고 1937년에는 도요방적이 다시 서울에 공장을 건축하기 시작했다.

이 두 회사의 경우 이미 조선에 제품을 수출하고 있었다. 그럼에도 1930년대 초에 조선에 진출한 것은 무엇 때문일까?

잘 알려진 대로, 직접적 이유는 일본에서 시행된 산업통제를 회피하려는 데 있었다. 일본 면방직업계에서는 이미 1920년대 말부터 조업단축이 행해졌고, 1930년 공황을 겪고 나서는 조업단축율이 높아지고 게다가 카르텔 통제를 합법화하는 중요산업통제법까지 통과되었다. 이것이 일본의 방적기업들을 밖으로 밀어내는 역할을 했다.[11] 그렇지만 그들을 조선으로 끌어들인 것은 뒤에 자세히 논하는 바와 같이, 조선 면방직업계의 수익력 제고였다. 조선이 중통법이 시행되지 않는 '자본의 낙토'였더라도, 1920년대처럼 조선내 면방직 생산의 수익성이 나빴다면, 일본의 방적기업들이 진출해 오지 않았을 것이기 때문이다. "조선방직(주)이 근년 내지內地와 그다지 차이 없는 상태에 도달"했던 바, "그 결과 조선에는 방적업이 결코 부적당한 것이 아니라는 귀결을 얻고, 최근에 이르러 내지로부터 여러 방적회사가 진출"했다.[12]

도요방적의 인천공장은 그때까지 조선의 면방직공업을 대표하던 조선방직과 비슷한 규모로서, 방기 3만 1,488추, 직기 1,280대를 갖추고 출범했다. 그를 이어 건립된 세 공장의 규모도 비슷했다. 네 공장의 설비 합계는 1938년에 방기 약 16만 추, 직기 약 5,300대에 달했다(그림 6-5).

이들에 비하면 경성방직은 말할 것도 없고 조선방직도 조연에 불과한 것처럼 보인다. 조선방직의 설비 규모가 도요방적이나 가네가후치방적 조선내 설비 규모의 절반에 불과했기 때문이다. 그렇지만 조선방직의 역할도 결코 무시할 만한 것이 아니었으니, 설비를 대대적으로 확장한 것이다.

조선방직은 1930년대에 들어와 방추, 직기, 조면기, 연사기, 인견직기 등 각 부문에서 계속하여 새 설비를 도입했다. 그 결과 1937년 말에는 1929년 말에 비해 방적설비는 1.7배, 직기는 2배, 그리고 조면기는 4배로 되었으며, 새로 연사기, 인견직기, 표백시설 등을 갖추게 되었다. 동사는 1930년대 초에는 방적 및 직포 설비를 주로 확충했으나, 1930년대 중엽부터는 조면시설의 확충에 주력했다.[13]이로써 조선방직은 조면에서 염색까지 일관 작업하는 완전한 면방적 업체로 되었다. 조선방직은 이제 조선에 세워진 일본 대방적자본의 공장들과 능히 겨룰 수 있게 되었다.

이처럼 선도 업체가 질주하는 동안 경성방직은 무엇을 했던가?

대군의 척후

그림 6-5 1930년대 조선내 방직회사의 설비 추이

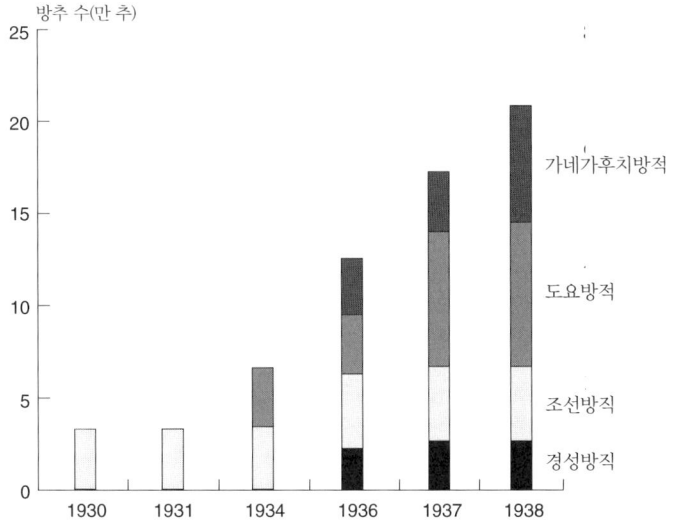

방추 수(만 추)

가네가후치방적
도요방적
조선방직
경성방직

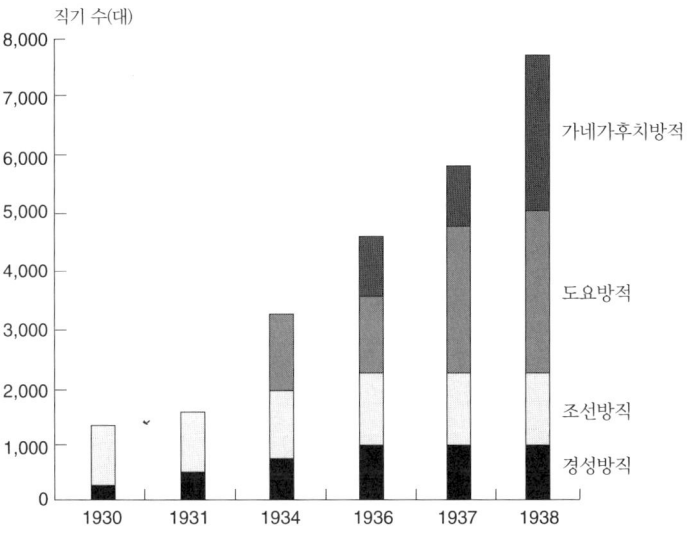

직기 수(대)

가네가후치방적
도요방적
조선방직
경성방직

자료 : 부표 12와 같음.

실속없는 확장

1) 설비 확장

경성방직도 역시 설비를 크게 확장했다. 그 속도는 일본계 대방적 기업에 못지않았다. 1930~1937년에 직기 수는 4배가 되었으며 생산량도 급증했다.

이미 1920년대 말에 직기 대수를 2배 가까이 늘린 바 있던 경성방직은 1931년에 직기를 224대 증설하여 배가하였다. 상무 이강현은 1930년 5월 29일의 중역회의에서 증설 경위를 다음과 같이 말했다.

현재 조선내 면포소비액은, ……1년간 약 6,600여만 엔에 달하는 바, 생산액은 2,200여만 엔에 불과하고, 잔액 대부분은 이를 수이입에 의해 공급하고, 당사 업적을 보면 제반이 순조롭게 진행되고 매년 수요기에 즈음해서는 재고품절로 주문에 응하지 못하는 일 왕왕 생겨 생산부족의 느낌이 많은 상태인즉, 이 사업의 장래는 매우 유망하고 또한 물가하락으로 인해 공사비 및 기계구입에 약 20퍼센트 이상 저렴해지므로, 확장시기에 가장 적당하고, 대량생산에 의한 생산비 절감으로 제품 선정에 한층 유효했다.[14]

조선 면방직 시장에서 수입대체 여지가 크다고 본 경성방직 경영진은 증설 투자에 나섰다. 소비 시장의 2/3 가량을 수입품이 차지하고 있었지만, 그들은 수입품에 압도된 국내생산의 위축된 현실을 보는 것이 아니라, 국내 생산이 수입품을 대체할 여지를 발견했다. 불리한 현실을 뒤집어 보고 밝은 전망을 찾아내는 것은 근대기업가의 전형적 자세라 하겠다.

이 때는 공황의 와중에서 공사비, 기계설비 대금이 저렴했을 때이다. 《소유물대장(1930~1945)》 자료에 의하면, 이 무렵 증설한 직기 224대의 총 구매 가격은 3만 5,266엔으로 대당 156엔이었다. 회사 설립 후 최초로 설치된 직기 100대의 구매 가격이 대당 390엔이었으며, 1934년에 증설된 직기 224대의 구매 가격이 대당 298엔인 것과 비교하면 이것은 대단히 저렴한 가격이었다. 불경기 속에서도 기회를 포착하는 기민함이 엿보인다.

일본의 일부 방적업체들도 공황기를 설비 확장의 호기로 활용했다. 일본에서 방추당 설비비는 공황 2년 전에는 70엔, 제1차 세계대전 말기의 호황기에는 100엔이었으나, 공황기에는 40~45엔이어서 설비증설의 호기였다. 그래서 토야마東山방적, 텐마天馬방적, 도요방적, 다이니혼방적, 후쿠시마福島방적 등이 다투어 설비증설에 나섰다.[15]

경성방직은 1931년 가을에 직기 증설을 마쳤다. 도입된 직기는 경방이 이미 사용하고 있던 역직기와는 다른 자동직기였다. 종래 역직기는 위사가 약 5분 간격으로 소진되고, 또 평균적으로 30분 간격으로 경사가 끊어졌으므로, 직공이 끊임없이 직기를 돌보아야 했다. 그만큼 직공 한 사람이 담당하는 직기 수는 제약을 받았다. 예컨대 일본내 방적겸영직포회사의 직공 1인당 작업 직기 수는 1903년에 1.17대에서 1912년에 1.12대, 1926에도 1.36대로 그다지 늘어나지 않았다.

자동직기는 운전 중에 위사가 다 소비되거나 경사가 끊어졌을 때, 이를 기계적 혹은 전기적으로 감지하여 곧바로 예비된 북이나 목관으로 자동으로 바꾸어 주는 것이었다. 자동직기가 1920년대에 급속히 보급된 결과 직공 1인당 작업 직기 수는 1930년에 1.8~2.2대로 늘었고, 따라서 노동생산성이 획기적으로 높아졌다. 일본에서 직공 1인당 연간 생산량은 1909년 1.36만 방마, 1921년 1.79만 방마였던 것이 1930년에 3.90만 방마로, 1935년에는 4.96만 방마로 급증했다.[16]

　도요타자동직기(주)의 직기가 대표적이었지만, 경성방직은 1927년 개발된 나고야의 노가미野上식 자동직기를 도입했다. 그 후에도 경성방직은 1933년 4월 이사회에서 다시 직기 224대를 증설하기로 결의하고 1934년 봄에 증설을 마쳤다.

　경성방직은 이처럼 1930~1934년에 설비 규모를 3배로 확장하면서 그 필요자금 일부를 차입했고, 그 결과 회사는 전체 필요자금의 일부를 항상적으로 차입에 의존하기 시작했다.

　회사는 그 전에는 일시 차입을 하더라도 얼마 후 그를 상환해서 차입금을 없앴다. 확장을 위해 자금 소요가 컸을 때 회사는 먼저 차입을 해서 자금을 지불한 후 증자자금으로 그를 상환했다. 1928년의 공장 증축 및 직기 증설 후, 경성방직은 1929년 1월에 식산은행으로부터 10개년 연부상환으로 25만 엔을 차입했다. 회사는 그 후 1931년 1월의 제4회 주금납입분 25만 엔으로 이 차입금을 상환했다. 그래서 1931년 2월 결산시 회사의 재무구조는 건전했다. 자기자본이 총자본의 2/3 이상을 감당하고 있었으며, 부채로는 외상매입금, 할인어음, 미지급금 등이 있었을 뿐, 이자를 부담해야 하는 차입금은 없었다.

설비 확장이 마무리된 1935년 2월의 결산시 고정자산은 종전의 2배로 커졌다. 그중 일부는 증설된 448대의 직기 및 그 부속시설이었으나, 더 큰 부분은 방적공장 부지로 사들인 시흥의 토지였다. 1931년 증설된 직기 224대의 대금은 3만 5,000엔 정도에 불과했고, 1934년의 증설분 224대의 대금도 6만 7,000엔 정도였다. 30만 엔이 넘는 고정자산 증가분의 내역은 주로 시흥동의 토지였다. 게다가 1933년에 재고자산 규모가 대폭 커졌다. 30만 엔대였던 재고자산이 100만 엔 전후로 3배나 되었다.

당연히 자금 수요가 커졌다. 경성방직은 1933년 25만 엔의 자본금 납입에도 불구하고, 1935년 2월 85만 엔의 차입금을 지기에 이르렀다. 1931년 2월에서 1935년 2월까지 단계적으로 차입금이 커졌는데, 1935년 2월의 차입금 의존도는 40퍼센트로서 상당히 높은 편이었다.

1935년 2월 현재 100만 엔이 넘는 자기자본이 70만 엔이 좀 넘는 고정자산을 충분히 감당하고, 100만 엔이 넘는 순영업자산의 일부까지도 감당하고 있어, 자산과 조달자금의 기간 구조는 양호한 편이었다. 그러나 차입금 의존도가 40퍼센트에 달하는 것은 분명 전에는 없던 현상이었다. 경성방직은 급속한 확장에 따라 불가피하게 차입경영의 초기 단계에 이르렀다.

차입처는 식산은행과 해동은행이었다. 경성방직은 1920년의 재무위기 이래로 상환에 1년 이상 소요될 거액의 차입금은 식산은행으

표 6-1 1930년대 경성방직의 재무구조 (단위 : 1,000엔, 퍼센트)

항목	제12기(1931.2)		제13기(1932.2)		제14기(1933.2)		제15기(1934.2)	
	금액	비율	금액	비율	금액	비율	금액	비율
유동자산	468	56.5	803	69.9	755	70.0	1,637	84.3
당좌자산	159	19.2	56	4.8	249	23.1	218	11.2
재고자산	143	17.3	335	29.2	307	28.5	1,074	55.3
기타자산	165	19.9	412	35.9	199	18.5	346	17.8
고정자산	361	43.5	346	30.1	324	30.0	305	15.7
자기자본	769	92.8	779	67.9	807	74.8	1,053	54.2
자본금	750	90.5	750	65.3	750	69.6	1,000	51.5
잉여금	19	2.3	29	2.6	57	5.3	53	2.7
부채	60	7.2	369	32.1	271	25.2	890	45.8
(차입금)	0	0.0	—	—	—	—	—	—

항목	제16기(1935.2)		제17기(1935.11)		제19기(1936.11)		제21기(1937.11)	
	금액	비율	금액	비율	금액	비율	금액	비율
유동자산	1,386	65.5	2,025	74.4	4,161	85.9	2,021	46.6
당좌자산	240	11.3	495	18.2	640	13.2	730	16.8
재고자산	1,043	49.3	992	36.4	1,766	36.5	1,178	27.1
기타자산	103	4.9	538	19.8	1,755	36.2	113	2.6
고정자산	728	34.5	696	25.6	682	14.1	2,319	53.4
자기자본	1,062	50.2	1,590	58.4	2,090	43.2	2,100	48.4
자본금	1,000	47.3	1,500	55.1	2,000	41.3	2,000	46.1
잉여금	62	2.9	90	3.3	90	1.9	100	2.3
부채	1,052	49.8	1,132	41.6	2,752	56.8	2,240	51.6
(차입금)	855	40.4	855	31.4	1,500	31.0	1,500	34.6

주 : 비율은 총자산 대비 비율임.

대군의 척후

로부터 조달했다. 그러나 사주 김연수가 해동은행을 갖고 있었으므로, 단기 운영자금은 해동은행에서 차입했다. 두 은행 중 해동은행쪽 차입금이 더 컸는데, 예를 들어 1934년 3월~9월의 7개월간 이자지급액 4만 8,000엔 중 해동은행 지급분이 47퍼센트, 식산은행 지급분이 35퍼센트였다.[17] 차입금 평잔도 해동은행 쪽이 더 컸다.

이와 관련해서, 경성방직이 금융 면에서 식산은행에 일관되게 의존했다는 에커트의 지적은 정정될 필요가 있다. 그는 김용완과의 인터뷰를 근거로 그렇게 보았지만,[18] 이는 1930년대 후반 이후에 그랬으니, 그 전에도 그러했으려니 하고 짐작한 것일 뿐이다. 김연수가 1927년 경영난에 빠진 해동은행을 인수하여 영업을 정상화시켜 가고 있었던 바, 자신의 은행에서 차입을 하는 것이 더 이로울 것임은 당연할 것이다.

아래 그림 6-6에서 보는 것처럼, 해동은행은 김씨가에 인수된 이후 총자산 규모도 2배로 커지고, 경영도 다소 안정되었다. 인수 당시 68만 엔에 불과하던 대출자산은 인수 후 6년이 되어 가던 1933년 6월 말에 167만 엔이 되었다. 그리고 1927년 12월 말 47만 엔 가량이었던 예금 잔액은 1933년 6월 말에는 128만 엔으로 늘었다.

이것은 "김씨가를 배경으로 한 여러 기관들, 중앙고보, 동아일보사, 경성방직, 보성전문 등 각 기관의 예금을 흡수하는 한편, 이에 관련된 상공업기관들에 대한 대출도 장악하게 됨에 비로소 이 은행의 기사회생제가 된 것"이었다.[19] 물론 김씨가 계열기관 이외로의 대출운영 능력, 예금유치력은 아직 약했다. 대출자산의 대부분은 단기 상업금융에 해당하는 어음대부였고, 공장 시설자금과 같은 장기

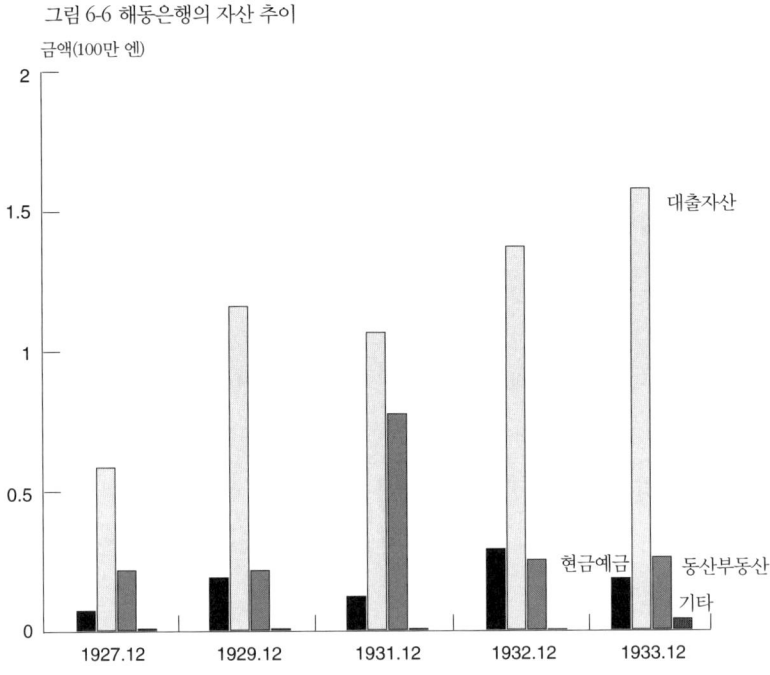

그림 6-6 해동은행의 자산 추이

금액(100만 엔)

대출자산

현금예금

동산부동산 기타

1927.12   1929.12   1931.12   1932.12   1933.12

자료 : 《동아일보》 1928년 1월 26일자 ; 《조선실업구락부》 각호.

대부는 거의 없었다. 해동은행에 들어오는 예금은 단기 유치 성격이 강했고, 따라서 그를 1년 이상의 장기 대출로 운용하기는 어려웠다. 그리고 경성방직 한 곳에 대한 대출이 전체 대출의 절반을 차지하고 있었다.

이처럼 경성방직의 차입 규모가 크지 않았던 1935년경까지 경성 방직은 장기 시설자금은 식산은행에서, 단기 운영자금은 해동은행 에서 차입했다. 그 후 시설 확장 규모가 한층 커지면서부터 회사는

대군의 척후

점점 더 식산은행에 의존하게 되었다. 그렇다면 사업 확장의 성과, 사업성적은 어떠했던가?

2) 빈약한 내실

경성방직의 매출액은 1930, 1931년에 공황의 영향으로 감소했으나, 1932년에 배증했고, 1933, 1934년에도 두 자리 수의 빠른 성장을 보였다. 회사는 1930~1936년의 6년 사이에 매출을 3.5배로 늘렸다.

그러나 매출의 빠른 신장과 달리, 경성방직은 수익성을 개선시키

그림 6-7 1930년대 경성방직의 사업성적

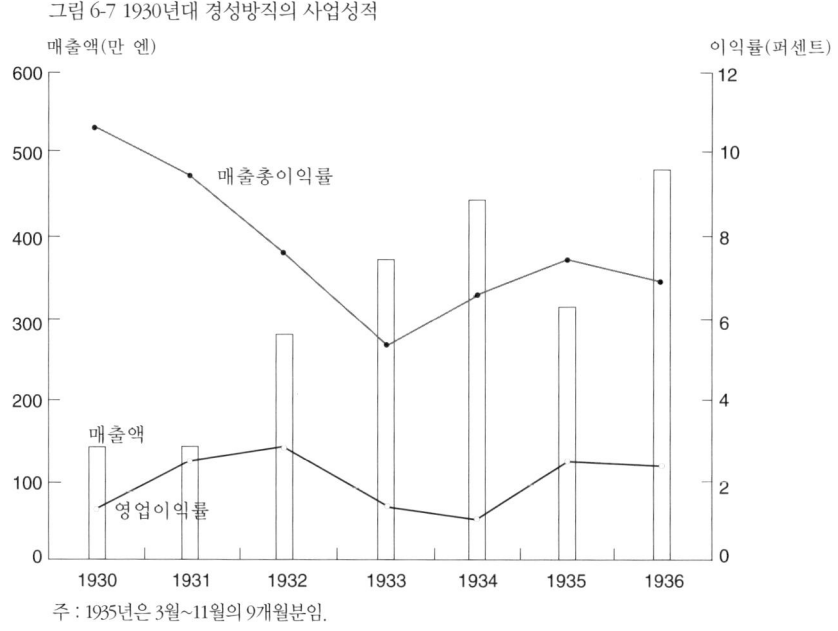

주 : 1935년은 3월~11월의 9개월분임.

지는 못했다. 그림 6–7에서 보는 것처럼, 1920년대 말에 10퍼센트 정도였던 매출총이익률은 1930년대에 6~7퍼센트 수준에 머물렀으며, 매출액순이익률은 1~2퍼센트대에 그쳤다. 다만, 매출액이 커진 덕분에 회사가 올리는 순이익 규모는 커졌다. 1930년대 초반에 1~2만 엔대였던 그 순이익은 1930년대 후반에는 10만 엔을 넘었다.

이러한 경성방직의 성과는 조선방직의 경우와 대조적이다. 조선방직은 수익성을 크게 향상시켰다. 1930년에 25만여 엔의 적자를 낸 조선방직은 그 후 1936년을 제외하고는 매년 100만 엔대의 순이익을 냈다. 1931년의 장부상 순이익은 41만 엔이었지만, 150만 엔이라는 유례없는 감가상각을 감안한다면, 이후의 여느 해처럼 100만

그림 6-8 1930년대 경성방직과 조선방직의 이익률 추이

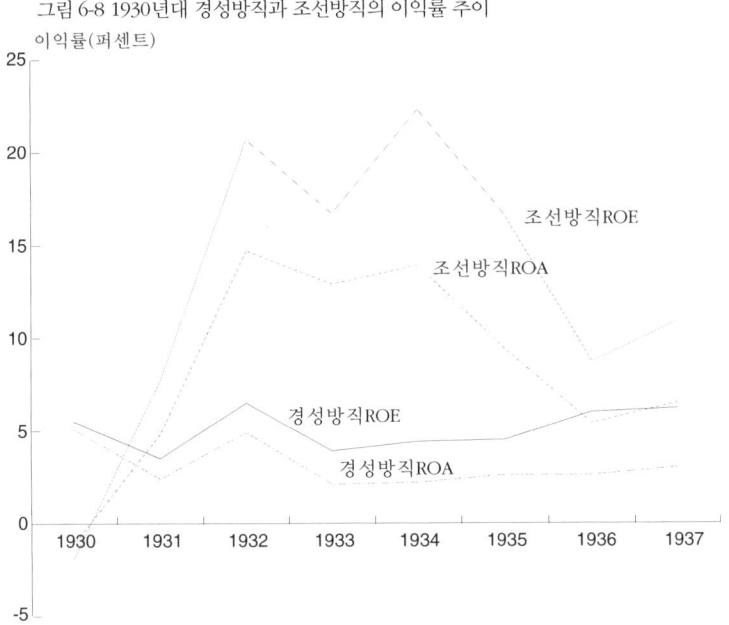

대군의 척후

엔대의 순이익을 올린 셈이었다.

양사의 차이는 그림 6-8의 자기자본이익률ROE, 총자산이익률 ROA의 추이에서도 확인된다. 조선방직의 ROE, ROA가 1930년대 전반에 비약적인 상승을 보이고 그 후 낮아진 반면, 경성방직의 그 것은 지지부진한 모습을 보였다. 조선방직의 ROE, ROA는 경성방 직의 그것보다 훨씬 높았다.

따라서 1930년대에 들어와 조선방직은 총독부의 보조금을 받지 않아도 되었지만, 경성방직은 그렇지 못했다. 총독부는 1930년 공황 을 겪으면서 긴축방침에 따라 조선방직에 대한 보조를 1930년 7월 부로 끝냈다. 경영이 호전된 조선방직은 이를 순순히 받아들였다. 총독부는 경성방직에 대해서도 보조금 교부를 중단할 계획이었지 만, 경성방직측이 어려운 경영사정을 호소하면서 보조금연장운동을 벌인 결과 보조금 교부는 계속되었다.[20]

그런데 조선방직만이 아니라 이 시기에 새로 조선에 진출한 도요방 적, 가네가후치방적도 고수익을 올렸다. 도요방적의 경우, 인천, 서울 의 두 공장에서 "여러 상황이 경영상 일본에 비해 유리했기 때문에 그 수익은 때로는 일본의 전 공장보다도 두 공장 쪽이 더 많았던 적도 있 어서, 한 때는 도요방적의 달러 박스로 되었다"[21]고 할 정도였다.

그렇다면 경성방직과 세 일본인 회사간에는 수익성에 왜 이렇게 차이가 났을까?

경성방직이 직포업체인 반면, 다른 세 회사가 방적방직겸영업체 라는 사실이 그 설명 단서가 될 것이다. 경성방직은 공정상 가공도 가 낮은 단순 직포업체였던 반면, 3사는 조면에서 방적, 방직, 염색까지의 전 공정을 갖춘 업체였다. 이처럼 일관생산공정을 갖춘 업체들은 시장여건이 개선되거나 기업내 생산조건이 개선될 때, 단순 직포업체보다 그 편익을 더 잘 누릴 수 있었다.

우선은, 방적방직겸영업체에 유리하게 면제품 시장의 여건이 바뀌었다. 그림 6-9에서 보는 것처럼 면직물 및 면사 가격은 1932~1933년간에 가파르게 상승했고(상승률 60퍼센트) 그 후 그 수준을 유지했다. 반면 면화 가격은 1934년 이후에야 오르기 시작했다. 그래서 1936년까지는 면포와 면사 가격이 면화 가격보다 상대적으로 더 높았다. 즉, 조선방직이나 도요방적, 가네가후치방적과 같은 방적방직겸영업체에게는 제품(면사 및 면포) 가격의 상승률은 높았지

그림 6-9 면제품 가격 추이(1931년~1937년)

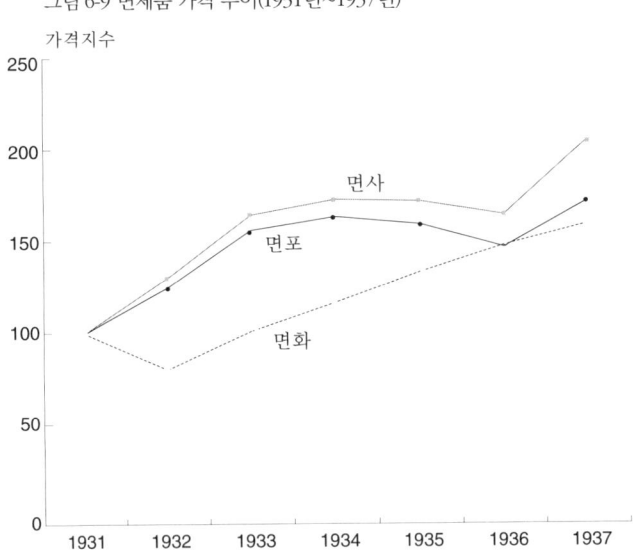

가격지수

주 : 1931년 가격을 100으로 한 지수.
자료 : 《朝鮮金融事項參考書》 1939년판.

대군의 척후

만, 원료(면화) 가격 상승률은 낮았고, 따라서 제조가공 마진이 커졌다. 반면, 면사를 원료로 해서 직포만 하는 경성방직에게는 원료(면사) 가격과 제품(면포) 가격이 비슷한 비율로 올라서, 마진의 개선 효과가 별로 없었다. 이것이 수익성 면에서 경성방직과 다른 방적업체들을 갈라놓은 기본적 요인이었다.

더욱이 수입품과 조선산품 간의 가격차가 줄어든 것도 조선 면방직업의 수익성 개선에 일조했다. 양자간의 가격차는 과거에는 상당했으나 1930년대 전반에는 아주 작아졌다. 예컨대 1933년경 수입제품 3A의 가격이 157엔일 때, 조선방직 계룡의 가격은 156엔이었다. 사실상 차이가 없어진 것이다. 이것은 수입품 가격이 내려서가 아니라, 조선산품의 가격이 오른 때문이었다. 이 현상은, 일본 면방직기업이 해외수출이 늘자 조선에의 공급에 별 관심을 갖지 않은 데 따라 면제품의 수급이 개선된 데서 기인했다.[22]

또 기업 내부적으로는 생산성이 향상되었다. 우선, 직공의 능률이 높아졌다. 1930년경 일본의 방직회사에서는 직공 1인이 능히 8대의 직기를 담당했지만, 조선에서는 4대가 최대 한도였다. 그러나 1930년대 말 직공 1인의 담당 직기 수는 8~16대, 평균 10대로 뚜렷한 능률 향상을 보여주었다. 1936년경 "조선인 여공의 능률은 일본의 직공에 비해 거의 손색이 없었다."[23]

또 제품도 더 고급화되고 다양해졌다. 조선방직은 1930년대 초부터 표백제품 금계룡金鷄龍을 생산하기 시작했다. 이것은 수입품으로서 인기를 끌고 있던 공회당표에 필적하는 품질을 갖고 있었고, 이에 그 수요가 갈수록 증가했다. 조선방직의 표백제품과 염색제품은

1933년에 각기 전체 시장소비량의 11.4퍼센트와 5.8퍼센트를 차지하고 있었는데, 이 제품들의 시장이 빠르게 성장하고 있었으므로, 그 사업전망은 매우 밝았다.

그러나 경성방직은 방적 3사와 달리 이러한 여건변화의 혜택을 누릴 수 없었다. 그 원인은 경성방직이 직포공정만을 담당하며, 그것도 갈수록 축소되고 있던 생生조포시장에 갇혀 있었기 때문이다. 설비를 늘려 매출을 늘리더라도 박한 마진밖에 얻을 수 없었다. 김연수의 말대로, "일본 방적회사에서 면화로서 면사가 되기까지 이익을 착취할 대로 착취한 찌꺼기를 수입"하고 그를 원료로 하여 직조하는 상황에서는, 면사 가격이 면포 가격과 같은 움직임을 보이는 한 수익이 개선되기 어려웠다. 그래서 사업을 확장하더라도 별 실속이 없었다. 경성방직 경영진은 경쟁업체들이 고수익을 올리는 것을 그저 부러워할 수만은 없었다.

화룡점정畵龍點睛

1) 방적공장의 건설
다른 방적겸영방직업체와 달리 날로 박해지는 마진을 놓고 고민하던 경성방직 경영진은 마침내 방적공장을 설치하기로 결단을 내렸다.

경성방직의 사사는 방적공장 설립의 동기를, 면화 수입은 면세되나 면사 수입은 관세를 물어야 했고, 그만큼 경성방직은 조선방직에 비해 불리했기 때문이라고 설명한다.[24] 그러나 이는 잘못된 설명이다. 앞서 본 것처럼, 1923년 이래 면직물에 대해서만 수입세가 부과되어, 경성방직은 원료 면사를 조선방직에 크게 불리하지 않은 조건으로 조달하여 직물을 직조할 수 있었다. 경성방직은 면사를 제조하는 조선방직에 비해 방적기업의 마진만큼만 불리할 뿐이었고, 직물 직조에 관한 한 출발점은 같았다. 문제는 직조 공정에서 큰 부가가치를 낳기 힘들다는 데 있었다.

방적공장의 건설은 경성방직의 오랜 숙원사업이었다. 경성방직은 1930년대 전반에 이미 그 준비작업으로서 시흥동에 공장 부지를 매입했다. 회사가 실제로 공장건설에 착수한 것은 김연수가 사장으로 취임하고 나서였다.

1919년 창립 이래 16년 가까이 사장 자리를 지켜오던 박영효가 1935년 3월 퇴임하고 김연수가 새로 사장에 취임했다. 창립 이래 박영효는 줄곧 명목상으로만 사장 직위에 있었는데, 1935년에는 75세의 고령이고 건강도 악화되어 사장직에서 물러났다. 김연수는 유학을 마치고 귀국한 후 지주경영을 농장 형태로 치밀하게 조직화하고 간척사업을 성공시켰으며(함평군 손불면 간척지, 390정보), 사업의 방향을 잃었던 경성직뉴를 대표적인 고무신 제조회사 중앙상공中央商工으로 개편하였다. 기업경영자로서의 능력을 내외에 과시한 것이다. 물론 경성방직의 경영에도 최대 주주이자 이사로서 참여해 왔다. 이제 나이 39세, 기업가 경력 15년차의 베테랑이 된 그는 경성방직의 사장으로 취임하여 경영 전면에 등장했다.

이와 더불어 그때까지 사실상 경성방직 경영을 맡아온 이강현이 물러났다. 한국 최초로 고등 공업교육을 받은 방직기술자로서 김성수를 통해 방직공업회사를 건설하는 꿈을 실현시키려 했던 그는 경성방직을 설립하고 이제껏 성장시키는 데 주도적 역할을 했다. 그는 경성방직을 방직업체로서 탄탄한 기반 위에 올려놓는 역사적 소임을 다한 셈이었다. 이제 회사의 소유주인 김연수가 사장으로서 경영전권을 행사하게 된 이상, 이강현은 15년간 자신의 젊은 세월 전부를 바친 경성방직에서 물러날 수밖에 없었다. 그가 물러난 빈자리에는 경성고등공업학교 및 일본 규슈제국대학 출신으로 중앙상공의 공장장이던 윤주복尹柱福이 앉았다. 이강현은 그해 7월의 주주총회에서 이사로 선임되어 1942년까지 재임했으나, 실제 회사 경영에는 관여하지 않았다.

사장이 된 김연수는 이사진을 개편했다. 7월의 주주총회에서 자신과 이강현, 김재수, 최두선, 고광준, 정해로鄭海魯 등 종래의 이사진에 새로 이사 3인, 감사 1인을 증원하여 박흥식朴興植(1903~1994), 현준호玄俊鎬(1889~1950), 최창학崔昌學(1890~1958), 민병수閔丙壽(1900~?)를 선임했다.

박흥식은 평남 용강군 출신의 신예 기업가로서 화신백화점과 화신연쇄점을 경영하면서 당시 재계에서 김연수와 더불어 가장 주목을 받던 존재였다. 그는 16세의 어린 나이에 진남포에서 미곡 객주업을 시작해 화물의 보관 운송 및 위탁매매업과 인쇄업에서 사업기초를 닦은 후, 1926년 서울에 올라와 지물업紙物業에 뛰어들어 동아일보, 조선일보 등 주요 한국어 일간지에 용지를 공급하는 업자로 성장했으며, 더 나아가 백화점과 연쇄점이라는 새로운 업태에 한국인으로는 최초로 진출하여 성공을 거두었다. 경성방직에 이사로 참

박흥식의 화신백화점

화신백화점 본점의 1937년 모습. 당시 한국인 상권의 최중심지인 종각 사거리의 종각 건너편, 현
삼성종로타워 자리에 있었다. 화신백화점은 한국인 상권을 대표하는 기업으로서, 일본인 상권인
신흥 남촌지역의 미스코시三越백화점(현 신세계백화점 본점), 조지야丁子屋백화점(훗날 미도파백
화점 본점을 거쳐 현 명동 롯데백화점 패션관) 등에 맞서고 있었다.

여할 당시의 나이가 불과 32세로, 한마디로 그는 재계의 신진新進 기
예氣銳였다.

현준호는 전남 영암의 대大지주가 출신으로 1912~1917년에 메이
지대학 법과에 유학한, 김성수와 같은 세대이자 비슷한 출신 배경의
인물이있다. 그는 귀국후 은행 설립에 주력하여 1920년 호남은행을
창립하여 그 대표이사직을 맡아 왔다. 그는 영암 일대의 700정보가
넘는 경지에서 지주경영을 하고 있었으며, 동아고무공업, 전남도시

道是제사, 영암운수창고, 조선생명보험 등의 여러 회사에서 이사직을 맡고 있었다.

최창학은 평북 구성군 출신의 광업가였다. 본래 한미한 소농가에서 1890년에 태어난 그는 일찍부터 금광 찾기에 나서 10년 이상을 광부와 덕대德大로 보내다가 의주에서 큰 금맥을 발견하여 삼성금광三成金鑛으로 채굴을 하다가 광구를 미쓰비시광업에 130만 엔에 매각한 부호였다. 그는 마찬가지로 광맥을 발견하여 매각한 자금으로 조선일보사를 인수한 평북 정주 출신의 방응모方應模(1884~1950), 경북 봉화의 금광개발로 크게 성공한 김태원金台原(1877~1950)과 더불어 조선의 3대 금광왕이라 불렸다.[25]

민병수는 1900년생으로 왕조말 세도가였던 민씨 일족의 대표격인 민영휘閔泳徽의 손자이자, 민대식大植의 아들이었다. 민영휘는 척족으로서 자신과 두 아들 대식과 규식奎植 등의 명의로 거대 토지를 소유했는데, 1912년에는 당시 양대 한국인 은행 중 하나인 한일은행韓一銀行을 인수하여 은행가도 겸하였다. 그는 1936년 사망시 남긴 유산이 약 1,200만 엔에 달했다고 할 정도로 조선 제일의 부호였다. 민병수는 미국 유학 후 가문에서 소유한 조선견직朝鮮絹織의 이사로서 기업경영에 참여하고 있었다.

이러한 새 이사진은 김연수가 자신의 사업 네트워크를 구축하기에 이르렀음을 말해준다. 종래의 이사진이 주로 그의 형 김성수의 일본 유학 동창들이었던 반면, 새로 선임된 이사들은 실업계의 대표적 인물들이었다. 박흥식은 상업, 현준호와 민병수는 은행업, 최창학은 광업에서 각기 대표적인 한국인 기업가였다. 그 후 김연수와 신임 이사들은 서로 이사직을 교환하거나 공동출자로 회사를 설립해서 사업을 확장해 갔다. 1940년에 김연수는 화신의 이사직을 맡았으며, 그와 박흥식은 함께 직물류도매회사인 대동직물을 설립했다.

또 이 새 이사진은 일제하의 한국사회가 바야흐로 자본이 지배하는 시장경제사회에 이르렀음을 단적으로 말해준다. 민병수는 전통사회의 최상층부 출신이었으며, 현준호는 그보다 아래, 김연수는 좀 더 아래의 지방 양반가 출신이었지만, 박흥식과 최창학은 차별받는 서북인西北人이고, 특히 최창학은 하층 빈농 출신이었다. 불과 한 세대 전에만 해도 그들이 한 자리에 앉는 일은 상상할 수 없었다. 그러

경성방직의 새 이사진
앞줄 오른쪽부터 박흥식, 김연수, 현준호, 민병수. 뒷줄 오른쪽부터 윤주복, 최두선, 이강현, 김재수

나 이들이 한 자리에 모여 사업을 함께 도모하기에 이르렀다는 것은 신분과 핏줄에 따라 분단되어 있던 전통사회가 해체되었음을, 그 대신에 재산을 축으로 한 새로운 연결망에 입각한 사회가 도래했음을 의미한다.[26]

이로써 경성방직에는 한 시대가 끝나고 새로운 시대가 열렸다. 경성방직의 체제를 일신한 김연수는 방적공장의 설치라는 숙원사업에 착수했다.

선결 과제는 방적공장의 건설 업무를 담당할 방적기술자를 확보하는 것이었다. 그 전의 준비과정에서 이강현은 조선방직 출신으로 조선직물朝鮮織物(주)에 있던 일본인 기술자 기리다桐田를 초빙하려 했었다. 그러나 김연수는 한국인 기술자를 쓴다는 명분을 내세워 이를 거절했다. 그리고 새로 임명한 공장장 윤주복을 통해 조선방직의 기술자 김규선金奎善을 소개받고 스카우트했다. 그는 1920년 3월 경성공업전문학교 염직과를 졸업하고 조선방직에서 15년간 근무한 인물이었다.

김규선은 아울러 조선방직에서 몇 명의 '기술자'들을 데리고 왔다.[27] 이 '기술자'는 전문학교 출신의 기사급은 아니고 직공인 것으로 추정된다. 조선방직에는 고등공업학교 출신의 한국인 기술자들이 있었다. 그중 경성고공 출신으로는 김규선이 유일했고, 동경고등공업학교 방직과 출신이 몇 명 있었다. 1921년 3월 졸업생 구명회具明會, 1927년 3월 졸업생 노봉종盧鳳鐘, 1928년 졸업생 조한종趙漢鐘 등이 그들이다.[28] 이중 구명회는 김규선과 거의 동년배이므로 같은 급의 기술자이겠으나 경성방직 사사 등에 전혀 언급되지 않는 것으로 보아 경성방직으로 오지 않은 것으로 판단된다. 또 나머지 두 사람도 경성방직의 사사에 전혀 등장하지 않으므로, 그들도 김규선과 함께 경성방직으로 온 것 같지는 않다. 그렇다면 김규선이 인솔해 온 '기술자'란 숙련직공을 말하는 것으로 판단된다. 여하튼 그 '기술자'가 경성방직의 방적시설 운전에 도움이 된 것은 확실하다.

김연수는 김규선과 윤주복을 일본으로 보내 방적공장의 건설 및 운영 지식을 익히도록 했다. 그들은 약 6개월간 이토추伊藤忠 계열의 구레하吳羽방적 토야마富山공장, 다이니혼大日本방적 세키하라關原공장에서 최신 시설을 견학하고 기술을 배웠다. 그들이 일본에서 돌아온 후에는 이어서 다른 젊은 기술자들을 일본에 파견하여 구레하방적에서 실습을 시켰다. 구레하방적은 당시 일본의 방적업계에서 후발업체이면서도 도요방적에 이어 설비 규모 2위인 대회사였다. 이 회사는 1921년에 중고시설로 출발했다가 1929년에 하이 드래프트 방기紡機라는 최신식 시설을 갖추었던 바, 경성방직은 이 회사를 실습공장으로 선정하여 파견 기술자들이 기술을 습득케 했다.

일본에 파견한 기술자들은 경성고공 출신의 신입사원들이었다. 경성방직은 1925년 이후 한동안 경성고공 방직과 졸업생을 채용하지 않았으나, 1933년 이후 거의 매년 그 졸업생을 1~2명씩 채용하였다. 1933년 김석훈金奭勳(제11회 졸업생), 1934년 진재홍陳在洪(제12회), 1935년 김병운金丙運(제13회), 1938년 김종규金鍾奎(제16회), 유종안柳鍾安(같음), 1939년 강창섭姜昌燮(제17회), 전효섭全孝燮(같음) 등이 그들이었다.[29] 이중 김석훈, 진재홍, 김병운 등이 일본에 파견되어 훈련을 받았다. 이들은 비록 고등공업학교 출신이기는 하나, 일반 공원과 함께 숙식과 작업을 같이 했다. 일반 공원과 함께 기계에 매달려 기름을 묻혀가며 일을 했다. 현장의 맨 밑바닥에서부터 업무를 익힘으로써 장차 관리자 생활을 더 잘할 수 있기 때문이었다.[30]

경성방직은 방적공장의 부지로 1934년 3월 시흥에 15만 평의 토지를 구입한 바 있었다. 김연수는 그곳에 방적공장을 건설하려 했으나, 총독부가 그 지역에서는 허가를 내주지 않았다. 총독부 당국자가 조선에 새 공장이 건설될 경우의 공급과잉 사태를 우려했기 때문이다. 도요방적이나 가네가후치방적의 경우 그보다 앞선 1930년대 초에 조선내 공장 건설 방침을 결정한 바 있었고, 그 공장들만으로도 향후 면사포의 조선내 자급은 달성할 수 있었다. 총독부 당국자는 김연수에게 만주에 공장을 세우도록 종용하면서 후원을 약속했다. 이에 김연수는 기존의 영등포공장내에 방적공장을 설치하기로 계획을 변경하였다.

1935년 4월 15일의 이사회에서 경영진은 방적공장의 설치를 위한 증축공사를 오바야시쿠미大林組에게 36만 엔에 맡기기로 결정하였다. 1936년 2월의 중역회의록에 의하면, 방적공장 설치를 위한 총예산은 174만 엔이었다.

경성방직은 1935년 4월 공장 확장 공사를 시작했고, 1년쯤 지난 1936년에 방적기를 설치하기 시작하였다. 처음에는 도요타직기(주)로부터 400추 짜리 링 정방기 54대를 발주했고, 이어서 다카시마상점高島屋에서 링 정방기 10대를 더 주문해서, 1937년 말까지는 총 2만 5,600추의 방적설비를 갖추었다(부표 25).

방적공장은 1936년 5월부터 시운전에 들어가, 8월부터 제품을 생산

•영등포 방적공장 건설현장 ••도요타제 방기

하기 시작했다. 면사 제품은 10번수, 14번수, 20번수의 세 가지였다. 아울러 역직기도 224대 증설하여, 가동 직기는 총 896대가 되었다.

　이로써 경성방직은 '조선 4대방大紡 체제'의 당당한 일원이 되었다. 경성방직의 설비 규모는 방추나 직기 대수 모두에서 조선방직이나 도요방적, 가네가후치방적보다는 작았다(부표 12). 그러나 그 격차는 크지 않았다. 경성방직의 방추 수는 다른 공장(도요방적 인천공장, 가네가후치방적 전남공장) 방추 수의 85퍼센트 정도에 달했고, 그 직기 대수는 가네가후치방적 전남공장의 90퍼센트 수준이었다. 이제 경성방직의 영등포 공장은 조선내 다른 방적겸영방직공장에 견주어 크게 손색이 없었다. 경성방직은 1930년대 공업화의 주역이었던 방적대기업의 대열에 마침내 합류할 수 있었다.

경성방직·영등포공장(6 · 25전)

　　　　　　　　　　　　　　　　　대군의 척후

2) 확장자금의 조달

그렇다면 경성방직은 방적공장 건설에 필요한 자금을 어떻게 조달했던가?

경성방직은 방적공장 건설자금을 자기자본으로 조달할 수는 없었고, 그래서 차입 규모가 더욱 커졌다. 방적공장 건설에는 약 174만 엔 가량이 소요되었는데, 사장 김연수는 1935년 4월 공칭자본금을 100만 엔 늘리고 그중 50만 엔을 1차 납입하기로 했으며, 이듬해 2월에도 50만 엔의 추가납입을 결정했다. 이렇게 하여 자기자본 100만 엔이 들어왔지만, 70만 엔 가량이 부족했다. 경성방직은 그 만큼을 추가차입해야 했다. 그 차입처는 다시 한 번 식산은행이었다. 차입금은 1937년 11월 결산시에는 150만 엔에 이르렀다.

방적공장 설립 후에는 고정자산이 자기자본보다도 커졌다. 그 차이는 크지 않아, 고정자산 규모가 230만 엔인데 자기자본이 210만 엔이었다. 이제 영업활동상 필요자금 전액을 차입해야 했다. 그렇지만 경성방직은 자기자본으로 고정자산을 구축하고 차입금을 포함한 부채로 유동자산을 구축하는 재무구조를 보였다.

이처럼 사업 확장과 더불어 경성방직의 재무안정성은 점차 낮아졌다. 1930년대 초에는 자기자본으로 고정자산과 운전자산을 모두 감당하고 있었지만, 방직공장 건설 직전에는 자기자본으로 고정자산 전액 및 운전자산의 일부를 감당하고 부족분을 차입하게 되었으며, 방직공장 건설 후에는 고정자산을 겨우 감당하고, 운전자금 전액을 차입해야 했다. 요컨대 경성방직의 1930년대 사업 확장 자금은 반은 자기자본, 나머지 반은 차입금이었다.

경성방직은 자본금의 추가납입 및 증자를 해서 자기자본을 늘렸다. 자기자본의 대부분이 자본금이었고, 잉여금은 무시할 만한 금액이었다. 이것은 1937년까지 보조금을 포함하여 경성방직이 얻은 순이익 규모가 작았던 데다가, 그나마 대부분이 배당으로 소진되었기 때문이다. 이 기간 중에도 경성방직은 보조금을 포함한 이익금의 대부분(93퍼센트)을 배당이나 상여금으로 소진하였다(부표 26).

여기서 한 가지 의문이 제기된다. 주주들이 어차피 회사에 증자납입을 할 것이라면 왜 이익금을 사내 유보하여 투자자금으로 사용하지 않고 주주에게 일단 나누어주고 별도로 증자 납입을 받았을까? 주주 입장에서 본다면, 왜 한 손으로는 이익금 배당을 받으면서 다른 한 손으로는 증자 대금을 납입했는가? 1920년대에도 그러했지만, 주주들은 특히 1934년의 제5회 납입시에는 한편으로는 회사로부터 배당을 받으면서 다른 한편으로는 회사에 증자대금을 납입했다.

이 문제는 오늘날 기업재무에서의 주주배당 문제에 해당한다. 지분의 분산 및 소유와 경영의 분리를 특징으로 하는 현대자본주의 기업의 소액주주들은 당연히 기업경영 자체보다는 배당과 자본이득에 관심을 갖는다. 따라서 그 기업 경영진은 가능한 한 고배당 정책을 쓰게 되며, 사업 필요자금은 별도의 증자대금 납입을 통해 조달한다.

그렇지만 당시의 경성방직은 매우 높은 지분의 소유자가 경영하던 기업이었다. 그 소유주는 사업 확장에 수반되는 증자계획에 대해 잘 알고 있으며, 따라서 한편으로는 이익금을 배당하고 다른 한편으로는 증자대금을 납입받는 것이 오히려 번거로운 일이었다.

이러한 번거로운 방식을 택한 것은, 역시 앞서 언급한 것처럼 주주배당이 당시 경제 전반의 관행이었을 뿐 아니라, 경방에게 있어서도 이미 관행이었기 때문이다.

김연수와 일가족의 지분이 매우 컸으므로 그들이 마음만 먹는다면 주주자본은 언제든지 조달할 수 있었다. 김씨가의 지분률은 1930년대 중엽에는 75퍼센트에 달하였다. 해마다 꼬박꼬박 배당되었으므로 기타 소액 주주들은 회사의 결정, 곧 최대 주주의 결정에 따랐다. 예컨대 1931년 1월의 주당 12엔 50전의 제4회 납입시에는 납입 기한인 10일까지 95퍼센트의 주식에서 납입이 완료되었으며, 그 뒤로 2월경까지 나머지도 다 납입되었다.[31] 특히 1930년대 중엽 이후에는 주주 기반이 김씨가 외부로 확장됨으로써 증자 및 추가납입이 더욱 용이해졌다. 1935~1936년에는 김씨가가 일약 자본금을 두 배로 늘리면서 현준호, 민병수, 박흥식 등 당대의 재력가들을 위시한 새로운 주주들을 대거 영입하였다.[32] 1934년까지 계속 감소하던 주주 수가 1937년에 일약 3배로 늘어난 것은 이 때문이다. 이것은 김씨가 외부로 주주 기반을 확대하려는 노력의 성과였다.

이러한 경성방직의 사업확장의 내역과 방식은 조선방직의 경우와 대조적이다. 우선 조선방직은 경성방직과 달리 이 기간 중 확장 규모가 크지 않았다. 경성방직의 고정자산이 6.4배로 커진 반면 조선방직은 1.3배 정도 확장되었을 뿐이다. 조선방직의 경우 1931년 1월~1937년 11월의 근 7년간 신규로 유형자산에 약 180만 엔을 투자하였지만, 그보다는 투자자산 취득 쪽에 중점을 두었다. 투자자산은 약 350만 엔 가량 늘어났는데, 그 주요 내역은 1934년 하기에 만주

표 6-2 1930년대 조선방직의 재무구조 (단위 : 1,000엔)

		제26기 (1931.1)	제28기 (1932.1)	제30기 (1933.1)	제32기 (1933.11)	제34기 (1934.11)	제36기 (1935.11)	제38기 (1936.11)	제40기 (1937.11)
영업 활동	운전자산	−763	−898	−2,540	−1,688	−2,730	−4,976	−3,892	−5,758
	매입채무	1,206	615	443	123	1,596	3,739	3,169	4,937
	기타순영업자산	100	1,851	1,300	−66	−551	−1,659	−1,758	−1,748
	순純영업자산①	543	1,568	−798	−1,630	−1,685	−2,896	-2,481	-2,563
장기 자산 구축 활동	유형자산	−7,087	−5,421	−5,321	−4,003	−4,204	−4,683	-5,035	-4,996
	투자자산	0	0	0	−1,000	−2,333	−3,093	−3,100	−4,533
	기타고정부채	79	106	181	233	290	363	406	448
	자기자본	5,069	5,339	6,150	6,646	7,874	8,691	8,866	10,694
	(자본금)	(5,000)	(5,000)	(5,000)	(5,000)	(5,000)	(5,000)	(5,000)	(6,250)
	순자기자본여유②	-1,940	24	1,010	1,876	1,627	1,278	1,136	1,613
금융자산③		−254	−1,742	−2,373	−250	−1,942	−182	-255	-449
차입필요자금①+②+③		−1,650	−150	−25	−5	−2,000	−1,800	−1,600	−1,400
차입금④		1,650	150	25	5	2,000	1,800	1,600	1,400
순차입금④-③		1,396	-1,592	-212	-245	58	1,618	1,345	951

국내의 잉코우방직營口紡織(주)와 동흥방직東興紡織(주)을 합병시켜 지
분 인수를 통해 경영에 참여한 것이었다.

확장 규모가 530만 엔 가량으로서 경성방직의 그것보다 컸고 작
은 금액이 아니었지만, 조선방직은 자기자본으로 이를 충분히 감당
할 수 있었다. 이것은 거액의 순이익 덕분이었다. 동사는 190만 엔
이라는 미증유의 매출총이익을 올린 제28기에 이미 자기자본으로

대군의 척후

유형자산을 감당할 수 있게 되었다.[33] 그 후 1937년 11월까지 당기 순이익의 절반 가량을 계속 사내 유보함으로써, 잉여금이 1932년 1월 34만 엔에서 1937년 11월에 445만 엔으로 급증했다. 이것에 제40기 중 125만 엔의 증자 납입이 더해졌다. 조선방직은 이렇게 증가한 자기자본을 유형자산 신규투자 및 투자자산 취득에 사용하고, 그 여유자금을 운전자본에 충당하며, 나머지 부족분은 차입했다. 총차입금에서 금융자산을 차감한 후의 순차입금 규모는 1937년 11월말 자기자본의 1/10에도 못 미쳤다. 조선방직의 재무구조는 1920년대 말과는 비교할 수 없이 좋아졌다.

방적공장 설립 이후 자기자본이 고정자산에 다소 미달했던 경성방직은 자기자본 여유가 갈수록 커진 조선방직의 재무 안정성을 따라갈 수 없었다.

이것은 수익력이 조선방직보다 열등한 경성방직이 캐치업catch-up을 위해 사업을 급속히 확장한 데서 기인했다. 수익력이 뒤떨어지는 경성방직에게 급속한 성장과 안정성은 한꺼번에 잡을 수 없는 두 마리 토끼였다. 1930년대에 조선방직이 이미 안정화 단계에 들어선 데 비해, 방적방직겸영업체로 확장해야 했던 경성방직은 불안정성을 감수할 수밖에 없었다.

조선방직은 1930년대에 방적 및 직포 부문보다는 조면과 같은 전前공정 및 가공공정에의 투자를 통해 전체 설비운영의 효율성을 높였다. 그럼으로써 조선방직은 지난 1920년대의 대규모 투자의 열매를 거둘 수 있었다. 반면 경성방직은 이제서야 조선방직을 따라잡기 위한 대규모 설비투자를 했다. 경성방직은 1930년대 전반에는 단순히 기존의 직포설비를 확장했으나 수익은 빈약했고, 그래서 1930년대 중엽에는 조선내 다른 대방직기업 공장과 견줄 만한 방적공장을 건설했다. 경성방직은 조선방직보다 훨씬 급속도로 설비를 확장함으로써 1930년대 후반에는 비슷한 생산 능력을 갖추었다.

　이처럼 방적방직 일관 생산업체로 격상한 경성방직은 그 후 어떤 성과를 올렸는가?

07 절정 : 1938~1945

학생시대부터 품은 내 포부와 이상은 장래 훌륭한 실업가가 되어 보겠다
는 것이었습니다. 지금도 역시 그 이상을 가지고 매진하기 때문에 이를
테면 초지初志를 관철하고 있는 셈이죠.
－1940년 김연수의《삼천리》인터뷰 발언

기업의 관심은 이윤추구일세. 경성방직은 기업으로서 앞으로도 이윤을
추구할 걸세. 회사가 높은 수익을 거두어들일 때, 그 회사는 한국경제를
위한 자신의 소임을 다하는 거야. 내 동생은 훌륭한 사업가일세. 그는 독
립을 위해 투쟁하는 것이 아니라 기업을 운영하고 있는 거야.
－1941년 김성수가 경성방직 신입사원에게 한 말

온실 안에서 : 통제와 보상

1) 전시통제

경성방직이 방적설비를 갖추고 방적직포겸영업체로서 본격 가동
할 무렵 일본은 중일전쟁을 일으켜 대륙침략을 전면화했다.

미국, 영국과 대치 상태에 들어간 일본은 경제보복조치를 당해 영
미경제권으로부터 차단되었고, 그에 따라 물자, 자금, 외환 등에서
전면적인 긴축·통제를 해야 했다.

면업과 관련해서는 원료면화의 수입억제 및 일본 제국권역내에서
의 조달, 제국권역내에서의 면제품 소비 억제 및 엔 블록 밖으로의 수
출장려 등의 조치가 취해졌다. 이에 따라 조선 면공업에서는 수입면
화가 조선산 면화로 대체되면서 원료 공급량이 줄어들고 엄격한 배급

제가 실시되었으며, 순면제품 대신 스프사 혼방 제품을 제조하게 된 가운데 제품의 생산량 및 판매 가격, 판매처가 엄격히 통제되었다.

기업활동의 자유가 결정적으로 제한된 결과로 면공업 생산은 전반적으로 위축되었다. 그림 7-1에서 보는 바처럼, 조선내 방적설비의 가동률은 1941년까지도 90퍼센트 가까이를 유지했으나, 방직설비의 가동률은 1940년에 80퍼센트, 1941년에는 67퍼센트 정도로 떨어졌다. 원료 소비량은 1938~1942년에 68만 피클로부터 34만 피클로 반감半減했다.

면사 생산량을 보면, 1938년에는 순면사 생산량이 11만 곤 가량으로 전년도의 18만 곤보다 대폭 감소했지만, 대신 혼방사가 생산되

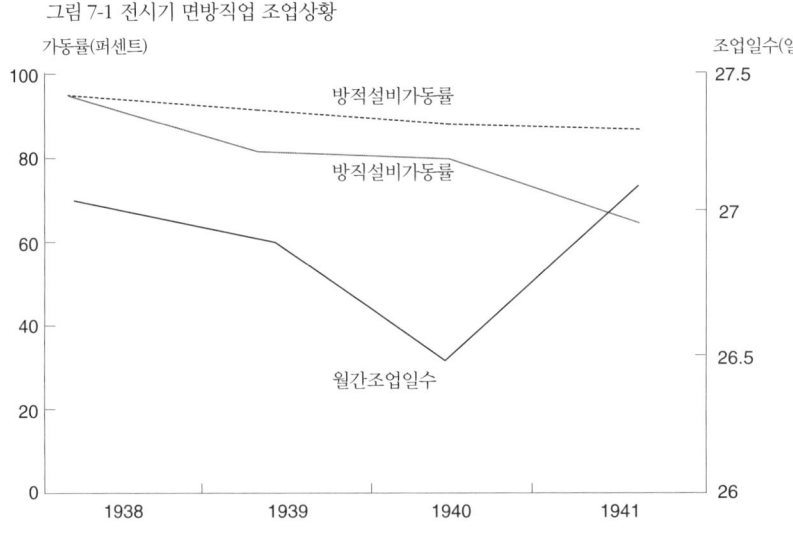

그림 7-1 전시기 면방직업 조업상황

자료 : 《조선경제통계요람》, 93쪽(원자료는 《조선경제》 1947년 7, 8월 합병호).

어, 총생산량은 전년도보다 오히려 커졌다(21만 곤). 그러나 1939년에는 통제가 강화된 결과, 순면사 생산량이 전년의 1/3 가량(4만 곤)으로 격감하였고 총생산량도 전년도보다 감소했다(18만 곤). 1940년에는 더 감소한 것으로 추정된다(상반기에 7만 곤).[1]

당연히 면직물 생산량도 격감했다. 1937년에 2억 6,200만 방마에 달했던 생산량은 1940년에는 1억 4,800만 방마로 40퍼센트 이상 감소했고, 1941~1942년에는 다시 8,500만 방마 정도로까지 줄었다. 1937년에 비해 1941~1942년의 생산량은 그 1/3 이하로 되었다.

이처럼 면방직업계가 위축된 가운데 경성방직의 조업도 위축되었다. 면사 생산량이 1938~1940년에 해마다 줄었으며, 면포 생산량 역시 감소했다.

그러나 생산제품의 구성에서나 업계내 지위 면에서는 경성방직에게 개선이 있었다. 우선, 1938년에만 해도 압도적으로 19번수 이하의 굵은 실太絲 위주로 생산하였으나, 해가 갈수록 태사의 비중이 줄고 가는 실細絲의 비중이 커졌다. 1938년에는 생산 면사의 85퍼센트 이상이 19번수 이하의 굵은 실이었지만, 1940년 상기에는 53퍼센트 정도만이 그러하였다. 조선방직의 경우에도 20번수 이상 세사의 비중이 26퍼센트에서 40퍼센트로 커졌다. 경성방직은 다른 일본계 3대 방적회사에 비해 아직도 생산제품 중 태사의 비중이 더 컸다. 그러나 조선 방적업계 전체적으로 세사의 비중이 커지고 있는 가운데, 경성방직 역시 생산의 중심을 태사로부터 세사로 옮겨갔다. 그 만큼 제조기술이 개선된 것이다. 경성방직은 세사를 뽑아 세포細布를 직조하였고, 특히 44수라는 세사에 대해서는 일본인 경영자 역시 경탄

할 정도였다.[2]

또 조선내 업계에서 경성방직의 비중도 커졌다. 면사생산의 업체별 비중을 보면, 1938~1939년에는 도요방적, 가네가후치방적이 거의 같고, 경성방직은 그 절반에도 못미치며, 조선방직이 그 중간 수준이었다. 1940년에는 경성방직의 비중이 다소 커졌고, 그만큼 가네가후방적과 조선방직의 비중이 작아졌다. 2년 6개월간의 생산량 합계를 보면, 가네가후치방적과 도요방적이 각기 30퍼센트 가량을, 조선방직이 24퍼센트를, 그리고 경성방직이 15퍼센트 가량을 차지하였다(그림 7-2). 조선내 대공장이 도요방적, 가네가후치방적 각 2개, 조선방직, 경성방직 각 1개 등 총 6개였으므로, 경성방직은 개별 공장으로서는 평균적인 규모에 도달해 있었던 것이다.

면사와 달리 면포에 관해서는 이 시기의 생산통계가 남아 있지 않

그림 7-2 면사 생산의 업체별 비중(1938~1940)

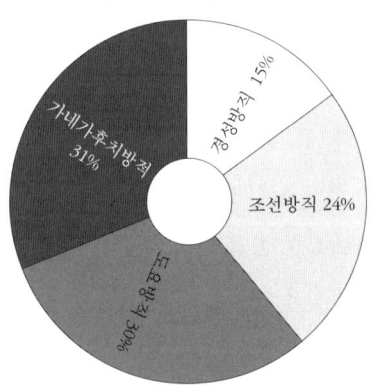

자료 : 《大日本紡績聯合會月報》 589, 1941.11, 67~68쪽.

대군의 척후

기 때문에 《제품매상일기장》, 《제품원장》을 토대로 매출통계를 작성하고 그로부터 생산의 실태를 추론해 보았다(부표 29).

전체 면포 생산량은 대체로 감소추세를 보이면서도 들쭉날쭉 변동했다. 판매량은 1941년 상기와 하기에 각기 28~29만 필 정도였으나, 바로 다음 기에는 14만 필로 반감했고, 1943년 상기까지는 16~18만 필이었으나, 1943년 하기에는 23만 필로 급증했다. 생산량은 통제하의 수급계획 및 원료조달 실적 등에 의해 좌우되었다.

면포에는 크게 생지면포와 가공면포의 두 가지가 있었다. 이중 가공면포의 비중이 60~70퍼센트로 더 컸다. 수량에서도 가공면포가 생지면포보다 많았지만, 가공면포의 가격이 더 비싸서 가액으로는 가공면포가 훨씬 더 컸다. 가공면포는 생지면포보다 더 긴 공정을 거치는 고급품이라는 점에서, 경성방직이 제품생산을 고급화했음을 알 수 있다.

한편 판매경로는 전시기 이전과 이후에 다소 달라졌다. 전시통제의 일환으로 면사 및 면제품 배급제를 실시하면서 방적공업자들은 제품을 면제품 관련 상회사들로 구성된 면사포상동맹회에 공급하도록 되었다. 이에 경성방직은 특수관계자 회사를 통해 판매하는 쪽으로 나아갔다.

1930년대에도 경성방직은 김연수가 소유 경영해 온 고무신 제조회사 겸 상회사인 중앙상공을 통해 제품을 판매했다. 전시하에서 방적기업이 지정된 면사포상회에만 제품을 판매할 수 있도록 바뀌자, 김연수는 새로 상회사로서 삼양상사三養商事와 대동직물大同織物을 설립했다. 이중 후자는 박흥식과의 합작업체였다. 경성방직은 주로 이

두 회사를 통해 제품을 판매했다. 1940년 상기에 제품의 65퍼센트가, 그리고 1941년 상기에는 57퍼센트가 이 두 회사를 통해 판매되었다.[3] 1942년 상·하기는 총매출 중 37.1퍼센트를 두 회사가 담당했다. 그에 견줄 만한 매출처로는 방적공업조합과 일본군이 있었으며, 대개 일본인 회사인 일반기업들이 매출 중 차지하는 비중은 작았다(부표 30).

에커트는 1939년 매출처 통계에 입각해서 경성방직 제품의 60퍼센트 이상을 미쓰이물산, 야기상점, 도요면화, 이토추회사 등 일본의 대무역회사를 통해 판매하였으며 그 덕분에 경성방직은 판매 문제를 손쉽게 해결했다고 지적했다.[4] 필자는 이 1939년 하기의 매출처 통계를 직접 확인하지는 못했다. 그러나 《일기장》이나 《제품원장》 등에서 1940~1943년도의 매출처를 확인한 바에 따르면, 에커트가 잘못 파악한 것으로 판단된다. 매출의 40퍼센트 가까이가 자신의 계열 상회사로 갔고, 15퍼센트는 방적공업조합으로 갔으며, 일본인 상회사로 간 것은 30퍼센트 정도였다.

전시통제에 따라 판매망이 달라지기는 했으나, 자신의 관계회사를 통한 매출이 주종을 이루고 있었고, 전시하의 전반적 물자부족으로 제품의 판매란 하등 문제가 될 수 없었기 때문에, 일본인 상회사를 통한 판매가 특별히 더 이익이 될 수도 없었다. 당시의 면사포상업에 관한 다음의 회고담은 당시 제품판매가 사실상 계획에 따른 배급이었음을 말해 준다.

1940년을 전후로 한 시기에는 수완과 능력을 발휘할 만한 때가 못되었다. 모든 직물은 각 상점의 실적에 따라 할당된 배급제로 구매하였으며, 판매 역시 배급제로 변모했다. 수요를 충족시키지 못하는 상품을 구입하려는 지방거래처에서 상품의 도착에 앞서 주문이 다투어 왔으므로 그렇게 할 수밖에 없었다.[5]

2) 고수익

일제 말에 견직물 상업을 한 홍재선洪在善은 물자만 확보하면 판매하는 것은 문제가 아니었고 큰 이문을 남길 수 있었다고 말했다.

그 당시 장사는 물건을 어떻게 사오느냐가 문제였지 파는 것에 신경을 쓸 필요가 없었다. 그만큼 물자가 귀했다. ……인조견, 비단 할 것 없이 5궤짝만 갖다 팔아도 조선신탁회사에서 4~5개월 월급받은 만큼이나 될 정도로 이익이 났다. 물건을 얻는 데 고생은 했지만, 그렇게 편하고 이익이 많이 남는 장사도 없었다.[6]

경성방직의 수익성은 전시통제기에 비약적으로 향상되었다. 결산기(6개월)별 순이익 규모는 통제 이전인 1937년에는 종전보다 배증한 6만 엔대였다가, 전시통제기에는 1938년 상기의 22만 엔을 거쳐서 같은 해 하반기부터 60만 엔대를 넘어섰으며, 일제 말까지 매기 60~80만 엔대를 기록했다.

이로써 매출총이익률은 높아졌다. 경성방직의 매출총이익률은 전시체제 이전까지는 10퍼센트도 안되었으나, 전시기에 들어온 이후 크게 높아져 제23, 24기에서 33, 34기까지 6년간 대체로 30퍼센트 전후의 매우 양호한 수준에 있었으며, 특히 제25, 26기에는 45퍼센

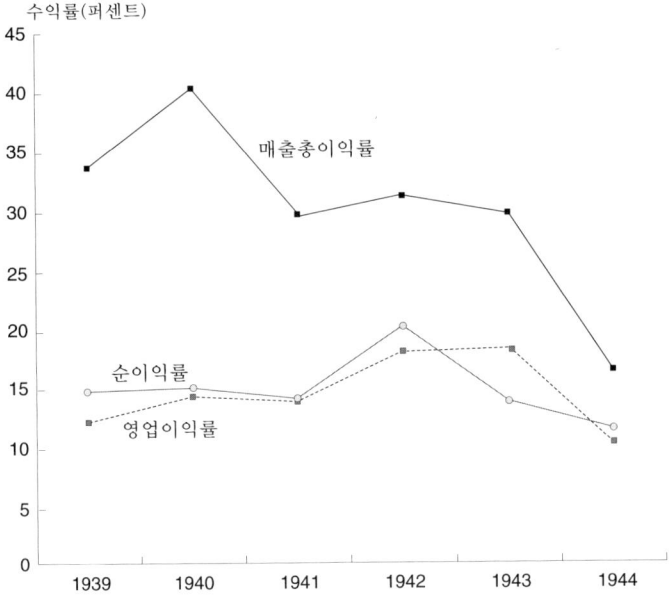

그림 7-3 전시기 경성방직의 수익성

수익률(퍼센트)

매출총이익률

순이익률

영업이익률

트라는 놀라운 수치로까지 높아졌다. 그에 따라 매출액 영업이익률과 당기순이익률도 10~20퍼센트의 양호한 수준이었다.

수익성이 이처럼 크게 좋아진 것은 경성방직이 사업전개 능력이나 원가경쟁력을 획기적으로 개선한 덕분이 아니었다. 통제하에서 지정된 원면배급량에 따라 지정된 물종을 생산하여 판매했으므로 사업전개 능력은 문제가 될 수 없었다.

수익성이 높아진 것은 면제품의 공정가격이 기업에게 고수익을 보장해 주도록 책정된 덕분이었다. 공급부족에 따른 가격 상승을 억제하기 위해 1938년 10월 12일부로 〈조선물품판매취체규칙〉이 공포된 이래 공정가격제가 실시되었지만, 면포, 면사, 조면 각각의 가격 인상률이 달랐고, 이것이 면방직 기업의 수익에 큰 영향을 미쳤다.

그림 7-4에서 보는 것처럼, 면직물 가격은 공급부족 때문에 중일전쟁 발발 이후 1년만에 100퍼센트 이상 폭등했다가 1938년 10월 공정가격이 지정되면서 다소 인하되었지만, 1939년 9월 현재 1937년 6월에 비해 65퍼센트 가량 높은 상태였다. 반면 그 원료에 해당하는 면사와 조면 가격은 10퍼센트도 오르지 않았거나 오히려 하락했다. 비록 전쟁 직전의 호황 및 전시기 인력부족에 따라 임금 등의 여타 비용도 상승했겠지만, 전시기 면방직공업에 있어서는 다른 어

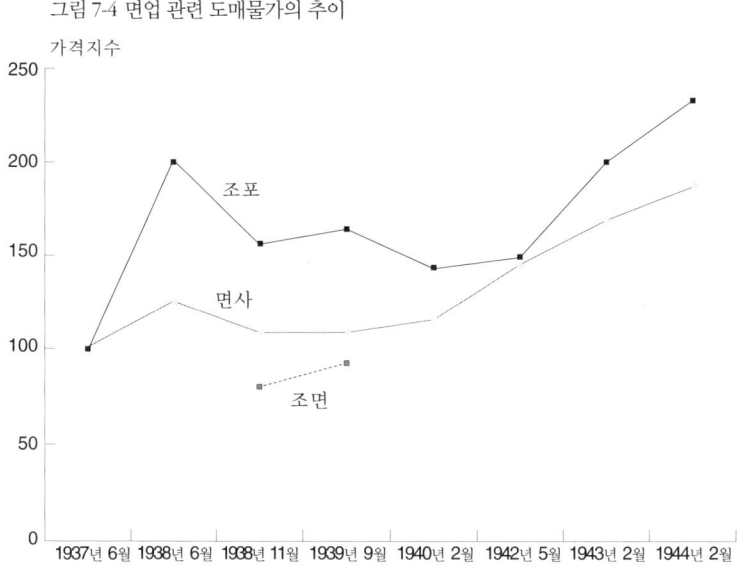

그림 7-4 면업 관련 도매물가의 추이

주 : 세 가격 계열은 모두 1937년도 6월의 해당 가격을 100으로 한 지수임.

자료 : 《朝鮮經濟年報》(1940년판), 351~352쪽 ; 1940년 이후는 《朝鮮總督府官報》.

느 것보다도 제품 가격이 대폭 올랐다.

경성방직은 조면, 방적과 방직을 겸하고 있었으므로, 조면 및 면사 가격의 억제는 언뜻 경성방직에게 불리한 조치로 보인다. 그러나 이 불리한 영향은 면사의 외부 판매분에만 국한된 것이었다. 최종 제품인 직물 가격이 대폭 인상되었으므로 마진 폭이 커지고 수익이 커졌다. 한마디로, 공정가격제 아래서 방적기업들은 원료 조면을 값 싸게 조달하고, 제품은 비싼 값에 팔 수 있었던 것이다. 이것이 고수익의 가장 중요한 비결이었다. 면화 생산자인 농민에게 갔어야 할 보수가 방적기업에게 이전된 것이라 하겠다.

가격 통제가 고수익을 낳았다는 것은 여타 섬유공업 기업들의 수익성이 마찬가지로 대폭 향상된 것에 의해서도 뒷받침된다. 조선식산은행의 회사사업성적조사 자료에 의하면, 7~10개 섬유공업 대기업들의 평균 자기자본이익률은 1936년 상·하기에 각기 1.7퍼센트, 3.6퍼센트였으나, 1937년에는 각기 4.9퍼센트, 5.3퍼센트, 1938년에는 9.2퍼센트, 14.3퍼센트로 높아졌다.[7] 생산 및 가격 통제가 행해지는 속에서 모든 업체들의 수익성이 높아졌다면, 그것은 공정가격이 업체에 유리하게 책정되었기 때문일 것이다.

그렇지만 경성방직의 고수익성이 순전히 특혜적인 공정가격 덕분인 것은 아니었다. 경성방직이 고급품 위주로 생산제품의 구성을 바꾼 것 또한 고수익의 다른 요인이었다.

우선, 직물 물종별 공정가격은 가공도가 높은 제품의 경우에 더 높게 책정되었다. 가공면포의 매출총이익률은 40퍼센트 전후로서 생지면포의 매출총이익률 14~28퍼센트보다 훨씬 더 높았다. 생산

대군의 척후

원가 대비 공정가격이 생지면포보다는 가공면포 쪽이 더 높게 매겨
진 것이다.

경성방직은 면사 중에서 세사의 비중을 키웠고, 직물 중에서는 생
지면포보다 가공면포의 비중을 키웠다. 1938년에 경성방직이 생산
한 면사 중 20번수 이상이 14퍼센트에 불과했으나, 1940년 상기에
는 47퍼센트로 그 비중이 커졌다.[8] 또 1941년 하기에서 1943년 하기
의 2년 반 동안 가공면포 매출(1,327만 엔)이 생지면포 매출(492만 엔)
보다 훨씬 더 많았다.

매출총이익률이 가장 양호한 가공면포의 매출이 훨씬 컸으므로
수익의 대부분은 가공면포에서 나왔다. 그림 7-5에서 보는 바처럼,

그림 7-5 매출총이익의 부문별 구성

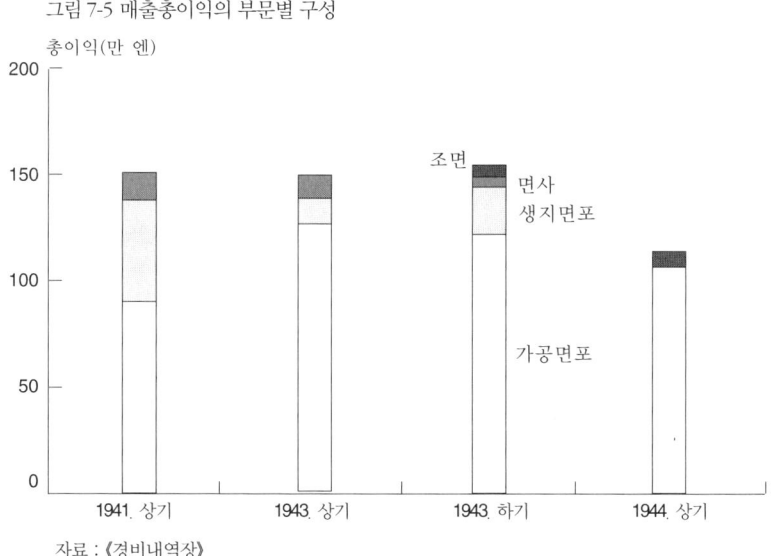

자료 : 《경비내역상》

1941년 상기에는 가공면포에서의 매출총이익이 전체 총이익의 60퍼센트 정도를 차지했으나, 그 후에는 수익의 대부분이 가공면포에서 나왔다. 반면 면사 판매로는 거의 이익이 나지 않거나 손실을 보기도 했다.

요컨대 경성방직은 공정가격 하에서 매출원가 대비 제품 가격이 상대적으로 높게 책정된 가공면포 생산에 중점을 두었던 바, 이것이 고수익성의 또 하나의 비결이었다. 공정가격체제 자체는 총독부 당국이 결정한 것이지만, 수익성이 가장 좋은 생산에 치중함으로써 수익을 극대화한 주체는 경성방직이었다.

이제 경성방직은 수익성에서 마침내 조선방직을 따라잡기에 이르렀다. 경성방직의 설비 규모는 방적과 직포 모두에서 조선방직의 60퍼센트 정도였는데, 1938~1942년간 경성방직의 영업이익 규모(약 604만 엔)도 조선방직(약 995만 엔)의 60퍼센트 정도였다. 순이익 규모가 설비 규모에 비례한 것이다.

자기자본수익률, 총자산수익률 등의 수익성 지표에 있어서는 경성방직이 조선방직보다 우월했다. 그렇지만 실제 수익성 면에서 경성방직이 조선방직을 앞섰다고 보기는 어렵다. 설비당 영업이익 규모는 양사가 동일하게 나타났다. 이것은 전시통제 하에서 설비 규모에 따라서 원료가 배분되어 생산량이 결정되며, 동급 제품에 대해서는 동일 가격을 적용받았기 때문이다. 양사 간의 수익률 균등화는 실제 수익력의 균등화보다는 일률적인 전시통제조치에서 유래한 것이다. 또 ROE와 ROA 등의 수익성 지표에 있어서 경성방직이 조선방직보다 우월했던 것은, 조선방직이 이미 사업의 안정화 단계에 들어서서 상대적으로 자기자본과 총자산이 더 컸기 때문이다.

양사 모두, 시간이 갈수록 수익률 지표가 낮아졌다. 이것은 전시
하에서 매출 규모가 통제되어 당기순이익 규모는 일정 수준에서 제
한된 반면, 양사 모두 증자 및 이익의 내부유보로 인해 자기자본이
계속 증가하고 또 그를 투자자산 취득에 사용하여 총자산이 커졌기
때문이다. 특히 경성방직의 경우, 후술하는 바와 같이 대규모 투자
자산을 취득하고 그를 위해 거액의 증자 및 차입을 했기 때문에, 이
수익률 지표가 더 빨리 낮아졌다. 그러므로 수익률 지표가 시간이
갈수록 악화된 것이 전시기 중 방적방직업의 고수익성을 부정하지
는 않는다. 사업 자체는 고수익을 낳고 있었다. 수익률의 하락 추세
는 사업의 급속한 확장을 반영한 것이었다.

경성방직의 수익성은 한국인 기업 가운데 최고였다. 경성방직이
1939년 상반기에서 1940년 상반기에 매기당 70만 엔 대의 순이익을
올린 반면, 상업계의 대표기업인 박흥식의 화신和信은 8~18만 엔,
금광업으로 크게 발흥한 이종만李鍾萬의 대동광업大同鑛業은 12~17
만 엔, 김사연金思演의 누룩제조회사 조선국자朝鮮麴子는 15~22만
엔, 6대 은행 중 민규식의 동일은행은 13~17만 엔, 한성은행은
8~11만 엔, 조선상업은행이 20~26만 엔, 호남은행이 12~13만 엔,
경상합동은행이 7~8천 엔, 만주의 한국인계 은행 동흥東興은행이
1~2만 엔, 한상룡韓相龍의 조선생명보험이 4~5만 엔의 순이익을 올
렸다.[9] 각 부문의 대표적인 한국인 기업들이 기껏해야 경성방직 순이
익 규모의 1/3 정도만을 올린 것이다. 그만큼 경성방직은 한국인 기
업 중 단연 발군이었다.

그러나 한국인 기업 중 최고라 해도 전시기의 경영은 따분하기 그지없는 것이었다. 수익성의 대폭적인 향상은 기업활동의 자유를 상실한 데 대한 반대급부일 뿐이었다. 이 시기의 순이익은 6개월 결산기별로 거의 일정하고, 특히 1940년 이후는 매기당 80만 엔 정도로 고정되다시피 했다. 경성방직은 단지 총독부가 배급해주는 원료로 제품을 생산하고 고정된 가격으로 배급기구에 납품할 뿐이었다. 원료물자를 배분받기 위해 총독부 관리를 상대로 교섭하는 것을 제외하고는 사실상 일거리가 없었다. 지배인이었던 김용완의 회고에 의하면,

영업활동이나 원면구매활동은 없고 물자분배사무만으로 복잡한 절차를 밟게 되었다. 그러니 자연 사업에 대한 창의력이나 추진력은 생길 리 없었다.[10]

김연수의 회고에 의하면,

생산업자는 생산에서 판매까지 자의로 할 수 있는 것은 하나도 없었다. 그러므로 생산업자는 생산의욕을 잃었을 뿐만 아니라 거의 임가공을 청부맡아 하는 데 지나지 않았다. ……고무공업을 비롯하여 여타의 어떤 공업도 사정은 매일반이었다. 그래서 나는 이런 기업 아닌 기업에 염증을 느끼게 되었다.[11]

그나마 원료물자의 분배량은 전쟁의 장기화와 더불어 갈수록 줄

어들고 있었다. 경성방직은 이 조선내 방직사업으로부터는 더 이상의 발전전망을 가질 수 없었다. 물론 물자가 절대 부족한 판국이니 매출 걱정을 할 필요가 없었고, 또 공정가격제 아래서 이윤도 대폭 늘었다. 따라서 전시통제체제는 경성방직에게는 안온한 온실이었다. 그렇지만 그것은 할 일이 없는, 따분하기 그지없는 온실이었다. 야성적 충동animal spirit을 품은 기업가가 온실에서 늘어진 낮잠을 자고 있을 수는 없었다. 그는 새로운 출구를 찾았고, 그것을 발견했을 때 돌진했다.

대륙으로

1) 복제 증식 : 남만방적㈜의 설립

조선내에서 더 이상의 사업 확장의 길을 찾을 수 없던 김연수가 조선 밖 만주에서 활로를 모색한 것은 당연한 일이었다. 그 결과물이 1939년 12월에 경성방직의 출자로 설립된, 자본금 1,000만 엔의 남만南滿방적주식회사다.

만주 진출은 일찍부터 경성방직 창업자들의 꿈이었다. 창립취지서에 만주로의 수출 비전이 제시된 바 있었다. 김연수도 1921년 만주시찰을 갔을 때, "우리가 살 길은 만주를 떠나서 달리 없을 것"이기에 "언제고 만주를 상대로 큰 날개를 펴 보리라" 마음먹은 바 있었다. 그 후 1930년대 초부터 불로초 제품이 만주에서 팔리기 시작하자, 경성방직 경영진은 실제로 만주시장에 관심을 갖기 시작했다. 특히 조선방직이 1934년에 잉커우방직을 인수하여 만주로 사업을 확장한 것을 계기로 해서, 김연수는 만주 진출을 본격 검토하게 되었다.

만주사변 전 만주에는 1920년대 초에 설립된 펑톈방사창奉天紡紗廠, 랴오양遼陽의 만주滿洲방적, 다롄大連의 후쿠시마福島방적, 내외면內外棉회사의 진조우錦州공장이 있었다. 설립년도를 보면, 만주에서 면제품의 수입대체공업화가 1920년대 전반에 시작되었음을 알 수 있다.

조선방직은 1934년 하기에 만주국내의 잉커우방적유한공사營口紡績股份有限公司와 동흥東興방직이 합병될 때, 지분을 인수해 경영에 참여했다. 1932년에 설립된 잉커우방적이 조선방직의 100만 엔 추가 출자를 받아 자본금 200만 엔의 잉커우방사창營口紡紗廠으로 개편되었다. 잉커우방사창은 합병 후 잉커우방직으로 개명했으며, 1936년 3월 방추 1만 368추, 직기 350대, 직공 수 572인의 규모였다. 이미 만주 지역에 계룡표와 장고표 등의 조포제품을 수출하고 있던 조선방직은 이 회사 인수를 통해 사업을 본격적으로 펼치려 했다. 조선방직의 투자액은 1934년 11월 말 결산시점에서는 약 130만 엔이었으나, 1938년 11월 결산시점에서는 약 500만 엔으로 커졌다.[12]

만주에서 사업 확장을 꾀하던 김연수는 1936년에 만주국 정부에 방적회사 설립허가원을 제출했다. 그리고 1937년 9월에 만주국 정부의 설립 허가를 받았다. 그 허가 조건은, 신설될 방직공장이 경성방직의 분공장이 아니라 독립된 방직회사여야 한다는 것과 회사의 자본 및 공장건립 자재와 설비는 조선에서 조달해야 한다는 것이었다.[13] 후자의 조건은 당시 중일전쟁이 일어난 후라 현지의 자금 및 자재 사정이 빠듯했기 때문이었다.

그러나 중일전쟁 이후 화북 지역에서 새로운 판로가 활짝 열리자, 김연수는 당초의 계획을 바꾸어 화북에 공장을 세울 생각을 하게 되었다.

일본군이 파죽지세로 상하이, 난징 등지를 점령하자 그곳의 중국인 경영의 방직공장들이 거의 폐문 상태여서 직포난織布難은 날로 격심해 갔다. 이 무렵부터 만주에서 인기를 끌고 있던 불로초표 광목이 이번에는 화북 일대로 그 세력을 뻗쳐 경성방직은 크게 신장하게 되었다. 그것은 중국인들이 적대국가인 일본제품을 기피하는 데서 생긴 현상이었다. 이 뜻하지 않은 국제무대에서 각광을 받으면서부터 경성방직은 생산에 박차를 가하여 즐거운 비명을 올리고 있었다. 이대로 전진만 한다면 경성방직은 이제 조선의 경성방직이 아니라 동양의 경성방직이 되는 날도 그리 멀지 않을 것 같았다.[14]

조선의 면직물 수출액은 1936년 600만 엔이던 것이 1937년 1,800만 엔, 1938년에는 2,800만 엔으로까지 올랐던 바, 경성방직의 수출 역시 급증해서 물건이 없어서 못 파는 지경에 이르렀다. 이처럼 만주국을 넘어 중국 본토 시장이 열리자 그는 화북 지방에 공장을 세울 것을 검토하기에 이르렀다.

특히 일본군 점령지에서는 중국인들로부터 일본인들에게로 공장이 인계되고 있었다. 이를 본 김연수는 퉁초우通州에서의 단독 투자나 장더彰德에서의 도요타직기와의 합작투자를 검토했으나 치안 문제 때문에 포기했다. 또 중국인이 경영하던 톈진天津의 항원恒沅방적에 합작참여하는 안을 검토했다가 점령 일본군 특무기관의 반대로 그만두었다. 결국 그는 만주 지역에 회사를 설립하는 쪽으로 결론을 내렸다. 펑톈 바로 남쪽의 쑤자툰蘇家屯이 공장 건립지로 최종 결정되었다.

김연수는 만주국 정부와 사전교섭을 마치고 1938년 12월에 회사설립 허가신청서를 제출하였고, 1939년 9월에 허가를 받았다. 마침내 1939년 12월에 남만방적주식회사를 설립하였다. 이처럼 그가 설립 허가를 받은지 2년이나 지나서 회사를 설립한 것은 회사를 신설하지 않고 기존 업체를 인수하는 방안을 검토하느라, 또 장소를 선정하느라 어려움을 겪었기 때문이다.

총자본금은 1,000만 엔으로 전액 경성방직이 출자하기로 하고 우선 500만 엔을 납입했다. 나머지 500만 엔은 1942년 말에 추가납입해서, 1,000만 엔을 채웠다. 회사가 설립될 무렵인 1939년 11월 경성방직의 납입자본금은 280만 엔, 자기자본 450만 엔이었고, 그 1년 뒤에도 각기 500만 엔, 760만 엔이었다. 조선방직 계열의 잉커우방직의 1943년 현재 납입자본금이 800만 엔, 자기자본이 1,500만 엔이었던 것[15]을 감안하면, 남만방적이 실로 대규모 투자 사업이었음을 알 수 있다.

회사의 이사진 구성을 보면, 김연수가 사장을, 최두선, 박흥식, 고원훈高元勳, 민규식閔奎植이 이사를, 현준호와 김사연金思演이 감사를 맡았고, 실무 운영을 담당하는 지배인은 곽기현郭基鉉이었다.

이중 최두선은 1910년대 김성수의 중앙학교 인수 이래 사업 동지였고, 박흥식, 현준호는 1935년에 경성방직의 이사로 등장한 기업가였다. 이 무렵 김연수의 인적 네트워크에 새롭게 등장한 인물은 고원훈과 김사연이었다.

고원훈은 1881년 경북 문경 태생으로, 1910년 메이지대학 법과를 졸업한 후 보성전문 교수, 교장을 지내고 1924년 이후 전남, 경북, 평남도 등의 참여관參與官과 전북 도지사를 역임했다. 그는 1930년 대 말 당시 한국인을 일본인으로 만들려는 황민화皇民化운동과 내선 일체內鮮一體운동에 앞장서고 있었다.

김사연은 김연수와 동갑인 1896년생으로, 서울 출신이었다. 일본 게이오대학을 중퇴한 후 한일은행韓一銀行 부副지배인을 역임한 후 부府협의원, 부회府會의원, 도회道會의원 등의 명예직 외에, 조선공론 사朝鮮公論社 사장, 동아전보통신東亞電報通信 사장을 거친 후, 1934년 4월 조선총독부 중추원 참의參議에 임명되었으며, 1939년 당시는 대규모 누룩제조회사인 조선국자朝鮮麴子의 사장을 맡고 있었다.

민규식은 조선왕조 말 세도가였던 민씨 일족 민영휘閔泳徽의 아들 로서 1894년에 태어난 은행계의 인물이었다. 일본의 명문사학인 게 이오의숙慶應義塾 이재과理財科를 졸업한 그는 가문의 회사인 동일은 행의 은행장을 맡고 있었다.

이러한 이사진 구성은 김연수가 단순히 기업가들만이 아니라 관료계통의 유력 인물들과도 네트워크를 구축했음을 의미한다. 고원 훈은 한국인으로서는 최고위 관료직에 올랐던 인물로서 당시 황민 화운동의 중심에 있었던 바, 통제경제 아래서 관료의 협조 없이는 사업을 추진할 수 없는 사정에 있던 김연수는 이로써 유력한 통로를 구축했다.

김연수는 그 후 자재 및 설비를 조달하여 공장을 건축하는 일에 나섰다. 우선, 건자재 조달이 문제였다. 정상적인 경로를 통해서는 철재나 시멘트를 구하기가 거의 불가능했기 때문이다. 그는 총독부에 교섭하여 철재와 시멘트를 배정받아 이를 쑤자툰까지 운반했다. 과거 경성방직이 방적공장을 건설하려 할 때 총독부 당국은 시흥공장의 건설을 불허한 대신 만주에의 공장 건립을 권유했던 적이 있었다. 그는 자신이 당국의 지시에 따라 시흥공장을 포기했던 일을 상기시키며, 이제 만주에 공장을 지으려 하니 배급을 주어야 하지 않겠느냐고 협조를 요청했다. 총독부 당국은 이를 받아들여 물자를 지원했다.[16]

남만방적은 1940년 봄부터 건설공사에 착수하였는데, 17만 평 부지에 공장 7,800여평, 그리고 창고, 남녀기숙사, 강당, 식당, 사택 등 1만 평, 도합 1만 7,800평의 건물을 신축했다. 이 공장 부지는 경성방직 영등포공장 부지의 6배에 달하는 것이었다.

다음으로는, 설비의 조달이 문제였다. 방기紡機는 도요타직기로부터 3만 추를 공급받기로 되었으나 직기織機 1,000대의 조달은 여의치 않았는데, 김연수는 역시 도요타직기의 중국 칭타오靑島의 분공장에서 그를 조달했다. 20년에 걸친 도요타직기와의 거래관계, 상호신용이 도움이 되었다. 그는 직기를 분해한 것을 부분품 명목으로 중국에서 만주국으로 반입했다. 방기 3만 200추, 직기 1,129대를 갖춘 공장이 마침내 1942년에 준공을 보았다. 이 설비 규모는 경성방직 영등포공장과 거의 같아서, 남만방적공장은 경성방직공장을 복제증식한 거나 진배없었다.

전시하 물자가 핍박한 상황에서 수요처간 경쟁이 심했으나, 김연

대군의 척후

남만방적 정문 및 기관실

수는 총독부와 만주국의 당국자, 그리고 일본인 기업인과의 긴밀한 유대관계 덕분에 대공장을 설립할 수 있었다. 단순히 일본 제국주의자가 지원해서 설립할 수 있었다가 아니라, 김연수가 일본 제국주의자의 지원을 이끌어 냈다고 봐야 할 대목이다.

어렵사리 공장을 건설했지만, 인력확보 또한 어려운 문제였다. 고급기술자는 경성방직에서 데려왔으나 직공이 문제였다. 현지의 중국인을 채용해서는 공장가동이 어려웠기 때문이다. 따라서 한국인을 채용할 필요가 있었으나, 당시 만주에 거주하고 있던 한국인은 그 후보자로 적합하지 않았다. 한편에는 이주 농민들, 그리고 다른 한편에는 아편상, 매춘업자 등 일확천금을 꿈꾸고 유랑하던 자들이라는 두 부류의 한국인이 있었는데, 어느 쪽도 공장의 직공이 되기에는 적합하지 않았다. 이에 김연수는 1942년에 경성방직의 여공을 파견하고, 또 조선내에서 직공을 모집해서 데려갔다. 그리고 이것으로도 노동력이 충분히 확보되지 않자 만주 현지의 한국인 자녀들도 채용했다. 종업원 수는 약 1,300명이었다.

그는 인력확보의 방편으로 공장내에 학교를 부설했다. 회사는 이 부설학교에 초등부와 중등부의 과정을 설치해서, 초등부는 6개월을 1학년으로 하여 4학년을 마치면 졸업하는 것으로, 또 중등부는 1년을 1학년으로 하여 2학년을 마치면 졸업하는 것으로 했고, 그를 위해 직공의 계약기간은 2년으로 했다. 이 학교에서는 하루 4시간 수업을 했는데, 2시간은 근로시간을 12시간에서 10시간으로 줄여서 확보하고, 나머지 2시간은 직공이 개인시간을 내도록 했다. 교사는 경성방직에서 파견된 직원들이 겸하도록 했는데, 그들은 대학이나

대군의 척후

남만방적 직공들의 보건체조 광경

고등공업학교를 졸업한 자들이기 때문에 교사 역할을 하는 데 별 어려움이 없었다. 이렇게 되자 관리사원과 직공간의 관계는 '교사와 학생'의 관계가 되었고, 이것이 노무관리에 도움이 되었다. 이것은 훗날 우리나라 고도성장기에 직공들이 주간에 공장에서 일하고 야간에는 학교에서 중학교나 고등학교 과정 등의 학업을 이수케 한 산업체 병설학교에 해당하는 것이었다.[17]

　이렇게 직공까지 확보한 남만방적은 1943년부터 조업을 시작했다. 그러나 남만방적 역시 생산, 판매 모두 통제를 받아 그 사업은 일종의 임가공이나 다름이 없었다. 만주섬유공사라는 통제기관이 원면을 공급하고 생산제품을 지정하면, 남만방적은 제품을 만들어 납품했으며, 회사 고유의 상표나 판로도 없었다. 생산량은 한 달에 면사 20번수 기준으로 2,500곤, 직물은 5만 필 정도였는데, 조선에서 경성방직이 한 달에 면사 2,000곤, 직물 3만 필을 생산했으므로, 그보다는 규모가 컸다.

한편 경성방직은 조선내에서도 조면공장의 설립과 인수, 염색공장의 설치 등으로 사업을 확장했다. 중일전쟁 발발 이후 외국산 면화 수입이 거의 불가능해지자 방적업체간에 원면 확보전이 벌어졌다. 이에 총독부 당국은 생산 농가로 하여금 지정 방적공장에만 면화를 판매하도록 하는 공판제共販制를 시행했고, 각 방적업체에는 일정 지역에서의 면화수매권을 부여했다. 경성방직은 황해도 남천과 은율 등지에서 면화매수인으로 지정받아 조면공장을 세웠다. 남천공장은 1937년 11월에 조면기 10대로 출발했는데, 1940년에 16대를 증설했고, 그 후에도 조면기를 증설하여, 해방 당시에는 60대를 갖추고 있었다. 은율공장은 1939년 5월에 역시 조면기 10대로 출발했는데, 해방 당시에는 20대를 갖추고 있었다. 그리고 1943년에는 평양의 조면업체인 삼성면업사를 인수하였다.

그리고 1941년에는 염색가공공장의 설립에 착수했다. 이것은 전시기의 복장이 국방색으로 불리는 국민복으로 통일됨에 따라, 생지보다는 염색지가 필요해졌기 때문었다. 1934년에 방적공장의 부지로 매입해 두었던 시흥군 동면 독산리 부지에 염색표백가공공장을 건축하기 시작했다. 1942년 일본에서 정련기 3대, 침염기 22대, 수세기 4대 등의 중고설비를 사들였는데, 물자난으로 인해 1944년에야 공장을 준공할 수 있었다. 공장은 1945년 1월부터 가동되기 시작했는데, 400명의 종업원이 하루 400필, 월 4만 필의 제품을 생산할 수 있었다.[18]

이처럼 김연수는 몇 년 안 되는 사이에 경성방직 영등포공장과 비슷한 규모의 공장을 만주에 복제했으며, 또 조면공장, 염색가공공장도 설치했다. 이러한 급속한 사업 확장은 자금의 조달 문제를 야기했다.

2) 재무적 뒷받침

자금의 조달 실태를 밝히기 앞서, 자산의 변동내역부터 파악해 두자. 다음의 그림 7-6과 표 7-1에서 전시하 경성방직의 전반적인 자산구조의 변동을 보자.

1938년 11월~1944년 11월의 6년 사이에 경성방직의 총자산은 600만 엔에서 3,800만 엔으로 6배 이상 커졌다. 이중 일부는 1944년

그림 7-6 전시기 경성방직의 자산 구축

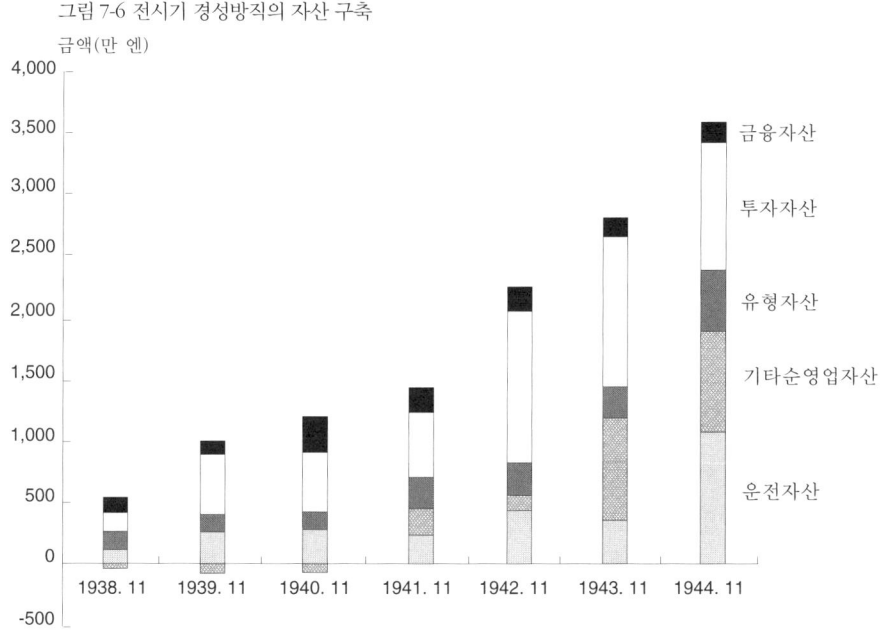

표 7-1 전시기 경성방직의 재무구조(단위 : 1,000엔)

		제23기 (1938.11)	제25기 (1939.11)	제27기 (1940.11)	제29기 (1941.11)	제31기 (1942.11)	제33기 (1943.11)	제35기 (1944.11)
영업 활동	운전자산	−1,652	−2,315	−2,571	−2,351	−4,384	−3,561	-10,836
	매입채무	102	287	226	140	9	86	0
	기타순영업자산	737	1,641	1,491	−2,193	−1,231	−8,440	−8,288
	순純영업자산①	−813	−387	−854	−4,530	−5,607	−11,916	−19,124
장기 자산 구축 활동	유형자산	−2,551	−2,425	−2,500	−2,567	−2,688	−2,558	−5,068
	투자자산	−988	−4,558	−5,196	−5,352	−12,470	−12,349	−10,492
	기타고정부채	20	150	290	780	1,330	1,043	913
	자기자본	3,650	4,468	7,607	8,290	11,249	11,527	15,199
	(자본금)	(2,800)	(2,800)	(5,000)	(5,000)	(7,500)	(7,500)	(10,500)
	순자기자본여유②	131	−2,364	201	1,152	−2,580	−2,336	552
금융자산③		−818	−849	−2,266	−2,054	−2,035	−1,587	-1,698
차입필요자금①+②+③		−1,500	−3,600	−2,918	−5,432	−10,221	−15,839	−20,269
차입금④		1,500	3,600	2,918	5,432	10,221	15,839	20,269
순차입금④−③		682	2,751	653	3,378	8,186	14,251	18,571

하기의 중앙상공 등의 합병에 의한 것이었지만, 나머지는 본래의 경성방직의 사업이 확장되어 그 자산 규모가 커진 것이었다.

그중 유형자산 규모는 1944년 중앙상공과 동광제사를 흡수·합병하기까지 거의 변동이 없었다. 남천, 은율에 조면공장이 설치되었으나 그 규모는 그리 크지 않았으며, 따라서 유형자산 금액에는 큰 변동이 없었다. 1944년에 중앙상공, 동광제사를 흡수·합병함으로 인해 유형자산 규모가 배가된 것이다.

반면 운전자산, 기타순영업자산, 그리고 투자자산이 급증했으며, 금융자산도 증가했다. 운전자산은 1938년 11월~1944년 11월 말에 900만 엔 이상 증가했다. 그 내역은 재고자산의 증가였는데, 특히 1942년 이래 생긴 일이었다. 전시인플레의 진행에 따라 원료, 재료 및 제품재고 등의 금액이 커졌고, 게다가 중앙상공 등을 합병하면서 그 재고자산이 더해졌기 때문이다. 따라서 이 운전자산의 증가는 명목상의 증가로 보아야 할 것이다.

가불금, 미수금 등의 기타유동자산에서 미불금, 가수금 등의 기타유동부채를 뺀 기타순영업자산은 1939년과 1940년에는 (−)를 기록하다가, 1941년부터 (+)로 반전하였는데(자산이 부채를 초과함), 특히 1943년경부터 급증했다. 이것은 주로 가불금의 증가 때문이었다. 가불금은 1943년 11월 결산시점부터 1,000만 엔을 넘었다. 이는 남만방적에 대한 가불금이었다. 경성방직은 남만방적에 대여금도 지원했고, 이것이 대차대조표상 가불금으로 잡혔다. 그리고 투자자산도 1939년부터 급증했다. 1938년 11월에만 해도 100만 엔 가량이었던 투자자산은 1942년 11월에는 1,200여만 엔으로까지 급증했다. 이것은 남만방적 주식이었다. 결국 경성방직은 남만방적에 출자금과 가불금을 합하여 약 2,000만 엔의 거금을 투자한 것이다.

한편 금융자산은 1939년까지 80만 엔대였다가 1940년에 200만 엔대로 올라선 후 일제 말까지 150~200만 엔 사이를 오갔다.

요컨대 전시기의 경성방직은 주로 남만방적의 설립운영으로 인해, 그리고 부차적으로 전시인플레에 의해 자산 규모가 급증했고, 그만큼 자금이 조달되어야 했다.

1938년 11월과 1944년 11월을 단순 비교해 보면, 총자산의 증가분 약 3,200만 엔에 대하여 자기자본 증가분 1,160만 엔과 부채 증가분 2,040만 엔이 대응하고 있었다. 경성방직은 이 기간 중 자기자본과 부채를 각기 위의 수치만큼씩 늘려 확장자금을 조달한 것이다. 그런데 이중에는 1944년의 중앙상공 등의 흡수·합병에 따른 자산과 부채, 자본의 동시 증가가 포함되어 있으므로, 이 부분만큼의 자금은 새로 조달할 필요가 없었다. 남만방적에 대한 출자금과 대여금, 그리고 인플레에 따라 증가된 운전자산만큼의 자금이 조달되어야 했다.

　　전시기의 자금조달구조를 나타낸 다음 그림 7-7에서 보는 것처럼, 자금은 대부분 차입금 및 자기자본으로 조달되었다. 매입채무와 기타고정부채는 그림에서 잘 보이지도 않을 정도로 자금조달원으로서의 비중이 작았다.

　　1938년 11월 말~1944년 11월 말 사이에 자기자본은 약 4.2배로 커졌고, 차입금은 13.5배로 커졌다. 차입금은 1938년 11월에 자기자본의 40퍼센트 정도에 불과했으나, 1944년 11월에는 그 130퍼센트로 되었다. 이처럼 전시기 확장의 주요 자금원은 차입금이었다. 남만방적 투자의 소요자금 2,200여만 엔은 1,400여만 엔의 신규 차입금과 800만 엔 가까운 자기자본 증가분으로 조달되었다. 확장 자금의 2/3 가까이가 차입금으로 조달된 것이다.

　　차입금은 1938년 11월에는 150만 엔이었으나, 1939~1940년까지 300만 엔 선으로 배증했고, 그 후 기하급수적으로 증가했다. 특히 1942년에는 1년 사이에 500만 엔 가까이 증가하여 2배가 되었고, 그

　　　　　　　　　　　　　　　　　　　　　　　대군의 척후

그림 7-7 전시기 경성방직의 자금조달구조

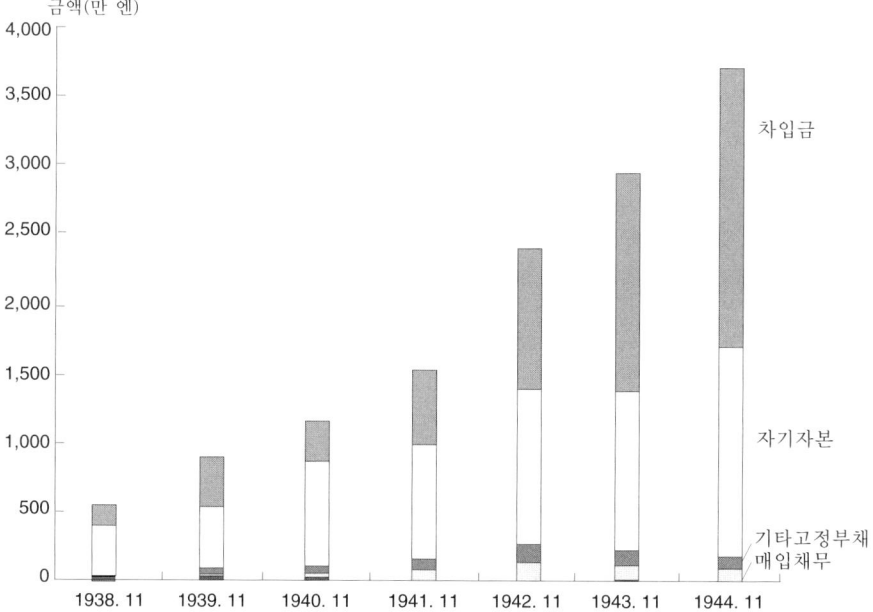

금액(만 엔)

후 1943~1944년에는 매년 500만 엔 정도씩 증가했다.

차입처는 주로 식산은행이었다. 해방 직전인 1945년 5월 말 식산
은행 차입금은 1,741만 엔, 조흥은행 차입금이 317만 엔이었다.[19]

그렇지만 자기자본도 1938년 11월~1943년 11월의 5년만에 365
만 엔에서 1,150여만 엔으로 약 3배나 급증했다. 이 시기 경성방직
의 사업 확장 속도가 워낙 빨라서 자기자본의 확충이 미처 따라가지
못한 것일 뿐, 자기자본 자체는 급증한 것이다.

790만 엔 가까운 자기자본의 증가분 중 470만 엔이 증자납입금이

고, 320만 엔은 이익유보금이었다. 회사는 1940년에 220만 엔의 자본금을 추가납입받은 데 이어서 1942년에 공칭자본금을 500만 엔 늘리고 그중 250만 엔을 납입받았다. 게다가 거액의 이익유보가 있었고, 이 점이 전시기의 새로운 양상이었다. 이 기간 중의 이익금 누계액은 750만 엔 가량인데, 이중 주주배당으로 250만 엔, 상여금기타로 17만 엔, 세금으로 160여만 엔을 지출하고, 나머지 320만 엔이 잉여금으로 유보되었다.

전시체제 이전의 경성방직이 크지도 않은 이익금을 전액 배당으로 소진했던 것과 달리, 전시기의 경성방직은 거액의 이익을 얻고 그 40퍼센트 정도를 유보하여 확장자금으로 사용했다. 전시체제 하의 고수익성이 확장을 가능케 한 또 하나의 요인이었던 것이다. 이 점은 1930년대의 조선방직이 이익금을 확장자금으로 사용했던 것과 비슷하다.

이제 경성방직은 차입경영체제에 들어갔다. 부채비율은 1937년 11월 말의 107퍼센트로부터 1943년 11월 말 162퍼센트, 1944년 11월말 151퍼센트로 높아졌다. 무엇보다도 경성방직은 더 이상 자기자본으로 고정자산을 감당하지 못하게 되었다. 유형자산과 투자자산 등 본연의 고정자산 외에도 가불금 중 대부분이 남만방적 지원을 위한 대여금으로서 사실상 고정자산이었다. 1943년 11월 말의 가불금은 1,010만 엔이었다. 여기에 유형자산과 투자자산 합계액 1,500만 엔을 더하면 장기자산금액이 약 2,500만 엔에 달하여 그에 대한 자기자본 부족분은 약 1,200만 엔이 넘으며, 영업활동상 부족자금이 200만 엔이어서, 1,400여만 엔의 차입금이 필요했다. 경성방직은 이

제 차입금 없이는 사업을 영위할 수 없게 되었다.

이러한 대규모 차입은 다시 한 번 조선방직의 경우와 대조적이다. 다음 표 7–2에서 보면, 조선방직은 유형자산을 1938년 11월~1944년 11월 말에 500만 엔 가량 늘렸다. 기계기구 금액은 거의 변하지 않았으나, 부동산이 2배가 되었고, 또 건설 중인 자산이 200여만 엔 생겼다. 이것은 조면공장과 메리야스공장 등을 건설했기 때문이다. 그리고 투자자산은 같은 기간 중 200만 엔 가량 늘었다. 그 내역은 1939년 3월에 설립된 면업 관련 상회사 조방상사朝紡商事주식회사(최초 납입자본금 20만 엔) 지분과 잉커우營口방직에의 추가 출자분이었다.

조선방직은 고정자산을 모두 700만 엔 정도 늘렸던 바, 이 자산 증가분을 자기자본 증가분으로 넉넉히 감당하고 있었다. 고수익과 더불어 이익잉여금이 1937년 11월 말 440만 엔에서 1944년 11월 말에 1,260만 엔으로 급증하였고 125만 엔의 증자납입이 더해짐으로써, 자기자본이 이 7년간 총 1,070만 엔이나 증가했기 때문이다. 오히려 고정자산을 감당하고도 남는 자기자본의 여유분이 종전의 100만 엔대에서 1940년대에는 500만 엔 정도로 커졌다. 그리고 400만 엔이 넘던 운전자금 부담도 없어졌다. 조선방직은 이미 1930년대 말에 무차입 상태로 전환했고, 1940년대에는 수백만 엔대의 순금융자산을 보유하고 있었다.

전시체제 이전에 이미 안정적인 재무구조를 확보한 조선방직이 여유있게 사업을 확장할 수 있었던 반면, 전시기 직전에 방적공장을 건립하고 전시기에는 남만방적을 설립하는 등 급속히 사업을 확장한 경성방직은 자본금의 추가납입에, 그리고 차입에 숨가빴다.

표 7-2 전시기 조선방직의 재무구조(단위 : 1,000엔)

		제42기 (1938.11)	제44기 (1939.11)	제46기 (1940.11)	제48기 (1941.11)	제50기 (1942.11)	제52기 (1943.11)	제54기 (1944.11)
영업 활동	운전자산	-8,012	-8,489	-9,838	-12,084	-18,237	-29,373	-27,600
	매입채무	6,840	8,140	10,360	11.869	17,750	37,000	38,600
	기타순영업자산	-3,032	-3,844	-5,281	-4,302	-3,487	-9,469	-9,599
	순純영업자산	-4,204	-4,193	-4,758	-4,516	-3,973	-1,841	1,401
장기 자산 구축 활동	유형자산	-4,301	-4,271	-5,026	-6,044	-7,289	-8,425	-9,413
	투자자산	-5,966	-7,226	-7,390	-7,550	-7,677	-8,014	-7,772
	기타고정부채	625	812	1,023	1,318	1,424	1,657	1,908
	자기자본	13,285	15,267	17,534	18,558	19,146	19,763	20,093
	순자기자본여유	3,643	4,583	6,141	6,282	5,603	4,982	4,816
금융자산		-639	-779	-1,382	-1,766	-1,630	-3,140	-6,217
차입필요자금		-1,200	-389	0	0	0	0	1
차입금		1,200	389	0	0	0	0	0
순차입금		561	-391	-1,382	-1,766	-1,630	-3,140	-6,217

그렇지만 대규모 차입에 따르는 금융비용이 수익성에 부담이 되지 않았다. 이것은 우선, 차입금이 일제 말, 그것도 1942~1944년이라는 짧은 기간에 급증했기 때문이다. 차입금은 남만방적 설립 이후 공장건설이 진행되고 조업이 시작됨과 더불어 단계적으로 증가했다. 차입금이 급증한 것은 1942년부터였으며, 따라서 그것이 경영에 부담이 되기에는 아직은 시간이 일렀다.

또 경성방직이 부담하는 금리도 1930년대 중엽 이후 대폭 인하되었다. 차입금리는 1934년경 9퍼센트 가량이었으나, 1937년 상기에

7.2퍼센트로 내려갔고, 1938년 하기에는 5.2퍼센트로 내려갔으며, 그 후에는 4~5퍼센트를 오갔다.[20] 전시기의 이 금리는 1938~1939년 경에는 식산은행의 평균대출이자율보다 낮아 다분히 특혜성을 띠고 있었다. 그 후 전시금융통제가 이루어지면서 식산은행의 모든 대출금이 정책대출로 이루어졌고, 경성방직은 그를 적용받게 되었다.[21]

따라서 전시기에 들어오면서부터 경성방직이 금융면의 특혜를 보

그림 7-8 전시기 경성방직의 차입금리

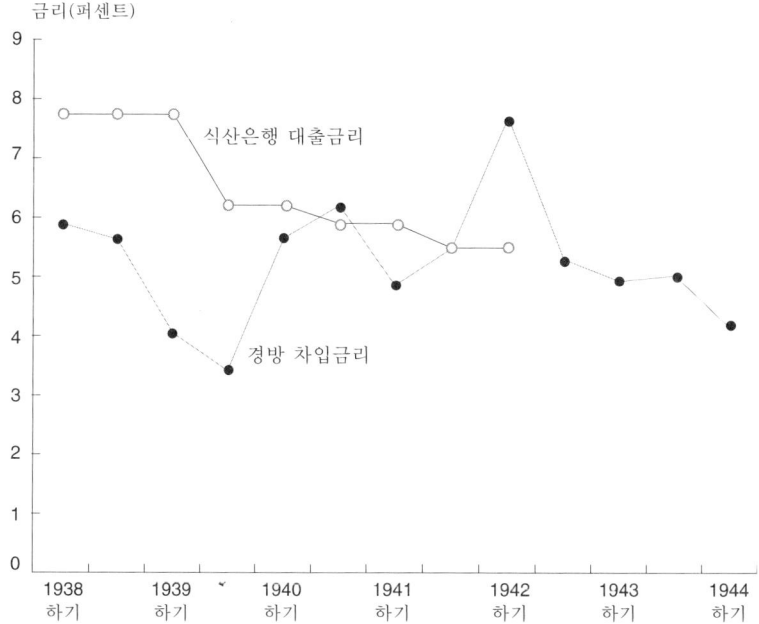

주 : 경성방직의 차입금리 계산시 기중평균 차입금은 기초 차입금액과 기말 차입금액의 단순 평
　　균값으로 구했음.
자료 : 《경비내역장》 ; 《총계정원장》 ; 《식산은행 영업보고서》.

앉다고 하겠다. 회사의 차입금리는 1934년까지는 식산은행의 평균 대출이자율보다 높았으며, 1937년 상반기에 이르러서야 그 평균금리보다 다소 낮아졌다. 따라서 전시기 이전에는 경성방직이 그 대가(시장이자율)를 지불하고 금융을 제공받았다고 보아야 할 것이며, 단순히 경성방직과 식산은행의 거래 사실만 갖고서 경성방직에 대한 일제의 정책적 지원을 강조하는 것은 잘못이다. 경성방직이 금융 면에서 정책적 지원을 받은 것은 전시체제 하에서의 일이었으며, 그 혜택은 경성방직의 차입 규모가 급속히 확대된 1942, 1943년경부터 특히 컸다고 하겠다.

절정, 그리고 붕괴

1) 사업의 일대 제국

김연수의 사업 확장은 남만방적(주)의 설립에 그치지 않았다. 그는 지주경영회사 삼양사를 통해 만주에서 대대적으로 농장사업을 펼쳤으며, 또 새로 맥주회사와 삼림개간 회사를 인수해서 경영했다.

그는 남만방적 설립 전부터 만주에서 개간사업 형태의 농업투자를 대대적으로 진행했다. 이것은 1935년경부터 시작되었다. 그는 사전 답사차 수차례 삼양사 직원을 파견하여 만주 사정 전반을 조사하게 했고, 그를 토대로 만주에서 쌀농사가 타당성이 있다고 결론을 내렸다. 그는 특히, 요하의 하구인 잉커우 지방, 그리고 펑톈奉天, 지린吉林 두 성의 경계에 있는 반석盤石 일대가 사업지로 적절하다고 결론을 내렸다.

그는 1936년 12월에 사업의 본격적 추진을 위해 경성방직 펑톈출장소 옆에 삼양사 펑톈사무소를 설치했으며, 1937년 2월부터 본격적으로 농장조성에 착수했다. 우선, 잉커우 지방에 천일농장을 개설했다. 천일농장은 처음에 이주 가구 200여 호를 모집해서, 가구당 황지 3정보씩 개간을 맡겼다. 그리고 2월부터 개답開畓을 위한 입목 제거 작업에 착수해 가을까지 마치고, 이듬해부터 본격적인 농사에 들어갔다.

그해 9월에는 심해審海 철도를 따라 펑톈성 깊숙한 내륙지 하이룬海龍으로 진출해 반석농장을 개설했다. 반석농장은 220가구를 모집해 1937년 9월에 개답작업을 시작해서 2개월 만에 700여 정보의 개간을 완료했다. 이 개답작업이 초단기간에 완료된 것은 만주 각지에서 개답작업을 해 본 경험이 있는 농민들을 투입했기 때문이다.

천일농장과 반석농장의 개답작업 성공은 김연수와 삼양사 직원들에게 만주에서의 농장사업에 자신감을 갖게 했다. 그래서 김연수는 이듬해인 1938년에도 농장 개설을 계속했다. 그는 인근 마이허커우梅河口 지대에 매하梅河농장을 개설해서 개답작업에 들어갔고, 역시 인근 휘난輝南 지역에 교하蛟河농장을 개설했으며, 1940년에는 그 북쪽 내륙지인 지린성 하구대下九臺에 구대九臺농장을 개설했다. 그리고 그는 하이룬 인근에 개설된 여러 농장에서 수확된 벼의 수집, 운반, 정백, 판매 등의 지원 업무를 수행하기 위해 1938년 11월에는 하이룬의 바로 옆 산성진山城鎭에 삼양사 출장소를 설치했다.

표 7-3 삼양사의 만주 농지 개간사업

농장명	소재지	농장개설/ 농사개시	규모	비고
천일농장	펑톈성 잉커우	1937/1938	1,785정보	
반석농장	펑톈성 하이룬	1937/1939	700정보	
매하농장	펑톈성 마이허커우	1937/1939	380정보	
구대농장	지린성 하구대	1938/1939	400정보	동광학교에 기부
교하농장	펑톈성 휘난	1938/1939	400정보	
다붕농장	빈강성 솽청현	1943/1944	177정보	남만방적 종업원의 식량자급
합계			3,822정보	

이처럼 김연수는 발해만의 교통 요지 항구에서 출발하여 철도를 따라 점점 내륙으로 진출했다. 초기에는 남만주 일대에서 사업을 벌였으나, 나중에는 만주국 중심부인 수도 신징 너머 북부 깊숙한 지역으로까지 들어갔다.

삼양사는 농장 개간을 담당할 이주민을 모집하면서 매가구당 황지荒地를 3정보씩 제공했다. 첫 해에는 소작료 없이, 주택과 가구, 농기구, 볍씨 값을 제공하고, 추수까지의 10개월분 생계비를 대주고, 의료 및 교육시설, 기타 잡비를 제공했다. 이 선대금先貸金은 추수 후 상환하기로 되어 있었다. 매하농장의 경우 황지와 숙지熟地를 묶어서 각기 1.5정보, 1정보씩 제공했는데, 이 경우는 선대금을 적게 지불했다. 농민은 겨울 끝 무렵에 나무와 잡초를 제거하고 논두렁을

그림 7-9 만주에서의 사업 확장

⑦ 다붕농장

하얼빈

⑥ 구대농장

신징

교하농장

하이룬

평톈

⑧ 삼척기업

반석농장 ②

매하농장 ③

⑤ 남만방적

쑤자툰

①천일농장

잉커우

안둥

한국

동해

주 : 번호는 설립 순서

쌓고 용수로를 파서 논을 풀어 봄부터 농사를 시작했다. 가을에 추수가 끝나면, 농민은 수확한 벼를 판 대금에서 회사의 선대금을 갚고, 남은 돈으로 다른 곳의 토지사용권을 얻어 떠나든지, 아니면 이듬해에도 삼양사의 농장에서 계속 경작할 수 있었다. 후자의 경우 소작료는 3·7제(농장이 3, 농민이 7)로 했다.

개간 후 수확이 제대로 나올 것인가가 문제였을 터인데, 애당초 수확을 제대로 낼 수 없는 토지가 아니라면, 회사는 첫 해 농민에게 지급하는 선대금 정도의 리스크를 지고 개간을 할 수 있었고, 농민은 농민대로 첫해의 생활은 보장받는 셈이었다. 천일농장의 경우 농민들이 첫해에 가구당 880엔의 수입을 올려, 그중 선대금 340엔을 갚고도 540엔을 손에 쥘 수 있었다 한다.

추수 후 천일농장의 모습

이로써 이 개간방식은 유효한 것으로 판명되었다. 첫 해부터 수확이 제대로 나온 천일농장은 해마다 논을 새로 풀어 농장을 확대해 갈 수 있었다. 200호, 600정보로 출발한 천일농장은 일제 말에는 600여 호에 1,785정보로 성장했다. 또 교하와 구대 두 농장도 매년 1만 2,000~1만 6,000석의 벼를 수확했다.

그밖에도 김연수는 삼척기업三拓企業과 오리엔탈비어를 인수해 새

대군의 척후

로운 사업을 시작했으며, 한국인 교육기관인 동광학교東光學校를 인수해 확장했다.

그는 1940년 1월에는 삼척기업을 인수하여 원시림을 벌채하여 농지로 개간하는 산림개간사업도 시작했다. 사업지는 함경북도의 국경도시 무산에서 50리 정도 떨어진 북간도의 화룡현 대마록구의 원시림 3만 정보였다. 본래 한 한국인이 만주국 정부로부터 산림벌채를 인가받았으나, 자금과 노하우 면에서 실제 추진 능력이 없어 사업에 착수하지 못하고 있었다. 그로부터 사업권을 인수하라는 제의를 여러 차례 받은 김연수는, 그것이 산림개간사업이라는 새로운 분야로서 농지개간 뿐 아니라 목재 벌채도 겸할 수 있다고 판단해 회사를 인수했다.

인수금은 만주국 화폐로 100만 엔이었다. 회사를 인수한 것은 1월이었으나, 개간을 위한 벌채 적기인 가을이 지났기에 1년 가까운 시간을 보낸 후, 1941년 3월에 사업에 본격 착수해 개간을 담당할 150호를 모집해 이주시켰다. 양곡 조달을 위해 부분 개간 후 벼농사를 시작했으나, 추위가 빨리 와 3년 동안이나 수확에 실패했다. 지역에 맞는 농사법을 연구한 끝에 새 농사법을 개발하여 적용한 1944년 후에야 농사에 성공했다. 그해 가을에 삼림을 벌목하여, 겨울에 눈을 이용해 목재를 웅덩이에 모아 놓았다가, 여름 홍수철이 오면 뗏목으로 묶어 두만강으로 흘려 내리고, 이것을 함경도 회령에 집결시켜 제재소에 넘기는 계획에 따라 작업을 진행해갔다. 그는 이 사업에 300만 엔을 투입했으나, 그해 8월 15일 일제의 패망으로 한 푼도 회수하지 못했다.

또 김연수는 하얼빈에 있는 오리엔탈비어도 인수했다. 이 회사 역시 한국인이 경영하다가 어려움에 처해 있었는데, 1940년 3월 인수 간청을 받은 김연수는 이를 만주국 화폐로 15만 엔에 인수했다. 이 회사는 근근히 채산을 맞추다가 8·15를 맞았다.

한편 그는 재정 부족과 학생들의 비정규학교 기피로 어려움을 겪던 펑톈의 한국인 중등교육기관 동광학교가 1940년 말에 도움을 요청하자, 학교를 인수해 구대농장을 기부하고 시설과 교원을 확충하여 정규 학교인 동광중학교로 승격시켰다.

이 사업체들을 총괄한 기구는 삼양사의 펑톈사무소였다. 이 사무소는 1937년 3월에 현판을 내건 이후, 각 농장과 남만방적, 삼척기업, 오리엔탈비어, 삼양상회 등 계열회사를 지휘 감독하는 키 스테이션이 되었다.

김연수는 이제 '조선 제1의 사업가'로 등극했다. 일례로 그는 방대한 사업을 꾸리기 위해 식산은행으로부터 3,000만 엔을, 만주흥업은행으로부터 1,200만 엔, 도합 4,200만 엔을 차입했던 바, 그에 견줄 만한 다른 한국인 사업가는 없었다.[22] 이처럼 대규모 차입을 하게 된 것은 워낙 초고속으로 사업을 확대했기 때문이다. 꾸준한 수익을 낸 삼양사와 더불어 큰 수익을 내기 시작한 경성방직은 이윤을 내부유보하고 또 거액의 증자를 했지만, 거액의 차입도 해야 했다.

김연수에게 일제 말의 수년간은 사업 확장의 절정기로서 '가장 보람차고 다사다망한 시기'였다. 그는 쉴 새 없이 "오늘은 경성방직에, 내일은 삼양사 관할 농장에, 모레는 만주 남만방적에, 그리고 다시 일본으로, 중국으로 동분서주"했으며, 그러한 "바쁜 나날 속에서 생의 의의와 보람을 느꼈다."[23]

그 활동의 중심지는 만주였다. 김연수는 자산의 절반 가량을 만주에 두고 있었다. 남만방적은 설비 규모로 보아 경성방직보다 약간 더 큰 회사였고, 만주의 농장 토지면적도 조선내 농장 면적보다 컸으며, 삼척기업, 오리엔탈비어는 조선내의 중앙상공이나 동광제사에 견줄 만했다.

표 7-4 일제 말 김연수 사업의 지역별 구성

업종		국내	국외
방적업	업체명	경성방직(주)	남만방적(주)
	방추수	2만 5,600추	3만 200추
	직기대수	896대	1,129대
농장경영(논 면적)		장성농장 등 8개 농장 2,500정보	천일농장 등 6개 농장 3,822정보
기타		중앙상공 동광제사	삼척기업 오리엔탈비어

이러한 김연수의 대대적인 만주 투자에 대해 그의 형 성수는 반대했다고 한다. "일본인들을 따라다니며 사업을 할 것이 무엇이냐는 것"이었다. 그러나 그때 김연수는 "한창 사업에 대해 자신이 생겼을 때요, 사업의욕이 번성할 때라 형의 말을 듣지 않았다. 또 총독부는 조선에 사업허가도 안해 주어 자연 만주로 진출할 수밖에 없었다."[24]

"김연수의 사업관, 인생관, 황금관"
-1940년 5월호 《삼천리》와의 인터뷰-

질문자 = 선생께서 경영하시는 경성방직과 내지인들이 경영하는 가네 보라든지 기타 다른 방적회사와의 경쟁관계는 어떻습니까?

김연수 = 지나사변支那事變(=중일전쟁) 전에는 혹 있었다고도 볼 수 있으나 사변 이후부터는 원료 부족으로 피차 곤경 중에 있으니까 시장쟁탈전이 있을래야 있을 수도 없습니다. 그리고 사변 전에도 우리 경성방직과 다른 방적과는 그 자본이든지 시설, 규모 등에 대소의 차이가 있기 때문에 큰 회사에서는 큰 규모와 큰 시설로 하고, 적은 회사에서는 적은 규모와 적은 시설로 하는 관계상 양자간에 대립적 시장쟁탈전이 일어나지 않았습니다. 피차 세력이 비등해야 거기에 쟁탈전이 일어나기도 쉬운 것이기 때문에 아직까지 그러한 경험은 별로 없습니다.

질문 = 전번 선생께서 펑톈에 있는 동광중학교가 재력이 없어 폐문閉門하게 될 것을 50만 엔이라는 거금을 의연하셔서 부활시켜 주신 일에 대해서는 재만在滿동포는 물론 재내在內(=在日-인용자)동포까지도 감격과 함께 경하하여 마지않습니다.

김 = 도리어 부끄럽습니다. 사실 내가 남을 도와 준 것이 아니고, 내가 마땅히 해야 할 내 일을 한 것이니 칭찬이란 당치 않은 일이지요.

질문 = 조선색이 흐르는 독특한 대학을 하나쯤 창설하려는 포부와 구도를 가지고 계시지 않습니까?

김 = 이거 너무 큰 문제를 끄집어 내십니다. 아직까지는 그럴 생각은 없습니다.

질문 = 선생께서 만주국 영사의 자리에 앉으셔서 보실 때 재내동포가

대군의 척후

재만동포를 위해서 어떠한 원조를 해 드렸으면 하고 기대하신 것이 있습니까.

김 = 만주에는 조선인에 적합한 교육시설이 부족하기 때문에 재내동포의 재산가들이 거금을 희사하여 교육기관을 많이 설립하여 주었으면 하고 기대합니다.

질문 = 선생께서 학생시대에 품으셨던 이상과 현재 가지신 이상과의 상위相違부터 말씀해 주셔요.

김 =학생시대부터 품은 내 포부와 이상은 장래 훌륭한 실업가가 되어 보겠다는 것이었습니다. 지금도 역시 그 이상을 가지고 매진하기 때문에 이를테면 초지를 관철하고 있는 셈이죠. 정치나 교육은 본래부터 안중에 없었습니다. 그러던 것이 지금 와서는 생각지도 않은 정치에도 관계하고 교육에도 관계하고 있나 봅니다.

질문 = 인생은 어떠한 길을 걸어야 한다고 보십니까.

김= 우리는 자기라는 것을 떠나야 합니다. 그리고 내 안중에 사회라는 것이 보여야 하고, 국가라는 것이 보여야 합니다. 멸사봉공滅私奉公이 우리 진로의 근본 문제일 것입니다.

질문 = 선생의 황금관을 들려주시면 고맙겠습니다.

김 = 돈이 우리의 목적은 아니고 그 돈을 어떻게 잘 써야 할까 하는 것이 우리의 목적이 되어야 할 것입니다.

그는 1943년에도 만주에서의 사업에 대해 다음과 같이 확신을 피력했다.

그 인내력이 풍부한 정신과 그 저항력이 강한 체력과 기후풍토의 근사한 점 등으로 보아 조선인의 만주국 진출은 장래 더욱 유망하다고 생각되며, 일만日滿 양국 정부에서도 만주국 제諸민족 협화協和의 핵심이 될 일본 내지인에 준하여 조선인을 취급하게 된 오늘에 이르러 그 전도는 더욱 양양洋洋하다고 할 수 있다.[25]

당시 만주는 "야망에 불타는 군인과 관료 엘리트, 만주철도회사 조사부와 같은 세계 최대의 두뇌집단, 관동군, 만주군, 마적, 장개석군, 팔로군, 한국계 독립군, 첩자, 아편 밀매자, 사기꾼 등 온갖 모습의 인간 군상들이 기회를 찾아 좌충우돌하던 '동양의 서부'였다."[26] 그곳에 거액을 베팅하여 사업의 일대 제국을 건설한 김연수는 만주를 누비고 있던 야심가들의 최정점에 있었다.

그러나 이 시기 김연수는 단순히 사업가로만 머물지 않았다. 아니, 그럴 수가 없었다. 학창시절 이래 '훌륭한 실업가'가 되려 한 그는 사업가의 길을 20년 가까이 걸어왔다. 그는 사업을 위해서 총독부 당국자의 승인과 협조를 얻어야 했고, 실제로 그렇게 했다.

예컨대 그가 직접 관여한 것은 아니지만, 초기 경성방직 경영진은 보조금을 받기 위해 총독부 당국자를 설득하여 그 협조를 끌어냈다. 그가 방적공장을 세울 때에는 당초 시흥에 공장 건설을 추진하여 당국자와 교섭을 하다가 허가를 받지 못하자, 영등포공장내에 설치하

대군의 척후

는 것으로 동의를 얻었다. 남만방적을 설립할 때에도 조선내 공장 확장은 어려우니 만주 쪽에 공장을 설립하라는 총독부 당국자의 권유에 따랐고, 또 만주국의 일본인 관리와 교섭하여 회사 설립 허가를 받았으며, 공장을 건설할 때에는 자재를 확보하고 운반하는 데서 만주국과 조선총독부 관리의 결정적 도움을 받았다. 그리고 삼양사가 함평군과 고창군에서 대규모 간척사업을 할 때에도 당국의 승인을 받아야 했는데, 그는 교섭을 통해 당국자의 협조와 지원을 얻어냈다.

그러나 이제는 김연수가 협조할 차례였다. 총력전을 펼쳐야 했던 일제는 그를 포함한 수많은 한국인들에게 협력을 요청하고 강요했다. 그 자신 조선 제1의 사업가였으며, 또 명망있는 유지인사의 동생인 그는 최우선적으로 협력해야 할 위치에 있었다. 그는 다음 표 7-5에서 보는 것처럼, 일제가 제안하거나 강요한 각종 공직과 단체의 간부직을 맡아 일제의 전시총동원에 협력했다.

소장 기업가이던 1933년 경기도 관선 도평의회 의원에 임명된 바 있던 그는 조선방적공업연합회의 회장으로서 1938년 시국대책조사회의 위원으로 선임되었고, 1939년에는 서울 주재 만주국 명예총영사직을 맡았으며, 1940년에는 중추원 칙임 참의로 지명되었다. 그는 또 박흥식, 한상룡 등의 기업가들과 더불어 국민정신총동원조선연맹과 임전보국단의 이사가 되었으며, 국민총력조선연맹의 후생부장으로 선임되었다. 일례로 그는 1941년 8월에 박흥식, 민규식, 고원훈 등 다른 한국인 간부들과 일본을 위해 무엇을 할 것인지 협의하고, 일본군 장군과 총독, 정무총감을 방문해 자문을 구하였다.[27] 그

표 7-5 김씨 형제의 전시 협력

	구분	내역
김연수	공직	경기도 관선 도평회 의원(1933) 만주국 명예총영사(1939) 중추원 칙임 참의(1940)
	단체가입	시국대책조사회 위원(1938) 국민정신총동원조선연맹 이사 국민총력조선연맹 이사(1940), 동 후생부장(1942) 조선임전보국단 상무위원(1941)
	국방헌금, 전시채권 매입 기타	50만 엔 =(1930.10 육해군 19만 엔, 1939.4 청년훈련소 건립기금 4만 엔, 1941.8 임전보국단 10만 엔, 1942.1 비행기 헌납 10만 엔 등) 임전대책협의회 가두채권찬매(1941.9.7)
	국책회사 관여	조선비행기주식회사 주주(출자금 25만 엔) 및 이사 조선항공공업주식회사 주주(출자금 10만 엔)
	학병 및 지원병 권유	일본 메이지대학 학병권유 유세(1944.1)
	신문잡지 기고·방송강연	〈만주개척민의 동아 신걸설에의 참여〉(1942 라디오 방송) 〈일억일심〉(매일신보 1944.1.14) 〈조선의 학도들 빛나는 내일에 입대하라〉(경성일보 1944.1.19)
김성수	단체가입	국민정신총동원조선연맹 이사(1938) 국민총력조선연맹 이사(1940), 동 총무위원(1943) 흥아보국단 준비위원(1941)
	신문잡지 기고·방송강연	〈문약의 기질을 버리고 상무의 기풍을 조장하라〉(매일신보 1943.8.5) 〈대의에 죽을 대, 황민의 책무는 크다〉(매일신보 1943.11.6) 〈황국신민의 연성에 매진해야 한다〉(경성일보 1943.11.26) 〈군인원호사업에 한층 분발하라〉(매일신보 1944.1.22)

자료 : 반민족문제연구소, 《친일파 99인》 1~3, 돌베개, 1993 ; 민족정기를 세우는 국회의원모임 사이트 ; 《大陸の開拓と半島同胞》, 鮮滿開拓株式會社, 1942 ; 송건호, 《한국현대사론》, 1979 ; 김삼웅, 《친일파 100인 100문》, 1995 ; 《반민특위 김연수 피의자신문조서(1949.1.28)》.

는 경성방직으로 하여금 1938년 10월 이래 1942년 1월까지 50만 엔의 국방헌금을 내도록 했다. 그밖에도 학병권유 연설회에 연사로 참가했으며, 한국인의 전쟁 협력을 촉구하는 신문기고문을 쓰거나 방송 강연을 했다.

그의 형 김성수 역시 일제의 전시총동원에 연루되었다. 그는 여러 전시총동원 단체의 간부에 선임되었으며,《매일신보》와《경성일보》 등에 학병 지원을 권유하는 논설을 기고했으며, 학병출진장행회壯行會에 참석했다.

그러나 그들이 진정 열성을 갖고 시국단체의 임원직을 맡고 학병 권유 활동을 한 것으로 보기는 어렵다.[28] 예컨대 김성수의 신문기고문은 그가 청년학생들을 전쟁으로 내몰았다는 유력한 증거로 간주되지만, 그는 기자가 쓴 논설에 자신의 이름이 올라간 것일 뿐이라고 훗날 항변했다. 그가 보성전문 학생들의 학병출진장행회學兵出陣壯行會에 참석한 것도 학교 교장인 그로서는 당연한 일이었다. 그가 이광수처럼 학생들의 '성전聖戰 참여'를 적극 선동했다는 것은 확인되지 않는다. 그는 거듭되는 협력 요구에 칭병稱病을 하고 경기도 전곡의 농장에 칩거하며 학교에도 나오지 않았다.[29] 친일파를 '자진적으로 나서서 성심으로 활동한 자'와 '피동적으로 끌려서 활동하는 체한 자'의 두 그룹으로 나눈《친일파 군상》(1948년 간행)이라는 책자에서도, 김성수는 후자 중 '박해를 면하고 신변의 안전, 지위·사업 등의 유지를 위해 부득이 끌려 다닌 자'로 분류되었다.

김연수도 자신의 의사와 상관없이 총독부 관계자가 공직임명을 통보한 것이며, 자신은 경기도평의회에는 임기 동안 한 번도 출석하지 않았고, 중추원 회의와 국민총력연맹 간부회의에는 두세 번 가긴 했으나 한 번도 발언하지 않았다고 진술하였다.[30] 재판에 증인으로 출석한 관계자들도 이 진술이 사실임을 증언하였다.[31] 시국단체 가 입이나 국방헌금은 실업계에서의 김연수의 비중상 거부하기 어려웠다. 예컨대 조선군 사령부의 참모장이 그와 민규식을 불러 조선비행기주식회사의 주식 1만 주 인수를 요구하고 자금(25만 엔)은 식산은행에서 대출받도록 조치해 놓은 이상 그 출자는 피하기 어려웠다. 이것은 현대 한국의 전두환 군사독재정권시대에 한 대표적인 재벌 기업인이 "편하게 살기 위해" 정치자금을 바쳤다고 훗날 청문회에서 증언한 것과 유사하다.

일제 말 보성전문 학생들의 군사교련 광경

대군의 척후

물론 김연수가 일본의 침략전장이던 대륙에 대대적으로 투자한 것은 강요에 따른 것이 아니었다. 그것은 자발적인 사업 확장 욕구에서 나온 것이었다. 그것은 일제에 협력하겠다는 의사의 유무와는 상관없이, 기업가의 야성적 충동이 표출된 것이었다.

그 투자의 전제는 대동아전쟁에서 일본 제국주의가 승리하여 대동아공영권이 수립되는 것이었다. 대동아공영권이 수립되어야만 그의 사업은 존속하고 발전할 수 있었다. 따라서 그는 재산에 더해 명예와 위신까지 모든 것을 걸고 일제의 대동아전쟁에 투신한 셈이었다. 일본이 승승장구하는 한 이 투신의 보상은 컸다. 그는 사업의 일대 제국을 건설하고, 조선 제1의 사업가로 등극했다. 그의 베팅은 일단은 맞아떨어졌다.

그러나 이 베팅은 계속할 수밖에 없는 것이었다. 그것은 상당히 벌었다고 해서 중도에 그만두고 빠져나올 수는 없는 것이었다. 갈수록 판돈이 커질 뿐이었다. 혹시라도 일본이 진다면, 대동아공영권이 신기루로 판명된다면, 그는 많은 것을 잃게 되어 있었다. 그러나 그 가능성, 위험은 그를 포함해 누구라도 감지하기 어려웠다. 한국인들은 가깝게는 만주사변 이래, 멀리는 청일전쟁 이래 일본이 매번 전쟁에서 이겼다는 사실을 너무나도 생생하게 경험했고 기억하고 있었기 때문이다.

2) 붕괴, 그 후일담後日譚

그러나 정말 예기치 않게, 도둑같이 해방이 닥쳤다. 일본의 항복으로 전쟁이 끝났고, 한국은 해방되었다.

일제의 패망과 더불어 김연수는 큰 낭패를 보았다. 일제의 패망은 곧 제국 전역에 걸친 그 사업의 제국이 붕괴됨을 뜻했기 때문이다. 일본군이 중국 대륙에서 철수하는 것에 뒤따라, 그도 거대한 방적공장, 6개의 대농장, 드넓은 삼림벌채지를 버려두고 만주에서 빈손으로 철수할 수밖에 없었다. 이로써 그는 재산의 절반 이상을 상실했다.

또 경제질서의 변화도 그에게 타격을 주었다. 일제는 지주소작제를 용인했지만, 독립된 한국정부는 그렇지 않았다. '경자유전耕者有田'은 누구도 부정할 수 없는 사회적 합의여서, 지주소작제는 더 이상 용인될 수 없었다. 거대 지주경영을 효율적으로 영위하던 삼양사는 그 사업을 잃고, 무無에서 다시 시작해야 했다.

더욱이 그는 명예에도 손상을 입었다. 그는 각종 공직취임, 시국단체 임원직 수락, 국방헌금 등의 행적으로 인해 일제의 협력자요, 친일파라는 멍에를 지게 되었다. 좌익노동운동의 거점이 된 경성방직에서는 노조원들이 그를 배척했고, 결국 그는 사장직을 포함해 이사직까지도 내놓아야 했다. 특히 1948년 12월 반민족행위자처벌특별법이 공포된 후, 반민특위는 1949년 1월 21일 그를 반민족행위자로 체포하고 구속 기소했다.

그는 5개월만에 무죄판결을 받았으나, 이미 재산도, 명예도, 사업도 크게 잃은 뒤였다. 그리고 6·25가 터졌고, 휴전 후 다시 기업활동을 할 수 있기까지 시간이 마냥 흘러갔다. 기업가로서의 절정기 40대를 지난 그는 어느덧 50대 후반이 되었다. 그의 정신적 지주였던 형 김성수마저 그 곁을 떠났다. 해방 후 암살당한 친우 송진우를 대신해 한민당 당수역할을 한 그는 1951년 이승만정부에서 야당 출신 부통령에 당선되었지만, 60을 갓 넘긴 나이에 곧 병마가 들었고 1955년 거인ㅌㅅ의 삶을 마쳤다.

김연수는 그간 쌓아온 것을 대부분 잃고 새로 시작해야 했다. 그는 1950년대에 식품업을 삼양사의 새로운 사업분야로 택해, 설탕과 밀가루제조를 시작했다. 또 1960년대에 본격적인 경제개발이 시작되자 화섬업에도 진출했다. 이제 그는 일제하에서라면 비교상대가 아니었던 후배 기업인들과 경쟁을 해야 했다. 권력과 손을 잡았다가 큰 시련을 겪은 그는 자의 반 타의 반으로 권력과는 거리를 두었고, 이 때문에 많은 사업기회를 놓쳤다. 일제하의 그를 연상케 하는 유능한 후배 기업인들은 하나 둘 그를 추월했다.

그가 손을 완전히 뗀 경성방직은 그의 매제 김용완이 이어받았다. 김용완은 면방직공업이 절정기를 맞은 1950, 1960년대에 경방(경성방직의 개명)을 크게 키웠을 뿐 아니라 한국경제인협회 및 그 후신인 전국경제인연합회의 회장 등을 맡는 재계의 수장으로서 경제개발에서 일익을 담당했다. 그러나 1960년대까지 재계 10위권 내의 대기업이었던 경방은 면방직업만을 고수한 결과, 그 후 국내 면방직업이 사양산업화함에 따라 사세가 위축되었다.

이처럼 일제하 김씨가의 기업가활동에는 때가 묻었고, 해방 후 그 기업가활동은 위축되었다. 그에 따라 후대인들은 그 기업가활동의 역사적 의의를 대수롭지 않게 여기고 있다. 그러나 전시협력 사실이 그 기업가활동의 역사적 의의를 부정하는 것은 아니며, 더욱이 전시협력 문제마저도 잘못 다루어지고 있다.

흔히 후대인들은 일제 말기를 많은 한국인들이 일제의 침략전쟁에 강제 동원되어 온갖 고초를 겪은 시대로만 기억한다. 그런 시대에 김연수가 일본의 침략전쟁을 기회로 삼아 사업을 크게 확장하고 전시총동원에 협력했으니, "민족의 수난기에 어찌 홀로 승승장구할 수 있단 말인가?"라고 그를 비난한다.

친일 문제를 연구하는 한 단체는 김연수를 '친일파 99인'에 선정하고, 경성방직을 '식산은행 왕국의 조선인 왕자' 요 '전쟁의 아들'이라 불렀으며,[32] 최근에는 김씨 형제를 등재한 친일인명사전의 편찬 작업을 하고 있다. 또 '민족정기를 세우는 국회의원 모임'은 2002년 2월 28일 김성수를 친일파 708인에 포함시켜 공표했으며, 그들이 주도하여 2004년 3월 2일에 국회에서 통과시킨 '친일반민족행위진상규명특별법'이나 한층 규정을 강화하여 2004년 12월 29일에 개정한 '일제강점하 반민족행위 진상규명 특별법'은 김씨 형제를 주요 조사대상의 하나로 삼고 있다.

그러나 이런 후대인들은 일제하의 전시협력이 몇몇 개인들의 변절, 일탈이 아니라, 당시 한국사회의 체제적 경향, 한국인의 일반적 경향이었다는 점을 놓치고 있다. 우리는 흔히 일제하에서 극소수가 친일을 하고 다수는 저항 내지 비협조한 것으로 알고 있지만, 사실은 그렇지 않다. '친일'과 '항일'의 스펙트럼에는 광범위한 중간지대, 회색지대가 존재했고, 그 중간지대에서 '협력'은 일반적 현상이었다.[33]

이미 널리 알려진 바와 같이 당시의 내로라하는 지식인은 거의 한 명도 빠짐없이 모두 '변절'했다. 교육, 종교, 문화, 예술, 기업, 사회운동 등 거의 모든 영역에서 지도급 한국인 인사들 대부분이 일제의 협력자가 되었다.

또 지도층만 그러한 것이 아니었다. 고작 10대의 어린 소녀도 매일 아침 학교의 '애국조회'에서 황국신민의 맹세를 하고 나서 군가 행진곡에 발을 맞춰 교실에 들어갈 때는 뭔가를 무찌르고 용약하고픈 마음에 피가 뜨거워지곤 했으며, 몇 년간 자신을 가르쳤던 학교 선생님이 사실은 한국인이라는 것을 해방이 되고서야 알았을 정도로 한국인은 일본인으로 행세했다.[34]

전시체제 속에서 다수의 한국인들이 사업기회를 잡고 취직자리를 얻으며, 더 높은 자리로 진급하고 더 많은 보수를 얻었다. 이를 위해 더 많은 한국인들이 학교교육을 받았다.

1925~1932년에 20퍼센트 정도에 머물렀던 초등학교 취학률은 1933년 이후 급상승해서 1938년 33퍼센트를 거쳐 1942년에는 48퍼센트에 달했다. 그리고 1927~1933년에 연간 8,000명대에 정체해 있던 중등학교의 한국인 입학생 수는 그 후 계속 증가해서 1943년에는 그 3배에 이르렀다. 일제가 '충량한 황국신민'을 양성하고자 확충해 가던 학교에 수많은 한국인 학생들이 다투어 진학하고 그 졸업생들이 만주와 북중국에서까지 취직처를 구했다.[35]

또 일제가 1938년 조선육군특별지원병제도를 실시하자 많은 한국인 청년들이 군대에 지원했다. 1938년 2,964명이었던 지원자 수는 1940년 8만 4,443명으로, 1943년에는 30만 명으로 급증했다. "조선인 대중은 신분상승을 위해서라면 일본군대에 협조하는 행위에 대해서도 전혀 거리낌이 없었다."[36]

한편 신사참배 거부에 따른 기독교계 학교의 폐교 문제가 등장했

황군皇軍의 무운장구武運長久를 기원하는 학동들(《釜山日報》 1938년 10월 24일자)

을 때, 거의 모든 한국인 관계자들(재단 관계자, 교계 인사, 교사, 학부모)은 신사참배를 하면 되지, 학교를 굳이 폐교할 이유가 있느냐면서 구미선교회에게 학교인계를 요구했다. 신사참배를 거부해 교육에서 '인퇴引退'한 것은 한국인 기독교도들이 아니라 구미선교사들이었다.[37]

이처럼 일제 말기에는 협력과 체제내화가 일반적 현상이었다. 이렇게 된 것은, 전시총동원을 위한 일제의 압박이 날로 거세지는 가운데, 한국인들이 계속 이어지는 일본의 승전보勝戰譜와 더불어 대동아공영권의 성립을 믿을 수밖에 없었기 때문이다.

중일전쟁을 일으킨 일본은 화북, 화중 지방을 점령하여 괴뢰정권을 세우고, 곧이어 동남아 일대까지 침략해 들어갔다. 승전보가 계

대군의 척후

속 이어졌다. 그 전승을 축하하는 모임이 조선내 각 도시에서 왁자지껄하게 열렸다. 한국인들은 일본이 장담한 대동아공영권의 성립을 믿을 수밖에 없었다. 일제는 '욱일승천旭日昇天'하여 동양에서 위세를 떨치고 세계 강대국의 대열에 당당히 끼어든 것처럼 보였다. 이제 독립의 '그날'은 영영 올 것 같지 않았고, 몇 백 년은 일본의 지배 속에서 살아야 할 것 같았다.[38]

이광수와 같은 적극적 협력자든 아니든, 많은 한국인들이 그러한 현실에 휩쓸렸다. 마치 오늘날 미국이 주도하는 세계정치경제질서를 많은 사람들이 당연한 것으로 받아들이는 것처럼, 식민지하의 한국인들에게는 일본이 만들어가는 대동아공영권 역시 불패不敗의 신新질서로 받아들여졌다. 명백한 친일과 명백한 저항이라는 양극단 사이에 있는 대다수의 한국인들은 협력자가 되었다. 단지 협력행위를 했느냐의 여부가 문제가 된다면, 그로부터 자유로울 수 있는 자는 얼마 안 되었다.

따라서 최근의 친일파청산론처럼 소수 인사를 골라내 친일파라 낙인찍고 나머지 모든 사람들에게는 그렇지 않다고 면죄부를 주는 것은 타당하지 않다. 일제 말에 김연수는 여러 방면에서 협력행위를 했다 하지만, 훗날 한국 제1의 기업가가 된 이병철은 같은 시기에 소규모 무역상과 양조장을 경영하면서 그의 일생에서 '가장 방타放惰했던 시절'을 보냈다.[39] 당시 김연수와 이병철의 차이는 조선 제1의 대기업가냐, 이름없는 중소기업가냐의 차이였지, 한 쪽은 친일파이고, 다른 한 쪽은 그렇지 않다는 것이 아니었다. 만약 협력행위를 문제삼겠다면, 전시체제하에서 학교를 졸업하곤 총독부 관리, 면서

기, 금융조합 서기가 되거나 경찰, 헌병, 군인, 교사가 된, 혹은 은행
원, 회사원이 되거나 중소기업가가 된, 헤아릴 수 없이 많은 한국인
들, 오늘날 우리의 부모와 조부모세대 모두를 비판해야 할 것이다.

친일파청산론을 더 곤혹스럽게 만드는 것은, 소위 일제하의 친일
파가 해방 후 반공친미근대화주의자가 되었고, 이들이 한국경제사
회의 근대화를 달성했다는 사실이다. 1948년 독립정부의 정권을 차
지한 것은 일평생을 항일독립운동에 바친 노老애국자 이승만이었
다. 그러나 주지하다시피 그는 소위 친일파를 대거 포함시켜 정부를
구성했으며, 친일파 청산작업을 하던 반민특위를 무력으로 와해시
켰다. 그는 미국을 끌어들여서 대한민국을 공산화의 위기에서 구해
냈다. 그 후 경제성장을 통해 대한민국을 명실상부한 자립국가로 만
든 것은 박정희를 필두로 하는 근대화주의자들이었다.

이렇게 된 것은 항일투쟁의 불굴의 정신과 경험만으로는 국가를
경영할 수 없었기 때문이다. 한 진보 인사는 '새는 좌우의 날개로 난
다'는 것을 상기시켜 주었거니와, 마찬가지로 한국에 독립운동가가
필요했던 것만큼이나 교육과 산업의 담당자, 실력양성의 실천가가
필요했다. 근대국가경영에는 근대사회의 지식이 필요한데, 이는 학
교교육과 기업의 경영자 및 직원, 관리의 생활 속에서 획득 연마되
는 것이다. 일제하에서 독립운동을 했던 사람들이 아니라, 개인의
출세와 발전을 위해 학교에 다니고 사업을 하고 교사가 되고 군인·
관리가 되었던 사람들이 한국 경제성장의 주역이 되었다.

이 점을 인식하지 못하는 현 친일파청산론은 대한민국의 건설주
체를 착각하고 있다. 친일파청산론자들은 일제하에서 관리·군인·

경찰이 되거나 기업가가 된 사람들은 민족의 독립이라는 중차대한 과업을 외면하거나 훼방한 친일파라 매도하고 민족사에서 그들을 배제한다. 그러나 해방 후 대한민국을 세우고 지킨 주류는 그들이었다. 많은 항일운동가들은 대한민국의 건국에 참여하지 않거나(예컨대 김구, 김규식), 그를 무너뜨리려 했다(공산주의자들, 월북인사들). 누가 대한민국을 세우고 발전시켰으며 누가 그를 붕괴시키려 했던가를 자문해 볼 때이다.[40]

더욱이 친일파를 청산한다고 해서 민족정기를 회복 고양시킬 수 있는 것도 아니다. 흠결없는 항일운동가가 집권한 조선민주주의인민공화국은 수많은 인민이 남의 나라 영사관 담을 넘는 탈주脫走의 왕국, '이밥에 고기국물'을 염원하는 기아飢餓의 제국이 된 반면, 이른바 친일파가 대를 이어 득세했다는 대한민국은 세계 제1의 경제성장과 모범적인 민주화를 이룩한 강중국強中國이 되었다. 민족정기란 것이 존재하는지 모르겠으나, 만약 있다고 한다면 그것은 당연히 인민공화국보다는 대한민국에 있을 것이다. 그 이유는 대한민국이 세계 제1의 고도 경제성장과 민주화라는 위업을 달성했기 때문일 것이다.

일제하의 대표적 기업가 가문인 김씨가의 전쟁참여, 대륙진출, 전쟁협력은 비판받을 일이다. 그를 포함한 친일협력의 진상은 규명되어야 한다. 그러나 그들이 일제 말 전쟁에 협력했다고 해서, 친일파요, 반민족행위자라 규정하는 것은 초점이 어긋난 것이다. 그렇게 오직 하나의 잣대만으로 낙인을 찍는 순간 그들의 다른 모습, 다른 모든 업적이 시야에서 사라지기 때문이다. 친일파, 반민족행위자라

는 틀은 그들을 담기에는 부적절하다. 또, '그들'의 친일 진상만이
아니라 '그들을 포함한 우리'의 친일 진상, 협력의 진상을 규명해야
한다. 그를 통해서 과거를 반성하고 그로부터 배움으로써 오늘의 우
리를 한단계 성숙시킬 수 있다.

　한국 전통사회의 실패와 그 극복에 관한 진지하고 정확한 성찰이
없다면, 실패의 역사는 되풀이될 수도 있다. 우리가 100년 전의 실
패가 주는 교훈을 깨닫지 못해 실패를 되풀이한다면, 그것은 세계의
웃음거리가 될 것이다. 일찍이 마르크스가, "모든 거대한 세계사적
사건들과 인물들은 두 번, 즉 한 번은 비극으로, 다른 한 번은 소극笑
劇으로 나타난다"고 하지 않았던가?

08 종장

예속자본 · 제국의 후예를 넘어서

경성방직과 같은 일제하의 한국인 기업은 근래 우리나라 역사 연
구자들로부터 그리 후한 평가를 받지 못하고 있다. 그 자본은 예속
자본, 그 기업가는 친일자본가라 불리고 있다. 기업가가 일제에 타
협적이요 협력적이었으며, 기업이 출생에서부터 성장까지 조선총독
부와 일본인 기업에 크게 의존했다는 이유 때문이다.

이 협력과 의존의 사실을 분명히 보여준 것이 에커트의 연구이다.
제목 '제국의 후예'가 시사하는 바와 같이, 한국인 자본가계급이 일
본 제국주의에 얼마나 크게 의존했던가를 잘 밝히고 있다. 협력과
의존의 사실에 관한 한 에커트의 이 연구는 예속자본론자들에게 좋
은 원군이 되고 있다.

그런데 이 한국인 기업, 기업가의 역사적 전망, 그것이 한국사에

서 갖는 의의에 관해서는 예속자본론자와 에커트가 정반대의 견해를 갖고 있다. 에커트의 문제의식은 현대 한국의 성공적인 근대화가 독립 이후, 1960년대에 갑자기 시작된 것이 아니라, 개항과 식민지화에 따라서 세계자본주의에 전면 개방된 데서 시작되었다는 것이다. 에커트는 현대 한국의 정치경제의 틀이 식민지기에 만들어졌으며 김성수, 연수와 같은 일제하의 한국인 자본가층이 현대 한국 자본가계급의 원류라고 본다.

반면 예속자본론자들은 현대 한국의 고도성장 경제와 성공적인 자본주의가 식민지기에 기원을 둔 것이 아니라, 식민지 지배에도 불구하고 성립한 것이라고 본다. 식민지 지배란 경제성장과 근대화에 대한 장애물이요 방해꾼일 뿐이며, 거기서 성장한 일제하의 한국인 대기업들은 한국의 경제성장과 근대화에 기여하지 못할 '일본 제국주의의 영원한 꼬붕'일 뿐이라 본다.[1] 그들에 의하면, 해방 후의 경제성장은 식민지배가 남겨 놓은 폐허 위에서 한국인들이 전혀 새롭게 정말로 힘들여 이룩한 것이며, 그 주역을 맡은 기업들은 일제하의 한국인 기업과 무관하다고 한다.

그러나 과연 한국인 기업, 기업가를 일본 제국주의에 의존하여 존속 성장한 존재로 보는 것이 적절할까? 그리고 그러한 인식에서 예속자본론이든 제국의 후예론이든 각각의 역사적 전망을 내리는 것은 온당한가?

우선, 첫 번째 질문부터 검토해 보자.

에커트는 경성방직이 식산은행으로부터 차입금과 출자금을 제공받았으며, 일본의 무역상으로부터 원료 면사를 공급받고, 역시 일본의 방직회사로부터 설비를 도입하고 기술을 제공받았으며, 일본인 면사포상을 통해 제품을 판매했고, 노동쟁의가 일어나자 총독부 경찰권력의 보호를 받았으며, 끝으로 일본 침략군과 손잡고 만주로 진출했다는 것을 세세히 실증했다. 경성방직이 일본인 기업 및 총독부 당국과 긴밀히 교류·협력했던 것은 사실이며, 이 점을 상세히 밝힌 것은 그의 큰 공적이다.

그렇지만 그가 이로부터 한국인 기업, 기업가는 일본 제국주의가 양육한 존재라고 결론을 내린 것은 초점이 어긋난 것이다. 그것은 거래관계가 곧 지원·의존관계라고 본 일종의 논리비약이다.

우선 식산은행과 같은 식민지 금융기관이 경성방직에게 금융을 제공했지만, 거기에 한국인 기업을 지원하고 육성하려는 의도는 없었다. 한국인 기업이 식민지 금융으로부터 정책적으로 배제되지 않았던 것은 사실이지만, 식민지 금융기관이 한국인 기업을 지원·육성한다는 방침이 없었던 것도 사실이다. 에커트는 식민지 금융기관의 금융제공을 일종의 특혜적 지원으로 보았지만, 이것은 현대 한국 경제개발과정에서 금융이 가진 특혜성을 식민지기에 그대로 투사한 것일 뿐이다. 일제는 1936, 1937년경까지는 현대 한국정부처럼 인위적 저금리정책을 쓰지 않았다. 따라서 자금에 대한 수요가 공급을 항상적으로 초과하는 일은 없었고, 총독부 당국이 산업 부문별·기업별로 자금을 배분할 필요가 없었다. 이런 상황에서 경성방직과 같은 한국인 기업은 그 대가(시장이자율)를 지불하고 식민지 금융기관으로부터 금융을 제공받았다. 따라서 경성방직과 식산은행의 거래를 경성방직에 대한 일제의 정책적 지원으로 해석하는 것은 타당하지 않다.

　마찬가지로 일본인 기업이 경성방직에 설비를 판매하고 기술을 제공하고 원료를 공급하거나 그 제품을 매입하기는 했지만, 그렇다고 해서 일본인 기업이 경성방직의 성장을 지원한 것은 아니다. 도요타직기(주)와 같은 직기제작회사가 경성방직과 같은 방직회사에게 자신의 제품(직기)을 파는 것은 당연하며, 그 경우 자신의 기술자를 파견하거나 경성방직의 기술원을 초빙하여 관련기술을 제공하게 마련이다. 또 이토추(伊藤忠)상사(주)와 같은 일본인 상회사가 경성방직에게 원료 면사나 면화를 판매하고 경성방직의 제품을 인수한 것도 자신의 기업활동상 당연한 일이지, 경성방직을 지원하기 위한 것은 아니었다.

　이처럼 경성방직과 식민지금융기관·일본인 기업간의 관계는 기본적으로 전자에 대한 후자의 지원, 협력의 관계라기보다는, 일반적 거래관계, 곧 give-and-take의 상호이익관계였다.

　그리고 총독부가 보조금을 지급하기는 했으나, 그것이 한국인 기업으로서의 경성방직을 지원하기 위한 것은 아니었다. 경성방직과 조선방직 모두 그 초기부터 1930년대 전반까지 보조금을 받았다. 경성방직의 1920년대의 사업성적은 조선방직에 그다지 뒤지지 않았다. 조선방직은 1920년대 전반에 거액의 적자를 보았고 1920년대 후반에야 차차 순익을 내고 그것을 늘려가기 시작했다. 조선방직은 총 168만 5,281엔의 보조금을 받았다(경성방직은 25만 6,201엔). 따라서 경성방직의 보조금 수령 사실만을 떼어내 총독부가 한국인 기업을 지원, 육성했음을 강조하는 것은 일면적이다. 양사가 모두 보조금을 받았다는 사실에 주목한다면, 이 보조금은 후발공업화의 난관에 처한 신생기업들을 정부 당국이 정책적으로 지원한 것이라 해석해야 할 것이다. 한국에 처음 이식된 근대공업이 정착하는 것은 쉬운 일이 아니었다. 그 정착은 두 기업이 실행학습learning by doing을 통해 생산성을 높여감으로써 점차적으로 이루어졌고, 보조금은 그 과정을 지원하였다.

또 보조금이 없었더라도 경성방직은 살아남을 수 있었다. 경성방직은 설립 초기의 삼품사건으로 인해 크게 결손을 본 후 1923년부터는 근소하게나마 계속 순익을 냈다. 물론 경성방직은 보조금 덕분에 더 빨리 1926년 초에 누적결손을 청산할 수 있었다. 그러나 보조금은 순익과 더불어 주주배당에 사용되었다. 보조금은 경성방직을 적자로부터 구한 것은 아니고 근소하거나 불안한 순이익을 보충하여 안정적 배당을 가능케 하는 역할을 했다.

한편 경성방직의 만주 진출, 남만방적 설립도 일제가 대륙침략을 했기에 가능했지만, 실상은 일제의 대륙침략의 부산물로 생긴 새로운 사업기회를 경성방직이 활용한 것이었다. 일제가 경성방직의 사업터전을 마련해 준 것이 아니라, 경성방직이 일본 제국의 팽창 속에서 사업기회를 포착한 것이다.

따라서 일본인 기업, 일본 제국주의가 경성방직을 지원했다는 해석은 부적절하다. 그것은 일반적 교환관계, 거래관계를 다분히 색안경을 끼고 본 결과였다. 단순히 한국인 기업이 일본인 기업과 거래했다고 해서, 또 지속적으로 거래해 온 단골고객으로서 몇 가지 편의를 누렸다고 해서, 양자의 관계를 시혜·의존의 관계로 보는 것은 편향된 해석이다.

 물론 종래의 견해처럼 일본인 기업이나 일제 당국이 경성방직과 같은 한국인 기업을 억압하지는 않았다는 것도 사실이다. 양자간에는 다양하고 광범위한 교류와 거래가 있었다. 이 사실을 밝힌 것만으로도 에커트의 연구는 큰 의의를 갖는다. 그는 한쪽의 다른 한쪽에 대한 지원이라는 측면을 부각시킴으로써 한 발짝 비껴나갈 소지를 남겼는데, 그보다는 이 교류와 거래가 기본적으로 상호협력관계라 보는 것이 더 적절할 것이다.

 그런데 예속자본론자들은 에커트보다 한발 더 비껴나가고, 그럼으로써 그들의 논의는 완전히 막다른 골목에 이르렀다. 그들은 경성방직이 식민권력 · 일본인 기업과 지속적인 거래 · 교류를 했으니 일본 제국주의의 '꼬붕'이라고 주장한다. 그들이 보기에 일제시대의 의미 있는 활동이란 독립운동뿐이기 때문에, 그에 직접 혹은 간접으로 기여하지 않는 활동이란 역사적 의의를 가질 수 없으며, 일본 제국주의와의 협력을 기반으로 해서 성장한 경성방직은 대표적인 예속자본일 뿐이다.

 이렇게 보면, 경성방직과 같은 한국인 기업은 그 타협성이나 반민족성을 비판할 때말고는 주목할 필요가 없다. 이로써 그들의 논의는 막다른 골목에 이른다. 왜냐하면 한국의 근대화의 성공은 일본 및 미국과의 국제관계를 빼놓고는 생각할 수 없는 일인데,[2] 그들의 논의는 그와 정반대이기 때문이다. 한국은 19세기 말부터 자본주의시장경제에 전면 개방된 이후 경제사회의 전면적 개편을 겪으면서 경제성장을 경험했다. 그 비결 중 하나는 한국인들이 자본주의시장경제에 대한 뛰어난 적응과 자기개조, 자기개발을 보였다는 것이다. 예속자본론의 시각에서는 한국인들의 이러한 적응과 자기개조를 전혀 포착하지 못하고, 경성방직과 같은 기업의 활동은 일본 제국주의에 복무하는 예속적 활동에 불과한 것으로 간주한다.

예속자본론의 시각에서는 훗날의 고도경제성장을 위한 사회적 능력이란 일제시대에 형성될 수가 없다. 개중에는, 일제하에서 GDP의 80퍼센트가 유출 파괴되어 한국사회의 '생산력이 총체적으로 고갈' 되었다는 주장[3]도 있다. GDP의 대부분을 빼앗기는 사회가 수년 간이라도 존속하는 것은 불가능하다는 점에서 이것은 말도 안 되는 주장이지만, 여하튼 이 입장에 따르면 한국의 사회적 능력은 해방 후 하늘에서 떨어졌거나, 아니면 일제시대는 건너뛰고 조선왕조시대에서 해방 후로 전해진 것('유교의 경제발전 모델' 론)[4]이 된다.

그러나 이것으로는 답변이 되지 못한다. 장기경제성장의 문은 이제껏 극소수의 나라들에게만 열린, 합격률이 정말 낮은 관문이었다. 그를 통과하기 위해서는 실로 까다로운 시험을 치러야 했다. 만약 한국이 식민지기에 완전히 거덜났다면, 어떻게 얼마 지나지도 않아 최우수 성적으로 그 시험을 통과할 수 있었을까? 또, 한국 전통사회의 뛰어난 사회·문화 역량이 일제의 온갖 압제와 수탈에도 불구하고 꿋꿋하게 살아남아(혹은 부활하여) 해방 후의 경제발전을 이룩한 것이라면, 왜 한국은 아예 망국을 겪지 않고 일찌감치 자력으로 근대화를 완수하지 못한 것일까? 왜 힘들게 식민지 지배를 겪어야 했던가? 예속자본론자들의 답변이 궁색할 수밖에 없다. 독립운동만이 중요하다는 독립운동지상주의, 항일운동에의 기여 여부와 그 정도를 따지는 포펌變貶의 역사학에서는 식민지기에 있었던 역사적 축적의 사실이 보이지 않으며, 따라서 한국의 고도경제성장을 설명할 수가 없다.

그 오류를 바로잡는 출발점은, 식민지시대에 독립운동 외에도 한국인의 중요한 활동이 있었음을 인정하는 것이다. 곧, 한국인들이 자본주의시장경제에 적응하여 자신을 개조하고 개발하는 활동이 있었고, 그것이 경제사회의 근대화에서 큰 의의를 갖는다는 것을 인정하는 것이다. 이 측면에서는 일제하의 한국인 기업이야말로 당대 한국인의 대표적인 성취 업적인 바, 이것이 제1차적인 역사 연구의 대상이라 하겠다. 역사란 기본적으로 성취의 기록이라는 카의 말은 이를 뒷받침한다.

역사란 대체로 사람들이 한 일을 기록하는 것이지 사람들이 하지 못한 일에 대한 기록은 아닙니다. 이런 의미에서는 그것은 불가피하게 성공의 이야기일 수밖에 없는 것입니다. 토니 교수의 말에 의하면, 역사가들은 '승리를 거둔 세력은 전면으로 끌어내고 그들에게 먹혀버린 세력은 후면으로 밀어 제쳐 놓아가지고' 기존 상태에 '불가피성이라는 외관'을 부여한다는 것입니다. 그러나 어떠한 의미에서는 이런 것이야말로 역사가의 일의 본질이 아닐까요. ……대체로 역사가란 승자든 패자든 무엇인가를 성취한 사람들을 문제삼는 것입니다.[45]

한편 에커트의 제국의 후예론은 경성방직이 일본자본주의체제 속에서 그를 배우면서 성장했다는 것을 밝혔다는 점에서 기본적으로

타당하다. 그는 좁게는 경성방직이 일본인 기업으로부터 설비와 원재료를 도입하고 생산기술과 경영노하우를 배웠으며 또 일제 당국으로부터 정책적 혜택을 입어 성장 발전했다는 것을 보였다. 그리고 넓게는 한국 근대화의 동력이 개항과 식민지화를 계기로 하여 외부에서, 선진자본주의국 혹은 식민모국에서 왔으며, 한국의 근대적 제도와 관행, 기술, 시설은 외부에서 온 것이고, 일본의 식민지 지배가 개발지향적이었다는 것, 그리고 식민지 정치경제의 틀이 해방 후 한국의 정치경제체제의 기본 골격이 되었다는 것을 보였다. 이것들이 후발공업화의 필연적인 절차요 수순手順이라는 점에서 그의 파악은 기본적으로 옳다.

후발공업화의 핵심은 선진국으로부터 제도, 자본, 기술이 도입되고, 후발국이 시장 면에서도 선진국에 의존하는 것이다. 일본의 공업화에서도 제도, 기술, 설비, 지식이 선진국에서 도입되었다. 메이지유신 이후 일본은 서구의 법·정치·경제·교육제도 등을 도입했으며, 또 서구기술을 도입·흡수해 공업화를 이룩했다. 방직공업, 제철공업, 조선공업과 같이 일본의 산업혁명을 대표하는 공업은 모두 서구의 기술과 설비로 건설되었다. 다만, 일본은 독창적인 제도, 관행들을 덧붙여 활용함으로써 선진기술, 지식을 다른 나라들보다 더 잘 도입·흡수한 것이었다.[6]

해방 이후 한국은 독립국이 되었지만, 과거 일본이 이 땅에 도입했던 시장경제체제는 남한에서는 기본적으로 유지되었다. 사유재산제도, 시장교환체제, 자유임노동제 등이 그것이다. 또 1950년대 이후의 공업화에 있어서도 기술, 설비, 지식은 외부로부터 도입되었고, 1960년대 이후 경제개발계획의 수립 및 실행 자체도 외부의 영향을 크게 받았다. 미국은 1950년대에 막대한 원조로 한국경제를 지탱했다. 1950년대에 미국의 원조는 수입의 74퍼센트, GNP의 7.7퍼센트에 달했다. 또 미국은 1950년대 말 이후 경제개발계획의 수립과 실행에 깊게 관여했다.[7]

이처럼 한국의 후발공업화가 선진세계와의 교류를 통해서, 그로부터 자극받고 그로부터 배우면서 개시되었음을 명확히 했다는 점에 에커트의 뛰어난 공적이 있다. 그의 시각에 따르면, 개방 이후 자본주의시장경제체제가 이 땅에 도입되고 정착되어 가는 점을 중심으로 한국의 근현대사를 일관되게 하나의 '장기지속의 역사'로 파악할 수가 있다. 그 과정에서 일본·미국과의 국제관계가 가진 중요성을 제대로 포착할 수 있게 된다.

그렇지만 한국자본주의의 식민지기 기원을 구명하는 데는 '제국의 후예'란 라벨로는 부족하다. 선진국에게서 배우는 후발국의 입장에서는 선진제도와 기술, 자본이 도입된다는 측면뿐 아니라, 그것을 제대로 습득해 활용한다는 것도 중요한데, '제국의 후예'란 주로 전자에 주목하는 것이기 때문이다. 선진제도와 기술을 도입한 후발국들은 매우 많았지만, 그중 한국과 같이 극히 일부만이 공업화와 경제성장에 성공했던 바, 그 주체적 요인이 무엇인가가 논제이지, 후발국이 선진국의 지식과 기술을 도입했느냐 아니냐는 논란거리가 될 수 없다.

제국의 후예론은 세계자본주의가 제공하는 후발성의 이익만을 강조하고 후발국 측의 흡수 능력, 사회적 능력은 경시하는 일방적 외

대군의 척후

인론外因論으로 이어질 소지가 있다. 에커트는 현대 한국에까지도 이어지고 있는 정치·경제의 틀의 형성에 있어서 '제국'의 역할, 외부로부터의 영향을 결정적인 요소로 보았다. 그에 의하면, "경제에서의 국가의 압도적 지배, 소수 재벌 수중으로의 경제력 집중, 수출의 강조, 경제성장에 대한 자극제로서의 전쟁의 위협" 등이 식민지 공업화의 유산인데, 그것이 1960년대 이후의 공업화에서 재현되었다고 한다.

다른 연구자들은 그보다 더 나아가, 확실한 일방적 외인론의 입장을 취한다. 한국전쟁 연구로 유명한 커밍스는 한국의 경제발전에서 그 세계체제론(보다 정확하게 말하면 지역체제론)적 맥락을 강조하여, 미국-일본-한국간의 지역분업체제의 형성을 한국 공업화의 핵심적 요인으로 본다. 그는 미국이 한국의 수출지향공업화계획을 작성해 주었으며 한국에 공업제품의 수출시장을 제공해 주었다는 의미에서 한국의 공업화를 '초대에 의한 발전'이라 명명하였다. 우정은은 사회계급들로부터 초월해 있는 '강성국가strong state'가 금융을 장악하여 자원을 배분하는 방식으로 한국의 공업화가 진행되었고, 그러한 체제의 기원이 제2차 세계대전 전의 일본, 그리고 식민지 한국에 있다고 주장했다. 그리고 콜리는 한술 더 떠서, 한국 공업화에서 핵심적 요소인 발전국가developmental state란 일제의 총독부체제가 계승된 것이며, 1960년대 이후 그것이 '작동'했을 뿐이라 보았다. 그는 '한국 발전국가의 일본계 혈통'을 주장하면서 "개도국의 성공실패 여부는 상당 부분 그 식민지 유산의 차이로 설명된다"고까지 말하였다.[8]

이들의 논리에 따르면 아직도 많은 나라들이 저개발과 빈곤에서 벗어나지 못한 이유는 미국이 '초대하지 않아서' 라든가, 과거 그 나라들이 일본과 같이 '발전국가'를 남겨주는 제국주의의 지배를 받지 못해서 라는 것이 된다. 이것은 굳이 반박할 필요도 없는 주장이다.

이처럼 엉뚱한 결론이 나온 것은, 그들이 후발국 측의 사회적 능력이란 매개항을 빠뜨린 채, 경제성장의 요인을 그 외부에서만 찾았기 때문이다. 이 입장에서 한국 경제성장의 역사적 배경을 구명하려 하면, 결국 과거의 일본 제국주의체제와 제2차 세계대전 후의 미국 주도의 세계자본주의체제만을 부각시킬 수밖에 없다. 그리고 후발국측의 사회적 능력이라는 주체적 요인은 경시된다.

에커트의 연구를 잘못 읽으면, "한국 근현대사가 마치 일제와 미제에 의해 기생적으로 전개된 타율과 종속의 역사처럼 오해될 가능성이 있다."[9] 제국의 후예론이 후발국의 발전에 대외개방과 국제교류가 갖는 중요성을 제대로 부각시켰지만, 그것만으로는 충분하지 않은 이유가 바로 여기에 있다. 외부 요소가 사회 발전에 큰 몫을 하더라도, 내부 주체의 역할을 정당하게 평가하는 것이 필요하다.

이는 식민지개발체제가 식민지지배를 위해 고안·구축되고 작동한 것이지만, 본의 아니게 한국인의 사회적 능력의 단련장이요, 도가니가 되었음을 인정하는 것이다.

물론 일제가 의도적으로 한국인들을 근대경제사회의 담당자로 육성하기 위해 훈련시킨 바는 없다. 그러나 일본은 식민지지배를 위해 한국에 시장경제를 본격적으로 도입했다. 이미 합방 이전에 일본은

대군의 척후

화폐제도와 재정제도를 개혁하여 화폐가치가 안정된 신뢰성있는 통화제도를 수립했고, 자의적 조세수탈을 배제한 조세제도를 확립했으며, 합방 후에는 교통통신망을 정비 확충하고 토지소유권제도를 근대화했다. 이제 한국인들은 비로소 근대시장경제를 체험하게 되었다. 한국인들은 무역과 상거래의 확대, 농업개발 및 공업화, 대기업과 근대금융기관의 활동을 경험할 수 있었다. 이를 통해 한국인들은 시장경제 속에서의 생활방법, 행동요령, 행동규범을 학습했다. 곧 경제인의 생활양식을 체득했다.

아울러 한국인들은 나라를 빼앗긴 민족의 설움과 가난의 비참함을 뼈에 사무치도록 느꼈다. 단지 한국인이라는 이유만으로 일본인들로부터 무시로 당하는 멸시와 모욕, 폭행은 거의 모든 한국인들로 하여금 민족독립의 간절한 염원을 마음 속 깊이 품게 했다. 또 근대문명의 압도적 생산력, 그에 입각한 물질적 풍요는 한국인들로 하여금 식민지 조선의 빈곤을 뼈저리게 깨닫게 하고 거기서 탈출하겠다는 강렬한 욕구를 낳았다. 이제 한국인은 오랜 잠에서 깨어났다. 직접적인 항일투쟁은 그 정점에 있는 것이지만, 그밖에 훨씬 더 광범위하게 교육과 계몽, 기업활동이 펼쳐졌다.

식민지개발체제라는 도가니에서 한국인의 사회적 능력이 향상되었다. 기생지주와 같은 단순한 유산자 중 일부가 근대적 기업가로 거듭났다. 이 기업가는 독자적인 이념 아래서 사업기회를 포착하는 감각을 갖고서, 기업을 조직하고 경영하여 그것을 성장시켰다. 이제 본서에서 밝힌 경성방직과 그 기업가의 성장사를 요약하면 다음과 같다.

한국이 일본을 통해 세계자본주의에 포섭되면서, 한국의 산업은 일본경제의 요구에 맞추어, 그리고 세계자본주의의 영향을 받아 전면적으로 개편되었다. 그에 따라 한국인의 경제활동에도 큰 변화가 나타났다. 한국인들 중 일부는 새로 생겨난 사업기회를 포착하여 근대화 프로젝트에 착수했다. 김성수·연수 일가는 그 전형이었다.

우선 한국의 농업이 일본에 식량을 공급하는 역할을 떠맡게 되면서 미곡수출이 늘어났고, 미곡의 상품화를 통해 거대한 부를 축적할 가능성이 생겼다. 한국인들 중에는 이를 이용하여 거대지주로 성장하는 자들이 다수 등장하였다. 이 거대지주의 출현 자체가 일본 제국주의에 조선경제가 포섭된 산물이지만, 그들의 경영방식도 일본인 지주의 경영방식을 따라서 개편되었다. 그들은 일체의 생산과정을 농민에게 맡겨두는 단순한 기생지주의 차원을 벗어나, 생산과정에까지 개입하고 소작규모나 관리방식을 변경하고 나아가 개간이나 간척사업까지 벌이면서 수입의 극대화를 도모하였다. 구래의 지주경영을 수입의 극대화라는 목표에 맞추어 합리적으로 개편한, 이 동태적 지주화, 기업가적 지주화는 한국인 지주가 일본인 지주로부터 학습한 것이었다. 김씨가의 지주경영의 변모, 삼양사의 설립과 성장은 그 전형이었다.

그리고 세계자본주의가 생산하는 근대적 공업제품이 밀려들어오면서 조선의 공업도 전면적으로 개편되었다. 많은 기계제 공업제품이 재래수공업제품을 몰아내고 시장을 차지했다. 재래수공업제품의 생산은 전면적으로 쇠퇴했다. 그러나 재래공산품은 농가의 부업으로 영위되던 것이기 때문에, 재래공산품 생산의 위축은 토착공업 생산자의 몰락이라기보다는 소농의 노동시간 배분의 변화, 수출용 농산물 생산에의 전업화專業化를 의미했다.

또 한국에서 공업 발달이 저지되는 것도 아니었다. 새로운 공업제품에 대한 광범한 수요를 기반으로 한국에도 필연적으로 새로 근대적 공업이 '이식' 되기 시작했다. 이를 담당한 것은 주로 식민본국 자본이었지만, 한국인 자본도 그 일익을 담당하였다. 자본, 기술, 판로 등의 면에서 한국인 자본이 진출할 만한 부문에는 예외 없이 그러한 일이 일어났다. 메리야스공업, 고무공업, 제사업, 면방직공업 등이 그 대표적 예였다.

망국이라는 정치적 상황도 한국인 자본의 근대공업 진출에 영향을 미쳤다. 한국인들은 민족독립을 위한 수단으로서 교육과 산업의 발달에 대한 강렬한 지향을 품게 되었다. 이 실력양성주의 지향은 선진국을 따라잡으려는catch-up 것이었다. 일본을 따라잡기 위해 많은 한국인들이 여러 가지 노력을 했다. 일본에서 고등교육을 받고, 한국에 돌아와 기업을 세우고, 언론활동을 하며, 교육사업에 매진하였다. 한국인 공업은 이러한 지향과 깊은 관련이 있었고, 특히 경성방직은 그 전형이었다. 구한말 그 부친들이 관여한 계몽운동의 연장선상에서 김성수, 연수는 일본으로 유학했고, 이강현 역시 마찬가지였다. 일본 유학을 마치고 한국인 중 당대 최고의 엘리트가 된 이들은 '조선경제 독립상의 급무' 를 완수하기 위해 교육과 산업에 투신하였다.

바야흐로 한국에서는 근대 공업제품의 보급에 뒤따라 수입대체

이식공업화가 시작되었다. 제1차 세계대전의 막바지 호황 국면에 일본인들이 이 땅에서 최초의 근대적 방직기업으로서 조선방직을 설립했다. 그를 뒤따라 김성수가 경성방직의 설립을 추진하던 중에 거족적 독립운동인 3·1운동이 전개되었다. 3·1운동으로 완전히 거듭난, 살아 꿈틀대는 한국사회의 역동적 흐름 속에서 경성방직은 태어났다.

김성수는 경성방직을 더 광범위한 기반 위에 세우고자 유학생 및 계몽운동가 네트워크를 통해 전국 각지의 유지 중에서 주주를 모집했다. 그 경영진은 김성수처럼 일본에서 고등교육을 막 마친 20대 말~30대 전반 연령의 젊은 청년들로 구성되었다. 경성방직만 그런 것이 아니라, 막 꽃을 피운 신문학도, 신문화도, 언론도, 학교도 김성수와 같은 세대의 청년들에 의해 건설되고 있었다. 당시 한국사회는 젊은 엘리트 청년들이 주역으로 등장한 젊은 사회였다.

경성방직은 출범 후 얼마 안 되어 경험 미숙과 과욕으로 막대한 손실을 입고 침몰 위기에 처했지만, 김성수가 이 난파선을 수리해 전진시켰다. 그는 가산을 담보로 긴급 필요자금을 식산은행으로부터 차입했다. 그리고 다수 주주의 호응이 없어 증자가 여의치 않자, 자신의 가문이 그 주식을 인수해 증자를 하도록 함으로써 회사를 재무적으로 안정시켰다. 이 과정에서 초기의 불안정하며 비효율적인 기업지배구조는 김씨가를 중심으로 한 안정적 지배구조로 바뀌었다. 그는 공장을 건설하고 생산 준비를 진행하였다. 직기설비를 갖추고, 일본에 기술자를 파견하거나 일본인을 불러 기술교육을 받음으로써 기술을 학습했다.

경성방직은 살아남기 위해 다양한 전략을 구사하였다. 경성방직은 조선방직에 대한 총독부의 지원방침을 접하고 자신도 지원해 줄 것을 요구하여, 보조금을 획득하였다. 제품생산 이후에는 민족적 정서에의 호소, 한국인 상인과의 판매이익 공유, 염가제품의 공급 등 다양한 판매전략을 구사하여 시장을 개척하고 판매기반을 구축하였다. 판매가 순조로웠기 때문에 꾸준히 설비를 증설해 갔다. 특히 생산 개시 후 2~3년차의 시황 호조에 힘입어 판로를 구축했을 뿐 아니라, 큰 순익을 획득하여 그간의 누적 결손을 청산할 수 있었다. 그 후 1920년대 말까지는 손실을 보지는 않았으나 수익성이 저조하였다. 생산 개시 2~3년차의 시황 호조는 경성방직에게 일종의 행운으로서 경성방직의 생존과 조기 안정화에 큰 도움이 되었다. 일제 당국이 제공한 보조금은 경성방직 주주들에게 매력적인 당근이 되었다.

이처럼 초기 경성방직에게는 시황 호조라는 행운적 요소, 보조금 지급과 면직물 이입세의 잔존이라는 총독부의 정책 등이 큰 도움이 되었다. 그러나 자본의 조달, 기술의 학습, 시장의 개척 등과 같은 핵심과제들은 경성방직 경영진 자신이 주도적으로 수행했다. 경성방직의 생존과 성장에 결정적이었던 것은 전자가 아니라 후자였다. 경성방직 경영진은 핵심 경영과제들을 주도적으로 해결하면서 사업을 확장하고 경영을 안정시켰다.

1930년대의 공업화 러시 상황에서 경성방직은 자신을 업그레이드 했다. 산미증식계획이 중단되어 농업투자 유인이 약화된 가운데 일본에서 산업통제의 여파로 면방직업을 중심으로 여러 공업회사가 한국에 진출했다. 그 결과 1930년대 후반에는 면방직업의 수입대체가 완료되기에 이른다. 경성방직은 이 흐름을 타고 설비를 증설하고 생산을 늘렸으나, 수익은 여전히 저조했다. 직포만을 확장하는 것은 속빈 강정이었다. 이에 경성방직은 숙원사업인 방적공장 건설에 나섰다. 이 사업은 김연수가 주도했다. 김연수는 1935년 제2대 사장에 취임하며 경영전권을 쥐고 경성방직의 제2기시대를 열었다. 방적공장이 없이는 온전한 방직기업이라 하기 어려웠던 바, 김연수는 김성수와 이강현이 그간 그려온 용에 눈을 그려 넣어 그림을 완성했다. 이로써 경성방직은 조선 4대방의 하나로 우뚝 섰다. 마침내 일본인 선발업체들을 따라잡은 것이다.

경성방직이 방적방직겸영업체로서 본격 가동할 무렵 일제가 중일전쟁을 일으켰고, 전쟁의 장기화에 따라 1938년부터 전시경제체제가 수립되었다. 원료와 설비, 제조, 판매의 전반에 걸쳐 강력한 통제가 가해져, 이제 국내사업만으로는 더 이상의 발전과 성장이 불가능했다. 그 반대급부로 경성방직을 포함한 방적업체들에 대해 고수익을 보장하는 쪽으로 원료 및 제품의 공정가격이 제정되었고, 따라서 경성방직은 국내에서는 온실 속의 안락함을 누릴 수 있었다.

그러나 새로운 확장 기회를 찾는 기업가 정신은 온실 속에 머무를 수 없었다. 김연수는 경성방직의 자매회사인 삼양사를 통해 만주에서 농장 건설에 나선 것과 병행하여 경성방직의 영등포공장을 능가하는 규모의 방적기업을 남만주 쑤자툰에 세웠다. 전쟁으로 설비를 비롯해 철재, 시멘트 등 자재의 확보가 어려웠지만, 총독부 당국 및 일본의 도요타직기와의 끈질긴 교섭을 통해 이 문제를 해결했다.

김연수는 이와 더불어 남만주 일대에서 개간사업을 벌여 6개의 농장을 건설했다. 그 규모는 삼양사의 조선내 소유지 규모를 훨씬 능가하는 것이었다. 아울러 하얼빈에서 맥주회사를 인수하고, 삼림벌채사업까지 하다가, 일제의 패망으로 그 모든 해외 사업을 접었다.

이러한 경성방직의 설립 및 성장과정을 돌이켜 보면, 거기에 세 번의 결정적인 전환국면이 있었고, 거기서 김씨가의 인물들이 그 전환을 주도했다는 것을 발견하게 된다.

첫째는 개항 이후 쌀수출의 확대라는 경제적 호기를 타고 거대지주로 성장한 김씨가가 1905년 이후 계몽사상의 백화제방 속에서 실력양성주의를 받아들인 것이다. 개항으로 펼쳐진 새로운 경제적 기회를 맞아 김씨가는 소작료 수입의 재투자를 비롯해 고리대, 관직을 이용한 치부, 가격 등락을 활용한 투지투자 등 온갖 수단을 써서 단기간내에 보잘것없는 중소지주에서 한국내 굴지의 거대지주로 성장했다. 이런 김씨가의 2대 인물인 김기중, 경중은 1905년 이후 만개한 계몽운동에 참여하고 아들들을 신식교육으로 이끌었으며, 김성수, 연수는 일본 유학을 통해 확고한 실력양성주의자가 되었다. 당시 실력양성을 고민한 우국지사는 많되 교육과 산업에 실제로 거금을 투자하여 사업을 벌인 자는 많지 않았다. 그러나 김씨가는 거대지주로서 실력양성활동을 위한 든든한 밑천을 갖고 있었고, 일본 유학을 통해 그 실행 능력을 확고히 다졌다. 그 덕분에 김성수는 유학 후 곧바로 교육사업과 실업활동에 나설 수 있었다.

둘째는 경성방직이 설립 직후 무모한 투기 거래를 하다가 존망의 기로에 섰을 때 김성수가 살려낸 것이다. 김성수 역시 그 때까지는 경험없는 애송이 엘리트 청년들 중의 하나였으나, 가산을 걸고 난파

위기에 처한 경성방직을 살려냈다. 그는 가망없어 보이는 사업을 위해 가산을 담보로 차입을 했고, 동생 연수가 더 이상의 출자를 기피하는 주주들의 주식을 인수해 추가 출자를 하도록 이끌었으며, 총독부와 교섭하여 보조금을 획득했다. 이 김성수의 결단과 그 생부 김경중의 자금력 덕분에 경성방직은 회생했다. 회사의 지배구조는 더 효율적인 것으로 바뀌었고, 투기의 실무책임자 이강현은 분골쇄신하게 되었다. 일제하 경성방직의 일대기 중 최악의 위기는 최대의 기회로 극적으로 반전했다.

셋째는 1930년대 중엽 국내 사업 확장이 한계에 부딪히자 김연수가 대륙으로 사업을 확장한 것이다. 1930년대 중반까지 경성방직이 줄기차게 성장했지만 실상 한국에서 면방직업의 수입대체 공업화는 마무리되고 있었고, 따라서 방직업의 국내 확장은 한계에 봉착해 있었다. 때마침 일제의 침략군이 대륙의 문을 열어젖혔고, 김연수는 그 뒤를 따라 들어가 사업의 일대 제국을 건설했다.

이를 비롯한 여러 결정적 국면에서의 김씨가의 결단은 모두 성공을 거두었다. 그 덕분에 경성방직은 1910년대 말, 1920년대 초에 잠시 나타났다가 이렇다 할 성과는 물론이고 흔적조차 없이 사라진 여타 한국인 회사들과는 다른 길을 걸을 수 있었다. 경성방직은 한국인 기업들 중에서 단연 발군拔群이요 군계일학群鷄一鶴이었다. 사업 규모와 기술 수준, 사업전개 능력 면에서 그에 필적할 만한 다른 한국인 기업은 없었다. 그리고 그 경영자 김연수는 국내외에서 다양한 사업을 영위하는 한국 제일의 유능한 기업가로 등극했다.

김씨가의 근대화프로젝트의 성공은 다음의 제반요소들이 빠짐없이 결합된 데 있었다.

　우선 김씨가는 대지주로서 충분한 자금력을 갖고 있었고, 이미 면밀한 지주경영을 통해 단련된 기업경영 능력을 갖고 있었으며, 또 단순한 기생지주에 머물지 않고 실력양성주의 지향을 품고 있었다. 그 덕분에 그들은 사업의 수익전망이 불투명하거나 사업이 재무적으로 위기에 처했을 때에도 사업을 유지할 수 있었다.

　더욱이 그들은 사업의 추진을 위한 인적 네트워크의 조직력을 갖추고 있었다. 창업자인 김성수에게는 일본 유학을 통해 구축된 당대 최고 엘리트들의 네트워크가 있었고, 핵심 파트너와 조력자가 있었다. 중앙학교, 동아일보사와 경성방직에는 김성수의 일본 유학 친우들이 대거 포진하였고, 특히 동아일보의 송진우와 경성방직의 이강현은 각기 그의 핵심 파트너가 되어 사업을 이끌었다. 또 계승자인 김연수는 새로 형성된 재계의 중심인물들로 상호협력하는 네트워크를 구축했다. 1930년대까지는 전통지주경영에 뿌리를 두면서도 새로 발흥한 은행업, 상업, 광산업을 영위하는 자들로 재계財界가 형성되었던 바, 김연수는 그 중심인물들과 교유하면서 상호협력의 네트워크를 구축하여 사업에 활용했다.

　나아가 김성수와 연수는 일본인 기업가 및 총독부와 만주국의 관료들과의 네트워크도 구축하여 그들에게서 최대한의 협력을 끌어냈다. 그들은 일본인 기업·총독부 당국과의 교류협력이야말로 후발 공업회사인 경성방직이 살아남을 수 있는 유일한 길이라는 것을 잘 알고 있었다. 회사령 아래서의 방직회사 설립 인가, 보조금 지급 획득, 금융거래, 설비의 도입과 기술학습, 남만방적 설립의 허가 획득,

그 공장 건축시의 자재 및 설비확보는 그러한 협력의 네트워크가 있었기에 가능했다.

그리고 그들은 무엇보다도 사업기회를 포착하는 감각과 기업을 조직하는 역량 및 실천력을 갖고 있었다. 김성수는 근대공업제품의 시장지배 및 근대공업의 이식 가능성을 분명히 인식하고 제1차 세계대전 말기의 기업설립 붐을 활용해 경성방직을 설립했으며, 또 신문·잡지라는 근대적 의사소통체계의 보급을 전망하여 3.1운동 후의 문화정치를 활용해 한국인 신문사를 설립했다. 김연수는 일본의 식량공급기지로서 한국의 농업개발이 진행되는 가운데서 대규모 간척사업의 가능성을 인지하여, 바다를 메우고 황무지를 개간해 대농장을 건설했다. 김성수, 연수 형제의 사업기회의 포착 및 조직역량 및 실천력은 다른 한국인 대지주들에게서는 찾아보기 어려운 것이었다.

이러한 사업의지, 사업기회의 포착감각, 조직역량, 실천력이 없었더라면, 김씨가의 막대한 부富도 당시의 다른 수많은 한국인 지주들의 경우와 마찬가지로, 토지에 잠긴 채로 그 시대를 그대로 지나쳐 소진되어 버렸을 것이다. 그러나 그 역량과 의지 덕분에 김씨가의 부富는 토지를 떠나 근대공업에서, 교육 및 언론사업에서 확대재생산되었다. 그 사업체들은 전통경제사회가 근대화하는 과정에서 핵심적 역할을 했다.

물론 오점도 있었다. 김연수는 일본의 대륙침략을 뒤따라가 그를 배경으로 사업을 확장했다. 그는 명예직이나마 괴뢰국 만주국의 공직을 맡았고, 중추원 칙임참의가 되었으며, 전시총동원을 위한 각종 단체의 간부직을 맡았고, 전쟁수행을 위한 국방헌금, 학병지원, 애국채권모집 등의 활동에 참여했다. 마치 돌아가는 톱니바퀴에 손가락 하나가 끼이면 몸 전체가 빨려 들어가는 것처럼, 그는 기업이 성장함에 따라 체제에 깊숙이 편입되었다. 이로써 그는 식민지 제국이 붕괴되면 자신의 사업도 동반 붕괴되는 위험을 떠안았다. 일본 제국주의의 식민지에서 출발하여 그 침략지로 확장해 간 그 사업은 일제의 패망과 더불어 일단락될 수밖에 없었다.

그렇지만 대륙진출 및 전시협력은 기업가 개인의 과오라기보다는 식민지기업의 태생적 한계요, 비극적인 운명이었다. 이윤 축적과 성장을 추동력으로 하는 기업은 새로운 사업기회를 놓칠 수 없는 법이며, 기업과 기업가는 체제내 존재였다. 성공한 기업으로서의 경성방직은 대륙진출과 전시협력을 마다할 수가 없었다.

여기서 평가의 초점은 기업가활동의 내용과 성과에 맞추어져야 한다. 기업가가 항일활동을 했느냐, 총동원정책에 저항 내지는 중립을 지켰느냐가 기업 및 기업가에 대한 평가의 초점이 될 수는 없다. 항일투쟁가가 정규학교를 졸업하지 못했다고, 또는 기업을 세우지 못했다고 비난하는 사람은 없다. 그러한 비난은 오렌지에서 왜 사과 맛은 나지 않느냐고 시비 거는 일과 같기 때문이다. 마찬가지로, 일제하의 기업가에게 항일운동을 하지 않았다고, 총동원체제에 대해 중립을 지키지 않았다고 비난할 수는 없다. 박헌영처럼 지방의 한 벽돌공장에서 숨어 지내거나 김일성처럼 소련군 캠프에서 시간을 보냈으면 모를까, 현실의 대기업을 경영하는 기업가가 '총동원' 되지 않을 재간이 없다. 태평성대를 사는 후대인들이 그에게 왜 '총동원' 되었느냐고, 왜 '총동원'에 협력했느냐고 묻는 것은 무례한 일이다. 독립운동가든, 기업가든 시대정신과 과제에 따라 한 몫을 담당했다면, 그것으로 충분하며 그 각각의 역할로 평가될 일이다.

요컨대 김씨가의 기업경영은 한국인의 손에 의한 한국경제의 근대화의 원형이었다. 개항과 식민지화 이후 철도, 도로, 전신, 전화 등 근대적 교통시설이 도입되고 근대적 사유재산제도가 확립되며 근대적 학교가 설립되고, 수리시설을 중심으로 농업개발이 이루어지며 공업화가 진행되었고, 무역과 상업이 확대되고 도시화가 진행되었다. 이러한 변화는 대부분 일본인, 일본 당국의 손에 의해 진행되었다. 그러나 비록 상대적으로 비중은 작았으나, 교육과 언론, 공업, 농업에서 그러한 변화가 한국인의 손에 의해서도 진행되었고, 김씨가의 사업은 그 선두에 있었다.

김씨가의 사업은 한국사회의 역동성을 보여주었다. 부패한 왕조 아래서 퇴락하던 사회에 가해진 외부의 충격, 경제개방과 국제무역의 확대, 망국과 그를 저지하려는 노력 등 정치경제적 격변상황에서 전통적 지주가 대공업기업가요, 언론사업가이자 교육사업가로, 곧 근대경제사회의 핵심 주역으로 다시 태어났다. 이것은 한국사회에 잠재되어 있던 뛰어난 적응력, 활동력이 발휘된 결과였다.

비록 그의 사업의 제국은 붕괴되었지만, 그 파편들은 한국경제의 발달과정에서 중요한 유산이 되었다. 우선 경성방직과 남만방적의 출신 인력들이 일본이 남기고 간 면방직공장의 관리자가 되어 그 후의 발달에 중요한 역할을 했다. 1949년 영등포와 인천, 안양에 있던 도요방적공장에서는 이사와 공장장 등 51명(전직원 296명)이, 영등포와 광주, 전주에 있던 가네가후치방적공장에서는 기술과장과 공장

　　　　　　　　　　　　　　　　　　　　대군의 척후

장, 상무 등의 간부가 경성방직이나 남만방적 출신이었다. 대표적으로 경성방직의 초기 기술자였던 최사열은 1920년대에 일본의 고등공업학교 방직과를 마친 후 여러 방직공장에 근무했는데, 해방 후 미군정의 초대 방적과장과 조선방직 사장을 맡았다. 또 1930년대 중엽 경성방직의 방적공장 설립 주역이었던 김규선은 신생 이승만정부의 상공부 섬유과장이 되었다.[10]

아울러 김씨가 기업활동의 이념, 그 실제 경영방식은 해방 후, 특히 1960년대 이후 한국경제의 지도이념, 운영방식의 원형이 되었다. 1960년대 이후 한국의 공업화, 경제성장은 국가사회적 차원에서는 '민족중흥', '조국근대화'의 이념에 의해, 그리고 국민 개개인의 차원에서는 '잘 살아보세'의 욕구에 의해 추진되었다. 그리고 그 성장 방식은 외국기술, 경영기법을 도입, 학습하는 것이었다. 민족중흥의 염원과 '잘 살아보자'는 욕구가 급속한 학습을 통한 고도성장으로 한국인들을 몰아갔다. 식민지시대 실력양성의 이념은 이 민족중흥의 이념으로 계승되었다. 그리고 일본을 통해 배운다는 실력양성의 방식은 더 넓게 미국, 일본, 유럽 등 선진국을 통해 배우는 것으로 계승되었다.

뛰어난 학습자요, 성공적인 후발자인 일제하의 경성방직은 이광수가 표현한 바와 같이, '뒤에 오는 대군大軍의 척후斥候'였던 것이다.

부록

	영업보고서	총계정원장	총계정원장잔고장	경비내역장	제품원장	차입금원장	일기장
제1기(1919.10.1~1920.3.31)							O
제2기(1920.4.1~1921.3.31)							O
제3기(1921.4.1~1922.3.31)							O
제4기(1922.4.1~1923.3.31)							O
제5기(1923.4.1~1924.2.28)							O
제6기(1924.3.1~1925.2.28)							O
제7기(1925.3.1~1926.2.28)					O		
제8기(1926.3.1~1927.2.28)							O
제16기(1934.3.1~1935.2.28)				O			
제17기(1935.3.1~1935.11.30)							
제18기(1935.12.1~1936.5.31)							
제19기(1936.6.1~1936.12.1)							
제20기(1936.12.1~1937.5.31)				O			
제21기(1937.6.1~1937.11.30)							
제22기(1937.12.1~1938.5.31)							
제23기(1938.6.1~1938.11.30)			O				
제24기(1938.12.1~1939.5.31)		O	O				
제25기(1939.6.1~1939.11.30)	O*	O	O				O
제26기(1939.12.1~1940.5.31)			O	O	O		O
제27기(1940.6.1~1940.11.30)			O	O	O		O
제28기(1940.12.1~1941.5.31)		O	O				
제29기(1941.6.1~1941.11.30)		O	O				
제30기(1941.12.1~1942.5.31)	O	O	O				
제31기(1942.6.1~1942.11.30)		O	O				
제32기(1942.12.1~1943.5.31)		O	O		O		O
제33기(1943.6.1~1943.11.30)		O	O		O		
제34기(1943.12.1~1944.5.31)	O	O	O				
제35기(1944.6.1~1944.11.30)	O	O	O			O	
제36기(1944.12.1~1945.5.31)	O	O	O			O	
제37기(1945.6.1~1945.11.30)		O	O			O	

주: ① (주)경방의 용인공장 창고에는 그밖에도 다수의 《공장비내역장工場費內譯帳》 등의 장부가 남아 있음.
　　② 영업보고서 중 * 표시는 《경방육십년》 사사 게재분임.

부표 2 김기중·정웅 일가 소유지 규모

(단위: 정보)

김기중가

	1918년 논	밭	대지	1924년 논	밭	대지	1926년 논	밭	기타	1930년 논	밭	기타
김기중	164	23	1	159	18	1	-	-	-	-	-	-
성수	356	10	1	370	10	1	806	6	12	242	11	81
제수	177	13	3	284	22	3	87	10	13	94	5	17
계	697	46	5	813	50	5	893	16	25	336	16	98

김경중가

1926년

	논	밭	기타	합계
김경중	800	11	26	838
연수	1,117	14	1	1,131
계	1,916	25	27	1,969

1930년

	논	밭	기타	합계	토지소재지
김경중	296	27	69	392	전북 고창
	662	33	124	819	전남 영광, 장성
계	제958	제60	제193	제1,211	
연수	690	14	27	731	
계	1,648	74	220	1,942	전북 고창, 정읍, 김제, 부안

자료: 1918, 1924년은 김용섭 〈한말 일제하 지주제 연구 사례 4〉, 194쪽; 1926년은 〈전라북도지주소유가지부〉(1926년 8월말 현재); 1930년은 〈전라북도·전라남도 地籍〉(1930년 말 현재).

부표 3 삼양사의 지역별 농지소유 규모(일제말)

郡	面	소유지 규모	郡	面	소유지 규모
장성군 畓 2,279,258평 (=약 760정보) 田 123,232평	長城面	답 87,279평 坮 4,981평	부안군 답 383,672평 (=약128정보) 전 136,046평	保安面	답 161,201평 전 7,590평
	西三面	답 242,631평 전 21,301평		茁浦面	답 222,471평 전 128,456평
	黃龍面	답 232,114평	고창군 답 2,040,965평 (=약 680정보)	富安面	답 211,317평 전 20,581평
	北一面	답 260,341평 전 9,412평		新林面	답 152,857평
	北二面	답 254,159평 전 46,243평		大山面	답 159,918평
	北上面	답 137,755평 전 21,438평		海里面	답 139,923평 간척답
	北下面	답 58,161평		心元面	959,960평
	森溪面	답 425,505평		興德面	답 205,964평
	東化面	답 45,336평		孔音面	답 211,026평 기타
	森西面	답 406,118평	영광군 답 1,501,176평 (=약 500정보), 전	靈光面	답 115,401평 전 13,756평
	南面	답 129,859평 전 10,215평		大馬面	답 114,654평
정읍군 답 119,304평 (=약 40정보)	所聲面	답 119,304평		畝良面	답 402,666평
담양군 답 143,995평 (=약 48정보)	각 면	답 143,995평		佛甲面	답 94,103평
함평군 답 1,419,340평 (=약 473정보)	月也面	답 38,457평		郡西面	답 297,128평
	孫佛面	답 161,144평 간척답 1,171,072평 (=390정보)		郡南面	답 250,825평 전 25,835평, 기타
	新光面	답 44,436평		法聖面	답 226,399평 전 54,479평
	大洞面	답 4,231평			
총계			답 2,503정보		

주 : 〈삼양사부동산매매계약서〉(1945.10.15)의 매매토지는 해방전 삼양사의 소유지였을 것인데, 同서류와 삼양사 설립 시인 1930년대 중반경의 토지매도증서를 비교해 볼 때 후자에만 나타나는 토지도 역시 삼양사의 소유지로 판단하였음.
자료 : 〈삼양사부동산매매계약서〉, 〈매도증서〉

대군의 척후

부표 4 경성직뉴 재무제표

(단위 : 1,000엔)

	제4기 ('12.10~'13.3)	제6기 ('13.4~'14.3)	제8기 ('15.4~'16.3)	제9기 ('16.4~'17.3)	제10기 ('17.4~'18.3)	제11기 ('18.4~'19.3)	제12기 ('19.4~'20.3)
유동자산	76.3	72.0	86.0	78.6	123.3	126.5	149.0
(매출채권)	17.3	44.3	40.9	35.1	35.4	39.6	23.7
(재고자산)	43.6	21.0	34.0	31.4	76.0	70.5	99.0
고정자산	18.4	18.7	19.0	18.9	33.0	33.5	73.3
(부동산)	9.2	9.2	10.0	10.0	17.8	18.4	49.1
(기계기구)	0.6	0.9	0.9	1.3	14.3	13.9	19.1
부채	14.1	10.4	26.8	20.2	60.5	48.9	110.6
(할인어음)	0.0	0.0	0.0	0.0	42.9	26.0	23.8
(차입금)	13.0	10.0	18.6	17.7	11.9	21.7	60.0
자기자본	94.7	90.7	105.0	77.3	95.8	111.1	111.7
(자본금)	75.0	75.0	75.0	75.0	96.6	100.0	100.0
당기 총수입			34.8	44.6	40.1	66.2	
당기 총비용			27.3	45.5	43.2	54.3	
당기 순이익	4.5	1.7	7.5	-0.9	-3.1	11.9	0.6
배당금	3.8	1.9					

자료 : 제6기까지는 《朝鮮經濟年鑑》 1917년판. 제8기 이하는 《每日申報》 1916년 5월 4일자, 1917년 5월 4일자,
1918년 5월 5일자, 1919년 4월 22일자, 《東亞日報》 1920년 5월 13일자.

부표 5 창립 당시 경성방직의 주요 주주 및 임원

인명	주식수	임원	나이	지역	주요 경력
박영효	200	사장	58	경성	갑신정변의 주역, 궁내부 대신, 후작
김기중	650		60	부안	김성수의 양부
김경중	2,000		56	부안	김성수의 생부
박용희朴容喜	1,020	전무이사	34	파주	도쿄제국대학 졸업, 법학전수학교 교유
조설현曺偰鉉	1,000	감사		영광	대지주, 영광창고금융(주) 대표
안종만安鍾萬	1,000			경성	용산권업(주) 상무, 인천고무 대표
김찬영金璨永	500		31	경성	한말 법관양성소 졸업, 변호사
고하주高廈柱	500			창평	김성수의 처족. 대지주. 호남은행 주주.
노창섭魯昌燮	500			영광	지주, 영광창고금융, 법성포물산 이사
윤상은尹相殷		이사	32	동래	구포의 대지주, 구포은행 설립자, 경남은행장
이일우李一雨		이사		대구	대지주, 대한자강회 및 대한협회 회원, 대구은행 주주
장춘재張春梓	350	감사		경성	상인, 포목상회사 동양물산(주)의 대주주
김성수	200	이사	28	부안	와세다대학 정치학과 졸업, 중앙학교·경성직뉴 인수 경영
이강현		지배인	31	경성	구라마에고등공업학교 방직과 졸업, 중앙학교 교사
장두현張斗鉉		감사	45	경성	종로의 포목상, 동양물산(주)의 대주주
이승준李承駿		감사		해주	대한자강회 등 회원, 중앙신탁(주) 사장, 경성금융(주) 감사
선우전		이사	30	경성	와세다대학 상과 졸업, 조선은행 서기, 경성직뉴 전무

주: 주식 1주의 액면은 50엔이며, 1차 납입금은 12엔 50전이었다.

부표 6 초기 월별 현물상품매매현황

(단위 : 엔)

	상품매입액 (A)	상품매출액 (B)	매매손익 (C)	평가손익 (D)	상품감소액 (A-B+C+D)	상품잔액
1919년 12월	28,860	8,850	193		8,657	20,203
1920년 1월	83,358	4,600	0		4,600	98,961
2월	35,837	22,503	-53		22,556	112,242
3월	44,949	28,083	930	-2,833	29,986	127,205
제1기 계	193,004	64,036	1,070	-2,833	65,799	127,205
1920년 4월	21,834	1,717	-374		2,091	146,948
5월	0	3,774	-750		4,524	142,423
6월	0	12,231	-2,991		15,222	127,201
7월	0	348	-31		379	126,822
8월	0	16,929	-2,604		19,533	107,289
9월	0	49,880	-20,044	-16,240	86,164	21,125
10월	1,286	5,198	309		4,889	17,523
11월	1,038	5,184	187		4,997	13,564
12월	0	883	-55		938	12,626
1921년 1월	0	44	-9		53	12,573
2월	1,350	0	0		0	13,923
3월	114	5,429	-294		5,723	8,314
제2기 계	25,622	101,616	-26,657	-16,240	144,513	8,314

주 : 상품잔액=전기이월액+상품매입액-(상품매출액-매매이익-평가소각).
자료 : 《日記帳》.

부표 7 선물상품거래 내역

일자	상품명	수량	매입가액	거래처	청산가액	차익	비고
1920.3.12	종방 14번수 20년 4,5,6물	100표	28,200	荒川合名	29,250	1,050	
1920.3.12	금어 20번수 20년 7,8,9물	225표	68,250	荒川合名	72,563	4,313	
1920.3.12	삼마 20번수 20년 7,8,9물	225표	68,250	荒川合名	72,563	4,313	
1920.3.12	금어 20번수 20년 7,8,9물	300표	91,500	八木商店	97,200	5,700	
1920.3.12	삼마 20번수 20년 7,8,9물	300표	91,500	八木商店	97,200	5,700	
1920.7.31	금마 20번수 20년 7,8,9물	600개	194,400	八木商店	183,000	-11,400	3.12 매매계약 해제분
1920.7.31	금마 20번수 20년 7,8,9물	900개	339,500	八木商店	289,500	-50,000	매매계약 해제분

주 : 일자는 일기장에 계상된 날짜임.
자료 : 《日記帳》.

부표 8 경성방직 재무제표

(1) 대차대조표

(단위: 1,000엔, 퍼센트)

항목	제1기 (1919.11~20.3)		제2기 (1920.4~21.3)		제3기 (1921.4~22.3)		제4기 (1922.4~23.3)		제5기 (1923.4~24.2)	
	금액	구성비	금액	구성비	금액	구성비	금액	구성비	금액	구성비
유동자산	785	95.7	275	64.2	68	30.8	36	11.3	111	27.4
당좌자산	533	65.0	236	55.0	38	17.3	20	6.2	22	5.5
현금예금	147		6		22		4			
매출채권	18		3		0		13			
미수금	369		224		13					
유가증권	0		3		3		3			
재고자산	129	15.7	7	1.5	0	0.0	14	4.4	76	18.9
기타자산	123	14.9	33	7.7	30	13.5	2	0.7	12	3.0
고정자산	35	4.3	154	35.8	153	69.2	284	88.7	293	72.6
부동산	33	4.0	136	31.8	136	61.4	148	46.2		
기계 부속품	0	0.0	13	3.0	13	5.8	102	31.9		
각종장치기구	2		4		3		33			
이연자산	1	0.1	1		1		1			
자산총계	820	100.0	429	100.0	222	100.0	320	100.0	404	100.0
유동부채	557	67.9		0.0		0.0		0.0		
할인어음	194		7		0		10			
지불어음	15		0	0.0	0		1			
외상매입금	0		0		0		1			
미불금	348		211	49.2	0		0			
가수금	0		0	0.0	37		2			
고정부채		0.0		0.0		0.0		0.0		
차입금		0.0	82	19.1	67	30.2	140	43.7		
부채총계	557	67.9	299	69.8	104	46.8	153	47.8	233	57.6
자본금	250	30.5	250	58.3	250	112.7	321	100.1	323	80.0
잉여금	13	1.6	-121	-28.1	-132	-59.6	-153	-47.9	-152	-37.6
법정적립금			1	0.2						
전기이월금			11	2.6						
당기순이익	13		-133	-30.9	-12					
자본총계	263	32.1	129	30.2	118	53.2	167	52.2	171	42.4
부채와 자본총계	820	100.0	429	100.0	222	100.0	320	100.0	404	100.0

항목	제11기(1930.2)		제12기(1931.2)		제13기(1932.2)		제14기(1933.2)		제15기(1934.2)	
	금액	구성비	금액	구성비	금액	구성비	금액	구성비	금액	구성비
유동자산	279.7	42.0	467.7	56.5	802.5	69.9	754.7	70.0	1,637.2	84.3
당좌자산	112.9	16.9	159.2	19.2	55.6	4.8	248.6	23.1	217.9	11.2
재고자산	157.1	23.6	143.4	17.3	335.3	29.2	307.1	28.5	1,073.8	55.3
기타자산	9.7	1.5	165.1	19.9	411.7	35.9	199.1	18.5	345.5	17.8
고정자산	386.6	58.0	360.6	43.5	345.6	30.1	323.5	30.0	305.2	15.7
자산총계	666.3	100.0	828.3	100.0	1,148.1	100.0	1,078.2	100.0	1,942.5	100.0
부채	152.9	22.9	59.5	7.2	368.8	32.1	271.3	25.2	889,7	45.8
차입금	-	-	-	-	-	-	0	0	-	-
자본	513.5	77.1	768.8	92.8	779.3	67.9	806.9	74.8	1,052.8	54.2
자본금	500.0	75.0	750.0	90.5	750.0	65.3	750.0	69.6	1,000.0	51.5
잉여금	13.5	2.1	18.8	2.3	29.3	2.6	56.9	5.3	52.8	2.7

항목	제16기(1935.2)		제19기(1936.11)		제21기(1937.11)		제23기(1938.11)		제25기(1939.11)	
	금액	구성비	금액	구성비	금액	구성비	금액	구성비	금액	구성비
유동자산	1,385.5	65.5	4,161.0	85.9	2,021.1	46.6	2,687.3	43.2	3,843.0	35.5
당좌자산	239.9	11.3	639.8	13.2	730.3	16.8	1,272.1	20.4	1,381.8	12.8
재고자산	1,042.9	49.3	1,765.8	36.5	1,178.1	27.1	1,269.5	20.4	1,825.0	16.9
기타자산	102.7	4.9	1,755.3	36.2	112.7	2.6	145.7	2.3	636.2	5.9
고정자산	728.4	34.5	681.5	14.1	2,318.5	53.4	3,538.8	56.8	6,982.3	64.5
부동산	-	-	-	-	-	-	1,252.7	20.1	1,240.8	11.5
기계기구	-	-	-	-	-	-	1,284.5	20.6	1,161.0	10.8
투자자산	-	-	-	-	-	-	987.6	15.7	4,557.6	42.1
자산총계	2,113.9	100.0	4,842.5	100.0	4,339.6	100.0	6,226.1	100.0	10,825.2	100.0
부채	1,051.9	49.8	2,752.3	56.8	2,239.7	51.6	2,576.5	41.4	6,357.2	58.7
유동부채 미불금	-	-	-	-	739.7 -	17.0	1,056.3 898.1	17.0	2,607.2 2,265.5	24.1
고정부채	-	-	-	-	1,500.0	34.6	1,520.2	24.4	3,750.0	34.6
차입금	855.0	-	-	-	1,500.0		1,500.0		3,600.0	
자본	1,062.0	50.2	2,090.2	43.2	2,100.0	48.4	3,649.7	58.6	4,468.1	41.3
자본금	1,000.0	47.3	2,000.0	41.3	2,000.0	46.1	2,800.0	45.0	2,800.0	25.9
잉여금	62.0	2.9	90.2	1.9	100.0	2.3	849.7	13.6	1,668.1	15.4

항목	제27기(1940.11)		제29기(1941.11)		제31기(1942.11)		제33기(1943.11)		제35기(1944.11)	
	금액	구성비	금액	구성비	금액	구성비	금액	구성비	금액	구성비
유동자산	7,279.2	48.6	8,416.1	51.5	10,202.8	40.2	15,337.1	50.7	22,656.7	59.3
당좌자산	2,682.7	17.9	2,709.9	16.6	2,265.2	8.9	1,679.4	5.6	1,968.3	5.2
재고자산	2,197.7	14.7	1,840.6	11.3	3,445.4	13.6	3,552.2	11.7	10,751.8	28.1
기타자산	2,398.7	16.0	3,865.6	23.7	4,492.2	17.7	10,105.5	33.4	9,936.5	26.0
고정자산	7,696.0	51.4	7,918.4	48.5	15,158.1	59.8	14,906.0	49.3	15,560.0	40.7
부동산	1,366.9	4.0	1,507.2	9.2	1,481.9	5.8	1,462.8	4.8	2,585.2	6.8
기계기구	1,120.6	7.5	1,047.5	6.4	1,194.7	4.7	1,077.2	3.6	2,388.9	6.2
투자자산	5,196.1	34.7	5,351.9	32.8	12,469.8	49.2	12,348.5	40.8	10,492.1	27.5
자산총계	14,975.2	100.0	16,334.5	100.0	25,360.9	100.0	30,243.1	100.0	38,216.6	100.0
부채	7,367.9	49.2	8,044.1	49.2	14,112.4	55.6	18,715.8	61.9	23,017.5	60.2
유동부채 미불금	4,159.5 1,380.3	27.8	1,832.0 1,696.8	11.2	2,561.2 1,365.6	10.1	2,900.6 1,837.0	9.6	2,324.8	6.1
고정부채 차입금	3,208.4 2,918.4	21.4	6,212.2 5,432.0	38.0	11,551.2 10,221.2	45.5	15,815.1 15,365.1	52.3	20,692.7 19,779.7	54.1
자본	7,607.3	50.8	8,290.3	50.8	11,248.5	44.4	11,527.3	38.1	15,199.2	39.8
자본금	5,000.0	33.4	5,000.0	30.6	7,500.0	29.6	7,500.0	24.8	10,500.0	27.5
잉여금	2,607.3	17.4	3,290.3	20.1	3,748.5	14.8	4,027.3	13.3	4,699.2	12.3

주: ①고정자산 항목 중 집기什器는 금액이 적으므로 표기하지 않았음.
　②제19기의 증가율은 제17기(1935년 11월 결산)에 대한 증가율임.
자료: 《경방 육십년》; 《총계정원장》 제24-25, 28-30, 32-35, 37기.

(2) 손익계산서 (단위 : 1,000엔, 퍼센트)

항목	제1기(1919)		제2기(1920)		제3기(1921)		제4기(1922)		제5기(1923)	
	금액	구성비	금액	구성비	금액	구성비	금액	구성비	금액	구성비
매출액	-	-	-	-	-	-	-	-	-	-
매출원가	-	-	-	-	-	-	-	-	-	-
매출총이익	22.3	-	4.3	-	1.4	-	0.0	-	101.7	-
판관비	9.0	-	33.0	-	4.4	-	12.5	-	76.7	-
영업이익	13.2	-	-28.7	-	-2.9	-	-12.5	-	25.0	-
영업외수익	4.6	-	9.4	-	1.9	-	2.5	-	6.5	-
영업외비용	4.8	-	113.3	-	10.6	-	11.2	-	30.0	-
경상이익	13.0	-	-132.6	-	-11.6	-	-21.3	-	1.5	-
보조금	0	-	0	-	0	-	0	-	16.0	-
당기순이익	13.0	-	-132.6	-	-11.6	-	-21.3	-	17.5	-

항목	제6기(1924)		제7기(1925)		제8기(1926)		제9기(1927)		제10기(1927)	
	금액	구성비	금액	구성비	금액	구성비	금액	구성비	금액	구성비
매출액	-	-	-	-	-	-	-	-	-	-
매출원가	-	-	-	-	-	-	-	-	-	-
매출총이익	103.3	-	168.7	-	100.2	-	82.5	-	91.3	-
판관비	37.2	-	59.7	-	64.3	-	72.7	-	77.5	-
영업이익	66.0	-	109.0	-	35.9	-	8.8	-	13.9	-
영업외수익	5.6	-	6.1	-	5.5	-	8.4	-	6.4	-
영업외비용	46.4	-	50.8	-	41.3	-	14.7	-	12.3	-
경상이익	25.3	-	64.2	-	0.2	-	2.5	-	7.9	-
보조금	19.3	-	28.0	-	27.0	-	29.7	-	29.1	-
당기순이익	44.6	-	92.2	-	27.2	-	32.2	-	37.0	-

항목	제11기(1929)		제12기(1930)		제13기(1931)		제14기(1932)		제15기(1933)	
	금액	구성비	금액	구성비	금액	구성비	금액	구성비	금액	구성비
매출액	1,955.6	100.0	1,403.8	100.0	1,412.0	100.0	2,810.7	100.0	3,748.0	100.0
매출원가	1,821.4	93.1	1,247.3	88.9	1,273.3	90.2	2,593.8	92.3	3,538.7	94.4
매출총이익	134.2	6.7	156.5	11.1	138.7	9.8	217.0	7.7	209.2	5.6
판관비	106.5	5.4	133.4	9.5	102.1	7.2	135.3	4.8	145.4	3.9
영업이익	27.8	1.4	23.1	1.6	36.7	2.6	81.6	2.9	63.8	1.7
영업외수익	7.4	0.4	6.2	0.4	8.7	0.6	10.3	0.4	2.6	0.0
영업외비용	22.3	1.1	11.7	0.8	18.1	1.3	39.4	1.4	25.6	0.7
경상이익	12.9	0.7	17.6	1.3	27.2	1.9	52.4	1.9	40.9	1.1
보조금	27.8	1.4	24.9	1.8	21.5	1.5	0		17.0	0.5
당기순이익	40.6	2.1	42.5	3.0	47.4	3.4	52.4	1.9	58.3	1.6

항목	제16기(1934)		제17기(1935)		제18,19기(1936)		제20기(1937上)		제21기(1937下)	
	금액	구성비	금액	구성비	금액	구성비	금액	구성비	금액	구성비
매출액	4,492.5	100.0	3,158.3	100.0	4,874.2	100.0	-	-	-	-
매출원가	4,199.1	93.5	2,921.2	92.5	4,536.5	93.1	-	-	-	-
매출총이익	293.3	6.5	237.0	7.5	337.7	6.9	285.9	-	237.0	-
판관비	194.1	5.4	155.2	4.9	216.0	4.4	199.4	-	183.1	-
영업이익	99.2	1.4	81.8	2.6	121.6	2.5	86.5	-	53.9	-
영업외수익	23.6	0.5	15.2	0.5	73.1	1.5	94.6	-	74.5	-
(이자수익)	12.1				-		2.8			
영업외비용	75.6	1.7	25.4	0.8	69.1	1.4	116.8	-	62.9	-
(이자비용)	73.4				-		108.7			
경상이익	47.2	1.1	71.6	2.3	125.7	2.6	64.3	-	65.5	-
보조금	15.9		0		0		0		0	
당기순이익	63.2	1.4	71.6	2.3	125.7	2.6	64.3	-	65.5	-

대군의 척후

항목	제23기 (1938.6~38.11)		제24기 (1938.12~39.5)		제25기 (1939.6~39.11)		제26기 (1939.12~40.5)	
	금액	구성비	금액	구성비	금액	구성비	금액	구성비
매출액	4,568,247	100.0	4,543,912	100.0	3,272,676	100.0	4,310,861	100.0
매출원가	3,092,001	67.7	3,259,461	71.7	1,863,601	56.9	2,357,883	54.7
공장비	303,354		206,505		402,952		275,294	
공임			146,068		194,961		226,250	
매출총이익	1,476,246	32.3	1,284,451	28.3	1,409,075	43.1	1,952,978	45.3
판매비와 관리비	990,762	21.7	752,534	16.6	898,935	27.5	1,349,605	31.3
급료 및 수당	59,520		78,494		131,771		114,053	
제세공과	10,823		358,411		306,814		785,441	
감가상각	79,258		105,684		75,702		76,072	
각종비용	66,537		55,522		41,713		67,613	
잡비	775,076		154,421		342,936		306,426	
영업이익	485,484	10.6	531,917	11.7	510,140	15.6	603,373	14.0
영업 외 수익	187,093		150,841	3.3	179,567	4.0	142,214	3.1
이자수익	17,586		20,471		26,619		29,769	
잡수입	169,507	3.7	130,370	2.9	152,948	4.7	112,445	2.6
영업 외 비용	86,949	1.9	53,356	1.2	52,870	1.6	108,612	2.5
이자비용	44,353	1.0	42,389	0.9	52,164	1.6	53,458	1.2
잡손	42,596	0.9	10,967	0.2	706	0.0	55,154	
당기순이익	585,628	12.8	629,402	13.9	636,837	19.5	636,975	14.8

항목	제27기 (1940.6~40.11)		제28기 (1940.12~41.5)		제29기 (1941.6~41.11)		제30기 (1941.12~42.5)		제31기 (1942.6~42.11)	
	금액	구성비	금액	구성비	금액	구성비	금액	구성비	금액	구성비
매출액	3,967,274	100.0	5,625,706	100.0	4,793,496	100.0	3,112,722	100.0	4,129,421	100.0
매출원가	2,442,227	61.6	4,133,109	73.5	3,337,513	69.6	1,967,700	63.2	3,090,967	74.9
공장비	226,826		250,155		256,899		184,984		268,202	
공임	263,739		262,593		249,045		242,347		237,074	
매출총이익	1,525,047	38.4	1,492,597	26.5	1,455,983	30.4	1,145,022	36.8	1,038,454	25.1
판매비와 관리비	832,083	21.0	604,055	10.7	758,866	15.8	442,006	14.2	298,213	7.2
급료 및 수당	131,506		125,834		150,164		145,478		135,068	
제세공과	362,598		178,993		308,485		17,307		10,443	
감가상각	76,206		76,274		80,699		84,408		87,742	
각종비용	107,633		98,146		57,375		59,350			
잡비	154,140		124,809		162,143		135,462		23,140	
영업이익	692,964	17.5	888,542	15.8	697,117	14.5	703,016	22.6	740,241	17.9
영업 외 수익	118,233	3.0	122,858	2.2	324,135	6.8	252,004	8.1	390,947	9.5
이자수익	14,255		10,178		59,640		54,630		223,395	
잡수입	103,978		112,680		264,495		197,374		167,552	
영업 외 비용	78,927	2.0	203,563	3.6	213,489	4.5	148,306	4.8	324,275	7.9
이자비용	77,730	2.0	102,488	1.8	111,566	2.3	144,306	4.6	293,708	7.1
잡손	1,197		101,075	1.8	101,923	2.1	4,000		30,567	
당기순이익	732,270	18.5	807,837	14.4	807,763	16.9	806,714	25.9	806,913	19.5

항목	제32기 (1942.12~43.5)		제33기 (1943.6~43.11)		제34기 (1943.12~44.5)		제35기 (1944.6~44.11)		제36기 (1944.12~45.5)	
	금액	구성비	금액	구성비	금액	구성비	금액	구성비	금액	구성비
매출액	4,630,425	100.0	5,959,963	100.0	5,290,719	100.0	7,480,445	100.0	21,449,728	100.0
매출원가	3,158,776	68.2	4,431,319	74.4	4,186,953	79.1	6,623,971	88.6	20,003,253	93.3
원료재료비							4,395,869			
공장비			91,925		526,006		1,055,277			
공임			53,631		389,777		566,688			
영업비			663,148		480,966		606,137			
매출총이익	1,471,649	31.8	1,528,644	25.6	1,103,766	20.9	856,474	11.4	1,446,475	6.7
판매비와 관리비	466,054	10.1	488,481	8.2	304,213	5.7	275,691	3.7	343,733	1.6
급료 및 수당	125,155		131,327		152,415		93,151			
제세공과	147,915		157,025		129,427					
감가상각	112,929		113,047		106,736					
각종비용										
잡비	32,889		38,115		75,176		61,441		228,670	
영업이익	1,005,595	21.7	1,040,163	17.5	799,553	15.1	580,783	7.8	1,102,742	5.1
영업 외 수익	227,246	4.9	271,393	4.6	469,542	8.9	613,590	8.2	252,581	1.2
이자수익	42,059		87,490		291,312		59,546		61,728	
잡수입	185,187		183,903		178,230		554,044		190,853	
영업 외 비용	427,081	9.2	506,530	8.5	468,065	8.8	389,992	5.2	553,937	2.6
이자비용	314,574	6.8	362,643	6.1	414,887	7.8	389,992	5.2	537,692	2.5
잡손	112,507		143,887	2.4	53,178	1.0	0		16,245	
당기순이익	805,760	17.4	805,026	13.5	801,030	15.1	804,381	10.8	801,386	3.7

주: 제16, 20기를 제외하곤 영업외수익은 잡雜이익, 영업외비용은 순純이자비용 + 잡손雜損.
자료: 《경방육십년》 및 《經費內譯帳》.

부표 9 조선방직 재무제표(대차대조표)

(단위 : 엔, 퍼센트)

항목	제1기(1918.7) 금액	비중	제3기(1919.7) 금액	비중	제5기(1920.7) 금액	비중	제7기(1921.7) 금액	비중	제10기(1923.1) 금액	비중
유동자산	1,271,421	99.8	1,190,422	95.1	970,491	42.2	2,125,940	38.4	1,391,480	22.4
당좌자산	1,264,603	99.2	1,189,357	93.3	959,022	75.2	2,011,802	36.3	698,075	11.2
현금예금	1,246,222		969,011		747,410		1,757,433		241,249	
매출채권									249,279	
미수금	18,381		15,346		6,611		49,370		2,548	
유가증권			205,000		205,000		205,000		205,000	
재고자산		0.0		0.0	-		-	0.0	671,411	10.8
기타자산	6,818	0.5	1,066	0.1	11,470		114,138	2.1	14,913	0.2
구매조합계정									7,081	
고정자산	3,138	0.2	60,964	4.9	1,331,841	57.8	3,413,308	61.6	4,823,489	77.6
부동산		0.0	2,410	0.2	2,410		1,850,366	33.4	2,163,954	34.8
기계 및 부속품		0.0		0.0			125,066	2.3	2,401,921	38.6
각종장치기구	3,138		3,855		6,972		1,291,075			
건설가계정			54,699		1,322,459		10,328	0.2	114,908	1.8
기타							136,474		142,706	
자산총계	1,274,559	100.0	1,251,387	100.0	2,302,332	100.0	5,539,249	100.0	6,214,970	100.0
유동부채	0	0.0	0	0.0	1,049,368		1,037,915	18.7	322,986	5.2
지불어음							1,020,000		278,445	
외상매입금										
미불금							14,167	0.3	37,862	
가수금					1,049,368		3,749	0.1	6,679	
고정부채	0	0.0	89	0.0	2,147		2,000,863	36.1	2,003,655	32.2
차입금		0.0		0.0			2,000,000	36.1	2,000,000	32.2
기타			89		2,147		863	0.0	3,655	
부채총계	-	0.0	89	0.0	1,051,515		3,038,778	54.9	2,326,641	37.4
자본금	1,250,000	98.1	1,250,000	98.1	1,250,000	98.1	2,500,000	45.1	4,000,000	64.4
잉여금	24,559	1.9	1,297	0.1	818		470	0.0	-103,671	-1.7
법정적립금					34		98	0.0	142	
전기이월금			43,615					0.0	-1,111	
당기순이익	24,559		-42,318		784		372	0.0	-102,702	
자본총계	1,274,559	100.0	1,251,297	100.0	1,250,818		2,500,470	45.1	3,896,329	62.7
부채와 자본총계	1,274,559	100.0	1,251,387	100.0	2,302,332		5,539,249	100.0	6,222,970	100.1

항목	제11기(1923.7)		제13기(1924.7)		제15기(1925.7)	
	금액	비중	금액	비중	금액	비중
유동자산	1,509,280	23.7	1,246,888	20.8	590,639	12.7
당좌자산	193,170	3.0	837,766	14.0	148,355	3.2
현금예금	81,005		644,175	10.7	148,355	
매출채권	105,235		190,091	3.2	0	
미수금	6,930		3,500		0	
재고자산	1,298,374	20.4	383,114	6.4	418,751	9.0
기타자산	10,737	0.2	20,417	0.3	21,548	0.5
구매조합계정	7,000		5,591		1,985	
고정자산	4,855,470	76.3	4,752,989	79.2	4,059,578	87.3
부동산	2,172,727	34.1	1,598,848	26.6	2,669,505	
기계 및 부속품	2,420,126	38.0	874,913	14.6	1,300,355	
건설가계정	0		0		71,420	
집기비품	16,369	0.3	16,884		18,297	
화재소실금			2,262,344		0	
사채모집계정	41,249	0.6	0	0.0	0	
유가증권	205,000		0		0	
자산총계	6,364,750	100.0	5,999,877	100.0	4,650,217	100.0
유동부채	352,584	5.5	36,341	0.6	232,777	5.0
지불어음	301,629		0		203,026	
미불금	45,102		29,756		29,662	
가수금기타	5,853		6,585		89	
고정부채	2,010,702	31.6	2,006,445	33.4	8,415	0.2
차입금	2,000,000	31.4	2,000,000	33.3	0	
직원재직적립금	4,640		6,004		8,415	
기타	6,062		441		0	
부채총계	2,363,286	37.1	2,042,786	34.0	241,192	5.2
자본금	4,000,000	62.8	4,000,000	66.7	4,500,000	96.8
잉여금	1,464	0.0	-42,909	-0.7	-90,975	-2.0
법정적립금	142		142		292	
전기이월금	1,187		95,236		1,918	
당기순이익	135		-138,287		-93,186	
자본총계	4,001,464	62.9	3,957,091	66.0	4,409,025	94.8
부채와 자본총계	6,364,750	100.0	5,999,877	100.0	4,650,217	100.0

항목	제16기(1926.1)		제18기(1927.1)		제20기(1928.1)		제22기(1929.1)		제24기(1930.1)	
	금액	비중	금액	비중	금액	비중	금액	비중	금액	비중
유동자산	1,390,136	23.9	471,907	9.3	1,878,144	28.2	1,637,808	22.4	1,951,620	22.7
당좌자산	65,721	1.1	54,891	1.1	73,572	1.1	574,197	7.9	394,127	4.6
현금예금	65,721		52,159		54,329		553,632		371,554	
매출채권	0		2,698		4,978		20,565		22,573	
미수금	0		34		14,265					
재고자산	1,180,027	20.3	315,167	6.2	1,629,402	24.4	742,761	10.2	1,197,502	13.9
기타자산	97,450	1.7	58,675	1.2	133,321	2.0	183,023	2.5	329,581	3.8
구매조합계정	2,676		2,474		3,502		4,337		5,052	
동양면화계정	44,261		40,700		38,347		133,490		25,359	
고정자산	4,429,410	76.1	4,600,681	90.7	4,789,996	71.8	5,660,925	77.6	6,655,824	77.3
부동산	2,848,278	48.9	2,876,266	56.7	2,885,274	43.3	3,237,496	44.4	3,252,434	37.8
기계 및 부속품	1,561,121	26.8	1,703,080	33.6	1,727,009	25.9	2,401,495	32.9	2,397,867	27.9
건설가계정	0		0		155,937		0	0.0	983,064	11.4
집기비품	20,011	0.3	21,335	0.4	21,776	0.3	21,934	0.3	22,459	0.3
자산총계	5,819,545	100.0	5,072,588	100.0	6,668,140	100.0	7,298,733	100.0	8,607,444	100.0
유동부채	857,487	14.7	317,431	6.3	1,230,059	18.4	1,150,320	15.8	1,569,413	18.2
지불어음	758,293		208,619		1,073,432		802,315		1,015,799	
미불금	98,298		101,646		137,600		324,593		536,265	
가수금기타	896		7,166		19,027		23,412		17,349	
고정부채	460,512	7.9	218,633	4.3	378,020	5.7	1,040,513	14.3	1,906,456	22.1
차입금	450,000	7.7	200,000	3.9	350,000	5.2	1,000,000	13.7	1,850,000	21.5
직원재직적립금	10,512		12,974		18,131		24,965		36,602	
기타	0		5,659		9,889		15,547		19,854	
부채총계	1,318,000	22.6	536,064	10.6	1,608,079	24.1	2,190,832	30.0	3,475,869	40.4
자본금	4,500,000	77.3	4,500,000	88.7	5,000,000	75.0	5,000,000	68.5	5,000,000	58.1
잉여금	1,545	0.0	36,524	0.7	60,061	0.9	107,901	1.5	131,575	1.5
법정적립금	292		10,350		23,065		36,923		53,933	
전기이월금	0		1,100		2,689		2,973		5,964	
당기순이익	1,253		25,074		34,307		68,004		71,678	
자본총계	4,501,545	77.4	4,536,524	89.4	5,060,061	75.9	5,107,901	70.0	5,131,575	59.6
부채와 자본총계	5,819,545	100.0	5,072,588	100.0	6,668,140	100.0	7,298,733	100.0	8,607,444	100.0

대군의 척후

항목	제26기(1931.1)		제28기(1932.1)		제30기(1933.1)		제32기(1933.11)		제34기(1934.11)	
	금액	비중	금액	비중	금액	비중	금액	구성비	금액	구성비
유동자산	1,340,600	15.9	3,182,417	37.0	3,331,899	38.5	3,576,934	41.7	6,081,369	48.2
당좌자산	294,982	3.5	1,766,532	20.5	261,714	3.0	305,539	3.6	2,279,222	18.1
현금예금	253,604		1,741,675		237,342		250,228		1,941,621	
매출채권	41,378		24,857		24,372		55,311		337,602	
재고자산	721,482	8.6	872,936	10.1	2,516,052	29.1	1,632,413	19.0	2,392,417	19.0
기타자산	194,958	2.3	415,760	4.8	399,834	4.6	1,314,187	15.3	1,281,609	10.2
구매조합계정	6,226		6,774		4,690		4,130		5,273	
동양면화계정	122,951		120,414		149,609		320,664		122,849	
고정자산	7,086,736	84.1	5,421,149	63.0	5,321,192	61.5	5,002,764	58.3	6,537,412	51.8
부동산	3,716,884	44.1	3,299,884	38.4	3,291,028	38.0	2,098,457	24.5	2,193,517	17.4
기계 및 부속품	3,345,958	39.7	2,097,052	24.4	2,003,530	23.2	1,876,873	21.9	1,983,543	15.7
								0.0		0.0
집기비품	23,894	0.3	24,214	0.3	26,634	0.3	27,434	0.3	27,281	0.2
							1,000,000		2,333,070	
자산총계	8,427,335	100.0	8,603,566	100.0	8,653,091	100.0	8,579,698	100.0	12,618,781	100.0
유동부채	1,630,207	19.3	3,008,787	35.0	2,296,885	26.5	1,696,283	19.8	2,454,898	19.5
지불어음	1,206,048		614,665		442,847		123,270		1,595,962	
미불금	395,181		2,367,552		1,821,606		1,488,382		843,187	
가수금기타	28,977		26,569		32,432		84,632		15,749	
고정부채	1,728,465	20.5	255,988	3.0	206,049	2.4	237,754	2.8	2,289,761	18.1
차입금	1,650,000	19.6	150,000	1.7	25,000	0.3	5,000	0.1	2,000,000	15.8
직원재직 적립금	52,336		80,452		147,193		207,655		263,012	
기타	26,129		25,535		33,856		25,098		26,749	
부채총계	3,358,672	39.9	3,264,774	37.9	2,502,934	28.9	1,934,037	22.5	4,744,659	37.6
자본금	5,000,000	59.3	5,000,000	58.1	5,000,000	57.8	5,000,000	58.3	5,000,000	39.6
잉여금	68,664	0.8	338,792	3.9	1,150,157	13.3	1,645,661	19.2	2,874,122	22.8
법정적립금	62,533		69,763		129,763		229,763		330,000	
별도적립금	0		0		50,000		400,000		950,000	
전기이월금	-153,654		1,493		231,975		434,992		731,874	
당기순이익	159,785		267,535		738,420		580,906		862,248	
자본총계	5,068,664	60.1	5,338,792	62.1	6,150,157	71.1	6,645,661	77.5	7,874,122	62.4
부채와 자본총계	8,427,336	100.0	8,603,566	100.0	8,653,091	100.0	8,579,698	100.0	12,618,781	100.0

항목	제36기(1935.11)		제38기(1936.11)		제40기(1937.11)		제42기(1938.11)		제44기(1939.11)	
	금액	구성비	금액	구성비	금액	구성비	금액	구성비	금액	구성비
유동자산	7,568,080	49.3	6,194,617	43.2	8,427,712	46.9	12,804,284	55.5	15,080,316	56.7
당좌자산	1,114,399	7.3	918,905	6.4	1,145,889	6.4	2,028,562	8.8	1,704,228	6.4
현금예금	181,962		255,302		449,431		639,320		778,567	
매출채권	932,437		663,603		696,458		1,389,242		925,661	
재고자산	4,043,146	26.4	3,228,825	22.5	5,055,271	28.2	6,622,491	28.7	7,563,668	28.5
기타자산	619,779	4.0	511,695	3.6	557,511	3.1	580,854	2.5	1,168,870	4.4
구매조합계정	5,756		5,713		6,018		9,961		10,174	
동양면화계정	145,199									
조면공장계정	1,639,801		1,529,478		1,663,022		3,562,417		4,633,377	
고정자산	7,775,896	50.7	8,135,477	56.8	9,529,257	53.1	10,266,963	44.5	11,496,811	43.3
부동산	2,354,206	15.3	2,409,703	16.8	2,438,715	13.6	2,282,010	9.9	2,378,978	9.0
기계 및 부속품	2,299,214	15.0	2,594,661	18.1	2,526,714	14.1	1,988,140	8.6	1,860,400	7.0
건설가계정		0.0		0.0		0.0		0.0		0.0
집기비품	29,406	0.2	30,843	0.2	30,683	0.2	30,793	0.1	31,163	0.1
유가증권	3,093,070	20.2	3,100,431	21.6	4,533,145	25.2	5,966,020	25.9	7,226,270	27.2
자산총계	15,343,976	100.0	14,330,094	100.0	17,956,968	100.0	23,071,247	100.0	26,577,127	100.0
유동부채	4,489,903	29.3	3,458,233	24.1	5,415,189	30.2	7,960,915	34.5	10,108,985	38.0
지불어음	3,738,527		3,168,995		4,936,944		6,839,821		8,140,429	
미불금	721,328		228,624		371,563		954,242		1,506,566	
가수금 기타	30,048		60,615		106,682		166,852		461,990	
고정부채	2,163,311	14.1	2,005,824	14.0	1,848,267	10.3	1,825,442	7.9	1,200,984	4.5
차입금	1,800,000	11.7	1,600,000	11.2	1,400,000	7.8	1,200,000	5.2	388,600	1.5
기타	363,311		405,823		448,267		625,442	0.0	812,384	0.0
부채총계	6,653,213	43.4	5,464,057	38.1	7,263,456	40.4	9,786,357	42.4	11,309,969	42.6
자본금	5,000,000	32.6	5,000,000	34.9	6,250,000	34.8	7,500,000	32.5	7,500,000	28.2
잉여금	3,690,762	24.1	3,866,037	27.0	4,443,513	24.7	5,784,890	25.1	7,767,158	29.2
법정적립금	430,000		530,000		600,000		700,000		846,000	
별도적립금	1,500,000		1,750,000		1,960,000		2,510,000		3,410,000	
면가조절기금	200,000		350,000		350,000		350,000		350,000	
전기이월금	878,679		907,112		915,870		984,563		1,476,288	
당기순이익	682,083		328,925		617,642		1,240,327		1,684,870	
자본총계	8,690,762	56.6	8,866,037	61.9	10,693,513	59.6	13,284,890	57.6	15,267,158	57.4
부채와 자본총계	15,343,976	100.0	14,330,095	100.0	17,956,968	100.0	23,071,247	100.0	26,577,127	100.0

항목	제46기(1940.11)		제48기(1941.11)		제50기(1942.11)		제52기(1943.11)		제54기(1944.11)	
	금액	구성비	금액	구성비	금액	구성비	금액	구성비	금액	구성비
유동자산	19,290,270	60.8	20,200,883	59.8	24,855,572	62.4	43,223,768	72.4	47,019,343	73.2
당좌자산	2,912,225	9.2	3,732,432	11.0	3,000,416	7.5	5,847,766	9.8	8,285,069	12.9
현금예금	1,382,250		1,765,905		1,630,286		3,140,307		6,216,808	
매출채권	1,529,975		1,966,526		1,370,130		2,707,459		2,068,261	
재고자산	8,307,658	26.2	10,117,373	29.9	16,866,389	42.4	26,664,993	44.7	25,531,351	39.8
가불금 등	2,216,460		544,264		1,574,617		2,483,415		1,683,938	
구매조합 계정	19,260		17,791		40,154		54,693		63,900	
조면공장 계정	5,834,667		5,789,024		3,373,997		8,172,902		11,455,086	
고정자산	12,415,910	39.2	13,593,423	40.2	14,966,084	37.6	16,438,451	27.6	17,185,114	26.8
부동산	3,151,823	9.9	3,899,256	11.5	4,181,519	10.5	4,247,972	7.1	4,985,595	7.8
기계 및 부속품	1,839,446	5.8	2,097,363	6.2	2,336,690	5.9	2,227,850	3.7	2,167,657	3.4
건설가 계정					715,532		1,853,250		2,160,972	
집기비품	34,526		47,260		55,149		95,888		99,003	
유가증권	7,390,115	23.3	7,549,545	22.3	7,677,195	19.3	8,013,490	13.4	7,771,886	12.1
자산총계	31,706,180	100.0	33,794,307	100.0	39,821,657	100.0	59,662,219	100.0	64,204,457	100.0
유동부채	13,149,631	41.5	13,918,645	41.2	19,252,196	48.3	38,242,092	64.1	42,203,527	65.7
지불어음	10,359,888		11,869,074		17,750,000		37,000,000		38,600,000	
미불금	2,199,963		1,635,750		1,361,109		1,014,837		552,738	
가수금 기타	589,780		413,821		141,087		227,255		3,050,789	
고정부채	1,022,615	3.2	1,317,788	3.9	1,423,599	3.6	1,656,758	2.8	1,907,884	3.0
차입금	0	0.0	0	0.0	0	0.0	0	0	0	0
기타	1,022,615	3.2	1,317,788	3.9	1,423,599	3.6	1,656,758	2.8	1,907,884	3.0
부채총계	14,172,246	44.7	15,236,433	45.1	20,675,795	51.9	39,898,850	66.9	44,111,412	68.7
자본금	7,500,000	23.7	7,500,000	22.2	7,500,000	18.8	7,500,000	12.6	7,500,000	11.7
잉여금	10,033,934	31.6	11,057,874	32.7	11,645,861	29.2	12,263,369	20.6	12,593,046	19.6
법정적립금	1,021,000		1,185,000		1,270,000		1,365,000		1,465,000	
별도적립금	4,410,000		7,110,000		7,560,000		8,030,000		8,395,131	
면가조절 기금	1,000,000		0		0					
전기이월금	1,897,373		1,913,992		1,921,626		1,965,334		1,516,138	
당기순이익	1,705,561		848,882		894,236		903,035		1,216,777	
자본총계	17,533,934	55.3	18,557,874	54.9	19,145,861	48.1	19,763,369	33.1	20,093,046	31.3
부채와 자본총계	31,706,180	100.0	33,794,307	100.0	39,821,657	100.0	59,662,219	100.0	64,204,458	100.0

부표 10 경성방직의 주주 구성

시점	납입자본금/공칭자본금(만 엔)	주식수	주주수	대주주	김씨가 지분율
1921.3	25/100	2만주	191명	金暻中 2000, 朴容喜 1020, 曺俔鉉, 安鍾萬 각 1000, 金祺中 650, 金燦永, 高廈柱, 魯昌燮 각 500, 張春梓 350, 朴永孝, 金性洙 각 200	14.3%
1923.8	40/100	2만주	194명	金暻中 1500, 朴容喜 800, 金祺中 650, 安鍾萬, 金燦永, 高廈柱, 魯昌燮, 金秊洙, 日野芳治 각 500	13.3%
1925.8	40/100	2만주	89명	金秊洙 9,270, 金暻中 1,500, 金性洙 1,050, 曺俔鉉, 朴容喜, 金在洙 각 500	66.5%
1927.6	40/100	2만주	89명	金秊洙 9,275, 金暻中 1,500, 金性洙 1,050, 曺俔鉉 1,000, 朴容喜 800, 高廈柱, 金在洙 각 500, 李康賢 400, 高光日 320	
1931.3	75/100	2만주	79명	金秊洙 3,990, 朴夏淑 2,620, 高姬柱 1,990, 金相范 1,975, 李康賢 1,766, 金性洙 1,050, 中央學園 855	
1933.2	100/100	2만주	72명	金秊洙 5,724, 朴夏淑 2,820, 高姬柱 1,990, 金相范 1,975, 金性洙 1,050, 중앙학원 855	73.8%
1934.2	100/100	2만주	66명	金秊洙 5,724, 朴夏淑 2,820, 高姬柱 1,990, 金相敦 1,975, 金性洙 1,050, 중앙학원 855	73.8%
1935.2	100/100	2만주	66명	金鳳英 5,109, 金相敦 2,300, 朴用安 1,900, 金容駿 1,975, 金榮宙 1,300, 金性洙 1,050	
1937.11	200/300	6만주	191명	金鳳英 7,460, 朱炳杓 5,102, 金容完 5,050, 金榮宙 4,475, 金容駿 4,000, 金秊洙 2,648, 金相敦 2,300, 金性洙 2,000, 玄俊鎬 3,500, 高光表 1,830, 文尙宇 1,040, 高元錫 1,000, 金在洙 1,000, 金相珪 1,000, 金英武 1,000, 関丙壽 1,000, 朴興植 1,000	
1939.5	280/500	10만주	232명	金鳳英 19,231, 金相敦 14,300, 金容完 5,154, 金性洙 3,000, 金秊洙 2,848, 金在洙 1,500	
1944.5	1,000/1,000	20만주	357명	金鳳英 12,731, 金容完 3,540, 金秊洙 2,096, 金英武 2,000, 김상만 1,800, 金性洙 1,350, 김상민 1,330	

주: 朴夏淑은 金秊洙의 妻, 金鳳英은 金秊洙의 副室, 金容駿는 金容完의 弟.
자료: 1931년까지는 《要錄》 각년판, 그 후는 《京城紡織株主名簿》.

부표 11 1923년 3월 현재 설비 현황

	설비명	내역	수량	금액(엔)
직기 및 부속기기	豊田式직기	N식 42인치 폭	100대	39,000
	管卷機	36口	9대	2,365
	紉繰機	30口	10대	2,010
	用替빔		40本	1,480
	布棬棒		40本	190
	整整機用빔		30本	510
	N식목관기 등			720
	포목검사기		20대	100
	糊付機		1대	8,070
	整經機		3대	2,312
	糊攪拌機	糊鍋 및 箱	1대	1,805
	綜絖通機		3대	328
	布疊機		1대	779
	印字機		1대	885
	荷造機		1대	1,330
	샤링		1대	6,780
	캬렌다		1대	4,259
	전동기	奧村式 60마력	1대	1,750
	이상 각종설치비			12,447
전동장치	地球印벨트 등			19,665
펌프장치	분무기 및 각종 파이프			8,787
합계				114,810

자료:《日記帳》.

부표 12 경성방직과 여타 조선 내 방직업체의 설비 추이

	경성방직	조선방직	東洋紡績 인천공장(1933)	東洋紡績 경성공장(1937)	鍾淵紡績 전남공장(1935)	鍾淵紡績 경성공장(1936)	松高實業場	朝鮮邦花
1922	직기 100대	방기 15,000추 직기 500대					-	
1925	직기 120대	-					-	-
1928	직기 224대	-					-	-
1929	직기 224대	방기 23,600추 직기 612대					-	직기 158대
1930	직기 224대	방기 32,000추 직기 1,054대						-
1931	직기 448대							-
1934	직기 672대	방기 33,200추 직기 1,142대	방기 31,488추 직기 1,280대				-	
1936	방기 21,600추 직기 896대	방기 39,776추 직기 1,214대	방기 31,488추 직기 1,292대		방기 30,080추 직기 1,008대		-	직기 158대
1937	방기 25,600추 직기 896대	방기 39,776추 직기 1,213대	방기 31,488추 직기 1,280대	방기 40,264추 직기 1,180대	방기 31,840추 직기 1,008대			-
1938	방기 25,600추 직기 896대	방기 39,376추 직기 1,213대	방기 31,488추 직기 1,280대	방기 45,328추 직기 1,440대	방기 31,840추 직기 1,008대	방기 30,240추 직기 1,600대		-
1939	방기 25,600추 직기 900대	방기 40,720추 직기 1,213대	방기 31,488추 직기 1,280대	방기 45,328추 직기 1,440대	방기 31,840추 직기 1,440대	방기 39,520추 직기 1,525대	-	직기 100대
1940	방기 25,600추 직기 900대	방기 40,720추 직기 1,213대	방기 31,488추 직기 1,280대	방기 45,328추 직기 1,440대	방기 3,1840추 직기 1,440대	방기 39,520추 직기 1,525대	직기 130대	직기 80대
1941	방기 25,600추 직기 896대	방기 4만추 직기 1,213대	방기 35,088추 직기 1,292대	방기 45,328추 직기 1,440대	방기 31,840추 직기 1,440대	방기 48,320추 직기 1,524대	직기 130대	직기 80대
1943	방기 30,200추 직기 1,120대							

주 : 공장명 아래의 ( )의 수치는 공장설립년도.
자료 : 1929, 30년은 《朝鮮の機數》, 1934년은 《新東亞》 1935.6, 1936~40년은 《大日本紡績聯合會月報》 589, 1941.11, 64~66쪽, 1941년은 《細民調査月報》 45, 1942.12.

부표 13 조선방직(주)의 설비 추이

	방적	방직	기타	신증설내역
제9회(1922.7.31)	정방기 15,200추	직기 608대		최초 기계 설치
제11회(1923.7.31)	상동	상동	소면기 7대	제면 시설
제17회(1926.7.31)	상동	직기 610대	조면기 40대 소면기 상동	조면 시설
제22회(1929.1.31)	정방기 24,000추	직기 610대	조면기 88대 소면기 7대	방추 증설, 조면공장 매수
제25회(1930.7.31)	정방기 32,000추	직기 1,054대	상동	방추 및 직기 증설
제29회(1932.7.31)	정방기 33,600추	상동	상동	방추 증설
제33회(1934.5.31)	상동	직기 1,134대	조면기 166대 소면기 상동 정련권 2기	직기 80대 증설, 진남포 서선조면공장 매수, 표백시설 설치
제34회(1934.11.30)	정방기 39,376추	상동	조면기 218대 기타 상동	방추 및 조면기 증설
제35회(1935.5.31)	정방기 39,776추 연사기 3,584추	직기 1,214대 인견직기 319대	조면기 223대 기타 상동	연사기, 인견직기 증설
제37회(1936.5.31)	정방기 40,000추 연사기 상동	상동	조면기 310대 기타 상동	방추 및 조면기 증설
제40회(1937.11.30)	상동	상동	조면기 400대 기타 상동	안동 조면공장 건설
제41회(1938.5.31)	상동	상동	조면기 465대 기타 상동	
제42회(1938.11.30)	상동	상동	조면기 518대 기타 상동	남원, 김천, 신천 조면공장 건설
제44회(1939.11.30)	정방기 40,920추 연사기 6,236추	상동	기모기 8대 조면기 558대 기타 상동	방추 및 조면공장 증설
제46회(1940.11.30)	정방기 상동 연사기 6,760추	직기 1,227대 인견직기 상동	조면기 630대 기타 상동	연사방추, 직기, 조면공장 증설

주: 제47회 이후는 설비 내역 미상.
자료: 《조선방직영업보고서》.

부표 14 면직물의 생산, 수입, 수출, 소비

(단위 : 만 방마, 만 엔, 퍼센트)

	생산		수입		수출		소비		자급률	
	수량	금액	수량	금액	수량	금액	수량	금액	수량	가액
1910			6,488	930			6,488	830		
1911	1,350	224	8,147	1,175			9,497	1,273	14.2	17.6
1912	1,535	247	9,553	1,493			11,088	1,294	13.8	16.0
1913	1,764	273	7,972	1,372			9,736	1,645	18.1	16.6
1914	1,927	276	6,945	1,140			8,872	1,416	21.7	19.5
1915	2,068	303	8,438	1,186			10,506	1,489	19.7	20.4
1916	2,200	363	8,982	1,583			11,182	1,946	19.7	18.6
1917	2,132	580	8,300	2,192			10,432	2,772	20.4	20.9
1918	1,760	1,023	8,565	3,118			10,325	4,141	17.0	24.7
1919	1,939	1,662	14,104	6,944			16,043	8,606	12.1	19.3
1920	1,875	997	6,190	3,318		35	8,065	4,280	23.2	23.3
1921	2,511	1,032	13,883	4,486	511	156	13,883	4,331	15.3	19.3
1922	2,931	1,077	13,248	3,511	508	150	13,248	3,361	18.1	24.3
1923	3,293	1,335	14,745	3,529	480	159	17,558	3,370	18.8	28.4
1924	2,330	1,132	14,602	4,487	320	111	16,612	4,376	14.0	20.6
1925	4,958	1,398	13,428	4,683	289	132	16,096	5,950	18.4	23.5
1926	4,253	1,857	15,397	4,375	510	245	19,140	5,987	22.2	31.0
1927	3,495	1,503	15,803	3,846	667	306	15,136	5,042	18.8	29.8
1928	4,950	2,132	17,418	4,458	569	247	21,800	6,343	22.7	33.6
1929	5,467	1,702	14,759	3,743	858	290	13,900	5,155	28.2	33.0
1930	6,467	1,312	16,861	3,215	1,083	265	22,244	4,262	29.1	30.8
1931	7,874	942	16,387	2,379	1,263	252	22,999	3,069	34.2	30.7
1932	8,816	1,428	19,643	3,011	3,720	651	24,739	3,789	35.6	37.7
1933	8,849	1,586	21,533	4,380	2,540	621	27,842	5,346	31.8	29.7
1934	9,480	2,078	20,797	4,417	2,681	650	27,597	5,845	34.4	35.6
1935	12,298	2,705	17,459	3,633	1,958	472	27,799	5,866	44.2	46.1
1936	15,477	3,202	16,355	3,215	3,567	754	28,265	5,663	54.8	56.5
1937	26,186	5,097	13,514	3,240	10,257	2,310	29,443	6,027	88.9	84.6
1938	22,747	6,070	9,298	2,563	10,481	3,219	21,564	5,415	105.5	112.1
1939	19,021	6,070	1,806	1,014	4,127	1,158	16,700	5,927	113.9	102.4
1940	14,781	6,384	456	308	2,264	821	12,973	5,871	113.9	108.7

주 : 1) 수이입면포는 生金巾, 生시팅, 晒金巾, 晒시팅, 綾金巾, 雲齋布, 天竺布, 綿유子 및 綿이탈리앙스, 綿프란넬, 白木綿 등의 합계임.
　　2) 조선산 소폭면포 1反=4.5방마, 이입백목면 1反=4.2방마, 광폭면포 1反=40.2방마로 하여 換算..
　　3) 자급률은 조선내 생산액을 소비액으로 나누어 계산.
자료 : 《朝鮮總督府統計年報》; 《朝鮮貿易年表》; 《朝鮮の物産》, 1927; 朝鮮銀行, 《朝鮮に於ける工産品の需給と
　　其の將來》, 1937 ; 《殖銀調査輯錄》 7, 1936.8 ; 森谷克己, 〈鮮滿の紡織工業と纖維 資源〉, 50쪽 ; 《殖銀調
　　査月報》 45, 1942.2.

부표 15 면직사의 생산, 수입, 수출, 소비

(단위: 톤, 만 엔)

	생산		수입		수출		소비	
	수량	가액	수량	가액	수량	가액	수량	가액
1910			3,020	180				
1911	3,552		3,552	212			5,683	
1912	3,564		3,553	235			5,701	
1913	2,478		2,468	187			3,964	
1914	3,330		3,330	207			5,328	
1915	4,608		4,547	245			7,372	
1916	4,464		4,461	305			7,141	
1917	4,620		4,650	470			7,391	
1918	1,980		1,982	315			3,169	
1919	2,070		2,472	515			3,314	
1920	1,662		1,663	325			2,661	
1921	3,378		3,384	387			5,408	
1922	2,358	138	2,355	300			3,771	438
1923	2,532	271	2,531	367			4,050	638
1924	3,780		4,379	651			6,048	
1925	5,562		4,624	849			8,300	
1926	4,680		5,565	845			8,019	
1927		184	4,679	650				834
1928		187	4,786	717				904
1929		151	4,551	672				813
1930		452	5,016	523				975
1931	4,161	361	4,795	429			8,958	790
1932	7,650	508	7,628	609	1,373	124	13,905	993
1933	8,122	615	6,631	680	715	97	14,038	1,197
1934	9,389	897	9,793	1,033	944	133	18,239	1,797
1935	14,793	1,502	7,358	992	399	65	21,751	2,429
1936	22,562	2,275	4,448	603	522	66	26,487	2,812
1937	27,021	3,766	2,447	387	1,102	143	28,366	4,010
1938		3,926	1,157	183	442	67		4,042
1939		4,420	15	31	0	0		4,450

부표 16 경성방직의 매출액과 생산량 추이

	매출액 (천 엔)	증가율 (퍼센트)	생산량 (천疋)	직기대당 생산량 (疋)	생산액 (천 엔)	생산액 증가율 (퍼센트)	필당 가격 (엔)	3A1반당 가격 (엔)
제4기(1922.3~23.2)	n.a.	-	0.6	5.5	7.0		12.75	12.60
제5기(1923.3~24.2)	n.a.	-	38.7	386.5	475.6	6,694.0	12.30	12.65
제6기(1924.3~25.2)	n.a.	-	61.7	617.0	888.5	86.8	14.40	14.50
제7기(1925.3~26.2)	n.a.	-	77.6	646.7	1,091.5	22.9	14.06	15.10
제8기(1926.3~27.2)	n.a.	-	89.9	749.5	932.0	-14.6	10.36	12.15
제9기(1927.3~28.2)	n.a.	-	96.4	803.7	908.7	-2.5	9.42	10.20
제10기(1928.3~29.2)	n.a.	-	123.1	549.5	1,217.3	34.0	9.89	10.55
제11기(1929.3~30.2)	1,955.6	-	198.4	885.5	1,735.7	42.6	8.75	10.75
제12기(1930.3~31.2)	1,403.8	-28.2	n.a.	-	n.a.	-	-	7.50
제13기(1931.3~32.2)	1,412.0	0.6	n.a.	-	n.a.	-	-	5.65
제14기(1932.3~33.2)	2,810.7	99.1	n.a.	-	n.a.	-	-	6.95
제15기(1933.3~34.2)	3,748.0	33.3	n.a.	-	n.a.	-	-	8.65
제16기(1934.3~35.2)	4,492.5	19.9	n.a.	-	n.a.	-	-	9.05
제17기(1935.3~11)	3,158.3	-	n.a.	-	n.a.	-	-	8.85
제18,19기(1935.12~36.11)	4,874.2	8.5	n.a.	-	n.a.	-	-	8.15
제20,21기(1936.12~37.11)	n.a.	-	n.a.	-	n.a.	-	-	9.50
제22,23기(1937.12~38.11)	n.a.	-	n.a.	-	n.a.	-	-	-
제24,25기(1938.12~39.11)	7,816.6	-	n.a.	-	n.a.	-	-	-
제26,27기(1939.12~40.11)	8,278.1	5.9	n.a.	-	n.a.	-	-	-
제28,29기(1940.12~41.11)	10,419.2	25.9	n.a.	-	n.a.	-	-	-
제30,31기(1941.12~42.11)	7,242.1	-30.5	n.a.	-	n.a.	-	-	-
제32,33기(1942.12~43.11)	10,590.4	46.2	n.a.	-	n.a.	-	-	-

주: 1) 1930년 이후 경성방직의 생산량 및 생산액 통계는 알 수 없음.
   2) 1938년 이후 3A 제품은 스프혼방품이어서 시계열이 달라지므로, 가격을 표기하지 않았음.
자료: 《경방육십년》; 《朝鮮金融事項參考書》 1940년판.

부표 17 1920년대 경성방직의 제품별 매출액

제5기

제품명	삼성	삼각산	닭	등외품	합계
수량(필)	11,662	18,536	2,715	104	33,017
필당 원면량	1.41	1.30	1.10	1.22	1.31
가액(엔)	149,465	218,613	32,736	1,258	402,071
(구성비%)	(37.2)	(54.4)	(8.1)	(0.3)	(100.0)
판매단가(엔)	12.82	11.79	12.06	12.09	12.18
판매율(%)	91.6	80.7	88.9	-	84.0

제6기

제품명	삼성	삼각산	목탁	불로초	용왕	시계	닭	광목기타	합계
수량(필)	18,576	16,562	11,320	2,428	2,312	9,413	31	1,267	61,924
필당원면량	1.42	1.43	1.27	1.37	1.26	1.33			1.34
가액(엔)	277,004	221,488	158,827	38,817	32,649	131,149	365	19,958	881,257
(구성비%)	(31.4)	(25.2)	(18.0)	(4.4)	(3.7)	(14.9)	(0.0)	(2.3)	(100.0)
판매단가(엔)	14.99	13.35	14.15	15.99	14.12	13.93	11.77	15.75	14.23
판매율(%)	98.1	153.3	78.6	59.5	82.6	97.8	-	-	101.4

제7기

제품명	삼성	삼각산	목탁	불로초	산삼	시계	천도	삼신산	태극성	등외품	합계
수량(필)	17,927	1,130	18,361	7,489	615	7,074	9,124	12,784	1,576	1,429	77,509
가액(엔)	287,026	12,425	265,318	106,918	7,616	98,698	105,155	158,854	23,766	15,453	1,081,229
(구성비%)	(26.5)	(1.1)	(24.5)	(9.9)	(0.7)	(9.1)	(9.9)	(14.7)	(2.2)	(1.4)	(100.0)
판매단가(엔)	16.01	11.00	14.45	14.28	12.38	13.95	11.53	12.43	15.08	10.00	13.95
판매율(%)											

제8기

제품명	삼성	삼각산		불로초	산삼		천도	삼신산	태극성	기타	합계
수량(필)	830	1,660		17,481	24,401		3,130	11,644	23,511	912	83,569
필당원면량	1.36			1.29	1.26		1.05	1.14	1.48		1.31
가액(엔)	9,988	20,439		185,816	244,149		27,158	102,560	293,268	11,648	895,025
(구성비%)	(1.1)	(2.3)		(21.2)	(27.9)		(3.1)	(11.7)	(33.5)	(1.3)	(100.0)
판매단가(엔)	12.03	12.31		10.23	9.71		7.71	8.81	12.47	12.77	10.71
판매율(%)	173.3			84.9	93.2		99.5	98.4	93.1	-	94.7

주 : 판매율은 同期間중 생산량 대비 판매량의 비율(%)임.
자료:《日記帳》;《제품원장》;《동아일보》1930년 1월 17일자.

부표 18 1920년대 전반에 소비된 조포 제품

	수입량(梱)		수입품	조선방직 제품	경성방직 제품
	1921	1925			
重目조포 (17~18파운드급)	30,500	21,600	三A(도요방적) 九龍(가네가후치방적) 大Aダイア(다이니혼방적)	鷄龍(17파운드)	태극성(17파운드)
重目조포 (14~16파운드급)	57,000	40,000	금강산, 三印, 煙管(도요방적) 金鷄, 三S, 대포(천주직물)	장고(16파운드) 엽전(15파운드) 福壽(12파운드)	삼성, 삼각산, 목탁, 불로초(16파운드), 산삼(15파운드)
輕目조포 (10~13파운드급)	4,500	3,900		二葉錢, 三葉錢	천도

주: 수입량은 1921년도분임. 1梱=20反 들이.
자료:《重要商品調査 : 綿布の部》, 京城府, 1924, 22~26쪽 ;《朝鮮經濟雜誌》151, 1928.7.

부표 19 초기 경성방직의 주요 매출처

(단위 : 엔, 퍼센트)

매출처 총수			제5기		제6기		제8기	
			153		101		304	
매출처	지역	코드	매출액	비중	매출액	비중	매출액	비중
			402,071	100.0	881,257	100.0	648,210	100.0
廣昌商會	서울	1	10,571	2.6	9,791	1.1	16,051	2.5
廣澤商會	서울	1	454	0.1	7,172	0.8	15,860	2.4
東洋物産	서울	1	78,619	19.6	18,068	2.1	2,048	0.3
朴恂遠	서울	1	2,554	0.6	8,508	1.0	4,020	0.6
崔仁成	서울	1	5,171	1.3	14,886	1.7	22,549	3.5
太應善	서울	1	12,265	3.1	16,287	1.8	10,862	1.7
河野商店	서울	1	110,602	27.5	2,420	0.3	0	0.0
中田商店	개성	2	15,581	3.9	37,017	4.2	25,463	3.9
李敬儀	수원	2	2,780	0.7	22,512	2.6	9,751	1.5
安城商社	안성	2	28,504	7.1	53,822	6.1	32,269	5.0
鄭慶浩	제천	3	7,516	1.9	0	0.0	2,852	0.4
李駿喜	전주	3	2,082	0.5	12,157	1.4	0	0.0
忠南商業	예산	3	8,502	2.1	52,284	5.9	10,121	1.6
共林商會	평양	4	19,276	4.8	9,709	1.1	2,527	0.4
崔龍勳	평양	4	16,705	4.2	6,986	0.8	713	0.1

仁川布商組	인천	2			34,677	3.9	133,358	20.6
鄭順澤	인천	2			9,467	1.1	0	0.0
尹秉柱	철원	4			21,940	2.5	0	0.0
安井玄兵衛	박천	4			26,430	3.0	0	0.0
興業社	원산	4			87,409	9.9	0	0.0
韓國敬	청진	4			10,815	1.2	0	0.0
金桂春		5			19,340	2.2	4,815	0.7
金仕進		5			109,054	12.4	0	0.0
金鍾運		5			29,797	3.4	0	0.0
金喆煥		5			18,858	2.1	273	0.0
鄭壽元		5			9,697	1.1	1,325	0.2
咸在薰	평양	4					5,165	0.8
久田茂壽	안주	4					24,161	3.7
崔秀嶽	원산	4					32,672	5.0
孫國珍		5					23,393	3.6
宋相漸		5					22,865	3.5
黃世德		5					14,162	2.2
1퍼센트 이상 계			77.9			71.8		61.6

주: 1) 매출액 비중이 1퍼센트를 초과한 매출처를 수록.
　　2) 제8기의 매출액은 1926.5.21~1927.2.28의 것임.
　　3) 코드 1~5는 각기 경성, 경기, 남부, 북부, 미상을 나타냄.
자료: 《日記帳》; 《동아일보》 1925년 5월 9일자; 《朝鮮人會社大商店辭典》; 《平壤商工人名錄》, 平壤商議, 1919 ;
　　《西鮮三道商工人名錄》, 平壤商議, 1933; 《京城商工名錄》, 京城商議, 1923.

부표 20 1920년대 조선 내 주요 면포판매상

지역	상점명
서울	加藤商店, 井手商店, 西村商店, 梶原商店, 山田商店, 高瀨商店, 安盛商店, 宮林商店, 共益社, 東洋棉花出張所, 日本棉花出張員, 齋藤合名綿布部, 大昌貿易株式會社, 金潤晃, 華商裕豊德, 德順福
인천	河野商店, 三友商會, 平野商店, 裕豊德, 德順福
개성	中田商店
수원	竹下商店
부산	高瀨合名會社, 谷直出張所, 村上商店, 松田出張所, 靑見洋行, 裕豊德
대구	松田商店, 內山商店, 茂木商店
김천	松田出張所
마산	吉田益次郎, 谷直商店, 佐藤子商店
군산	高瀨支店, 檜垣商店, 橫山商店, 裕豊德
목포	梶出張所, 楠井商店, 樋口商店
대전	南部商店
조치원	井手商店
평양	高瀨支店, 鬼頭支店, 森商支店
진남포	鬼頭支店, 鈴木種一商店
선천	衫中商店, 廣田支店
원산	小林商店, 木本商店, 中久商店, 伊藤商店, 岡野商店, 龜谷商店
함흥	林商店, 寺本商店
청진	藤井友一商店, 後藤商店, 藤本義兼商店, 藤本秀助商店
성진	北川商店, 森野商店, 龜谷支店
웅기	衫浦商店
박천	安井商店
안주	久田商店, 藤村商店
해주	萬代商店

자료: 《重要商品調査 : 綿布の部》, 京城府, 1923 ; 〈朝鮮に於ける綿布需給槪況〉, 《朝鮮經濟雜誌》 151, 1928.7.

부표 21 각사 조포 제품별 가격

(단위 : 엔)

		경성방직		조선방직		도요방적	
1926.7	17파운드급	태극성	13.00	계룡	11.75	3A	13.50
	16파운드급	불로초	11.25	장고	10.75	금강산	11.75
	15파운드급	산삼	10.75	엽전	10.25		
	14파운드급	삼신산	10.00				
		천도	9.00				
1929	17파운드급	태극성	11.90	계룡	11.45	3A	11.90
	16파운드급	불로초	10.00	장고	9.90	금강산	9.90
	15파운드급						
	14파운드급	삼신산	9.00	엽전	9.35	연관	9.25
		천도	7.85			앵과	9.00

주 : 태극성과 불로초, 천도는 각기 17.5파운드, 16.5파운드, 13.5파운드임.
자료 : 朝鮮綿絲布商聯合會, 《朝鮮綿業史》, 1929, 227쪽.

부표 22 보조금수령 결산기 중 양사의 이익잉여금 처분상황

(단위: 엔)

	내역	경성방직		조선방직	
미처분 이익잉여금	당기순이익계	247,340		-275,482	
	보조금계	254,788		1,738,344	
	전기이월	-153,385		1,297	
	소계	348,743	100.0	1,464,159	100.0
사외유출	주주배당금계	383,200		1,429,042	
	임원상여금계	0		75,000	
	소계	383,200	109.9	1,504,042	102.7
사내유보	적립금계	10,929		62,533	
	후기이월	-45,386		-102,415	
	소계	-34,457		-39,882	

주 : 경성방직은 제5-16기(제14기 제외), 조선방직은 제4-10회, 제14-25회.

부표 23 면직물에 대한 이입세의 보호 효과

	이입세가 없을 경우	1923년까지(면사 5%, 면포 7.5% 이입세 부과)	1923년 이후 면포만 이입세 부과	
			7.5% 이입세	5% 이입세
제품가격	93.0	100.0	100	97.7
매출원가	85.0	88.7	85	85.0
(원료대)	73.0	76.7	73	73.0
매출총이익	8.0	11.3	15	12.7

주: 세율은 종가 기준.
　매출원가율 및 원료비율은 《경성방직일기장》 및 《제품원장》으로부터 계산.

부표 24 만주국으로의 면제품 수출

(단위: 천 근, 천 방마, 천 엔)

	면사		면직물			
	총수출액		총수출액		조선산품	
	수량	가액	수량	가액	수량	가액
1931	589	332	7,154	1,203	-	-
1932	2,287	1,243	36,011	5,901	-	-
1933	1,191	974	24,017	5,470	-	-
1934	1,573	1,331	24,374	5,584	-	-
1935	665	649	15,989	3,531	9,721	2,096
1936	850	758	29,777	6,057	23,160	4,617
1937	-	1,641	-	18,182	-	-

자료: 宮林泰司, 《朝鮮の織物に就て》, 1935, 13쪽; 朝鮮銀行, 《朝鮮に於ける工産品の需給と其の將來》, 1937, 15쪽; 朝鮮銀行, 《朝鮮對滿洲貿易の推移と其の將來》, 1937, 13쪽; 《朝鮮貿易年表》.

부표 25 방적공장 설비 내역

설비내역	설치시점			금액(엔)	내역
	1937.5	도요타식	54대	201,258	링 정방기 21,600추
방기	1937.11	OM식	10대	62,467	4,000추
	1942.3	도요타식	10대	78,200	링 정방기 4,000추
방기 부속기				374,314	
로우장도구				2.840	
정리기				3,388	
연사기 기모기				96,130	
방기준비기				429,517	소면기, 전동기 등
계				1,248,114	

자료: 《所有物臺帳》.

부표 26 1930~1937년간 경성방직, 조선방직의 이익잉여금 처분상황

(단위 : 엔, 퍼센트)

	내역	경성방직		조선방직	
미처분 이익잉여금	당기순이익계	512,391		7,551,800	
	보조금	77,965		0	
	전기이월	0		-153,653	
	소계	590,356	100.0	7,398,147	100.0
사외유출	주주배당금계	551,600		2,982,500	
	임원상여금계	0		375,000	
	종업원위로금계	0		312,000	
	소계	551,600	93.4	3,669,500	49.6
사내유보	적립금계	34,315		2,847,467	
	후기이월	4,442		881,180	
	소계	38,757	6.6	3,728,647	50.4

주 : 조선방직은 제26회~제40회(1930년 8월~1937년 11월). 경성방직은 제12~21기(1930년 3월~1937년 11월).

부표 27 전시기 면직물의 수급상황

(단위 : 백만 방마, 퍼센트)

	생산량	수입량	수출량	국내소비량	자급률
1937	262	135	104	293	89.2
1938	227	93	105	216	105.5
1939	190	18	41	167	113.8
1940	148	5	23	130	113.9
1941	86	3	3	86	99.8
1942	85	5	1	88	95.8

자료 : 《조선경제통계요람》, 96쪽.

부표 28 생산 면사의 번수별 구성

(단위 : 퍼센트)

	1938년		1939년		1940년상기	
	경성방직	일본계	경성방직	일본계	경성방직	일본계
19번수 이하	85.7	56.7	77.9	50.0	52.9	44.8
20~22번수	11.1	13.2	18.8	29.8	30.3	30.4
23~44번수	3.2	30.1	3.4	20.0	16.8	23.5
45번수 이상	0.0	0.0	0.0	0.2	0.0	1.3
계	100.0	100.0	100.0	100.0	100.0	100.0

자료 : 《大日本紡績聯合會月報》 589, 1941.11, 67~68쪽.

부표 29 전시기 경성방직의 면포 제품별 판매

(단위 : 만 필, 엔, 만 엔)

상품명		수량	단가	금액	수량	단가	금액	수량	단가	금액
		1941년 상기			1941년 하기			1942년 상기		
생지면포	청태극성	80	13.10	1,043	38	12.53	473	24	13.09	317
	쌍연	33	12.69	421	28	12.72	351	27	12.68	343
	천도1000	5	8.87	41	2	8.92	17	2	8.92	15
	개량천도	15	10.89	163	18	10.93	199	6	10.92	67
	기타	0		0		0.00	0	1	0.00	18
	소계	132	12.60	1,668	85	12.17	1,040	60	12.73	761
가공면포	보희조	70	13.25	928	119	11.15	1,327	29	12.75	367
	산삼	14	19.76	281	14	20.27	292	19	21.73	418
	불로초	50	20.92	1,040	49	22.86	1,130	21	22.36	460
	염천도	7	13.94	96	3	13.92	44	1	13.88	13
	염태극성	17	16.78	283	10	16.71	162	17	16.33	281
	소계	158	16.66	2,628	196	15.10	2,956	87	17.74	1,540
		1942년 하기			1943년 상기			1943년 하기		
생지면포	청태극성	29	13.20	382	37	16.14	593	60	17.45	1,038
	쌍연	19	12.35	234	10	13.43	137	16	15.35	249
	천도1000	19	9.94	191	1	11.44	14	24	11.46	271
	기타	0	0.00	0	1	1.00	1	0	32.22	5
	소계	67	12.03	807	49	15.25	744	100	15.71	1,563
가공면포	보희조	16	14.59	238	13	14.19	182	9	16.32	154
	산삼	23	20.04	461	23	17.87	415	15	19.77	290
	불로초	51	22.43	1,150	62	32.90	2,033	59	25.72	1,520
	염태극성	12	21.09	263	10	18.44	191	6	20.51	118
	염쌍연	15	19.14	290	0	0.00	0	3	20.53	68
	기타	0	11.66	4	5	11.87	62	25	39.50	979
	소계	119	20.30	2,407	113	25.42	2,882	117	26.73	3,129

자료 : 《제품매상일기장》 ; 《제품원장》.

　　　　　　　　　　　　　　　　　　　　　　　　대군의 척후

부표 30 매출처별 매출액(1942.3.1~1943.5.5)

	매출액(만 엔)				비중(퍼센트)			
	가공면포	생지면포	면사	합계	가공면포	생지면포	면사	합계
삼양상사	198.4	49.8	0	248.1	36.8	33.1	0.0	27.7
대동직물	48.7	50.0	0	98.7	9.0	33.2	0.0	11.0
방적공업조합	134.6	0.2	0	134.8	24.9	0.1	0.0	15.1
군용납품	43.3	0.8	24.2	68.3	8.0	0.6	11.8	7.6
야기八木상점	23.5	4.0	21.7	49.2	4.4	2.6	10.6	5.5
도요東洋면화	16.3	3.9	28.2	48.4	3.0	2.6	13.7	5.4
삼흥	15.5	5.3	26.8	47.5	2.9	3.5	13.1	5.3
가토加藤물산	13.8	4.6	11.7	30.0	2.6	3.1	5.7	3.4
고쇼江商	9.8	4.8	14.1	28.7	1.8	3.2	6.9	3.2
우일	6.4	4.2	15.5	26.1	1.2	2.8	7.6	2.9
일본면화	7.0	3.7	11.8	22.5	1.3	2.4	5.8	2.5
송고실업장	0	0	20.5	20.5	0.0	0.0	10.0	2.3
고뢰합명	2.0	2.7	11.0	15.6	0.4	1.8	5.3	1.7
환공상사	1.8	4.6	6.4	12.8	0.3	3.0	3.1	1.4
기타	9.9	3.1	0	13.0	1.8	2.1	0.0	1.5
고무공련	3.2	8.6	0	11.8	0.6	5.7	0.0	1.3
일본범포	0	0	10.1	10.1	0.0	0.0	4.9	1.1
족대공업회	5.6	0	0	5.6	1.0	0.0	0.0	0.6
조선전선	0	0	3.2	3.2	0.0	0.0	1.6	0.4
	539.8	150.4	205.1	895.2	100.0	100.0	100.0	100.0

자료: 《제품매상일기장》.

주석

01 서장

1 http://pwt.econ.upenn.edu.

2 신고전파 주류경제학자들과 비주류 산업정책론자들의 논쟁은 그 좋은 예다.

3 그들은 일본의 사회적 능력의 예로 재벌과 종신고용제, 행정적 지도라는 형태의 긴밀한 정부-기업관계, 하청제, 카이센공학改善工學 등 일본의 독특한 제도들과 관행들을 지적하였다. 오카와의 제자 미나미는 사회적 능력의 개념을 ① 각종 인적 자원- 우수한 기업가와 노동자, ② 해외에서의 정보수집 능력, ③ 사회간접자본의 축적, ④ 능률적인 정부의 존재로 더 정식화하였다 (Ohkawa and Rosovsky, *Japanese Economic Growth : Trend Acceleration in the Twentieth Century*, Standford University Press, 1973, chap. 1 and chap. 9 ; 南亮進, 《일본의 경제발전》, 비봉출판사, 1991, 148~150쪽). 저명한 경제학자 아브라모비츠Abramovitz와 올슨Olson도 후발국의 선진국 따라잡기의 성패는 그 사회적 능력 여하에 달려 있다고 본다(Abramovitz, "Catching Up, Forging Ahead, and Falling Behind", *Journal of Economic History* 46(2), 1986 ; Olson, "Distinguished Lecture on Economics in Government-Big Bills Left on the Sidewalk", *Journal of Economic Perspectives* 10(2), 1996).

4 "人必自侮而後人侮之"는 《맹자》〈離累 上〉의 1절이다.

"어린 아이들이 부르는 노래로 '창랑의 물이 맑으면 갓끈을 씻고, 창랑의 물이 흐리면 발을 씻으리' 라는 노래가 있다. 공자께서 이 노래를 들으시고 '자네들 저 노래를 들어보게. 물이 맑을 때는 갓끈을 씻지만 물이 흐리면 발을 씻게 되는 것이다. 물이 스스로 그렇게 만든 것이다' 라고 하셨다. 이와 마찬가지로 사람도 모름지기 자신을 모욕한 연후에 남이 자기를 모욕하는 법이며, 한 집안의 경우도 반드시 스스로 파멸한 연후에 남들이 파멸시키는 법이

대군의 척후

며, 한 나라도 반드시 스스로 짓밟은 경우에 다른 나라가 짓밟는 것이다.《서
경》〈太甲篇〉에 '하늘이 내린 재앙은 피할 수 있지만, 스스로 불러들인 재앙
은 피할 길이 없구나'라고 한 것은 바로 이를 두고 한 말이다"(신영복,《강의
: 나의 동양고전 독법》, 돌베개, 2004, 249~250쪽).

5 허수열, 〈일제하 조선인공장의 동향〉,《근대조선공업화의 연구》, 일조각,
1993 ; 주익종, 〈일제하 조선인 회사자본의 동향〉,《경제사학》15, 1991.

6 워러노프,《한국경제-인간이 이룩한 기적》, 시사영어사, 1984, 48쪽.

7 한국사학계의 연구자들이 관심을 갖는 경우, 그것은 한국인 기업가, 자본가
의 친일적 성격, 반反민주성, 타협적 민족운동의 물적 기반을 밝히려는 것이
었다. 박찬승,《한국근대정치사상사연구》, 역사비평사, 1991 ; 오미일,《한국
근대자본가연구》, 한울, 2002 ; 이승렬,《제국과 상인》, 역사비평사, 2007.

8 梶村秀樹,《朝鮮に於ける資本主義の形成と展開》, 龍溪書舍, 1977, 제3장.

9 박노자,《우리가 몰랐던 동아시아》, 한겨레출판, 2007, 132쪽.

10 안병직, 〈나의 학문, 나의 인생〉,《역사비평》2002년 여름호, 216쪽.

11 이것은 맘뚜의 개념이다. 김종현,《공업화와 기업가 활동》, 1992, 21쪽 및 맘
뚜,《산업혁명사》下, 485~489쪽 참고.

12 조기준,《한국기업가사》, 박영사, 1973 ; 김용섭, 〈한말·일제하 지주제 연구
사례 4 : 古阜 金氏家의 농장경영과 자본전환〉,《한국사연구》19, 1977 ;
Eckert, Carter J, *Offspring of Empire: The Koch'ang Kims and the
Colonial Origins of Korean Capitalism, 1876~1945*, University of
Washington Press, 1991.

13 조동성 외,《한국자본주의의 개척자들》, 조선일보사, 2003.

02 거대한 새 물결

1 이영훈, 〈한국사에 있어서 근대로의 이행과 특질〉,《경제사학》21, 1996 ; 김
재호, 〈전통적 경제체제의 전환〉, 이대근 외,《새로운 한국경제발전사》, 나
남출판, 2005.

2 스탠필드,《칼 폴라니의 경제사상》, 한울, 1997, 40, 95~103쪽.

3 이영훈, 〈총설〉,《수량경제사로 다시 본 조선후기》, 서울대출판부, 2004, 251
쪽 ; 이영훈·박이택, 〈18세기 조선왕조의 정치체제〉,《근대동아시아경제의

역사적 구조》, 일조각, 2007.

[4] 이영훈, 〈조선 후기 이래 소농사회의 전개와 의의〉, 《역사와 현실》 45, 2002.

[5] 安秉珆, 《朝鮮近代經濟史硏究》, 日本評論社, 1975, 193~196쪽.

[6] 이영훈, 〈총설〉 ; 김재호, 〈전통적 경제체제의 전환〉, 114~116쪽.

[7] 박기주, 〈조선후기의 생활수준〉, 《새로운 한국경제발전사》 ; 차명수, 〈우리 나라의 생활수준, 1700~2000〉, 《한국경제성장사》, 서울대 출판부, 2001 ; 안 병직 · 이영훈, 《맛질의 농민들》, 일조각, 2001.

[8] 이영훈 · 박이택, 〈농촌미곡시장과 전국적 시장통합, 1713~1937〉, 《수량경 제사로 다시 본 조선후기》.

[9] 이영훈, 〈총설〉, 380쪽.

[10] 이영훈 · 박이택, 〈농촌미곡시장과 전국적 시장통합〉, 257~260쪽.

[11] 전우용, 〈19세기 말~20세기 초 한인 회사 연구〉, 서울대 박사학위논문, 1997, 103~106쪽.

[12] 조선후기 이래 상품의 매점매석을 통해 이익을 얻으려 한 상행위 또는 상인.

[13] 전우용, 〈19세기 말~20세기 초 한인 회사 연구〉.

[14] 김재호, 〈전통적 경제체제의 전환〉.

[15] 박지향, 《일그러진 근대》, 푸른역사, 2003, 189~190쪽.

[16] 이사벨라 비숍, 《한국과 그 이웃나라들》, 살림사, 1994, 511쪽(원저는 1898 년 출간).

[17] 전우용, 〈19세기 말~20세기 초 한인 회사 연구〉, 194, 278쪽.

[18] Krueger, "The Political Economy of the Rent-Seeking Society", *AER* 64(3), June 1974, pp. 291~303.

[19] Bates, *Markets and States in Tropical Africa : The Political Basis of Agricultural Policies*, University of California Press, 1987, p. 2.

[20] 宮崎犀一 外, 《近代國際經濟要覽》, 東京大學出版會, 1981, 72쪽.

[22] 朝鮮貿易協會, 《朝鮮貿易史》, 1943, 97~98쪽.

[21] 일제하의 대외무역은 일본, 대만 등 제국과의 이입과 이출과 제국 외 국가들 과의 수입과 수출로 구성되었다.

[23] 박이택, 〈서울의 숙련 및 미숙련 노동자의 임금, 1600~1909〉, 《수량경제사 로 다시 본 조선후기》, 71, 79쪽; 박기주, 〈재화가격의 추이, 1701~1909〉,

《수량경제사로 다시 본 조선후기》, 198~199쪽.

[24] Suh, *Growth and Structural Changes in the Korean Economy, 1910~1940*, Cambridge : Harvard University Asia Center, 1978.

[25] 김낙년, 《한국의 경제성장 1910~1945》, 서울대 출판부, 2006, 371~372쪽.

[26] 小林英夫, 〈1930年代朝鮮'工業化'政策の展開過程〉, 《朝鮮史研究會論文集》 3, 1967 ; Ho, Samuel Pao-San, "Colonialsm and Development : Korea, Taiwan, and Kwantung," in Myers and Peattie eds., *The Japanese Colonial Empire*, 1984 ; Woo, J., *Race to the Swift : State and Finance in Korean Industrialization*, New York : Columbia University Press, 1991 ; Suh, *Growth and Structural Changes in the Korean Economy*.

[27] 김낙년, 〈식민지기 조선 공업화의 제논점〉, 《경제사학》 34, 2003 ; 주익종, 〈일제하 한국의 식민정부, 민간기업, 그리고 공업화〉, 《경제사학》 34, 2003.

[28] 이헌창, 〈개항기 경제사를 보는 한 시각〉, 《역사비평》 69, 2004, 264, 266쪽.

[29] 納富由三, 《朝鮮商品と地理》, 1912, 31~32쪽 ; 山口精, 《朝鮮産業誌》 中, 1910, 383쪽.

[30] 《조선총독부통계연보》 각년판.

[31] 허수열, 〈일제하 조선인공장의 동향〉, 114~115쪽.

[32] 주익종, 〈일제하 조선인 회사자본의 동향〉, 44쪽.

[33] 한국인 자본의 비중은 각기 제면업에서는 6.3퍼센트→16.7퍼센트, 제사업에서 3.9퍼센트→10.1퍼센트, 정련업 0퍼센트→14.9퍼센트, 양조업 7.8퍼센트→51.7퍼센트, 정곡업 17.4퍼센트→ 33.5퍼센트, 인쇄업 7.5퍼센트→32.7퍼센트로 증가하였다.

[34] Suh, *Growth and Structural Changes in the Korean Economy*, pp. 101~102.

[35] 朝鮮銀行, 《朝鮮に於ける内地資本の流出入に就て》, 1933, 32~40쪽.

[36] 金子文夫, 〈第1次大戰後の對植民地投資〉, 《社會經濟史學》 51(6), 1986, 26쪽.

[37] 山本有造, 〈植民地下臺灣·朝鮮の域外收支〉, 京都大 《人文學報》 35, 1972 ; 金洛年, 〈日本の植民地投資と朝鮮經濟の展開〉, 東京大 博士論文, 1992, 18쪽.

[38] 일본인 이민자들의 조선내 상공업활동과 부의 축적에 관한 이하의 설명은

주로 조기준, 《한국자본주의 성립사론》, 1973, 120~165쪽 ; 木村健二, 《在朝日本人の社會史》, 1989의 제1~2장에 의거하였다.

39 全州府, 《全州府史》, 1943, 324~325쪽.

40 조기준, 〈한국자본주의의 前史 : 18세기~1945〉, 구본호 외편, 《한국경제의 역사적 조명》, 한국개발연구원, 1991.

41 김재호, 〈기업의 발흥과 관료, 1895~1910〉, 《경제사학》 39, 2005, 83쪽. 원 자료는 전우용, 〈19세기 말~20세기 초 한인 회사 연구〉, 321~325쪽.

42 송경원, 〈한말 安駉壽의 정치경제활동 연구〉, 이화여대 석사학위논문, 1993 ; 이병천, 〈구한말 호남철도부설운동에 대하여〉, 《경제사학》 5, 1981.

43 이병천, 〈구한말 호남철도부설운동〉, 189~200쪽.

44 조기준, 《한국기업가사연구》, 민중서관, 1971, 52~65쪽 ; 藤永 壯, 〈開港後の'會社' 設立問題をめぐって―朴琪淙と汽船業·鐵道業〉下, 《朝鮮學報》 141, 4~18쪽.

45 《每日申報》 1912년 8월 31일자 ; 《동아일보》 1927년 1월 22, 23일자.

46 이한구, 〈염직계의 시조 김덕창 연구〉, 《경영사학》 8, 1993.

47 섬유기술진흥원, 《대구섬유산업사》, 1990, 138쪽.

48 《동아일보》 1928년 5월 31일자.

49 《大陸之京城》, 500~503쪽 ; 섬유기술진흥원, 《대구섬유산업사》, 126~127쪽.

03 잉태

1 김용섭, 〈한말·일제하 지주제 연구 사례 4〉, 175~176쪽.

2 미야지마, 《양반》, 강, 1996, 153~154쪽.

3 김용완, 〈재계회고〉, 《재계회고》 2, 한국일보사, 1981, 79~80쪽 ; 김중순, 《문화민족주의자 金性洙》, 일조각, 1998, 37쪽.

4 김용완, 〈재계회고〉 31, 78~79쪽.

5 김용섭, 〈한말·일제하 지주제 연구 사례 4〉, 178~179쪽.

6 김기중에 관해서는 《舊韓國官報》 1553호, 광무4.4.20(8책, 396쪽) ; 2019호, 광무5. 10. 16(10책, 821쪽) ; 2142호, 광무6. 3. 8(11책, 211쪽). 김경중에 관해서는 《舊韓國官報》 3277호, 광무9. 10. 23(15책, 1125쪽) ; 3398호, 광무 103. 12(16책, 217쪽).

7 김재호, 〈백범 김구도 분노한 황제의 매관매직〉, 《교수신문》 2004년 11월 26일자.

8 도면회, 〈황제권 중심 국민국가체제의 수립과 좌절, 1895~1904〉, 《역사와 현실》 50, 2003, 86쪽.

9 김병하, 〈재벌의 형성과 기업가활동〉, 한국능률협회, 1991, 582쪽.

10 전우용, 〈19세기 말~20세기 초 한인 회사 연구〉, 164~165쪽. 원 분석자료는 안용식, 《대한제국관료사연구》, 연세대 사회과학연구원, 1995임.

11 Eckert, *Offspring of Empire*, pp. 25~26.

12 김용섭, 〈한말·일제하 지주제 연구 사례 4〉.

13 島根縣第三部, 《韓國實業調査復明書》, 1905, 259~260쪽.

14 《每日申報》 1911년 7월 28일자, 〈조선의 자산가〉.

15 삼양사, 《三養五十年》, 삼양사, 1974, 92~98쪽.

16 김용섭, 〈한말·일제하 지주제 연구 사례 4〉, 193쪽.

17 李熙昇, 〈芝山遺稿 序〉.

18 김용완, 〈재계회고〉, 29쪽.

19 保高正記·村松祐之, 《群山開港史》, 1925, 113~140쪽 ; 群山南韓鐵道期成同盟會, 《湖南鐵道と群山》, 1910, 131~133쪽.

20 박천우, 〈한말 일제하의 지주제 연구―암태도 文氏家〉, 연세대 석사학위논문, 1983.

21 김용섭, 〈한말·일제하 지주제 연구 사례 4〉, 226쪽 ; 김상홍, 《수당 김연수》, 삼양사, 1985, 26쪽.

22 吉倉凡農, 《企業案內 實利之朝鮮》, 1904, 70~71쪽.

23 三輪如鐵, 《大邱一斑》, 1912, 21쪽(오미일, 《한국근대자본가연구》, 206쪽에서 재인용).

24 커밍스, 《한국전쟁의 기원》, 일월서각, 1986, 56쪽.

25 김용완, 〈재계회고〉, 30쪽.

26 미야지마, 《양반》 ; 미야지마·기시모토, 《조선과 중국, 근세 오백년을 가다》, 역사비평사, 2003.

27 도면회, 〈황제권 중심 국민국가체세〉, 95쪽.

28 도면회, 〈황제권 중심 국민국가체제〉 ; 박노자, 《나를 배반한 역사》, 인물과사상사, 2003.

29 조용한, 〈전남 창평의 제봉 고경명 집안〉, 《조선일보》 2002년 8월 23일자.

30 인촌전기간행위원회, 《인촌김성수전》, 인촌기념회, 1976, 56~70쪽 ; 와세다 대학 한국유학생회, 《와세다의 한국인》, 한국문학사, 1983, 76쪽.

31 김상홍, 《수당 김연수》, 47~58쪽.

32 와세다대학 한국유학생회, 《와세다의 한국인》 ; 유홍, 《柳鴻》, 자서전출판동 지회, 1976.

33 최덕수, 〈구한말 일본 유학과 친일세력의 형성〉, 《역사비평》 1991 겨울, 120 쪽에서 재인용.

34 김경택, 〈1910·20년대 동아일보 주도층의 정치경제사상 연구〉, 연세대 박 사학위논문, 1999, 111쪽.

35 김경택, 〈1910·20년대 동아일보 주도층〉, 80~81쪽.

36 유홍, 《柳鴻》, 102쪽.

37 김경택, 〈1910·20년대 동아일보 주도층〉, 96~97쪽.

38 《인촌김성수전》, 69쪽 ; 김연수, 〈재계회고〉, 45쪽.

39 《인촌김성수전》, 82쪽.

40 그는 한일합방 무렵 정주의 오산학교 교사로 있었는데, 학교내에서 자신과 사이가 좋지 않은 교주 목사 집의 수탉에게 자기 집 수탉이 쪼이고 암탉까지 빼앗기는 것을 보고 분개하여 궁리한 끝에, 자신의 수탉에게 쇠고기와 구리 가루를 먹여 힘을 기르게 한 후 마침내 교주 집의 수탉을 이기게 만들었다. 김윤식, 《이광수와 그의 시대》 1, 한길사, 1986, 322~324쪽.

41 《인촌김성수전》, 83쪽.

42 김연수, 〈재계회고〉, 47, 50쪽.

43 김연수, 〈조선산업정책을 논함〉(二), 《시대일보》 1924년 4월 6일자.

44 김용완, 〈재계회고〉, 22쪽.

45 김용완, 〈재계회고〉, 80쪽 ; 김연수, 〈재계회고〉, 87면.

46 유홍, 《柳鴻》, 111, 119쪽.

47 중앙학교에서 기하幾何과목을 담당한 그는 이기하李幾何라 불리었다고 한다.

48 《大韓每日申報》 1910년 5월 12일자의 광고(권태억, 〈경성직뉴주식회사의 설 립과 경영〉, 《한국사론》 6, 1980, 304쪽에서 재인용) 및 김연수, 〈재계회고〉, 54쪽 ; 《조선총독부통계년보》 및 《大陸之京城》, 505쪽.

49 권태억, 〈경성직뉴주식회사〉.

50 富永嘉藤壽,《朝鮮産業界》, 朝鮮新聞社, 1916, 42쪽.

51 김연수, 〈재계회고〉, 54쪽.

52 유홍, 《柳鴻》; 《每日申報》 1930년 11월 13일자 ; 박찬승, 《한국근대정치사상사연구》, 142~145쪽.

53 梶村秀樹, 《朝鮮に於ける資本主義の形成と展開》, 龍溪書舍, 1977 ; 吉野誠, 〈李朝末期に於ける綿製品輸入の展開〉, 《朝鮮歷史論集》 下, 1979 ; 村上勝彦, 〈日本帝國主義による朝鮮綿業の再編成〉, 《日本帝國主義と東アジア》, アジア經濟硏究所, 1979.

54 이헌창, 《한국경제통사》, 법문사, 1999, 251쪽.

55 朝鮮總督府, 《京城仁川商工業調査》, 1913, 36쪽.

56 永原慶二 外, 《講座 日本技術の社會史 3 : 紡織》, 日本評論社, 1983, 297~298쪽 ; 安秉直, 〈戰前東アジアの在來綿業〉, 堀 和生·中村 哲, 《日本資本主義と朝鮮·台灣》, 京都大學出版會, 2004, 102쪽.

57 《서광》 5, 90쪽.

58 〈京城工場表〉, 《朝鮮經濟雜誌》 58, 1920. 10 ; 〈朝鮮に於ける綿布需給槪況〉, 《朝鮮經濟雜誌》 151, 1928. 7, 10쪽.

59 김연수, 〈재계회고〉, 55쪽.

60 이한구, 〈염직계의 시조 김덕창 연구〉, 《경영사학》 8, 1993 ; 허수열, 〈일제하 조선인공장의 동향〉, 214~216쪽.

61 橋本壽郞, 《大恐慌期の日本資本主義》, 東京大學出版會, 1984, 28~29, 49쪽.

62 橋本壽郞, 《大恐慌期の日本資本主義》, 54쪽 ; 미야모토 외, 《일본경영사》, 한울아카데미, 2001, 244쪽.

63 전우용, 〈19세기 말~20세기 초 한인 회사 연구〉, 301쪽.

64 小林英夫, 《植民地への企業進出》, 栢書房, 1994, 137, 156, 165, 170~174쪽.

65 山本條太郞翁傳記編纂委, 《山本條太郞傳記》, 1942, 367~368쪽.

66 權赫泰, 〈日本纖維資本の海外進出と植民地〉, 一橋大學 博士學位論文, 1997, 122~125쪽.

67 齋藤俊吉·大住吾人, 《綿紡織》, 早稻田大學出版部, 273~281쪽.

04 불안한 출발

[1] 《每日申報》 1919년 2월 20일자.

[2] 김용섭, 〈한말·일제하 지주제 연구 사례 4〉, 227쪽 ; Eckert, *Offspring of Empire*, Chap. 2.

[3] 김용섭, 〈한말·일제하 지주제 연구 사례 4〉, 223쪽 ; Eckert, *Offspring of Empire*, p. 38.

[4] 총독부는 특별한 현안도 없으면서 사업계획서를 수차례 반려하여 수정 후에 다시 제출하도록 했다(경방, 《경성방직오십년》, 1969 ; 이희승의 회고).

[5] 《경성방직오십년》; 조기준, 《한국자본주의성립사론》, 대왕사, 1973, 493쪽 ; 《인촌김성수전》, 164~165쪽 ;《朝鮮銀行會社組合要錄》1921년판.

[6] Eckert, *Offspring of Empire*, p. 76.

[7] 《인촌김성수전》, 183~205쪽 ;《朝鮮銀行會社組合要錄》1923년판 ; 동아일보사, 《동아일보사사》 1, 1976, 87~140쪽.

[8] 《경성방직오십년》, 157쪽.

[9] 《朝鮮銀行會社組合要錄》1921년판, 42쪽 ;《朝鮮紳士錄》, 1931 ;《山本條太郎傳記》, 1942.

[10] 여기에는 훗날 제6기에 대손상각처리된 선물거래관련 미수상품대 1만 3,275엔(일본 나고야의 아라카와합명회사에 대한 것)이 포함되어 있지 않다(《경방중역회의록》 1925년 3월 2일자).

[11] 《每日申報》 1920년 8월 31일자, 〈綿絲織物 정체. 투기 과도의 弊〉.

[12] 《경성방직오십년》, 58~59쪽 ;《인촌김성수전》, 168~169쪽 ; Eckert, *Offspring of Empire*, p. 79.

[13] 《인촌김성수전》, 170쪽.

[14] 할인어음은 1개월 단위로 차입과 상환이 이루어졌다. 할인처(차입처)는 식산은행과 조선상업은행, 한일은행 등이었다.

[15] 《경성방직중역회의록》1920년 7월 2일자.

[16] 《동아일보》 1955년 2월 25일자.

[17] 《경방육십년》, 73쪽.

[18] "외래자본과 대항하기 위해서는 처음부터 대규모 기업으로 발족해야 하고 그러기 위해서 광범위하게 민족자본가에 출자를 호소해야 했던 것이나, 결국은

능력있는 경영자가 회사의 운영권을 장악하고 이윤 독점의 폐쇄적인 회사로 변질되고 마는 것이다." 조기준, 《한국기업가사》, 민중서관, 1971, 195쪽.

19 《경성방직오십년》, 158쪽.

20 《경방칠십년사》, 74, 76쪽.

21 김연수, 〈재계회고〉, 83쪽.

22 1924년 11월 7일의 제27회 중역회의 결정사항. 《경성방직중역회의록》.

23 1927년 10월 20일 제34회 중역회의. 《경성방직중역회의록》.

24 《인촌김성수전》, 248쪽.

25 박시대, 《에텍기업신용분석기법》, 딜모아글로벌, 1998, 제4, 5장.

26 제4기에 7만 엔 가량의 추가납입이 있었음에도 자기자본이 5만 엔 가량밖에 증가하지 않은 것은 당기에 2만 엔 가량의 손실을 입었기 때문이며, 또 제6기에 추가납입이 8만 엔인데 자기자본이 제4기말 대비로 12만 엔 넘게 증가한 것은, 제5기와 제6기에 2만 7,000엔 가량의 당기순이익을 내고 3만 6,000엔의 보조금을 받았기 때문이다(그 일부는 배당금으로 소진했다).

27 Eckert, *Offspring of Empire*, p. 92.

28 《경성방직중역회의록》.

29 《京城高等工業學校一覽(1939)》, 56쪽.

30 유칠성, 〈나의 경방시절〉, 《사보 경방》 240, 1992. 12, 18쪽.

31 《京城高等工業學校一覽》 ; 유흥, 《柳鴻》.

32 《경성방직오십년》, 176쪽 ; 《경방칠십년사》, 75쪽.

33 《朝鮮銀行會社組合要錄》 1923년판.

34 《동아일보》 1922년 6월 11일자.

35 오미일, 《한국근대자본가연구》, 437~438쪽.

36 《동아일보》 1922년 7월 16일자.

37 《동아일보》 1922년 12월 31일자.

05 주변부에서 : 1920년대

1 번수는 실의 굵기를 나타내는 단위이다. 면사가 무게 1파운드에 길이 840야드일 때 1번수이며, 10번수는 그 10배의 길이를 가리킨다. 번수가 높을수록 섬세한 실이다.

2 《京城日報》 1928년 11월 18일자 ; 川合影武, 《朝鮮工業の現段階》, 東洋經濟 新報社京城支局, 1943, 101쪽.

3 朝鮮綿絲布商聯合會, 《朝鮮綿業史》, 1929, 226쪽 ; 慶尙南道, 《慶南の棉》, 1931, 140쪽.

4 《京城日報》 1928년 11월 19일자.

5 Eckert는 경성방직이 남부 지역 시장은 포기하고 북부 지방에 판매를 집중했다고 보았다. Eckert, *Offspring of Empire*, p. 172.

6 김연수, 〈재계회고〉, 64쪽 ; 《彗星》 2(1), 1931. 1, 112쪽 ; 이희승, 〈나의 이력서〉 12, 《韓國日報》 1975년 11월 20일자.

7 그 나머지는 소폭제품인데, 그 자세한 내역은 알 수 없으나, 이것을 차변, 대변에 동시에 기재한 《일기장》에서의 분개방식을 참고할 때, 경성방직에서 생산된 제품은 아니고 다른 업체로부터 매입하여 판매한 상품으로 판단된다.

8 김연수, 〈금일에 이르기까지〉, 《신민》 1927. 5, 55쪽.

9 김연수, 〈재계회고〉, 64쪽.

10 이미 사용하고 있던 상표인 삼각산三角山, 백두산白頭山, 삼성三星을 등록하려 했으나 일본에서 기등록된 상표였기에, 이강현과 유홍이 태극, 태극성표를 창안하였다 한다(유홍, 《柳鴻》, 107~108쪽).

11 《朝鮮人會社大商店辭典》, 1927, 151쪽.

12 《要錄》 1925년판 ; 《咸鏡南道事業と人物名鑑》, 12쪽 ; 《朝鮮人會社大商店辭典》, 375쪽.

13 《朝鮮の綿布》, 31~33쪽.

14 이 위탁판매계약을 통해 제품판매에 자신을 갖게 된 경성방직은 훗날 계약을 일방적으로 파기하여 직접 판매에 나섬으로써, 조합과 분쟁을 일으키기도 했다. "경성방직 마크도 일반에게 알려졌으며 척수隻數도 지난 해에 비해 증가된 사실로 보아 이제는 조합을 통하지 않고 직접 판매를 할 수 있"으며, 따라서 "조합의 손을 거치지 않는 데에 장려금이라는 부속비용을 쓰지 않게 되고, 전수판매이익을 회사에서 독점할 수 있"었기 때문이다. 《彗星》 2(1), 115쪽을 참고.

15 경성노임지수는 全國經濟調査機關聯合會朝鮮支部編, 《朝鮮經濟年報(昭和 十四年版)》, 改造社, 1939, 40쪽.

대군의 척후

16 경방,《경성방직오십년》, 390쪽.

17 1930년대 초에 일본의 방직회사에서는 직공 1인이 능히 8대의 직기를 담당했다고 한다.〈朝鮮の勞銀問題〉,《朝鮮總覽》, 朝鮮總督府, 1933, 573쪽.

18 《京城日報》1928년 6월 2일자.

19 김연수,〈금일에 이르기까지〉, 54쪽.

20 조선방직의 수익성이 경성방직과 달리 개선 추세를 보인 것은 주목된다. 조선방직은 조업을 개시한 제9기에서 제12기에 걸쳐 매출총이익률, 영업이익률 면에서 수익성이 호전되어 가던 중 화재를 당했고, 그 후 적자로 돌아섰다가 다시 수익성이 개선되었다.

21 權赫泰,〈日本纖維資本の海外進出〉, 121~127쪽.

22 朝鮮綿絲布商聯合會,《朝鮮綿業史》, 87쪽.

23 朝鮮綿絲布商聯合會,《朝鮮綿業史》, 88~91쪽 ; 慶尙南道,《慶南の棉》, 139쪽.

24 이처럼 보조금을 배당으로 소진(사용)했다는 점에서, Eckert, *Offspring of Empire*, chap. 3처럼 경성방직이 수령한 보조금을 주주자본, 차입금 등과 더불어 자본조달의 한 형태로 보는 것은 적절치 못하다.

25 1920년대 및 1930년대 초까지의《경성방직중역회의록》을 보면, 경영진의 가장 큰 고민거리는 판매였다.

26 서정익,《일본근대경제사》, 혜안, 2003, 222쪽.

27 Eckertt, *Offspring of Empire*, pp. 81~84 ; 權赫泰,〈日本纖維資本の海外進出〉, 124~127쪽.

28 김연수,〈금일에 이르기까지〉 ; 오미일,《한국근대자본가연구》, 438쪽.

29 "각하의 재한중在韓中에 여러 가지 후의를 받게 되어, 특히 경성방직회사를 돌보아 주신 데 대한 감명을 어찌할 수 없어……"《齋藤實文書》4-121,〈金性洙書翰〉.

30 朝鮮貿易協會,《朝鮮貿易史》, 1943, 158, 171~173쪽.

31 실효보호관세율 f=(t−a · r)/(1−a), t는 최종재 명목관세율, a는 상품가치 중 수입중간재의 비중, r은 중간재 명목관세율로 정의된다. t는 1927년까지 0.075, 그 후 0.05, a는 1924, 25, 27년의 3개년 평균으로 0.73, r은 1923년까지는 0.05, 그 후는 0이었다. a의 값은《경성방직일기장》및《제품원장》을 토대로 계산하였다.

³² 《釜山日報》 1936년 6월 12일자.

³³ 미야모토 외, 《일본경영사》, 243쪽.

06 중심부로 : 1930~1937

¹ 徐椿, 〈朝鮮に於ける愛國運動〉, 《綠旗》, 1939. 3.

² 《朝鮮實業俱樂部》 1936. 11, 47쪽.

³ 《朝鮮鑛業の趨勢》 1935, 1938년판.

⁴ 한국인들 사이의 산금열을 소재로 한 당시의 작품으로는 채만식의 《금金의 정
열》이 대표적이며, 최근의 저서로는 전봉관, 《황금광시대》, 살림, 2005가 있다.

⁵ 임문환, 〈재계회고〉, 《재계회고》 4, 259~261쪽.

⁶ 손정목, 《일제강점기 도시화과정연구》, 일지사, 1996, 272~286쪽 참고.

⁷ 김낙년, 《한국의 경제성장》, 370쪽.

⁸ 森谷克己, 〈鮮滿の紡織工業と纖維資源〉, 《東亞共榮圈と纖維産業》, 1941, 53쪽.

⁹ Eckert, *Offspring of Empire*, pp. 171~176 ; 權赫泰, 〈日本纖維資本の海外進
出〉, 129쪽.

¹⁰ 《京城日報》 1933년 1월 12일자.

¹¹ "조선에서는 근대공업에 관한 한 자본가의 자유가 일본, 만주국 어디에 비해
도 훨씬 많이 인정되고, 조선총독부가 의식적으로 이러한 공업정책을 채택
한 점에 근대공업발전의 거점이 있는 것이었다. …… 최근 조선에 있어서 일
본자본에 의한 공장의 족출은 그 중요한 근거를 일본에서의 통제경제정책의
회피에 둔 것이었다."(鈴木正文, 《朝鮮經濟の現段階》, 9, 104~105쪽).

¹² 〈重要産業統制法の外地施行に關する座談會〉, 《京城商議月報》 1936. 7, 5~6
쪽 ; 《동아일보》 1935년 2월 7일자.

¹³ 日滿棉花協會朝鮮支部, 《棉業統計》 1937年版, 123~125쪽.

¹⁴ 1930년 5월 29일자 제47회 중역회의.

¹⁵ Eckert, *Offspring of Empire*, p. 213.

¹⁶ 石井 正, 〈纖維機械技術の發展過程〉, 中岡哲郎 外, 《近代日本の技術と技術
政策》, 國際聯合大學, 1986, 127~130쪽 ; 강이수, 〈1930년대 면방대기업 노
동자의 상태에 관한 연구〉, 이화여대 박사학위논문, 1992, 70쪽.

¹⁷ 《경비내역장(제16기)》.

[18] Eckert, *Offspring of Empire*, p. 90.

[19] 《三千里》 1936. 6, 73쪽.

[20] 《동아일보》 1931년 1월 16일자.

[21] 東洋紡績, 《東洋紡績七十年史》, 1955, 379쪽 ; 曺晟源, 〈植民地期朝鮮棉作綿業の展開構造〉, 東京大 博士學位請求論文, 1993, 123쪽.

[22] 川合彰武, 《朝鮮工業の現段階》, 東洋經濟新報社京城支局, 1943, 102쪽.

[23] 주익종, 〈확장기의 경성방직〉, 《경제사학》 29, 2000, 122쪽 ; 正久宏至, 〈朝鮮紡績業の現狀〉, 《殖銀調査月報》 45, 1942, 20쪽 ; 日滿棉花協會朝鮮支部, 《綿業統計》 1937年版, 126쪽.

[24] 《경방육십년》, 1979, 96쪽.

[25] 박흥식, 〈재계회고〉, 《재계회고》 2 ; 《三千里》 1933. 9.

[26] Eckert, *Offspring of Empire*, p. 1.

[27] 김연수, 〈재계회고〉, 92~93쪽.

[28] 《京城高等工業學校一覽》 1939년판 ; 《東京工業大學一覽》 1930년판.

[29] 《京城高等工業學校一覽》 1939년판.

[30] 남재전기편찬위, 《남재 김상협》, 한울, 2004, 183~184쪽.

[31] 《동아일보》 1931년 1월 29일자.

[32] 경성방직은 신주新株 4만 주 중 2만 주는 경성방직의 기존 주주들에게, 1만 6천 주는 회사 중역 및 연고자들에게 각기 인수권을 주었고, 나머지 4천 주는 일반공모했다(《경방육십년》, 7쪽).

[33] 유형자산 금액이 1년 전에 비해 160만 엔 정도 줄어들고 자기자본은 30만 엔 정도밖에 증가하지 않은 것은, 동사가 유형자산에 대해 150만 엔이라는 거액의 감가상각을 행하여, 장부상 이익을 대거 줄였기 때문이다.

07 절정 : 1938~1945

[1] 《大日本紡績聯合會月報》 589, 1941. 11, 67~68쪽.

[2] 1949년 6월 15일 반민특위재판에서의 김상형金尚衡(전 남만방적 업무과장)의 증언, 《반민특위재판기록 2 : 金季洙》, 다락방, 1975, 124쪽.

[3] 《日記帳》.

[4] Eckert, *Offspring of Empire*, pp. 160~161.

5 연강전기간행위원회, 《蓮崗 朴斗秉》, 두산, 1975, 124쪽.

6 홍재선, 〈재계회고〉, 《재계회고》 3, 226~227쪽.

7 《朝鮮會社事業成績調》 각년판.

8 鹽見常三郎, 〈朝鮮に於ける紡績工業の現狀〉(二), 《大日本紡績聯合會月報》 589, 1941. 11, 67~68쪽.

9 《三千里》 1941. 1.

10 김용완, 〈재계회고〉, 90쪽.

11 김연수, 〈재계회고〉, 96쪽.

12 東一郎, 《滿洲に於ける金巾粗布及大尺布》, 滿洲輸入組合聯合會, 1936, 179~195쪽 ; 大連商工會議所, 《滿洲銀行會社年鑑(昭和11年版)》, 1936 ; 日滿棉花協會朝鮮支部, 《綿業統計》 1937년판, 168~169쪽 ; 《조선방직영업보고서》.

13 김연수, 〈재계회고〉, 130쪽.

14 김연수, 〈재계회고〉, 93~94쪽.

15 滿洲興業銀行, 《滿洲事業會社成績分析》, 1943, 20쪽.

16 김연수, 〈재계회고〉, 110쪽.

17 김연수, 〈재계회고〉, 111~112쪽.

18 김연수, 〈재계회고〉, 123쪽.

19 《차입금원장(1944년 6월 1월~1954년 11월 30일)》.

20 그림에서 차입금리가 1940년 상기에 예외적으로 낮고, 1942년 하기에 반대로 높은 것은 차입금 평잔을 기초期初차입금과 기말차입금의 단순평균으로 계산했기 때문이다. 실제로 기초에 차입이 이루어진 경우 실제 평잔은 크나 본서의 계산상 차입금 평잔은 그보다 작아서 차입금리가 높게 나타나며, 기말에야 차입이 이루어진 경우 실제 평잔보다 계산상 평잔이 커서 차입금리가 낮게 나타난다.

21 이 점에서도 역시, 경성방직에 대한 식산은행의 특혜 부여를 강조한 에커트의 지적(Eckert, *Offspring of Empire*, pp. 91~93)은 적절하지 못하다.

22 김연수, 〈재계회고〉, 107~109쪽.

23 김연수, 〈재계회고〉, 138쪽.

24 김용완, 〈재계회고〉, 88쪽.

25 金季秀, 〈在滿朝鮮人の將來〉, 《半島史話と樂土滿洲》, 滿鮮學海社, 1943, 40쪽.

26 조갑제, 《박정희 ①》, 까치, 1992, 86쪽.

27 김상태 편, 《윤치호일기》, 역사비평사, 2001, 485~487쪽.

28 에커트 역시 그렇게 보았다. Eckert, *Offspring of Empire*, p. 247.

29 유진오, 《양호기》, 1977, 114~116쪽.

30 〈반민특위 피의자 심문조서(1949. 1. 28)〉, 《반민특위재판기록 2 : 김연수》, 37~45쪽.

31 반민특위 재판에서의 현상윤, 김상형, 주병표朱炳杓(삼양사 직원), 노동철魯東喆 (김연수의 전임 만주국 명예총영사 박영철朴榮喆의 비서) 등 관계자들의 증언(《반민특위 재판기록 2 : 김연수》, 448~503쪽).

32 반민족문제연구소, 《친일파 99인》 1~3, 돌베개, 1993.

33 윤해동, 《식민지의 회색지대》, 역사비평사, 2003 ; 박지향, 《일그러진 근대》, 푸른역사, 2003.

34 박완서, 《그 많던 싱아는 누가 다 먹었을까》, 웅진출판, 1992 ; 유종호, 《나의 해방전후》, 민음사, 2004.

35 오성철, 《식민지 초등교육의 형성》, 교육과학사, 2000, 485~487쪽 ; 주익종, 〈1930년대 중엽 이후 조선인 중등교육의 확충〉, 《경제사학》 24, 1998, 102, 137쪽.

36 윤해동, 《식민지의 회색지대》, 47~48쪽.

37 주익종, 〈식민지기 평양 조선인 기업가의 경영이념〉, 《경제사학》 19, 1995.

38 조용만, 《경성야화》, 창, 1992 ; 송건호, 《한국현대사론》, 한국신학연구소, 1978, 299쪽 ; 서정주, 〈서정주의 회고〉, 《신동아》 1992. 4.

39 이병철, 〈재계회고〉, 《재계회고》 1, 296~297쪽.

40 "우리의 근대는 자생적으로 발전해 온 게 아니라 기본적으로 외부에서 주어진 것이다. 근대화를 추진하기 위해선 일차적으로 외국문물에 심취해야 했다. 그래서 근대화세력은 최소한 조금이라도 친일적親日的이거나 친미적親美的이었다. 우리 몸을 다 도려내기 전에는 친일·친미적 요소를 없앨 수 없다. 그렇다면 한국 사회가 해체될 것이다." 안병직, 〈한국 현대사의 진보와 보수〉, 《월간조선》 2002. 5, 134쪽.

08 종장

1 지수걸, 〈1930년대 전반기 부르조아민족주의자의 '민족경제건설전략'〉, 《국사관논총》 51, 1994.

2 《중앙일보》 2006년 4월 26일자의 안병직 인터뷰 기사.

3 정태헌, 〈일제하 자금유출입구조와 조세정책〉, 《역사와 현실》 18, 1995.

4 이태진, 《의술과 인구, 그리고 농업기술》, 태학사, 2002, 제4장.

5 카, 《역사란 무엇인가》, 탐구당, 1981, 166쪽.

6 Ohkawa and Rosovsky, *Japanese Economic Growth* ; 南 亮進, 《日本의 經濟發展》.

7 이대근, 《해방 후·1950년대의 경제》, 삼성경제연구소, 2002, 349쪽 ; Haggard, Kim and Moon, "The Transition to Export−led Growth in South Korea: 1954~1966", *Journal of Asian Studies* 50(4), 1991 ; Satterwhite, "The Politics of Economic Development : Coup, State and The Republic of Korea's First Economic Development Plan", Ph.D. dissertation, University of Washington, 1994 ; 박태균, 〈1956~1964년 한국 경제개발계획의 성립과정〉, 서울대 박사학위논문, 2000.

8 Cumings, "The Origins and Development of Northeast Asian Political Economy", *International Organization* 38(1), 1984 ; Cumings, "Legacy of Japanese Colonialism in Korea", in Myers and Peattie, eds., *The Japanese Colonial Empire* ; Woo, J., *Race to the Swift: State and Finance in Korean Industrialization* ; Kohli, A, "Where Do High Growth Political Economies Come From? The Japanese Lineage of Korea's 'Developmental State'", *World Development* 22(9), 1994.

9 박노자·허동현, 《열강의 소용돌이에서 살아남기》, 푸른역사, 2005, 248쪽.

10 《사보 경방》 240, 1992. 12, 11쪽 ; 《반민특위재판기록 2 : 김연수》, 318~319, 335쪽.

참고문헌

1. 1차자료

《京城紡織日記帳》.

《京城紡織總計定元帳》.

《京城紡織總計定元帳殘高帳》.

《京城紡織經費內譯帳》.

《製品元帳》.

《製品賣上日記帳》.

《京城紡織重役會會錄》.

《京城紡織株主議錄》.

《所有物臺帳(1930~45)》.

경방,《경성방직五十年》, 1969.

경방,《경방六十年》, 1979.

경방,《경방70년사》, 1989.

경방,《경방80년》, 1999.

경방,《사보 경방》.

인촌전기간행위원회,《인촌 김성수전》, 인촌기념회, 1976.

김상홍,《수당 김연수》, 삼영사, 1985.

《인촌을 생각한다》, 인촌김성수서거50주기추모집간행위원회, 2005.

김상홍,《늘 한결같은 마음으로》, 삼양사, 1999.

수당선생전기편찬위,《한국근대기업의 선구자》, 삼양사, 1996.

김연수, 〈금일에 이르기까지〉,《신민》 1927년 5월호.

_____, 〈在滿朝鮮人の將來〉,《半島史話と樂土滿洲》, 滿鮮學海社, 1943.

_____, 〈재계회고〉, 《財界回顧》 1, 한국일보사, 1981.

김용완, 〈재계회고〉, 《財界回顧》 2, 한국일보사, 1981.

나영균, 《일제시대, 우리 가족은》, 황소자리, 2004.

남재전기편찬위, 《남재 김상협》, 한울, 2004.

동아일보사, 《동아일보사》 Ⅰ~Ⅲ, 동아일보사, 1976.

박흥식, 〈재계회고〉, 《財界回顧》 2, 한국일보사, 1981.

삼양사, 《三養五十年》, 삼양사, 1974.

서정주, 〈서정주의 회고〉, 《신동아》 1992년 4월호.

연강전기간행위원회, 《蓮崗 朴斗秉》, 두산, 1975.

유진오, 《양호기》, 고려대 출판부, 1977.

유홍, 《柳鴻》, 자서전출판동지회, 1976.

이광수, 《李光洙全集》, 삼중당, 1962.

이병철, 〈재계회고〉, 《財界回顧》 1, 한국일보사, 1981.

이희승, 〈나의 이력서〉 12, 《韓國日報》 1975년 11월 20일자.

인촌전기간행위원회, 《仁村金性洙傳》, 인촌기념회, 1976.

채만식, 《태평천하》.

홍재선, 〈재계회고〉, 《財界回顧》 3, 한국일보사, 1981.

《東亞日報》.

《朝鮮日報》.

《每日申報》·《每日新報》.

《三千里》.

《朝鮮實業俱樂部》·《朝鮮實業》.

《朝鮮銀行會社組合要錄》 각년판, 東亞經濟時報社.

吉倉凡農, 《企業案內 實利之朝鮮》, 1904.

島根縣第三部, 《韓國實業調査復明書》, 1905.

群山南韓鐵道期成同盟會, 《湖南鐵道と群山》, 1910.

山口精, 《朝鮮産業誌》 上·中·下, 1910.

納富由三, 《朝鮮商品と地理》, 1912.

富永嘉藤壽, 《朝鮮産業界》, 朝鮮新聞社, 1916.

朝鮮殖産銀行, 《朝鮮會社事業成績調》 각년판.

대군의 척후

朝鮮總督府,《京城仁川商工業調查》, 1913.

齋藤俊吉·大住吾人,《綿紡織》, 早稻田大學出版部, 1921.

京城府,《重要物品調查：綿布の部》, 1923.

_____,《重要物品調查：綿布の部》, 1927.

〈消費狀態より見たる朝鮮纖維工業の將來〉,《朝鮮經濟雜誌》104, 1924. 8.

保高正記·村松祐之,《群山開港史》, 1925.

〈朝鮮に於ける綿布需給槪況〉,《朝鮮經濟雜誌》151, 1928. 7.

朝鮮綿絲布商聯合會,《朝鮮綿業史》, 1929.

慶尙南道,《慶南の棉》, 1931.

《朝鮮工業基本調查槪要》.

宮林太司,《朝鮮の織物に就て》, 朝鮮綿絲布商聯合會, 1935.

東一郎,《滿洲に於ける金巾粗布及大尺布》, 滿洲輸入組合聯合會, 1936.

大連商工會議所,《滿洲銀行會社年鑑(昭和11年版)》, 1936.

日滿棉花協會朝鮮支部,《綿業統計》1937年版.

《朝鮮金融事項參考書》1939년판.

朝鮮銀行,《朝鮮に於ける內地資本の流出入に就て》, 1933.

朝鮮銀行,《朝鮮に於ける工産品の需給と其の將來》, 1937.

朝鮮銀行,《朝鮮對滿洲貿易の推移と其の將來》, 1937.

高橋龜吉,《現代朝鮮經濟論》, 千倉書房, 1935.

鈴木正文,《朝鮮經濟の現段階》, 帝國地方行政學會朝鮮本部, 1938.

森谷克己,〈鮮滿の紡織工業と纖維資源〉,《東亞共榮圈と纖維産業》, 1941.

鹽見常三郎,〈朝鮮に於ける紡績工業の現狀〉(一)·(二),《大日本紡績聯合會月報》587·589, 1941. 9·11.

山本條太郎翁傳記編纂委,《山本條太郎傳記》, 東京, 1942.

正久宏至,〈朝鮮紡績業の現狀〉,《殖銀調查月報》45, 1942. 2.

全州府,《全州府史》, 1943.

鈴木武雄,《朝鮮の經濟》, 1943.

朝鮮貿易協會,《朝鮮貿易史》, 1943.

川合彰武,《朝鮮工業の現段階》, 東洋經濟新報社京城支局, 1943.

小早川九郎,《朝鮮農業發達史：發達篇》, 朝鮮農會, 1944.

《朝鮮織物協會誌》.

《反民特委裁判記錄 2 : 金季秀》, 다락방, 1993.

2. 연구

1) 국내문헌

(1) 논문

강이수, 〈1930년대 면방대기업 노동자의 상태에 관한 연구〉, 이화여대 박사학위논문,
　　1992.

권태억, 〈京城織紐株式會社의 설립과 경영〉, 《한국사론》 6, 1980.

＿＿＿, 〈식민지 초기 일제의 경제정책과 조선인 상공업〉, 《3·1민족해방운동연구》, 청년
　　사, 1989.

＿＿＿, 〈근대화, 동화, 식민지유산〉, 《한국사연구》 108, 2002.

김견, 〈1980년대 한국의 기술능력발전과정에 관한 연구〉, 서울대 박사학위논문, 1994.

김경일, 〈한상룡―친일 예속자본가의 전형〉, 《한국학보》 71, 1993 여름.

김경택, 〈1910·20년대 동아일보 주도층의 정치경제사상 연구〉, 연세대 박사학위논문,
　　1999.

김낙년, 〈식민지조선의 공업화〉, 《한국사》 13, 한길사, 1994.

＿＿＿, 〈식민지기 조선공업화에 관한 제논점〉, 《경제사학》 34, 2003.

김근배, 〈일제시기 조선인 과학기술인력의 성장〉, 서울대 박사학위논문, 1996.

김용섭, 〈한말·일제하 지주제 연구 사례 4 : 古阜 金氏家의 농장경영과 자본전환〉, 《한국
　　사연구》 19, 1977.

김재호, 〈상회사의 특권과 지대 추구, 1876~1904〉, 《경제사학》 32, 2002.

＿＿＿, 〈백범 김구도 분노한 황제의 매관매직〉, 《교수신문》 2004년 11월 26일자.

＿＿＿, 〈재정제도의 변화와 부패, 1392~1945〉, 《경제사학》 36, 2004.

＿＿＿, 〈전통적 경제체제의 전환〉, 《새로운 한국경제발전사》, 나남출판, 2005.

＿＿＿, 〈기업의 발흥과 관료, 1895~1910〉, 《경제사학》 39, 2005.

낙성대경제연구소, 〈일제하의 GDP와 GDE〉, 한국의 장기경제통계심포지움, 2004.

도면회, 〈갑오개혁이후 화폐제도의 문란과 그 영향, 1894~1905〉, 《한국사론》 21, 1989.

_____, 〈황제권 중심 국민국가체제의 수립과 좌절, 1895~1904〉, 《역사와 현실》 50, 2003.

_____, 〈자주적 근대와 식민지적 근대〉, 《국사의 신화를 넘어서》, 휴머니스트, 2004.

박기주, 〈재화가격의 추이, 1701~1909〉, 《수량경제사로 다시 본 조선후기》, 서울대 출판부, 2004.

_____, 〈조선후기의 생활수준〉, 《새로운 한국경제발전사》.

박이택, 〈서울의 숙련 및 미숙련 노동자의 임금, 1600~1909〉, 《수량경제사로 다시 본 조선후기》, 2004.

박지향, 〈역사에서 벗겨내야 할 '신화들'〉, 《국사의 신화를 넘어서》, 휴머니스트, 2004.

박천우, 〈한말 일제하의 지주제 연구—암태도 文氏家〉, 연세대 석사학위논문, 1983.

박태균, 〈1956~1964년 한국 경제개발계획의 성립과정〉, 서울대 박사학위논문, 2000.

배성준, 〈1930년대 일제 섬유자본의 침투와 조선 직물업의 재편〉, 서울대 석사학위논문, 1992.

배영목, 〈식민지조선의 통화금융에 관한 연구〉, 서울대 박사학위논문, 1990.

변승웅, 〈한말 사립학교 설립동향과 애국계몽운동〉, 《국사관논총》 18, 1990.

서중석, 〈한말 일제침략하의 자본주의근대화론의 성격〉, 《한국근현대의 민족문제》, 지식산업사, 1989.

손정목, 〈회사령연구〉, 《한국사연구》 45, 1984.

송경원, 〈한말 安駉壽의 정치경제활동 연구〉, 이화여대 석사학위논문, 1993.

안병직, 〈중진자본주의로서의 한국경제〉, 《사상문예운동》 1989 겨울호.

_____, 〈한국경제발전의 제조건〉, 《창작과비평》 1993 겨울호.

_____, 〈한국 현대사의 진보와 보수〉, 《월간조선》 2002. 5.

_____, 〈나의 학문, 나의 인생〉, 《역사비평》 2002 여름호.

안병직·堀 和生, 〈식민지 조선공업화의 역사적 조건과 그 성격〉, 《근대조선공업화의 연구》, 일조각, 1993.

윤해동, 〈일제하 물산장려운동의 이념과 그 전개〉, 서울대 석사학위논문, 1991.

이병천, 〈구한말 호남철도부설운동에 대하여〉, 《경제사학》 5, 1981.

_____, 〈개항기 외국상인의 침입과 한국상인의 대응〉, 서울대 박사학위논문, 1985.

이승렬, 〈일제하 조선인 고무공업자본〉, 《역사와 현실》 3, 역사비평사, 1990.

이영훈, 〈한국사에 있어 근대로의 이행과 특질〉, 《경제사학》 21, 1996.

_____, 〈조선후기 이래 소농사회의 전개와 의의〉, 《역사와 현실》 45, 2002

_____, 박이택, 〈농촌 미곡시장과 전국적 시장통합〉, 《수량경제사로 다시 본 조선 후기》, 서울대 출판부, 2005.

_____, _____, 〈18세기 조선왕조의 정치체제〉, 《근대동아시아경제의 역사적 구조》, 일조 각, 2007.

이한구, 〈염직계의 시조 김덕창 연구〉, 《경영사학》 8, 1993.

이헌창, 〈조선시대 국가의 재분배기능과 국내상업정책〉, 《성곡논총》 27, 1996.

_____, 〈개항기 경제사를 보는 한 시각〉, 《역사비평》 69, 2004.

장시원, 〈일제하 대지주의 존재형태에 관한 연구〉, 서울대 박사학위논문, 1989.

전우용, 〈개항기 한인자본가의 형성과 성격〉, 《국사관논총》 41, 1993.

전우용, 〈19세기 말~20세기 초 한인 회사 연구〉, 서울대 박사학위논문, 1997.

정근식, 〈일제하 전남에서의 면업구조의 형성과 재편성〉, 《한국근현대의 사회조직과 변 동》, 문학과지성사, 1991.

정안기, 〈전간기 조선방직의 사업경영과 금융구조〉, 《경제사학》 30, 2001.

_____, 〈식민지기 경성방직의 전시경영과 만주투자〉, 《경제사학》 38, 2005.

정연태, 〈식민지근대화론 논쟁의 비판과 신근대사론의 모색〉, 《창작과 비평》 103, 1999.

정인경, 〈일제하 경성고등공업학교 연구〉, 서울대학교 석사학위논문, 1994.

정태헌, 〈일제하 자금유출입구조와 조세정책〉, 《역사와 현실》 18, 1995.

조기준, 〈일제 식민지통치하의 민족자본〉, 《한국근대사론》 Ⅰ, 지식산업사, 1977.

_____, 〈조선물산장려운동의 전개과정과 그 역사적 성격〉, 上同.

_____, 〈한국자본주의의 前史 : 18세기~1945〉, 구본호 외편, 《한국경제의 역사적 조명》, 한국개발연구원, 1991.

조용한, 〈전남 창평의 제봉 고경명 집안〉, 《조선일보》 2002년 8월 23일자.

주익종, 〈일제하 조선인 회사자본의 동향〉, 《경제사학》 15, 1991.

_____, 〈일제하 한국인 주조업의 발전〉, 《경제학연구》 40(2), 1992.

_____, 〈식민지기 평양 메리야스자본의 생산합리화〉, 《경제사학》 18, 1994.

_____, 〈식민지기 평양 조선인 기업가의 경영이념〉, 《경제사학》 19, 1995.

_____, 〈식민지기 조선인공업의 성장〉, 《공업화의 제유형 Ⅱ》, 경문사, 1996.

_____, 〈식민지기 조선에서의 고무공업의 전개〉, 《경제사학》 22, 1997.

_____, 〈1930년대 중엽 이후 조선인 중등교육의 확충〉, 《경제사학》 24, 1998.

_____, 〈확장기의 경성방직〉, 《경제사학》 29, 2000.

_____, 〈서평 : 제국의 후예〉, 《해외한국학평론》 창간호(연세대 현대한국학연구소), 2000.

_____, 〈경성방직(주)의 초기경영〉, 《경제사학》 31, 2001.

_____, 〈후발자와 후후발자—일제하 조선방직과 경성방직—〉, 《경제사학》 32, 2002.

_____, 〈일제하 한국의 식민정부, 민간기업, 그리고 공업화〉, 《경제사학》 34, 2003.

지수걸, 〈1930년대 전반기 부르주아민족주의자의 '민족경제 건설전략'〉, 《國史館論叢》 51, 1994.

허수열, 〈조선인회사 및 조선인 중역의 분석〉, 《근대조선의 경제구조》, 1989.

_____, 〈일제하 조선인공장의 동향〉, 《근대조선공업화의 연구》, 1993.

_____, 〈'개발과 수탈' 론 비판〉, 《역사비평》 1999 가을호.

홍성찬, 〈19세기 · 20세기 초 향리층의 사회경제동향〉, 《경제사학》 24, 1998.

(2) 단행본

강동진, 《일제의 한국침략정책사연구》, 한길사, 1982

강만길, 《조선후기 상업자본의 발달》, 고려대학교 출판부, 1973.

강영주, 《벽초 홍명희 연구》, 창작과비평사, 1999.

_____, 《벽초 홍명희 평전》, 사계절, 2004.

강재언, 《한국의 개화사상》, 비봉출판사, 1981.

고승제, 《한국경영사연구》, 한국능률협회, 1975.

_____, 《끝없는 도전》, 한국경제신문사, 1991.

고승희 외, 《매헌 박승직 연강 박두병 연구》, 수서원, 2002.

교수신문, 《고종황제역사청문회》, 푸른역사, 2005.

郭安全, 《한국교회사》, 대한기독교서회, 1961.

권태억, 《한국근대면업사연구》, 일조각, 1989.

권태준, 《한국의 세기 뛰어넘기》, 나남, 2006.

김경일, 《일세하 노동운동사》, 창작과비평사, 1992.

김광진 외, 《조선에서 자본주의적 관계의 발전》, 사회과학출판사, 1973.

김낙년, 《한국의 경제성장 : 1910~1945》, 서울대 출판부, 2006.

김동운, 《박승직상점, 1882~1951년》, 혜안, 2001.

김병하, 《재벌의 형성과 기업가 활동》, 한국능률협회, 1991.

김삼웅, 《친일파 100인 100문》, 돌베개, 1995.

김상태, 《윤치호일기, 1916~1943》, 역사비평사, 2001.

김윤식, 《李光洙와 그의 시대》 1~3, 한길사, 1986.

김종현, 《공업화와 기업가활동》, 비봉출판사, 1992.

김중순, 《문화민족주의자 金性洙》, 일조각, 1998.

김철 외, 《해방전후사의 재인식》 1, 책세상, 2006.

나카무라 사토루 외, 《근대동아시아경제의 역사적 구조》, 일조각, 2007.

동일방직, 《동일방직사사》, 1982.

망뚜, 《산업혁명사》 상·하, 창작과비평사, 1987.

메이슨 외, 《한국 경제·사회의 근대화》, 한국개발연구원, 1981.

미야모토 외, 《일본경영사》, 한울아카데미, 2001.

미야지마, 《양반》, 강, 1996.

_____·기시모토, 《조선과 중국, 근세 오백년을 가다》, 역사비평사, 2003.

박노자, 《나를 배반한 역사》, 인물과사상사, 2003.

_____, 《우승열패의 신화》, 한겨레신문사, 2005.

_____, 《우리가 몰랐던 동아시아》, 한겨레신문사, 2007.

박노자·허동현, 《우리 역사 최전선》, 푸른역사, 2003.

_____, 《열강의 소용돌이에서 살아남기》, 푸른역사, 2005.

박섭, 《한국근대의 농업변동》, 일조각, 1997.

___, 《식민지의 경제변동 : 한국과 인도》, 문학과지성사, 2001.

박시대, 《에텍기업신용분석기법》, 딜모아글로벌, 1998.

박완서, 《그 많던 싱아는 누가 다 먹었을까》, 웅진출판, 1992.

박지향, 《제국주의 : 신화와 현실》, 서울대 출판부, 2000.

_____, 《일그러진 근대》, 푸른역사, 2003.

박찬승, 《한국근대정치사상사연구》, 역사비평사, 1992.

반민족문제연구소, 《친일파 99인》 1~3, 돌베개, 1993.

반민족문제연구소, 《청산되지 않은 우리 역사》 1~3, 청년사, 1994.

배영목, 《한국금융사 1876~1959》, 개신, 2002.

백철, 《韓國新文學發達史》, 박영사, 1975.

로빈슨, 《일제하 문화민족주의》, 나남출판, 1990.

서울경제신문, 《재벌과 가벌》, 지식산업사, 1991.

서정익, 《일본근대경제사》, 혜안, 2003.

섬유기술진흥원, 《대구섬유산업사》, 1990.

손인수, 《한국근대교육사 1885~1945》, 연세대학교 출판부, 1971.

송건호, 《한국현대사론》, 한국신학연구소, 1978.

송병락, 《한국경제론》, 박영사, 1992.

스기하라 가오루, 《아시아간 무역의 형성과 구조》, 전통과현대, 2002.

스탠필드, 《칼 폴라니의 경제사상》, 한울, 1997.

신영복, 《강의 : 나의 동양고전 독법》, 돌베개, 2004.

신용하, 《한국민족독립운동사연구》, 을유문화사, 1981.

신현림, 《해질녘에 아픈 사람》, 민음사, 2004.

안병직·中村 哲, 《근대조선공업화의 연구》, 일조각, 1993.

안병직 외, 《근대조선의 경제구조》, 비봉출판사, 1989.

안병직·이영훈, 《한국경제성장사》, 서울대 출판부, 2001.

안병직·이영훈, 《맛질의 농민들》, 일조각, 2001.

오두환, 《한국근대화폐사》, 한국연구원, 1991.

_____, 《공업화의 제유형》 II, 경문사, 1996.

오미일, 《한국근대자본가연구》, 한울, 2002.

오성철, 《식민지 초등교육의 형성》, 교육과학사, 2000.

오천석, 《韓國新敎育史》 上, 광명출판사, 1975.

와세다대학 한국유학생회, 《와세다의 한국인》, 한국문학사, 1983.

워러노프, 《한국경제-인간이 이룩한 기적》, 시사영어사, 1984.

유종호, 《나의 해방전후》, 민음사, 2004.

윤해동, 《식민지의 회색지대》, 역사비평사, 2003.

이대근, 《해방 후·1950년대의 경제》, 삼성경제연구소, 2002.

이만규, 《한국교육사》 II, 기름, 1984(原著는 1947).

이승렬, 《제국과 상인》, 역사비평사, 2007.

이영훈 외, 《근대조선수리조합연구》, 일조각, 1992.

_____, 《수량경제사로 다시 본 조선 후기》, 서울대 출판부, 2004.

_____, 《대한민국 이야기》, 기파랑, 2007.

이태진, 《의술과 인구, 그리고 농업기술》, 태학사, 2002.

이한구, 《일제하 기업설립운동사》, 청사, 1989.

이헌창, 《한국경제통사》, 법문사, 1999.

임지현·이성시, 《국사의 신화를 넘어서》, 휴머니스트, 2003.

전석담 외, 《조선에서 자본주의적 관계의 발생》, 사회과학출판사, 1970.

전봉관, 《황금광시대》, 살림, 2005

정병욱, 《한국근대금융연구》, 역사비평사, 2004.

조갑제, 《박정희 ①》, 까치, 1992.

조기준, 《한국기업가사연구》, 민중서관, 1971.

_____, 《한국자본주의성립사론》, 대왕사, 1973.

_____, 《한국기업가사》, 박영사, 1973.

조동성 외, 《한국자본주의의 개척자들》, 조선일보사, 2003.

조용만, 《경성야화》, 창, 1992.

존즈·사공일, 《경제개발과 기업, 기업가의 역할》, KDI, 1979.

중앙교우회, 《중앙80년사》, 중앙교우회·중앙고려학원, 1993.

카, 《역사란 무엇인가》, 탐구당, 1981.

커밍스, 《한국전쟁의 기원》, 일월서각, 1986.

탁석산, 《한국의 민족주의를 말한다》, 웅진닷컴, 2004.

하시모토 외, 《일본경제의 발전과 기업집단》, 오름, 1997.

한홍구, 《대한민국사》 Ⅰ, 한겨레신문사, 2003.

한영우, 《다시 찾는 우리 역사》, 경세원, 1997.

한영우 외, 《대한제국은 근대국가인가》, 푸른역사, 2007.

허수열, 《개발없는 개발》, 은행나무, 2005.

홍순권, 《한말 호남지역 의병운동사 연구》, 서울대 출판부, 1994.

2) 일본어 문헌

赤松 要, 《經濟新秩序の形成原理》, 理想社, 1945.

安秉直, 〈戰前東アジアの在來綿業〉, 堀 和生·中村 哲, 《日本資本主義と朝鮮·台灣》, 京都大學出版會, 2004.

石井 正, 〈纖維機械技術の發展過程〉, 中岡哲郎 外, 《近代日本の技術と技術政策》, 國際聯
    合大學, 1986.

永原慶二 外, 《講座 日本技術の社會史 3：紡織》, 日本評論社, 1983.

梶村秀樹, 《朝鮮に於ける資本主義の形成と展開》, 龍溪書舍, 1977.

小林英夫, 〈1930年代朝鮮‘工業化’政策の展開過程〉, 《朝鮮史研究會論文集》 3, 1967.

_____, 〈1930年代日本窒素肥料株式會社の朝鮮の進出に就て〉, 山田秀雄, 《植民地經
    濟史の諸問題》, アジア經濟研究所, 1973.

_____, 《植民地への企業進出》, 栢書房, 1994.

村上勝彦, 〈日本帝國主義による朝鮮綿業の再編成〉, 《日本帝國主義と東アジア》, アジア
    經濟研究所, 1979.

金子文夫, 〈第1次大戰後の對植民地投資〉, 《社會經濟史學》 51(6), 1986.

宮崎犀一 外, 《近代國際經濟要覽》, 東京大學出版會, 1981.

權赫泰, 〈日本纖維資本の海外進出と植民地〉, 一橋大學 博士學位論文, 1997.

金洛年, 〈日本の植民地投資と朝鮮經濟の展開〉, 東京大 博士學位論文, 1992.

_____, 〈植民地期朝鮮の産米增殖計劃と工業化〉, 《土地制度史學》 146, 1995.

坂本悠一, 〈戰時體制下の紡績資本〉, 下谷政弘編, 《戰時經濟と日本企業》, 昭和堂, 1990.

曺晟源, 〈植民地期朝鮮棉作綿業の展開構造〉, 東京大 博士學位論文, 1993.

橋本壽郎, 《大恐慌期の日本資本主義》, 東京大學出版會, 1984.

_____, 〈景氣循環〉, 《日本帝國主義史》 1, 東京大學出版會, 1985.

東洋紡績, 《東洋紡績七十年史》, 1955.

中村 哲, 《近代東アジア史像の再檢討》, 櫻井書店, 2000.

堀 和生, 〈朝鮮人民族資本論〉, 《朝鮮近代の歷史像》, 日本評論社, 1988.

_____, 《朝鮮工業化の史的分析》, 有斐閣, 1995(국역, 《한국 근대의 공업화》, 전통과현대,
    2003).

南 亮進, 《日本の經濟發展》, 1982(국역, 《日本의 經濟發展》, 비봉출판사, 1991).

宮嶋博史, 〈朝鮮甲午改革以後の商業的農業の展開〉, 《史林》 57(6), 1974.

木村健二, 《在朝日本人の社會史》, 未來社, 1989.

木村光彦, 〈植民地下朝鮮の紡織工業〉, 《プロト工業化期の經濟と社會》, 日本經濟新聞社,
    1983.

藤永 壯, 〈開港後の'會社'設立問題をめぐって－朴琪淙と汽船業・鐵道業〉上・下, 《朝鮮
學報》 140・141, 1991.

山本有造, 〈植民地下臺灣・朝鮮の域外收支〉, 京都大 《人文學報》 35, 1972.

吉野誠, 〈李朝末期に於ける綿製品輸入の展開〉, 《朝鮮歷史論集》 下, 1979.

渡邊利夫, 《成長アジア, 停滯アジア》, 1985(국역, 《成長 아시아, 停滯 아시아》, 한국경제평론사,
1990).

3) 영어문헌

Abramovitz, "Catching Up, Forging Ahead, and Falling Behind", *Journal of Economic History* 46(2), 1986.

Barro, *The Theory of Economic Growth*(2nd ed.), New York : McGraw Hill, 1995.

Bates, *Markets and States in Tropical Africa : The Political Basis of Agricultural Policies*, L.A. : Univ. of California Press, 1981.

Cumings, "The Origins and Development of Northeast Asian Political Economy", *International Organization* 38(1), 1984.

_____, "Legacy of Japanese Colonialism in Korea", in Myers and Peattie eds., *The Japanese Colonial Empire, 1895-1945*, Princeton : Princeton University Press, 1984.

Eckert, Carter J., *Offspring of Empire : The Koch'ang Kims and the Colonial Origins of Korean Capitalism, 1876-1945*, Seattle: University of Washington Press, 1991.

Haggard, Kim and Moon, "The Transition to Export-led Growth in South Korea : 1954-1966", *Journal of Asian Studies* 50(4), 1991.

Ho, Samuel Pao-San, "Colonialsm and Development : Korea, Taiwan, and Kwantung," in Myers and Peattie eds., *The Japanese Colonial Empire*.

Kang, David C., "South Korean and Taiwanese development and the new institutional economics", *International Organization* 49(3), 1995.

Kim and Mortimore eds., *Korea's Response to Japan : The Colonial Period*, The Center for Korean Studies, Western Michigan University, 1977.

Kohli, A, "Where Do High Growth Political Economies Come From? The Japanese Lineage of Korea's 'Developmental State'". *World Development* 22(9), 1994.

대군의 척후

Krueger, "The Political Economy of the Rent-Seeking Society", *AER* 64(3), June 1974.

Mcnamara, D.L., *The Colonial Origins of Korean Enterprise 1910-1945*, Cambridge University Press, 1990.

North and Thomas, *The Rise of the Western World : A New Economic History*, Cambridege; Cambridge University Press, 1973.

Ohkawa and Rosovsky, *Japanese Economic Growth : Trend Acceleration in the Twentieth Century*, Standford University Press, 1973.

Olson, "Distinguished Lecture on Economics in Government - Big Bills Left on the Sidewalk", *Journal of Economic Perspectives* 10(2), 1996.

Satterwhite, "The Politics of Economic Development : Coup, State and The Republic of Korea's First Economic Development Plan", Ph.D. dissertation, University of Washington, 1994.

Shin and Robinson, *Colonial Modernity in Korea*, Cambridge : Harvard University Asia Center, 1999.

Suh, *Growth and Structural Changes in the Korean Economy, 1910-1940*, Cambridge : Harvard University Asia Center, 1978.

Woo, J., *Race to the Swift: State and Finance in Korean Industrialization*, New York : Columbia University Press, 1991.

World Bank, *East Asian Miracle*, Oxford University Press, 1993.

찾아보기

대군의 척후

대군의 척후

● 2008년 2월 14일 초판 1쇄 인쇄
● 2008년 2월 19일 초판 1쇄 발행
● 지은이   주익종
● 펴낸이   박혜숙
● 편집인   백승종
● 책임편집   신상미
● 디자인   조현주
● 영업 및 제작   변재원
● 인쇄   백왕인쇄
● 제본   경일제책
● 종이   화인페이퍼
● 펴낸곳   도서출판 푸른역사
           ♀ 110-040 서울시 종로구 통의동 82
           전화: 02)720 - 8921(편집부) 02)720 - 8920(영업부)
           팩스: 02)720 - 9887
           E-Mail: 2007history@naver.com
           등록: 1997년 2월 14일 제13-483호

ISBN   978-89-91510-62-3   03900

· 잘못 만들어진 책은 교환해드립니다.